U0936956

国家能源集团全员绩效考核指引

— 运输 —

国家能源集团　编

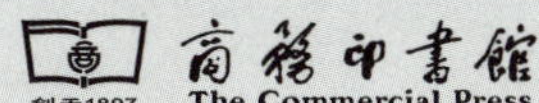

图书在版编目（CIP）数据

国家能源集团全员绩效考核指引．运输／国家能源集团编．—
北京：商务印书馆，2022
ISBN 978-7-100-21715-6

Ⅰ．①国…　Ⅱ．①国…　Ⅲ．①能源工业—企业集团—交通运输业—企业绩效—考核—中国　Ⅳ．① F426.2

中国版本图书馆 CIP 数据核字（2022）第 169381 号

国家能源集团全员绩效考核指引
运　输
国家能源集团　编

商　务　印　书　馆　出　版
（北京王府井大街 36 号　邮政编码 100710）
商　务　印　书　馆　发　行
山东临沂新华印刷物流
集团有限责任公司印刷
ISBN 978－7－100－21715－6

2022年12月第1版　　开本 787×1092　1/16
2022年12月第1次印刷　　印张 23

定价：98.00 元

编委会

主　任：刘国跃

副主任：王　敏

委　员：卞宝驰　王树民　杨　鹏　冯树臣　冯来法

编审组

组　长：肖宝玲

办公室：贾建强　汤涛祺　宋惠民　马　恺　闫睿颖

理论组

宋　艳　田丽博　徐福光　朱艳清　胡晓亮　职远航
张　兰　杨建彪

煤炭组

郝俊奇　姜岳雁　赵建国　郝熙春　党卫民　李　勇
杨　慧　刘晓丹　常雄伟　张　霞　王　瑜　贾建波
白惠鹏　王　昆　宋　宇　王　蒙　林　旭　张　强
牟秀君　杨薛斌　李宏飞

电力组

田　华	郑　维	马文艳	刘永峰	陈志东	张满良
李玮琦	袁春峰	张　磊	杨晓明	张冬梅	尤　佳
李宁宁	段北红	郝立宏	徐忠林	马若希	曾　芮
杨　林	吕昌睿	李　贞	田三妹	孟　峰	孙　宁

煤化工组

付志军	谢　敏	王　静	王宇飞	崔　涛	德格吉日
黄于益	梁　锐	刘家兵	张　倩	王少哲	李忠良
赵　诚	梁　鹏	郭晋宇	李　波	汤贵君	

运输组

赵　磊	李建华	刘　鑫	李常青	石瑞杰	王　军
吕　军	刘小军	郑秋香	白　睿	张　倩	朱维静
马伏玲	贾晓龙	曹森奎	王银环	戈彦棠	金展行
郭　嘉	张　爽				

物资科研组

胡　建	高权升	王宏飞	王　鹏	胡耀宇	武　杰
王　蒙	朱元元	杨百兴	张丽艳	王爱国	傅　涛
李　强	范亚国	刘　宁	陈　涛	刘映男	李思遥
张卓尔	弓　晨	周兴人	高宇鹏	杨婷婷	康雅迪
万洋洋	蓝　天	赵姝颖	李建新	薛国庆	王新亮

目　录

港 口

铁路装备

航 运

引 言

绩效管理是现代企业人力资源管理的核心内容，是保障企业战略落地执行、提升效益效率的重要手段，同时也是国有企业深化三项制度改革，实现管理人员能上能下、员工能进能出、收入能增能减的有力工具。现代企业通过推行以绩效考核为主要内容的管理方式，建立员工收入、岗位调整与个人业绩紧密挂钩的市场化机制，在企业中形成公平、平等、竞争、择优的用人和工作环境，使企业焕发出新的生机和活力。

国家能源集团是党的十九大后重组成立的第一家中央企业，也是国有资本投资公司改革、创建世界一流示范企业的试点企业。自成立以来，集团公司坚持以习近平新时代中国特色社会主义思想为指导，认真贯彻“四个革命、一个合作”能源安全新战略，深入实施“一个目标、三型五化、七个一流”发展战略，牢牢把握国企改革三年行动关键环节和重点任务，持续深化改革激发新发展活力，做到了因改革而生，由改革而强。围绕提升企业活力效率，以构建职位职级、全员绩效考核、薪酬激励三大体系为统领，大力推进三项制度改革。

国家能源集团将全员绩效考核作为破解“三能”难题的有效抓手，针对各板块企业推进绩效考核工作力度不一、考核指标设置不合理、考核结果应用不充分等问题，印发了《关于加强全员绩效考核工作的通知》，首次明确了绩效考核的工作要求、等次分布及比例设置，在全集团建立了统一规范、激励有效、约束有度的全员绩效考核体系。为推动各基层企业全员绩效考核工作真正落地见效，2021 年 8 月，集团公司启动《国家能源集团全员绩效考核指引》编制工作，通过梳理编制涵盖各产业板块主要核心岗位的关键指标，形成实用、通用、易操作的工具书，为各基层企业全面推行全员绩效考核工作提供切实管用的指导和借鉴。

本书源于基层实践，是对集团公司运输板块企业绩效考核工作的全面总结提炼，也是集团公司广大干部职工集体智慧的结晶。全书围绕运输企业关键岗位的绩效考核实操，从考核的适用范围、引用文件、关键岗位的识别与提取以及关键岗位绩效考核标准等几个方面系统梳理提炼了铁路、港口、铁路装备、航运等运输企业关键岗位的绩效考核标准，明确了机车司机、取装集控员、船长等182个关键岗位的绩效考核方法、岗位考核内容以及具体评价指标，为运输企业开展全员绩效考核提供参考借鉴，也希望广大读者能从中受到启发、有所收获。

本书中的岗位设置仅为绩效考核提供参考案例，在组织机构设置和定编定员方面不具有指导意义，各单位在制定员工绩效考核量表时，应从“构建具有国家能源特色的全员绩效考核体系”入手，结合本级组织工作任务和目标合理确定各岗位关键绩效指标，并结合该岗位胜任力素质要求，确定能力素质指标，与岗位职责指标共同形成完整的员工绩效考核量表，提升考核的科学性和精准性。

本书的编制和出版得到了集团公司领导的高度重视和集团组织人事部的专业指导；各子分公司给予了大力支持，特别是运输板块牵头单位为《国家能源集团全员绩效考核指引》编制提供了充足的人力、物力支持；工作组成员不辞辛苦，加班加点，投入了很大精力，贡献了很多力量。在此向所有关心、参与本书编制、编辑、审核的单位和人员致以诚挚的谢意。

由于时间仓促，本书如有不足或疏漏之处，敬请读者指正。

编　者

2022年12月

铁　路

一、适用范围

本关键岗位绩效考核标准适用于运输板块电气化铁路专业管理技术人员及主要技能操作岗位人员。

二、引用文件

1.《铁路技术管理规程》（普速铁路部分）

2.《铁路交通事故应急救援和调查处理条例》

3.《铁路交通事故调查处理规则》

4.《行车组织规则》

5.《电气化铁路有关人员电气安全规则》

6.《铁路安全管理条例》

7.《国家能源集团铁路运输管理规程》

8.《铁路运输行业劳动定员标准》

9.《国家能源集团劳动定员标准》

10.《普速铁路工务安全规则》

11.《铁路线路修理规则》

12.《铁路桥隧建筑物修理规则》

13.《铁路运输安全管理规则》

14.《铁路行车设备故障调查处理办法》

15.《铁路旅客运输规程》

16.《铁路危险货物运输安全监督管理规定》

17.《铁路货物运输规程》

三、提取依据

根据本板块行业、业务性质及岗位特点，参照《国家能源集团劳动定员标准》《铁路技术管理规程》《电气化铁路有关人员电气安全规则》等并根据各岗位职责和工作要求提取关键岗位，确定关键岗位绩效考核标准。

一是根据各岗位职责和工作要求提取关键岗位信息，指标选取注重可衡量性，明确责任主体。

二是确定岗位职责指标，按照定量与定性相结合的原则，对不同岗位的岗位性质、工作任务、工作内容以及完成该工作应具备的能力素质等进行研究，提取岗位职责关键指标。

三是确定指标考核方式，明确指标定义、考核标准、计算方式、信息来源、考核周期等要素。

四、关键岗位列表

序号	组织机构	岗位名称	职位职级序列	主要工作内容
YS–TL–001	运输管理部	经理助理（业务经理）	管理序列	负责政策研究、技术管理、计划管理、安全管理、统计分析、综合事务办理、协助配合办理工作

续表一

序号	组织机构	岗位名称	职位职级序列	主要工作内容
YS–TL–002	运输管理部	综合业务管理	管理序列、技术序列	负责自轮运转及铁路施工规章制度、命令政策，负责设备履历及科技创新工作
YS–TL–003		运输技术管理		负责落实年度运输方案、编制基本列车运行图和列车编组计划，负责制定执行有关技术规章制度、命令指示等工作
YS–TL–004		运输组织管理		负责运输组织、专用线接轨、既有线技术改造、安全管理工作
YS–TL–005		施工组织管理		负责施工规章管理、施工计划管理、施工组织、施工安全工作
YS–TL–006		客货运组织管理		负责客货运计划管理、客运组织、客户管理、收入管理、安全管理、协助配合办理工作
YS–TL–007		货运技术管理		负责货运技术管理、运价管理、装卸作业、危险货物、轨道衡、专用线及货场管理工作
YS–TL–008		机车车辆运用技术管理		负责机车车辆运用及规章管理、安全管理工作
YS–TL–009		机车车辆检修技术管理		负责技术管理、计划管理、机车车辆设备履历管理工作
YS–TL–010		线路技术管理		负责线路、路基及探伤的技术和安全以及计划管理工作
YS–TL–011		桥隧技术管理		负责桥梁、隧道及涵洞的技术和安全以及计划管理工作
YS–TL–012		信号技术管理		负责信号设备技术管理、质量管理、设备履历、修程修制、施工管理以及安全工作
YS–TL–013		通信技术管理		负责通信技术管理、设备管理、大中修及施工管理以及安全工作
YS–TL–014		供电技术管理		负责牵引供电、电力设备运行维护、施工的技术及安全工作
YS–TL–015		班组建设和固定资产管理		负责班组建设相关工作
YS–TL–016		特种设备和通用设备管理		负责特种设备和计量管理、通用设备及房屋附属设施管理、设备全寿命周期综合管理、固定资产管理及处置、非资产设备管理
YS–TL–017	调度指挥中心	技术室主任	管理序列	负责制度管理、技术管理、安全管理、科技创新工作
YS–TL–018		统计分析室主任		负责运输调度统计分析、货运、信息化建设工作
YS–TL–019		安全教育室主任		负责安全管理、风险预控管理体系建设、教育培训、应急管理工作

续表二

序号	组织机构	岗位名称	职位职级序列	主要工作内容
YS–TL–020	调度指挥中心	电调室主任	管理序列	负责制度制定、调度供电、调度限界工作
YS–TL–021		施工室主任		负责制度制定、施工维修计划管理、施工管理工作
YS–TL–022		机车室主任		负责机车运用、检修管理、自备车辆运用管理工作
YS–TL–023		车流室主任		负责运输车流组织、货运协调工作
YS–TL–024		值班主任		负责安全管理、运输调度、运输施工、应急处置、联劳协作、班组管理工作
YS–TL–025	包神铁路公司－生产技术部	主任		负责公司安全生产、环境保护、节能降耗、质量标准化管理、组织绩效考评和本部门绩效考核管理、组织运输生产、施工、科技创新、制度建设、职工教育、提质增效等工作
YS–TL–026		专业副主任		负责所分管专业的技术管理、设备管理、安全生产管理等工作
YS–TL–027		车务专业技术	管理序列、技术序列	负责站务和货运组织等工作
YS–TL–028		工务专业技术		负责线桥隧、钢轨探伤等管理工作
YS–TL–029		电务专业技术		负责通信、信息、地面信号、机车信号、LKJ、无线、列尾、信号器材检测等管理工作
YS–TL–030		供电专业技术		负责接触网、电力、变配电及电气试验专业的技术管理工作
YS–TL–031		设备计量档案		负责公司电量计量管理和自轮运转设备、工装设备、检修维护、运行分析的管理工作
YS–TL–032		物资管理		负责固定资产、材料及废旧料管理等工作
YS–TL–033	包神铁路公司－站区	主任兼党（总）支部书记	管理序列	负责站区安全、生产组织、环保、综合管理等工作
YS–TL–034		支部（副）书记兼副主任		负责召集支部委员会、支部党员大会和组织生活会，按时向支部大会和上级党组织汇报工作，做好党员发展工作，抓好入党积极分子的教育、培养和考察工作
YS–TL–035		车务副主任		负责站区各车站安全生产、环境保护、运输组织工作
YS–TL–036		工务副主任（工务工队队长）		负责本专业的安全生产、环境保护及行政工作
YS–TL–037		车务安技员	管理序列、技术序列	负责车务专业的安全技术管理、环境保护，负责内业资料收集、整理、完善及安全台账的建立健全工作

续表三

序号	组织机构	岗位名称	职位职级序列	主要工作内容
YS–TL–038	包神铁路公司–站区	电务安技员	管理序列、技术序列	负责本专业设备运行、检修、安全管理及工程技术管理工作，督促、指导工区认真执行各项规章、制度、检修标准
YS–TL–039		供电安技员		负责管内电力设备运营、检修工作的监督、检查、指导、协调、考核等管理工作
YS–TL–040		综合干事		负责党支部党建、工会、团青各项工作，以及站区新闻宣传、职业健康等综合性工作
YS–TL–041	朔黄铁路–机辆分公司	运用工程师	管理序列	负责建立健全各项运用方面规章制度，分析各项运用指标完成情况，提高人员运用质量和效率
YS–TL–042		电机工程师		负责电力机车检修，负责电机专业技术标准、工艺流程、操作规范、规章制度的制定和监督执行
YS–TL–043		检修工程师		负责机车临碎修、小辅修、大中修、高价互换配件管理工作
YS–TL–044	新朔铁路–机务分公司	安全技术员		车间安全、技术管理工作
YS–TL–045	调度指挥中心	列车调度员	技能序列	负责组织列车日班、阶段计划，调度指挥，列车运行计划的编制，运输指标统计，日常写实分析工作
YS–TL–046	包神铁路公司–站区	工管员		负责站区职工考勤、休假、工资、奖金的统计分配工作，负责站区各专业物资、固定资产管理工作
YS–TL–047	包神铁路公司	站长	管理序列、技能序列	负责本站安全管理工作，负责运输组织、劳动安全、环境保护、应急处置工作
YS–TL–048		副站长		在站长领导下，协助做好车站安全管理工作，负责本站调车、消防、环境保护、标准化工作
YS–TL–049		值班主任	技能序列	负责组织、指挥本班运输工作，保证安全生产，完成班计划任务
YS–TL–050		车站值班员		负责车站接发列车的办理和组织工作
YS–TL–051		信号员		根据车站值班员的命令或调车作业计划，操纵道岔，排列进路，开放信号，并做好监视工作
YS–TL–052		调车长		认真传达调车作业计划，拟定调车工作方法，完成调车任务
YS–TL–053		连结员		协助调车长接取、传达调车作业计划和联系工作

续表四

序号	组织机构	岗位名称	职位职级序列	主要工作内容
YS–TL–054	包神铁路公司	货运员	技能序列	对到、发列车编组顺序表、货运单据、现车，办理站车交接
YS–TL–055		线路工		负责对线路、道岔、路基及三沟附属工程进行维修保养工作
YS–TL–056		桥隧工		负责公司管内桥隧建筑物的维检工作
YS–TL–057		探伤工		负责管内线路钢轨探伤工作
YS–TL–058		工管员（工区班组）		负责材料、工具、劳保、备品的领取发放，工区事务等工作
YS–TL–059		轨道车司机		负责自轮运转设备的运行维护管理工作
YS–TL–060	朔黄铁路公司	综合检测员		负责设备检测、数据分析和设备状态评定工作，负责车辆、检测设备的维护保养工作
YS–TL–061	包神铁路公司	电务维修工		负责管内通信、信息故障处理和信号、车载电务等设备的检测、维护与维修工作
YS–TL–062		供电维修工		负责电力、接触网设备的维修工作
YS–TL–063	机务分公司–运用车间	队长		车队管理、行车指挥、乘务员培训
YS–TL–064		指导司机		指导组管理、添乘机车业务指导
YS–TL–065		机车司机		机车驾驶
YS–TL–066		机车副司机		配合司机进行机车驾驶
YS–TL–067	机务分公司–检修车间	机车钳工		机车机械类设备维修
YS–TL–068	机务分公司–监控列尾车间	监控维修员		监控设备维修
YS–TL–069		列尾维修工		列尾设备维修

五、关键岗位绩效考核标准

YS-TL-001

运输管理部经理助理（业务经理）

<table>
<tr><td colspan="2">岗位名称</td><td colspan="2">经理助理（业务经理）</td><td>所在部门</td><td>运输管理部</td></tr>
<tr><td colspan="2">职位职级序列</td><td colspan="4">管理序列</td></tr>
<tr><td colspan="2">直接上级</td><td colspan="4">运输管理部经理</td></tr>
<tr><td colspan="2">直接下级</td><td colspan="4">部门成员</td></tr>
<tr><td colspan="2" rowspan="6">岗位职责</td><td colspan="4">负责公司运输产业发展信息情报收集、分析、报告等工作</td></tr>
<tr><td colspan="4">负责日常运输有关的技术管理工作，检查、落实各运输生产单位对规章制度的执行情况</td></tr>
<tr><td colspan="4">负责制订公司年度运输计划、月度生产运营计划，并及时向集团上报生产建议计划</td></tr>
<tr><td colspan="4">参加安全大检查和日常检查，分析现场影响生产的安全问题，提出整改措施或建议，并跟踪落实；参与业务范围内的设备故障、铁路交通事故及从业人员伤亡事故的调查、分析</td></tr>
<tr><td colspan="4">负责报送各类统计报表；负责月 / 季 / 年度有关运输分析总结及上报工作</td></tr>
<tr><td colspan="4">配合计划发展部，负责制订公司五年发展规划、三年滚动规划；负责部门公文材料、业务通知等文档管理和公文流转工作</td></tr>
<tr><td colspan="2">工作记录文档</td><td colspan="4">管理制度、工作方案、会议纪要、统计报表、相关检查记录等</td></tr>
<tr><td>指标类别</td><td>考核指标</td><td>考核内容</td><td>考核标准</td><td>信息来源</td><td>考核周期</td></tr>
<tr><td rowspan="4">岗位职责指标</td><td>运输计划兑现率（30 分）</td><td>实际完成值 / 计划完成值 ×100%</td><td>本项得分 =（实际完成数 / 目标数）× 基本分</td><td>工作记录</td><td rowspan="3">季度（受煤源不足等客观因素影响不做考核）</td></tr>
<tr><td>信息报送（20 分）</td><td>1. 根据集团及公司要求的时间及时报送。及时报送达成率 = 当期实际达成次数 / 应达成次数 ×100%。
2. 信息数据准确无误</td><td>按期完成目标，准确率 100% 得满分。
1. 本项得分 = 实际完成率 / 目标值 ×100%；
2. 出现一次统计错误，扣本项基本分的 20%</td><td>统计报表</td></tr>
<tr><td>设备故障、事故及时调查、分析（15 分）</td><td>配合完成设备故障、铁路交通事故的调查、分析</td><td>未按期完成，每项扣 5 分</td><td>安全通报</td></tr>
<tr><td>下现场检查次数（20 分）</td><td>定期深入一线检查各运输生产单位对公司规章、制度的执行情况</td><td>不少于 3 次得满分。未按要求完成，每少 1 次扣 5 分</td><td>绩效考核记录卡</td><td>月度</td></tr>
</table>

续表

指标类别	考核指标	考核内容	考核标准	信息来源	考核周期
岗位职责指标	业务文件印发及时率（15分）	业务开展前及时印发业务文件	本项得分 =（印发次数 – 超时印发次数）/ 印发次数 × 基本分	工作记录	季度
非权重指标	否决指标	违规违纪	1. 员工违反国家法律法规、政治纪律、廉洁纪律、劳动纪律等造成不良影响的，应视情形直接评定为“基本称职”或“不称职”等次。 2. 发生严重违规违纪问题，受到撤销党内职务及以上党纪处分或降级及以上政纪处分的，应直接评定为“不称职”等次	处分决定	年度
备注					

YS-TL-002

运输管理部综合业务管理

<table>
<tr><td>岗位名称</td><td colspan="3">综合业务管理</td><td>所在部门</td><td>运输管理部</td></tr>
<tr><td>职位职级序列</td><td colspan="5">管理序列、技术序列</td></tr>
<tr><td>直接上级</td><td colspan="5">运输管理部经理</td></tr>
<tr><td>直接下级</td><td colspan="5">——</td></tr>
<tr><td rowspan="4">岗位职责</td><td colspan="5">贯彻执行国家铁路局、国家能源集团及公司有关政策、法规、规章制度等，科学指导营业线施工业务</td></tr>
<tr><td colspan="5">收集整理工务、电务、供电、机务等专业设备履历</td></tr>
<tr><td colspan="5">负责施工方案审查、施工计划审批，检查指导施工方案、计划的落实情况</td></tr>
<tr><td colspan="5">参加安全大检查和日常检查，分析现场影响生产的安全问题，提出整改措施或建议，并跟踪落实；按照专业分工，参与故障、事故调查分析</td></tr>
<tr><td>工作记录文档</td><td colspan="5">管理制度、工作方案、会议纪要、领导批示、相关检查记录等</td></tr>
<tr><td>指标类别</td><td>考核指标</td><td>考核内容</td><td>考核标准</td><td>信息来源</td><td>考核周期</td></tr>
<tr><td rowspan="5">岗位职责指标</td><td>制度建设（20 分）</td><td>制定营业线施工业务管理办法</td><td>有相关办法和标准，能定期修订得满分。未建立办法和标准的，得分为 0；修订不及时的，1 次扣 5 分</td><td>管理制度</td><td rowspan="2">季度</td></tr>
<tr><td>设备履历台账（20 分）</td><td>建立工务、电务、供电等专业设备履历，并按时更新</td><td>有相应台账，能按时更新得满分。未建立相关台账的，得分为 0；修订不及时的，1 项扣 5 分</td><td>台账文档</td></tr>
<tr><td>施工审批（20 分）</td><td>按期完成施工方案的审查、施工计划的审批</td><td>未按期完成，每项扣 5 分</td><td>工作记录</td><td rowspan="2">月度</td></tr>
<tr><td>下现场检查次数（20 分）</td><td>定期深入一线检查各运输生产单位对公司规章、制度的执行情况</td><td>不少于 3 次，完成得满分。未按要求完成，每少 1 次扣 5 分</td><td>绩效考核记录卡</td></tr>
<tr><td>设备故障、事故及时调查、分析（20 分）</td><td>配合完成设备故障、铁路交通事故的调查、分析</td><td>未按期完成，每项扣 5 分</td><td>安全通报</td><td>季度</td></tr>
<tr><td>非权重指标</td><td>否决指标</td><td>违规违纪</td><td>1. 员工违反国家法律法规、政治纪律、廉洁纪律、劳动纪律等造成不良影响的，应视情形直接评定为“基本称职”或“不称职”等次。
2. 发生严重违规违纪问题，受到撤销党内职务及以上党纪处分或降级及以上政纪处分的，应直接评定为“不称职”等次</td><td>处分决定</td><td>年度</td></tr>
<tr><td>备注</td><td colspan="5"></td></tr>
</table>

YS-TL-003

运输管理部运输技术管理

<table>
<tr><td colspan="2">岗位名称</td><td colspan="2">运输技术管理</td><td>所在部门</td><td colspan="2">运输管理部</td></tr>
<tr><td colspan="2">职位职级序列</td><td colspan="5">管理序列、技术序列</td></tr>
<tr><td colspan="2">直接上级</td><td colspan="5">运输管理部副经理</td></tr>
<tr><td colspan="2">直接下级</td><td colspan="5">——</td></tr>
<tr><td colspan="2" rowspan="6">岗位职责</td><td colspan="5">负责对列车运行图和货物列车编组计划的编制、调整及监督检查；负责管内各区段列车区间通过能力，以及车站能力、牵引定数查定工作</td></tr>
<tr><td colspan="5">组织编制年度列车工作方案，并监督贯彻执行；负责对临时军、特运等运行线的铺画</td></tr>
<tr><td colspan="5">组织各相关部门（单位）编制、修订《行规》，并拟定运输规章、办法及技术标准</td></tr>
<tr><td colspan="5">负责检查各铁路子分公司、调度中心、各车站对有关规章制度、文件、电报贯彻执行情况，统一管理标准和作业程序，并不断完善，发现问题及时纠正或上报；负责对调度指挥中心进行业务指导</td></tr>
<tr><td colspan="5">建立并完善行车组织相关技术管理台账</td></tr>
<tr><td colspan="5">参加安全大检查和日常检查，分析现场影响生产的安全问题，提出整改措施或建议，并跟踪落实；按照专业分工，参与故障、事故调查分析</td></tr>
<tr><td colspan="2">工作记录文档</td><td colspan="5">管理制度、工作方案、会议纪要、领导批示、相关检查记录等</td></tr>
<tr><td>指标类别</td><td>考核指标</td><td>考核内容</td><td colspan="2">考核标准</td><td>信息来源</td><td>考核周期</td></tr>
<tr><td rowspan="5">岗位职责指标</td><td>制度建设（20 分）</td><td>组织编制、修订《行规》，并拟定运输规章、办法及技术标准</td><td colspan="2">有相关办法和标准，能定期修订得满分。未建立办法和标准的，得分为 0；修订不及时的，1 次扣 5 分</td><td>管理制度</td><td>季度</td></tr>
<tr><td>列车运行图编制（20 分）</td><td>落实年度运输方案、编制基本列车运行图</td><td colspan="2">按期完成得满分。
未按要求完成，本项指标不得分</td><td>工作方案、列车运行图</td><td rowspan="2">年度</td></tr>
<tr><td>列车运行管理（30 分）</td><td>编制年度列车工作方案，负责临时军、特运等运行线的铺画</td><td colspan="2">按时完成得满分。
未按要求完成，不得分</td><td>工作方案</td></tr>
<tr><td>下现场检查次数（20 分）</td><td>定期深入一线检查各运输生产单位对公司规章、制度的执行情况</td><td colspan="2">不少于 3 次得满分。
未按要求完成，每少 1 次扣 5 分</td><td>绩效考核记录卡</td><td>月度</td></tr>
<tr><td>设备故障、事故及时调查、分析（10 分）</td><td>配合完成设备故障、铁路交通事故的调查、分析</td><td colspan="2">按时完成得满分。
未按期完成，每项扣 5 分</td><td>安全通报</td><td>季度</td></tr>
<tr><td>非权重指标</td><td>否决指标</td><td>违规违纪</td><td colspan="2">1. 员工违反国家法律法规、政治纪律、廉洁纪律、劳动纪律等造成不良影响的，应视情形直接评定为“基本称职”或“不称职”等次。</td><td>处分决定</td><td>年度</td></tr>
</table>

续表

指标类别	考核指标	考核内容	考核标准	信息来源	考核周期
非权重指标	否决指标	违规违纪	2. 发生严重违规违纪问题，受到撤销党内职务及以上党纪处分或降级及以上政纪处分的，应直接评定为“不称职”等次	处分决定	年度
备注					

YS-TL-004

运输管理部运输组织管理

<table>
<tr><td colspan="2">岗位名称</td><td>运输组织管理</td><td>所在部门</td><td colspan="2">运输管理部</td></tr>
<tr><td colspan="2">职位职级序列</td><td colspan="4">管理序列、技术序列</td></tr>
<tr><td colspan="2">直接上级</td><td colspan="4">运输管理部副经理</td></tr>
<tr><td colspan="2">直接下级</td><td colspan="4">——</td></tr>
<tr><td colspan="2" rowspan="5">岗位职责</td><td colspan="4">参与行车设备重大技术改造方案的审查、行车设备检修计划的审核；优化既有运输组织方式，提高运输组织效率</td></tr>
<tr><td colspan="4">负责新建、改扩建铁路专用线接轨项目受理报批、开通营运等工作</td></tr>
<tr><td colspan="4">负责制定、修订专用线接轨管理制度办法，优化专用线接轨办理流程；参与铁路专用线接轨方案、（预）可研报告、设计文件、施工组织方案等审查工作</td></tr>
<tr><td colspan="4">拟定既有线路改造与铁路生产力布局调整方案并指导实施；参与既有站场行车设备改扩建方案审查、竣工验收及开通工作；负责新建、改扩建项目的接触网热滑、线路压道的组织实施</td></tr>
<tr><td colspan="4">参加安全大检查和日常检查，分析现场影响生产的安全问题，提出整改措施或建议，并跟踪落实；按照专业分工，参与故障、事故调查分析</td></tr>
<tr><td colspan="2">工作记录文档</td><td colspan="4">管理制度、工作方案、会议纪要、领导批示、相关检查记录等</td></tr>
<tr><td>指标类别</td><td>考核指标</td><td>考核内容</td><td>考核标准</td><td>信息来源</td><td>考核周期</td></tr>
<tr><td rowspan="6">岗位职责指标</td><td>运输组织（20分）</td><td>及时受理行车设备重大技术改造方案的审查、行车设备检修计划的审核</td><td>按规定时间完成得满分。
本项得分 =（实际完成数 / 目标数）× 基本分</td><td rowspan="4">工作记录</td><td rowspan="3">季度</td></tr>
<tr><td>专用线接轨管理（20分）</td><td>及时受理新建、改扩建铁路专用线接轨项目的报批、开通营运等工作</td><td>按规定时间完成得满分。
本项得分 =（实际完成数 / 目标数）× 基本分</td></tr>
<tr><td>既有线技术改造（20分）</td><td>及时办理既有站场行车设备改、扩建方案审查、竣工验收及开通工作</td><td>按规定时间完成得满分。
本项得分 =（实际完成数 / 目标数）× 基本分</td></tr>
<tr><td>业务文件印发及时率（10分）</td><td>业务开展前及时印发业务文件</td><td>按期完成得满分。
本项得分 =（印发次数 – 超时印发次数）/ 印发次数 × 基本分</td><td rowspan="2">月度</td></tr>
<tr><td>下现场检查次数（20分）</td><td>定期深入一线检查各运输生产单位对公司规章、制度的执行情况</td><td>不少于 3 次得满分。
未按要求完成，每少 1 次扣 5 分</td><td>绩效考核记录卡</td></tr>
<tr><td>设备故障、事故及时调查、分析（10分）</td><td>配合完成设备故障、铁路交通事故的调查、分析</td><td>按期完成得满分。
未按期完成，每项扣 5 分</td><td>安全通报</td><td>季度</td></tr>
</table>

续表

指标类别	考核指标	考核内容	考核标准	信息来源	考核周期
非权重指标	否决指标	违规违纪	1. 员工违反国家法律法规、政治纪律、廉洁纪律、劳动纪律等造成不良影响的，应视情形直接评定为“基本称职”或“不称职”等次。 2. 发生严重违规违纪问题，受到撤销党内职务及以上党纪处分或降级及以上政纪处分的，应直接评定为“不称职”等次	处分决定	年度
备注					

YS-TL-005

运输管理部施工组织管理

岗位名称	施工组织管理	所在部门	运输管理部
职位职级序列	管理序列、技术序列		
直接上级	运输管理部经理		
直接下级	——		
岗位职责	负责组织修订营业线施工安全管理实施细则和运统 –46 登销记管理办法		
	负责制定公司年度施工方案，编制和组织审查公司年度、月度施工计划，并及时向集团上报天窗安排建议计划；科学合理设置天窗，负责审核施工临时计划		
	负责组织召开 I 级施工协调会、施工预备会和施工总结会		
	负责对施工单位编制的施工方案和施工安全管控措施进行业务指导；负责施工计划、施工组织、现场管控及天窗利用率和兑现率的考核		
	参加安全大检查和日常检查，分析施工现场存在的安全问题，提出整改措施或建议，并跟踪落实；按照专业分工，参与故障、事故调查分析		
工作记录文档	管理制度、工作方案、会议纪要、领导批示、相关检查记录等		

指标类别	考核指标	考核内容	考核标准	信息来源	考核周期
岗位职责指标	施工组织 （20 分）	负责 I 级施工组织。实际完成值 / 计划完成值 ×100%	完成计划得满分。 本项得分 =（实际完成数 / 目标数）× 基本分	档案资料	季度
	施工计划兑现率 （20 分）	实际完成值 / 计划完成值 ×100%	完成 95% 得 20 分。 本项得分 =（实际完成数 / 目标数）× 基本分		
	施工计划准确率 （20 分）	（施工计划总数 – 错误次数）/ 施工计划总数 ×100%	完成目标得满分。 本项得分 =（施工计划总数 – 错误次数）/ 施工计划总数 × 基本分		
	业务文件印发及时率 （10 分）	业务开展前及时印发业务文件	完成目标得满分。 本项得分 =（印发次数 – 超时印发次数）/ 印发次数 × 基本分	工作记录	月度
	下现场检查次数 （20 分）	定期深入一线检查各运输生产单位对公司规章、制度的执行情况	不少于 3 次得满分。 未按要求完成，每少 1 次扣 5 分	绩效考核记录卡	
	设备故障、事故及时调查、分析 （10 分）	配合安全健康环保部按期高质量完成设备故障、铁路交通事故的调查、分析	按期完成得满分。 未按期完成，每项扣 5 分	安全通报	季度
非权重指标	否决指标	违规违纪	1. 员工违反国家法律法规、政治纪律、廉洁纪律、劳动纪律等造成不良影响的，应视情形直接评定为“基本称职”或“不称职”等次。	处分决定	年度

续表

指标类别	考核指标	考核内容	考核标准	信息来源	考核周期
非权重指标	否决指标	违规违纪	2. 发生严重违规违纪问题，受到撤销党内职务及以上党纪处分或降级及以上政纪处分的，应直接评定为“不称职”等次	处分决定	年度
备注					

YS-TL-006

运输管理部客货运组织管理

<table>
<tr><td>岗位名称</td><td>客货运组织管理</td><td>所在部门</td><td>运输管理部</td></tr>
<tr><td>职位职级序列</td><td colspan="3">管理序列、技术序列</td></tr>
<tr><td>直接上级</td><td colspan="3">运输管理部副经理</td></tr>
<tr><td>直接下级</td><td colspan="3">——</td></tr>
<tr><td rowspan="7">岗位职责</td><td colspan="3">负责制订年度货物运输方案、月度货运工作计划；负责货运计划有关统计、分析、上报工作</td></tr>
<tr><td colspan="3">负责客运服务质量管理，调查处理重大旅客投诉</td></tr>
<tr><td colspan="3">积极组织市场货源调查、分析与预测；负责新客户立户的审批；负责客户档案建立、诚信等级评估等</td></tr>
<tr><td colspan="3">负责检查货运收入标准的执行情况、货运调度命令、收入的清算检查监督工作，做好堵漏保收工作</td></tr>
<tr><td colspan="3">做好大物流安全管理工作，向集团提报相关建议，不断完善非煤货物装卸配套设施</td></tr>
<tr><td colspan="3">参加安全大检查和日常检查，分析现场影响生产的安全问题，提出整改措施或建议，并跟踪落实；按照专业分工，参与故障、事故调查分析</td></tr>
<tr><td colspan="3">负责收集货运资料，掌握运输任务完成情况，检查货运报表的填报，保证统计资料的及时、准确、完整；对调度指挥中心和货运中心进行业务指导</td></tr>
<tr><td>工作记录文档</td><td colspan="3">管理制度、工作方案、会议纪要、领导批示、相关检查记录等</td></tr>
</table>

<table>
<tr><th>指标类别</th><th>考核指标</th><th>考核内容</th><th>考核标准</th><th>信息来源</th><th>考核周期</th></tr>
<tr><td rowspan="5">岗位职责指标</td><td>信息统计准确率（20 分）</td><td>（报表统计总次数 – 错误次数）/ 报表统计总次数 ×100%</td><td>统计准确得满分。
本项得分 =（报表统计总次数 – 错误次数）/ 报表统计总次数 × 基本分</td><td rowspan="3">工作记录</td><td>月度</td></tr>
<tr><td>客户立户审批及时率（20 分）</td><td>及时受理新客户立户审批</td><td>及时受理得满分。
未及时受理，每出现 1 次扣 10 分</td><td>季度</td></tr>
<tr><td>业务文件印发及时率（20 分）</td><td>业务开展前及时印发业务文件</td><td>按期完成目标得满分。
本项得分 =（印发次数 – 超时印发次数）/ 印发次数 × 基本分</td><td rowspan="2">月度</td></tr>
<tr><td>下现场检查次数（20 分）</td><td>定期深入一线检查各运输生产单位对公司规章、制度的执行情况</td><td>不少于 3 次得满分。
未按要求完成，每少 1 次扣 5 分</td><td>绩效考核记录卡</td></tr>
<tr><td>设备故障、事故及时调查、分析（20 分）</td><td>按期高质量完成设备故障、铁路交通事故的调查、分析</td><td>按时完成得满分。
未按期完成，每项扣 5 分</td><td>安全通报</td><td>季度</td></tr>
<tr><td>非权重指标</td><td>否决指标</td><td>违规违纪</td><td>1. 员工违反国家法律法规、政治纪律、廉洁纪律、劳动纪律等造成不良影响的，应视情形直接评定为“基本称职”或“不称职”等次。</td><td>处分决定</td><td>年度</td></tr>
</table>

续表

指标类别	考核指标	考核内容	考核标准	信息来源	考核周期
非权重指标	否决指标	违规违纪	2. 发生严重违规违纪问题，受到撤销党内职务及以上党纪处分或降级及以上政纪处分的，应直接评定为“不称职”等次	处分决定	年度
备注					

YS-TL-007

运输管理部货运技术管理

岗位名称	货运技术管理	所在部门	运输管理部
职位职级序列	管理序列、技术序列		
直接上级	运输管理部经理		
直接下级	——		
岗位职责	负责制订货运工作方案；负责集装箱运输管理；负责装载方案的确定；负责防冻液、抑尘剂的喷洒管理工作		
	负责货物运价调整方案；负责对货运调度、运输收费相关工种进行专业指导		
	负责制（修）订货运组织有关规章制度		
	参加安全大检查和日常检查，分析现场影响生产的安全问题，提出整改措施或建议，并跟踪落实；按照专业分工，参与故障、事故调查分析		
工作记录文档	管理制度、工作方案、会议纪要、领导批示、相关检查记录等		

指标类别	考核指标	考核内容	考核标准	信息来源	考核周期
岗位职责指标	技术管理（40分）	根据行业、公司实际情况制（修）订货运组织的规章制度、技术标准；负责制度培训及制度落实	按期完成得满分。 制度、标准制（修）订不及时的，扣5分；培训不及时的，扣5分	管理制度、工作方案	季度
	业务文件印发及时率（20分）	业务开展前及时印发业务文件	按期完成目标得满分。 本项得分 =（印发次数 – 超时印发次数）/ 印发次数 × 基本分	工作记录	月度
	下现场检查次数（20分）	定期深入一线检查各运输生产单位对公司规章、制度的执行情况	不少于4次得满分。 未按要求完成，每少1次扣5分	绩效考核记录卡	
	设备故障、事故及时调查、分析（20分）	配合安全健康环保部按期高质量完成设备故障、铁路交通事故的调查、分析	按期完成得满分。 未按期完成，每项扣5分	安全通报	季度
非权重指标	否决指标	违规违纪	1. 员工违反国家法律法规、政治纪律、廉洁纪律、劳动纪律等造成不良影响的，应视情形直接评定为“基本称职”或“不称职”等次。 2. 发生严重违规违纪问题，受到撤销党内职务及以上党纪处分或降级及以上政纪处分的，应直接评定为“不称职”等次	处分决定	年度
备注					

YS-TL-008

运输管理部机车车辆运用技术管理

岗位名称	机车车辆运用技术管理	所在部门	运输管理部
职位职级序列	管理序列、技术序列		
直接上级	运输管理部副经理		
直接下级	——		
岗位职责	组织制（修）订公司机车运用管理制度、办法		
	负责确定管内机车交路，组织查定牵引定数；提出机务生产力布局规划和相关技术政策建议；根据运输生产需要提出机车购置、选型、租用建议		
	组织查定机车运用作业技术标准；负责对机车调度进行业务指导；制订机车运用技术指标并检查考评指标完成情况		
	编制年度、月度机车运用计划；组织测算机车牵引费单价，参与联合运输服务项目采购		
	参与机务专业信息化建设		
	参加安全大检查和日常检查，分析现场影响生产的安全问题，提出整改措施或建议，并跟踪落实；参与机车故障、事故调查分析，提出整改意见及防范措施		
工作记录文档	管理制度、工作方案、会议纪要、领导批示、相关检查记录等		

指标类别	考核指标	考核内容	考核标准	信息来源	考核周期
岗位职责指标	技术管理（20分）	根据行业、公司实际情况制（修）订机车运用的规章制度、技术标准；负责制度培训及制度落实	按期完成得满分。 制度制（修）订不及时的，扣5分；制度培训不及时的，扣5分	管理制度、工作方案	季度
	运用管理（20分）	确定日产量、日车公里、机车平均周转时间等机车运用指标	根据线别和机车运用实际情况合理确定机车运用指标得满分。 指标制定不完整、不合理的一项扣5分	业务文件	
	计划管理（20分）	编制年度、月度机车运用计划	及时编制年度、月度机车运用计划得满分。 未及时编制，每出现1次扣5分	工作记录	
	业务文件印发及时率（10分）	业务开展前及时印发业务文件	按期完成目标得满分。 本项得分 =（印发次数 – 超时印发次数）/ 印发次数 × 基本分		月度
	下现场检查次数（20分）	定期深入一线检查各运输生产单位对公司规章、制度的执行情况	不少于4次得满分。 未按要求完成，每少1次扣5分	绩效考核记录卡、添乘信息单	
	设备故障、事故及时调查、分析（10分）	配合安全健康环保部按期高质量完成设备故障、铁路交通事故的调查、分析	按期完成得满分。 未按期完成，每项扣5分	安全通报	季度

续表

指标类别	考核指标	考核内容	考核标准	信息来源	考核周期
非权重指标	否决指标	违规违纪	1. 员工违反国家法律法规、政治纪律、廉洁纪律、劳动纪律等造成不良影响的，应视情形直接评定为“基本称职”或“不称职”等次。 2. 发生严重违规违纪问题，受到撤销党内职务及以上党纪处分或降级及以上政纪处分的，应直接评定为“不称职”等次	处分决定	年度
备注					

YS-TL-009

运输管理部机车车辆检修技术管理

岗位名称	机车车辆检修技术管理	所在部门	运输管理部
职位职级序列	管理序列、技术序列		
直接上级	运输管理部副经理		
直接下级	——		
岗位职责	负责机车车辆检修技术管理，下达年度机车车辆大中（C5—C6）修任务计划，组织机车大中（C5—C6）修及大部件委外修招投标技术条件的审定		
	负责制定机车检修技术管理规则、标准、考核指标，审查机车车辆重大技术改造方案，制定管内机车段修范围，配合国家能源集团制定机车大修范围		
	负责联系列检业务，参与机车车辆检修项目的采购，参与机务专业事故、故障的调查、分析工作		
	负责机车、车辆设备履历管理		
	负责制定自轮运转车辆管理办法、修程及燃油消耗标准，指导子分公司落实相关政策、制度、办法		
	负责自轮运转车辆购置、大修、封存、上下线计划审查，指导子分公司自轮运转车辆年检年修计划		
	参加安全大检查和日常检查，分析现场影响生产的安全问题，提出整改措施或建议，并跟踪落实；按照专业分工，参与机车、车辆故障、事故调查分析，提出整改意见及防范措施		
	配合科技信息部，做好科技创新等工作		
工作记录文档	管理制度、工作方案、会议纪要、领导批示、相关检查记录等		

指标类别	考核指标	考核内容	考核标准	信息来源	考核周期
岗位职责指标	制度建设（10 分）	负责制定机车检修技术管理办法及自轮运转设备管理办法	有相关管理办法，并能定期修订得满分。未建立办法的，本项基本分得分为 0；修订不及时的，一次扣 5 分	管理制度	季度
	检修技术管理（20 分）	负责制定机车、自轮运转设备检修修程、检修技术指标、考核标准；负责审查机车车辆、自轮运转设备重大技术改造方案；制定管内机车段修范围；负责组织机车车辆、自轮运转技术鉴定；配合国家能源集团制定机车大修范围	按期完成各项工作得满分。 未按期完成，每项扣 4 分	工作记录	

续表

指标类别	考核指标	考核内容	考核标准	信息来源	考核周期
岗位职责指标	检修计划管理（15 分）	负责审核并下达机车大中（C5—C6）修计划及自轮运转设备大修计划	按期完成得满分。 未完成，每项扣 5 分	工作记录	季度
	设备履历管理（15 分）	负责建立机车、车辆、自轮运转设备履历，并按时更新	有相应台账，能按时更新得满分。 未建立相关台账的，得分为 0；台账更新不及时的，一项扣 5 分	台账文档	
	业务文件印发及时率（10 分）	业务开展前及时印发业务文件	按期完成目标得满分。 本项得分 =（印发次数 – 超时印发次数）/ 印发次数 × 基本分	工作记录	月度
	下现场检查次数（20 分）	定期深入一线检查各运输生产单位对公司规章、制度的执行情况	不少于 4 次得满分。 未按要求完成，每少 1 次扣 5 分	绩效考核记录卡	
	设备故障、事故及时调查、分析（10 分）	配合完成设备故障、铁路交通事故的调查、分析	按期完成得满分。 未按期完成，每项扣 5 分	安全通报	季度
非权重指标	否决指标	违规违纪	1. 员工违反国家法律法规、政治纪律、廉洁纪律、劳动纪律等造成不良影响的，应视情形直接评定为“基本称职”或“不称职”等次。 2. 发生严重违规违纪问题，受到撤销党内职务及以上党纪处分或降级及以上政纪处分的，应直接评定为“不称职”等次	处分决定	年度
备注					

YS-TL-010

运输管理部线路技术管理

<table>
<tr><td colspan="2">岗位名称</td><td>线路技术管理</td><td>所在部门</td><td colspan="2">运输管理部</td></tr>
<tr><td colspan="2">职位职级序列</td><td colspan="4">管理序列、技术序列</td></tr>
<tr><td colspan="2">直接上级</td><td colspan="4">运输管理部经理</td></tr>
<tr><td colspan="2">直接下级</td><td colspan="4">——</td></tr>
<tr><td colspan="2" rowspan="6">岗位职责</td><td colspan="4">负责线路专业的技术管理工作，组织制（修）订工务线路专业的规章制度、技术标准、操作规程，建立工务专业设备台账，并及时更新完善</td></tr>
<tr><td colspan="4">掌握各分公司线路设备状况，针对病害薄弱处所，提出切实可行的维修整治方案，利用轨道动态检查设备对线路维修质量进行管理和考核</td></tr>
<tr><td colspan="4">审核子分公司的年度路基、轨道、附属设施维修计划，对子分公司工务设备日常检查、维修作业完成情况进行检查、指导、考核、评定；对子分公司的轨道、路基及附属设施春检、秋检进行指导，并审查春检、秋检报告；检查考核各子分公司防暑、防胀、防洪、防冻、防凌、防沙等季节性工作</td></tr>
<tr><td colspan="4">审查新建、改建、扩能铁路工程建设方案；审核路基、轨道设备的大中修及更新改造方案；组织主办项目完成后的验收工作</td></tr>
<tr><td colspan="4">参加安全大检查和日常检查，分析现场设备影响运输安全生产的问题，提出整改措施或建议，并跟踪落实；参加轨道、路基、附属设施设备故障、事故的调查分析和处理，提出并实施整治方案</td></tr>
<tr><td colspan="4">协助配合办理安全健康环保部风险预控管理体系本部门相关的工作，及时传递相关安全管理信息，并做好隐患整治工作</td></tr>
<tr><td colspan="2">工作记录文档</td><td colspan="4">管理制度、工作方案、会议纪要、领导批示、相关检查记录等</td></tr>
<tr><td>指标类别</td><td>考核指标</td><td>考核内容</td><td>考核标准</td><td>信息来源</td><td>考核周期</td></tr>
<tr><td rowspan="3">岗位职责指标</td><td>设备质量（20分）</td><td>按照岗位要求履职履责保障线路设备状况良好</td><td>按要求完成得满分。
发现一次设备缺陷、隐患扣5分</td><td>设备检测报告、季度考核通报</td><td rowspan="3">季度</td></tr>
<tr><td>安全管理（20分）</td><td>按照岗位要求履职履责保障设备安全、专业人员作业安全</td><td>不发生影响行车的线路设备故障、线路工作人员人身安全事故，得满分。
发生一件影响行车的设备故障，扣5分；发生一件线路操作人员人身安全事故，扣10分</td><td>安全通报</td></tr>
<tr><td>技术管理（10分）</td><td>根据行业、公司实际情况制（修）订工务线路专业的规章制度、技术标准、操作规程；负责制度培训及制度落实</td><td>按时完成各项工作得满分。
制度制（修）订不及时的，扣5分；制度培训不及时的，扣5分</td><td>管理制度、技术规程</td></tr>
</table>

续表

指标类别	考核指标	考核内容	考核标准	信息来源	考核周期
岗位职责指标	工程管理（20分）	严格审查新建、改建、扩能铁路工程建设方案；组织好项目验收工作	不发生因前期审查不严格造成新建、改建、扩能铁路工程出现重大缺陷；不发生因项目验收不严格造成费用损失，得满分。 发生因前期审查不严格造成新建、改建、扩能铁路工程出现重大缺陷，1件扣5分；发生因项目验收不严格造成费用损失，1件扣5分	工程项目档案、工程验收报告	季度
	下现场检查次数（20分）	定期深入一线检查各运输生产单位对公司规章、制度的执行情况	不少于4次得满分。 未按要求完成，每少1次扣5分	绩效考核记录卡	月度
	设备故障、事故及时调查、分析（10分）	按期高质量完成设备故障、铁路交通事故的调查、分析	按时完成得满分。 未按期完成，每项扣5分	安全通报	季度
非权重指标	否决指标	违规违纪	1. 员工违反国家法律法规、政治纪律、廉洁纪律、劳动纪律等造成不良影响的，应视情形直接评定为“基本称职”或“不称职”等次。 2. 发生严重违规违纪问题，受到撤销党内职务及以上党纪处分或降级及以上政纪处分的，应直接评定为“不称职”等次	处分决定	年度
备注					

YS-TL-011

运输管理部桥隧技术管理

<table>
<tr><td>岗位名称</td><td colspan="3">桥隧技术管理</td><td>所在部门</td><td>运输管理部</td></tr>
<tr><td>职位职级序列</td><td colspan="5">管理序列、技术序列</td></tr>
<tr><td>直接上级</td><td colspan="5">运输管理部经理</td></tr>
<tr><td>直接下级</td><td colspan="5">——</td></tr>
<tr><td rowspan="6">岗位职责</td><td colspan="5">负责桥隧专业的技术管理工作，组织制（修）订工务桥隧专业的规章制度、技术标准、操作规程，建立桥隧专业设备台账，并及时更新完善</td></tr>
<tr><td colspan="5">掌握各分公司桥隧涵设备状况，针对病害薄弱处所，提出切实可行的检定、检测及维修整治方案</td></tr>
<tr><td colspan="5">审核子分公司的年度桥隧涵设备检查、检测、检定计划，对子分公司工务设备日常检查完成情况进行检查、指导、考核、评定；对子分公司的桥隧涵设备春检、秋检进行指导，并审查春检、秋检报告</td></tr>
<tr><td colspan="5">审查新建、改建、扩能铁路工程建设方案；审核桥隧涵设备的大中修及更新改造方案；组织主办项目完成后的验收工作</td></tr>
<tr><td colspan="5">参加公司桥隧设备技改、大中修计划项目调研，对技改、大中修计划提出合理化建议；协助配合办理计划发展部审核子分公司桥隧设备大修和维修、技术改造年度、季度项目计划</td></tr>
<tr><td colspan="5">参加安全大检查和日常检查，分析现场设备影响运输安全生产的问题，提出整改措施或建议，并跟踪落实；参加桥隧涵设备故障、事故的调查分析和处理，提出并实施整治方案</td></tr>
<tr><td>工作记录文档</td><td colspan="5">管理制度、工作方案、会议纪要、领导批示、相关检查记录等</td></tr>
<tr><td>指标类别</td><td>考核指标</td><td>考核内容</td><td>考核标准</td><td>信息来源</td><td>考核周期</td></tr>
<tr><td rowspan="3">岗位职责指标</td><td>设备质量（20分）</td><td>按照岗位要求履职履责保障桥隧涵设备状况良好</td><td>按要求完成得满分。
发现一次设备缺陷、隐患扣5分</td><td>设备检测报告、季度考核通报</td><td rowspan="3">季度</td></tr>
<tr><td>安全管理（20分）</td><td>按照岗位要求履职履责保障设备安全、专业人员作业安全</td><td>不发生影响行车的桥隧涵设备故障、桥隧工作人员人身安全事故得满分。
发生一件影响行车的设备故障，扣5分；发生一件桥隧操作人员人身安全事故，扣10分</td><td>安全通报</td></tr>
<tr><td>技术管理（10分）</td><td>根据行业、公司实际情况制（修）订桥隧专业的规章制度、技术标准、操作规程；负责制度培训及制度落实</td><td>按要求完成得满分。
制度制（修）订不及时的，扣5分；制度培训不及时的，扣5分</td><td>管理制度、技术规程</td></tr>
</table>

续表

指标类别	考核指标	考核内容	考核标准	信息来源	考核周期
岗位职责指标	工程管理（20分）	严格审查新建、改建、扩能铁路工程建设方案；组织好项目验收工作	不发生因前期审查不严格造成新建、改建、扩能铁路工程出现重大缺陷；不发生因项目验收不严格造成费用损失得满分。 发生因前期审查不严格造成新建、改建、扩能铁路工程出现重大缺陷，1件扣5分；发生因项目验收不严格造成费用损失，1件扣5分	工程项目档案、工程验收报告	季度
	下现场检查次数（20分）	定期深入一线检查各运输生产单位对公司规章、制度的执行情况	不少于4次得满分。 未按要求完成，每少1次扣5分	绩效考核记录卡	月度
	设备故障、事故及时调查、分析（10分）	按期高质量完成设备故障、铁路交通事故的调查、分析	按期完成得满分。 未按期完成，每项扣5分	安全通报	季度
非权重指标	否决指标	违规违纪	1. 员工违反国家法律法规、政治纪律、廉洁纪律、劳动纪律等造成不良影响的，应视情形直接评定为“基本称职”或“不称职”等次。 2. 发生严重违规违纪问题，受到撤销党内职务及以上党纪处分或降级及以上政纪处分的，应直接评定为“不称职”等次	处分决定	年度
备注					

YS-TL-012

运输管理部信号技术管理

<table>
<tr><td>岗位名称</td><td colspan="2">信号技术管理</td><td colspan="2">所在部门</td><td>运输管理部</td></tr>
<tr><td>职位职级序列</td><td colspan="5">管理序列、技术序列</td></tr>
<tr><td>直接上级</td><td colspan="5">运输管理部经理</td></tr>
<tr><td>直接下级</td><td colspan="5">——</td></tr>
<tr><td rowspan="6">岗位职责</td><td colspan="5">制定信号专业的规章制度、技术标准、操作规程，负责信号设备选型，推广信号专业新技术、新设备应用，负责信号专业智慧铁路建设规划并组织实施，负责信号联锁管理和 LKJ 数据管理</td></tr>
<tr><td colspan="5">健全信号设备质量标准体系，组织设备质量检查考核，负责信号专业标准化建设</td></tr>
<tr><td colspan="5">负责信号设备技术履历管理，健全设备管理台账</td></tr>
<tr><td colspan="5">负责信号设备维修管理，制定设备修程修制，检查考核年月度维修计划的执行情况，推广先进管理经验，提高维修效率</td></tr>
<tr><td colspan="5">负责信号设备基建技改、大中修计划的审查；负责信号基建技改、大中修项目设计文件、施工组织方案、开通方案的审查，组织工程开通验收</td></tr>
<tr><td colspan="5">负责信号专业安全生产管理，参加安全大检查和日常检查，分析现场影响生产的安全问题，提出整改措施或建议，并跟踪落实；参与信号设备故障、事故的调查分析，提出并实施整治方案</td></tr>
<tr><td>工作记录文档</td><td colspan="5">管理制度、工作方案、会议纪要、领导批示、相关检查记录等</td></tr>
</table>

<table>
<tr><td>指标类别</td><td>考核指标</td><td>考核内容</td><td>考核标准</td><td>信息来源</td><td>考核周期</td></tr>
<tr><td rowspan="4">岗位职责指标</td><td>设备质量（20 分）</td><td>按照岗位要求履职履责保障信号设备状况良好</td><td>信号设备综合合格率符合规定，无重大隐患、缺陷，得满分。
信号设备综合合格率每超 1%，扣 5 分；设备存在重大隐患、缺陷，每项扣 5 分</td><td>设备检测报告、季度考核通报</td><td rowspan="4">季度</td></tr>
<tr><td>安全管理（20 分）</td><td>按照岗位要求履职履责保障设备安全、专业人员作业安全</td><td>不发生影响行车的信号设备故障、信号工作人员人身安全事故，得满分。
故障率超指标，每超 1 件，扣 5 分；发生信号操作人员重伤及以上人身伤害事故，每件扣 10 分</td><td>安全通报</td></tr>
<tr><td>技术管理（10 分）</td><td>根据行业、公司实际情况制（修）订信号专业的规章制度、技术标准、操作规程</td><td>根据行业、公司实际情况及时制（修）订信号专业的规章制度、技术标准、操作规程，得满分。
制度缺失，每项扣 5 分</td><td>管理制度、技术规程</td></tr>
<tr><td>工程管理（20 分）</td><td>严格审查新建、改建、扩能铁路工程建设方案；组织工程开通验收</td><td>不发生因前期审查不严格造成新建、改建、扩能铁路工程出现重大缺陷；严格组织工程开通验收，得满分。
发生因前期审查不严格造成新建、改建、扩能铁路工程出现重大设计缺陷，每件扣 5 分；因验收把关不严造成信号联锁关系错误，每件扣 5 分</td><td>工程项目档案、工程验收报告</td></tr>
</table>

续表

指标类别	考核指标	考核内容	考核标准	信息来源	考核周期
岗位职责指标	下现场检查次数（20 分）	定期深入一线检查各运输生产单位对公司规章、制度的执行情况	不少于 4 次得满分。 未按要求完成，每少 1 次扣 5 分	绩效考核记录卡	月度
	设备故障、事故及时调查、分析（10 分）	按期高质量完成设备故障、铁路交通事故的调查、分析	按期完成得满分。 事故、故障原因分析不清、不准确，每次扣 5 分	安全通报	季度
非权重指标	否决指标	违规违纪	1. 员工违反国家法律法规、政治纪律、廉洁纪律、劳动纪律等造成不良影响的，应视情形直接评定为“基本称职”或“不称职”等次。 2. 发生严重违规违纪问题，受到撤销党内职务及以上党纪处分或降级及以上政纪处分的，应直接评定为“不称职”等次	处分决定	年度
备注					

YS–TL–013

运输管理部通信技术管理

<table>
<tr><td>岗位名称</td><td colspan="2">通信技术管理</td><td colspan="2">所在部门</td><td>运输管理部</td></tr>
<tr><td>职位职级序列</td><td colspan="5">管理序列、技术序列</td></tr>
<tr><td>直接上级</td><td colspan="5">运输管理部经理</td></tr>
<tr><td>直接下级</td><td colspan="5">——</td></tr>
<tr><td rowspan="6">岗位职责</td><td colspan="5">负责通信专业技术管理工作，结合公司实际组织制（修）订通信专业的规章制度、技术标准、操作规程；负责通信专业新技术、新设备、新材料、新工艺和先进工作经验的收集、推广、应用</td></tr>
<tr><td colspan="5">负责公司无线、有线通信网规划、通道资源、设备运行、设备履历的管理工作，并对设备维修质量进行检查、指导、考核、评定；负责组织通信专业设备运行过程中出现的技术问题的攻关工作</td></tr>
<tr><td colspan="5">参与通信专业设备大中修、技术改造年度项目计划编制及审核</td></tr>
<tr><td colspan="5">负责通信专业施工、维修计划的审核，并对日常维修作业完成情况进行检查、指导、验收、考核、评定</td></tr>
<tr><td colspan="5">参与通信专业基建、大修项目技术方案、施工图纸、施工组织方案、验收方案的审查及施工过程中技术管理和工程竣工验收工作</td></tr>
<tr><td colspan="5">参加安全大检查和日常检查，分析现场设备影响运输安全生产的问题，提出整改措施或建议，并跟踪落实；按照专业分工，参与设备故障、事故的调查、分析工作，提出并实施整治方案</td></tr>
<tr><td>工作记录文档</td><td colspan="5">管理制度、工作方案、会议纪要、领导批示、相关检查记录等</td></tr>
</table>

<table>
<tr><th>指标类别</th><th>考核指标</th><th>考核内容</th><th>考核标准</th><th>信息来源</th><th>考核周期</th></tr>
<tr><td rowspan="3">岗位职责指标</td><td>设备质量（20 分）</td><td>按照岗位要求履职履责保障通信设备状况良好</td><td>按要求完成得满分。
发现一次设备缺陷、隐患扣 5 分</td><td>设备检测报告、季度考核通报</td><td rowspan="3">季度</td></tr>
<tr><td>安全管理（20 分）</td><td>按照岗位要求履职履责保障设备安全、专业人员作业安全</td><td>不发生影响行车的通信设备故障、通信工作人员人身安全事故得满分。
发生一件影响行车的设备故障，扣 5 分；发生一件通信操作人员人身安全事故，扣 10 分</td><td>安全通报</td></tr>
<tr><td>技术管理（10 分）</td><td>根据行业、公司实际情况制（修）订通信专业的规章制度、技术标准、操作规程；负责制度培训及制度落实</td><td>按要求完成得满分。
制度制（修）订不及时的，扣 5 分；制度培训不及时的，扣 5 分</td><td>管理制度、技术规程</td></tr>
</table>

续表

指标类别	考核指标	考核内容	考核标准	信息来源	考核周期
岗位职责指标	工程管理（20分）	严格审查新建、改建、扩能铁路工程建设方案；组织好项目验收工作	不发生因前期审查不严格造成新建、改建、扩能铁路工程出现重大缺陷；不发生因项目验收不严格造成费用损失，得满分。 发生因前期审查不严格造成新建、改建、扩能铁路工程出现重大缺陷，每件扣5分；发生因项目验收不严格造成费用损失，每件扣5分	工程项目档案、工程验收报告	季度
	下现场检查次数（20分）	定期深入一线检查各运输生产单位对公司规章、制度的执行情况	不少于4次得满分。 未按要求完成，每少1次扣5分	绩效考核记录卡	月度
	设备故障、事故及时调查、分析（10分）	按期高质量完成设备故障、铁路交通事故的调查、分析	按期完成得满分。 未按期完成，每项扣5分	安全通报	季度
非权重指标	否决指标	违规违纪	1. 员工违反国家法律法规、政治纪律、廉洁纪律、劳动纪律等造成不良影响的，应视情形直接评定为“基本称职”或“不称职”等次。 2. 发生严重违规违纪问题，受到撤销党内职务及以上党纪处分或降级及以上政纪处分的，应直接评定为“不称职”等次	处分决定	年度
备注					

YS-TL-014

运输管理部供电技术管理

<table>
<tr><th>岗位名称</th><th>供电技术管理</th><th>所在部门</th><th>运输管理部</th></tr>
<tr><td>职位职级序列</td><td colspan="3">管理序列、技术序列</td></tr>
<tr><td>直接上级</td><td colspan="3">运输管理部经理</td></tr>
<tr><td>直接下级</td><td colspan="3">——</td></tr>
<tr><td rowspan="6">岗位职责</td><td colspan="3">负责供电专业技术管理工作，结合公司实际，组织制（修）订供电专业的技术标准、管理标准</td></tr>
<tr><td colspan="3">负责公司供电专业设备运行、检修的技术管理工作，并对设备运行、检修情况进行检查、指导、考核、评定，对调度指挥中心进行业务指导</td></tr>
<tr><td colspan="3">负责组织供电专业设备运行过程中出现的技术问题的攻关工作；负责供电专业新技术、新设备、新材料、新工艺和先进工作经验的收集、推广、应用</td></tr>
<tr><td colspan="3">负责组织对供电设备大中修、技术改造年度项目计划技术方案进行审核，参与供电专业基建及大中修、技改项目施工图纸、施工方案的审查</td></tr>
<tr><td colspan="3">负责办理供电线路跨越、穿越铁路或既有电力线路的手续；参加与公司接轨、跨越、穿越的供电专业相关项目的设计、施工方案审查；参加基建工程竣工验收工作，组织主办的供电设备大中修、技术改造项目竣工验收工作</td></tr>
<tr><td colspan="3">参加安全大检查和日常检查，分析现场影响生产的安全问题，提出整改措施或建议，并跟踪落实；参加供电设备故障、事故的调查、分析工作，协助子分公司提出实施整治方案</td></tr>
<tr><td>工作记录文档</td><td colspan="3">管理制度、工作方案、会议纪要、领导批示、相关检查记录等</td></tr>
</table>

<table>
<tr><th>指标类别</th><th>考核指标</th><th>考核内容</th><th>考核标准</th><th>信息来源</th><th>考核周期</th></tr>
<tr><td rowspan="3">岗位职责指标</td><td>设备质量（20 分）</td><td>按照岗位要求履职履责保障供电设备状况良好</td><td>按要求完成得满分。
发现一次设备缺陷、隐患扣 5 分</td><td>设备检测报告、季度考核通报</td><td rowspan="3">季度</td></tr>
<tr><td>安全管理（20 分）</td><td>按照岗位要求履职履责保障设备安全、专业人员作业安全</td><td>不发生影响行车的供电设备故障、供电工作人员人身安全事故得满分。
发生一件影响行车的设备故障，扣 5 分；发生一件供电操作人员人身安全事故，扣 10 分</td><td>安全通报</td></tr>
<tr><td>技术管理（10 分）</td><td>根据行业、公司实际情况制（修）订供电专业的规章制度、技术标准、操作规程；负责制度培训及制度落实</td><td>按时完成各项工作得满分。
制度制（修）订不及时的，扣 5 分；制度培训不及时的，扣 5 分</td><td>管理制度、技术规程</td></tr>
</table>

续表

指标类别	考核指标	考核内容	考核标准	信息来源	考核周期
岗位职责指标	工程管理（20分）	严格审查新建、改建、扩能铁路工程建设方案；组织好项目验收工作	不发生因前期审查不严格造成新建、改建、扩能铁路工程出现重大缺陷；不发生因项目验收不严格造成费用损失，得满分。 发生因前期审查不严格造成新建、改建、扩能铁路工程出现重大缺陷，每件扣5分；发生因项目验收不严格造成费用损失，每件扣5分	工程项目档案、工程验收报告	季度
	下现场检查次数（20分）	定期深入一线检查各运输生产单位对公司规章、制度的执行情况	不少于4次得满分。 未按要求完成，每少1次扣5分	绩效考核记录卡	月度
	设备故障、事故及时调查、分析（10分）	按期高质量完成设备故障、铁路交通事故的调查、分析	按时完成得满分。 未按期完成，每项扣5分	安全通报	季度
非权重指标	否决指标	违规违纪	1. 员工违反国家法律法规、政治纪律、廉洁纪律、劳动纪律等造成不良影响的，应视情形直接评定为“基本称职”或“不称职”等次。 2. 发生严重违规违纪问题，受到撤销党内职务及以上党纪处分或降级及以上政纪处分的，应直接评定为“不称职”等次	处分决定	年度
备注					

YS-TL-015

运输管理部班组建设和固定资产管理

岗位名称	班组建设和固定资产管理	所在部门	运输管理部
职位职级序列	管理序列、技术序列		
直接上级	运输管理部副经理		
直接下级	——		
岗位职责	负责班组建设管理，制定班组建设规章制度与考核标准并定期组织考核		
	负责班组标准化、信息化建设管理工作，组织公司班组建设对标、交流、学习活动		
	负责固定资产管理工作，组织制定固定资产规章制度并督导落实，审核、完善相关基础技术资料		
	负责固定资产实物管理、清查盘点、报废处置及非资产设备管理		
工作记录文档	管理制度、工作方案、会议纪要、领导批示、相关检查记录等		

指标类别	考核指标	考核内容	考核标准	信息来源	考核周期
岗位职责指标	基础管理（10 分）	组织制定固定资产规章制度并督导落实，审核、完善相关基础技术资料	按要求完成得满分。 拟（修）订不及时的，每出现一次扣 5 分；未组织基础技术资料审核、完善每次扣 5 分	工作记录	月度
	资产验收及时率（10 分）	监督公司资产验收及时率	按要求完成得满分。 资产验收及时率 =（应验收资产 − 验收资产）/ 应验收资产 × 基本分	投资计划	季度
	报废资产处置率（10 分）	及时处置报废资产	按要求完成得满分。 报废资产处置率 =（应验报废资产 − 实际资产）/ 应报废资产 × 基本分	年度处置预算	年度
	检查发现问题数（20 分）	定期深入一线检查各公司规章、制度的执行情况	不少于 5 次得满分。 未按要求完成，每少 1 次扣 4 分	安全管理信息系统	月度
	活动安排（10 分）	开展班组对标、标准化建设、信息化建设、五型班组创建等	按照工作计划完成得满分。 未开展工作，每项扣 5 分	工作记录	年度
	文件管理（10 分）	及时修订班组建设管理相关制度、方案、活动通知	拟（修）订不及时的，每出现 1 次扣 5 分	管理制度、业务通知	季度
	下现场检查次数（10 分）	定期深入一线检查各子分公司对公司规章、制度的执行情况，参加班组活动	不少于 2 次得满分。 未按要求完成，每少 1 次扣 5 分	领导检查登记簿	月度
	班组建设考核检查（20 分）	每半年开展一次班组建设考核工作	未按期完成，每项扣 10 分	考核通报	半年

续表

指标类别	考核指标	考核内容	考核标准	信息来源	考核周期
非权重指标	否决指标	违规违纪	1. 员工违反国家法律法规、政治纪律、廉洁纪律、劳动纪律等造成不良影响的，应视情形直接评定为“基本称职”或“不称职”等次。 2. 发生严重违规违纪问题，受到撤销党内职务及以上党纪处分或降级及以上政纪处分的，应直接评定为“不称职”等次	处分决定	年度
备注					

YS-TL-016

运输管理部特种设备和通用设备管理

岗位名称	特种设备和通用设备管理	所在部门	运输管理部
职位职级序列	管理序列、技术序列		
直接上级	运输管理部副经理		
直接下级	——		
岗位职责	负责落实国家特种设备管理相关法律法规有关的管理职责		
	负责特种设备、通用设备及房屋附属设施、固定资产、计量管理工作		
	负责组织制定或审核特种设备、通用设备及房屋附属设施、计量管理规章制度并督导落实，审核、完善相关基础技术资料		
	负责组织编制或审核通用设备及房屋附属设施、特种设备、计量器具检测、维修计划		
	负责通用设备及房屋附属设施、特种设备、计量器具的新购、更新、改造、使用、检修、维护等全生命周期管理		
	负责通用设备及房屋附属设施、特种设备、计量器具运行质量分析及专项整治工作		
	负责相关外委业务的监督管理、考核工作		
工作记录文档	管理制度、工作方案、会议纪要、领导批示、相关检查记录等		

指标类别	考核指标	考核内容	考核标准	信息来源	考核周期
岗位职责指标	特种设备检验率（20分）	监督在用特种设备全部完成按期检验并检验合格	按期完成得满分。 本项得分 =（特种设备总台数 – 超期检验台数）/ 特种设备总台数 × 基本分	特种设备检验记录	半年
	设备投资计划完成率（20分）	监督职责范围内设备投资计划完成率	按要求完成得满分。 本项得分 =（计划总数 – 未完成计划数）/ 计划总数 × 基本分	年度投资计划	年度
	计量器具检定校准率（20分）	监督在用计量器具全部按期检定并检定合格	按要求完成得满分。 本项得分 =（计划检定校准台数 – 未完成检定校准台数）/ 计划检定校准台数 × 基本分	计量器具检定校准记录	季度
	检查发现问题数（20分）	定期深入一线检查各公司规章、制度的执行情况	不少于 5 次得满分。 未按要求完成，每少 1 次扣 4 分	安全管理信息系统	月度
	隐患整改合格率（20分）	按期完成相关隐患整改并保证整改合格	按期完成得满分。 本项得分 =（应整改数 – 超期未整改数）/ 应整改数 × 基本分		
非权重指标	否决指标	违规违纪	1. 员工违反国家法律法规、政治纪律、廉洁纪律、劳动纪律等造成不良影响的，应视情形直接评定为“基本称职”或“不称职”等次。	处分决定	年度

续表

指标类别	考核指标	考核内容	考核标准	信息来源	考核周期
非权重指标	否决指标	违规违纪	2. 发生严重违规违纪问题，受到撤销党内职务及以上党纪处分或降级及以上政纪处分的，应直接评定为“不称职”等次	处分决定	年度
备注					

YS-TL-017

调度指挥中心技术室主任

<table>
<tr><td>岗位名称</td><td>技术室主任</td><td>所在部门</td><td>调度指挥中心</td></tr>
<tr><td>职位职级序列</td><td colspan="3">管理序列</td></tr>
<tr><td>直接上级</td><td colspan="3">调度指挥中心分管领导</td></tr>
<tr><td>直接下级</td><td colspan="3">技术室业务主管</td></tr>
<tr><td rowspan="7">岗位职责</td><td colspan="3">组织相关技术人员修改、制定与调度相关的规章、技术性文件</td></tr>
<tr><td colspan="3">负责《调度指挥中心管理细则》的修订，发布调度指挥中心《业务通知》《调度通知》</td></tr>
<tr><td colspan="3">组织本室人员检查各工种调度员规章制度、作业纪律、作业程序标准执行情况</td></tr>
<tr><td colspan="3">负责对计划调度、列车调度的技术指导，健全计划调度、列车调度相应表、报、簿、册管理；负责指导完善《岗位技术手册》，参与、指导列车调度员进行应急处置</td></tr>
<tr><td colspan="3">负责与子分公司部室及站区业务沟通与联系，收集生产指挥存在的问题，及时向相关领导提出解决建议；负责与邻铁路局（邻公司）调度部门联系，签订分界口调度协议</td></tr>
<tr><td colspan="3">跟踪铁路发展先进技术，负责信息化建设工作</td></tr>
<tr><td colspan="3">负责调度指挥中心生产技术室科室人员进行管理及工作检查指导，检查督促科室人员工作落实情况</td></tr>
<tr><td>工作记录文档</td><td colspan="3">中心制度汇编、业务台账、调度协议等</td></tr>
</table>

<table>
<tr><th>指标类别</th><th>考核指标</th><th>考核内容</th><th>考核标准</th><th>信息来源</th><th>考核周期</th></tr>
<tr><td rowspan="4">岗位职责指标</td><td>规章、制度管理（25 分）</td><td>及时修订、完善与调度业务相关的制度、技术文件</td><td>完成修订不扣分，少完成 1 件扣 1 分</td><td rowspan="2">运输管理部</td><td rowspan="2">季度</td></tr>
<tr><td>规章、制度落实（25 分）</td><td>负责新修订的规章、制度学习落实工作</td><td>完成不扣分，未完成 1 项扣 1 分</td></tr>
<tr><td>信息化管理（25 分）</td><td>按照年度信息化项目及时组织落实</td><td>完成不扣分，未完成 1 项扣 1 分</td><td>科技信息部</td><td>年度</td></tr>
<tr><td>安全管理（25 分）</td><td>不发生因为技术管理不到位产生的安全事故</td><td>未发生不扣分，发生 1 件扣 2 分</td><td>安全质量部</td><td>季度</td></tr>
<tr><td>非权重指标</td><td>否决指标</td><td>违规违纪</td><td>1. 员工违反国家法律法规、政治纪律、廉洁纪律、劳动纪律等造成不良影响的，应视情形直接评定为“基本称职”或“不称职”等次。
2. 发生严重违规违纪问题，受到撤销党内职务及以上党纪处分或降级及以上政纪处分的，应直接评定为“不称职”等次</td><td>处分决定</td><td>年度</td></tr>
<tr><td>备注</td><td colspan="5"></td></tr>
</table>

YS-TL-018

调度指挥中心统计分析室主任

<table>
<tr><td>岗位名称</td><td>统计分析室主任</td><td>所在部门</td><td>调度指挥中心</td></tr>
<tr><td>职位职级序列</td><td colspan="3">管理序列</td></tr>
<tr><td>直接上级</td><td colspan="3">调度指挥中心分管领导</td></tr>
<tr><td>直接下级</td><td colspan="3">统计分析主管、货运主管、统计调度员、分析调度员</td></tr>
<tr><td rowspan="6">岗位职责</td><td colspan="3">建立健全中心货运、统计、分析制度和各类统计分析报表，监督指导货运、统计、分析调度员及时准确完成各类报表填报和日常分析、定期分析</td></tr>
<tr><td colspan="3">负责布置专题分析内容，指导编写分析报告，推广新制度和办法，协调解决工作中各工种间以及与各部门间存在的问题</td></tr>
<tr><td colspan="3">负责组织对外重大分析材料、会议材料的编写，审核本科室编制上报的各类报表、会议材料、分析材料</td></tr>
<tr><td colspan="3">监督指导建立中心货运、统计、分析管理制度，并督促检查货运、统计、分析制度的执行情况</td></tr>
<tr><td colspan="3">负责跟踪分析运输统计指标变化情况，对日常运输生产提出合理化建议</td></tr>
<tr><td colspan="3">负责评估调度人员日常工作情况，提出调度人员绩效考核及岗位调整建议</td></tr>
<tr><td>工作记录文档</td><td colspan="3">统计报表、分析报告、会议材料等</td></tr>
</table>

<table>
<tr><th>指标类别</th><th>考核指标</th><th>考核内容</th><th>考核标准</th><th>信息来源</th><th>考核周期</th></tr>
<tr><td rowspan="5">岗位职责指标</td><td>职工培训（20分）</td><td>季度考试通过率</td><td>完成90%得满分，每低于目标值5%扣1分</td><td rowspan="2">安全教育室</td><td rowspan="4">季度</td></tr>
<tr><td>安全“红线”（20分）</td><td>杜绝职工违反安全“红线”行为</td><td>完成目标值得满分，每低于目标值5%扣1分</td></tr>
<tr><td>制度落实（20分）</td><td>职工严格执行货运及统计制度</td><td>每发生1件违反货运及统计制度事件扣1分</td><td rowspan="3">综合室</td></tr>
<tr><td>数据保密（20分）</td><td>保证集团重要统计数据安全</td><td>每发生1件重要数据外漏事件扣1分</td></tr>
<tr><td>日常管理（20分）</td><td>督促检查各种制度落实情况</td><td>每发生1件因制度落实不到位影响生产的事件扣1分</td><td>月度</td></tr>
<tr><td>非权重指标</td><td>否决指标</td><td>违规违纪</td><td>1. 员工违反国家法律法规、政治纪律、廉洁纪律、劳动纪律等造成不良影响的，应视情形直接评定为“基本称职”或“不称职”等次。
2. 发生严重违规违纪问题，受到撤销党内职务及以上党纪处分或降级及以上政纪处分的，应直接评定为“不称职”等次</td><td>处分决定</td><td>年度</td></tr>
<tr><td>备注</td><td colspan="5"></td></tr>
</table>

YS-TL-019

调度指挥中心安全教育室主任

岗位名称	安全教育室主任	所在部门	调度指挥中心
职位职级序列	管理序列		
直接上级	调度指挥中心负责人		
直接下级	部室成员		
岗位职责	根据新业务、新设备变化，制定、完善各项安全管理制度、措施和办法；落实集团公司“1 号文”，组织各科室分解落实任务		
	负责安委会、安全专题分析会日常组织联系工作		
	检查各调度岗位日常作业违纪违章情况，每月下发《安全通报》，针对日常检查发现的问题提出安全卡控措施		
	每年进行危险源辨识与风险评估，编制风险管理手册		
	定期进行安全警示教育，组织人身安全和调度命令培训并进行检查		
	组织每季度的业务考试和每年一次的调度技术比武；落实持证上岗制度，组织调度员定、转岗考试；制订并落实年度培训计划		
	修订《调度指挥中心综合应急预案》，规范应急处置，组织应急培训与演练；指导填报《安监报 -1》和安全信息		
工作记录文档	安全通报、风险管理手册、年度培训计划、综合应急预案等		

指标类别	考核指标	考核内容	考核标准	信息来源	考核周期
岗位职责指标	职工培训（20 分）	定转岗考试通过率、培训计划兑现率	完成 90% 得满分，每低于目标值 5% 扣 1 分	人力资源部	季度
	安全管理（20 分）	发生调度安全责任故障件数	目标值 0 件，完成目标值得满分，每发生 1 件扣 1 分	安全健康环保部	
	调度命令（20 分）	调度命令下达不规范率	不规范率控制在 0.7% 以下得满分，超过扣 1 分		年度
	季度考试（20 分）	调度员季度业务考试合格率 90%	完成目标值得满分，每低于目标值 5% 扣 1 分	教培中心	季度
	持证上岗率（20 分）	操作岗位人员需 100% 持有调度员合格证	完成目标值得满分，每低于目标值 5% 扣 1 分	人力资源部	年度
非权重指标	否决指标	违规违纪	1. 员工违反国家法律法规、政治纪律、廉洁纪律、劳动纪律等造成不良影响的，应视情形直接评定为“基本称职”或“不称职”等次。 2. 发生严重违规违纪问题，受到撤销党内职务及以上党纪处分或降级及以上政纪处分的，应直接评定为“不称职”等次	处分决定	
备注					

YS-TL-020

调度指挥中心电调室主任

<table>
<tr><td>岗位名称</td><td colspan="3">电调室主任</td><td>所在部门</td><td>调度指挥中心</td></tr>
<tr><td>职位职级序列</td><td colspan="5">管理序列</td></tr>
<tr><td>直接上级</td><td colspan="5">调度指挥中心负责人</td></tr>
<tr><td>直接下级</td><td colspan="5">部室成员</td></tr>
<tr><td rowspan="7">岗位职责</td><td colspan="5">负责供电调度专业安全、技术、业务管理工作</td></tr>
<tr><td colspan="5">负责组织制定、修订供电调度作业办法，建立健全电调室、供电调度专业的工作台账</td></tr>
<tr><td colspan="5">负责组织编写供电调度员学习、培训计划</td></tr>
<tr><td colspan="5">负责供电调度员执行规章制度、作业标准、作业程序的检查、考核；负责检查、监督供电设备施工、维修计划的执行情况；完成月度、年度供电设备运行情况的上报工作</td></tr>
<tr><td colspan="5">负责供电调度工作站、办公系统的缺陷收集汇总工作，督促相关单位及时处理解决</td></tr>
<tr><td colspan="5">了解铁道供电发展新技术，负责信息化建设工作</td></tr>
<tr><td colspan="5">负责供电调度员执行规章制度、作业标准、作业程序的检查、考核；负责检查、监督供电设备施工、维修计划的执行情况</td></tr>
<tr><td>工作记录文档</td><td colspan="5">作业办法、供电调度台账等</td></tr>
<tr><td>指标类别</td><td>考核指标</td><td>考核内容</td><td>考核标准</td><td>信息来源</td><td>考核周期</td></tr>
<tr><td rowspan="5">岗位职责指标</td><td>职工培训（20分）</td><td>季度定转岗考试通过率、季度培训计划兑现率98%</td><td>完成目标值得满分；未完成目标值，每低1%扣1分</td><td>人力资源部</td><td>季度</td></tr>
<tr><td>制度管理（20分）</td><td>基准值为年度制度新增（修订）完成率100%、年度新修制度培训率100%</td><td>完成目标值得基本分；未完成新增（修订）制度或新修制度培训，每发生1件扣1分</td><td rowspan="4">调度指挥中心</td><td>年度</td></tr>
<tr><td>作业盯控（20分）</td><td>调度台作业盯控12次</td><td>完成目标值得满分；未完成目标值每项扣1分</td><td>季度</td></tr>
<tr><td>调度命令（20分）</td><td>年度运输生产部抽查或子公司反馈未发现错、漏发调度命令</td><td>完成目标值得满分；每发现1件扣1分，最多扣5分</td><td>年度</td></tr>
<tr><td>安全“红线”（20分）</td><td>杜绝职工违反安全“红线”行为</td><td>完成目标值得满分；每发现1件扣1分，最多扣5分</td><td>月度</td></tr>
<tr><td>非权重指标</td><td>否决指标</td><td>违规违纪</td><td>1. 员工违反国家法律法规、政治纪律、廉洁纪律、劳动纪律等造成不良影响的，应视情形直接评定为“基本称职”或“不称职”等次。
2. 发生严重违规违纪问题，受到撤销党内职务及以上党纪处分或降级及以上政纪处分的，应直接评定为“不称职”等次</td><td>处分决定</td><td>年度</td></tr>
<tr><td>备注</td><td colspan="5"></td></tr>
</table>

YS–TL–021

调度指挥中心施工室主任

<table>
<tr><td>岗位名称</td><td>施工室主任</td><td>所在部门</td><td>调度指挥中心</td></tr>
<tr><td>职位职级序列</td><td colspan="3">管理序列</td></tr>
<tr><td>直接上级</td><td colspan="3">调度指挥中心分管领导</td></tr>
<tr><td>直接下级</td><td colspan="3">施工室专职主管</td></tr>
<tr><td rowspan="7">岗位职责</td><td colspan="3">全面负责施工室的安全、考核及管内施工调度组织指挥工作</td></tr>
<tr><td colspan="3">负责参加公司月度施工计划审查协调会，根据月度施工计划及邻局（邻公司）批准的施工电报内容，组织相关人员优化施工方案，合理安排施工计划</td></tr>
<tr><td colspan="3">负责掌握公司运输方案、月计划、周计划执行情况，以运量和装车最大化为目标，指导调整制订日施工（维修）计划，尽力减少施工对运输和装车的影响</td></tr>
<tr><td colspan="3">负责详细了解抢险物资和路料装卸计划，落实好装卸地点，及时布置施工调度主管通知相关人员纳入日（班）计划</td></tr>
<tr><td colspan="3">负责组织建立完善施工分析台账，重点掌握大型施工进度，对施工存在问题进行详细调查分析，并及时上报主管领导</td></tr>
<tr><td colspan="3">负责准确掌握管段施工慢行区段和地点，对临时发生变化的施工项目，要及时做出调整</td></tr>
<tr><td colspan="3">负责对外联络协调，做好天窗施工对接，加强与西安局、呼铁局、太原局等分界口单位或公司交流沟通，为集团运输生产提供信息支持</td></tr>
<tr><td>工作记录文档</td><td colspan="3">施工计划、施工方案、施工分析台账</td></tr>
</table>

<table>
<tr><th>指标类别</th><th>考核指标</th><th>考核内容</th><th>考核标准</th><th>信息来源</th><th>考核周期</th></tr>
<tr><td rowspan="5">岗位职责指标</td><td>天窗兑现率
（25 分）</td><td>反映天窗施工项目调整安排情况</td><td>完成目标值 98% 得基本分，完成值每提高 0.2%，加 1 分，最多加 5 分；每降低 0.2%，扣 1 分</td><td rowspan="2">管内各子公司</td><td rowspan="2">季度</td></tr>
<tr><td>天窗利用率
（25 分）</td><td>反映施工作业时间使用情况</td><td>完成目标值 95% 得基本分，完成值每提高 0.2%，加 1 分，最多加 5 分；每降低 0.2%，扣 1 分</td></tr>
<tr><td>天窗现场盯控
（10 分）</td><td>安排人员现场盯控重点施工</td><td>每月 1 人次。
完成目标值得满分，未完成目标值扣 2 分</td><td>调度指挥中心</td><td rowspan="3">年度</td></tr>
<tr><td>安全责任事故考核
（30 分）</td><td>日常施工安全管理卡控情况</td><td>年度不发生因施工组织管理方面出现问题而造成的安全责任事故，得基本分；每发生一件责任故障，扣 2 分；每发生 1 件一般 C5 类及以下责任事故，扣 3 分；每发生 1 件一般 C5 类以上责任事故，扣 5 分</td><td>安全环保监察部</td></tr>
<tr><td>夜间巡台检查“两纪”
（10 分）</td><td>每月 1 次夜间随机巡台检查</td><td>每月 1 人次。
完成目标值得满分，未完成目标值扣 2 分</td><td>安全教育室</td></tr>
</table>

续表

指标类别	考核指标	考核内容	考核标准	信息来源	考核周期
非权重指标	否决指标	违规违纪	1. 员工违反国家法律法规、政治纪律、廉洁纪律、劳动纪律等造成不良影响的，应视情形直接评定为“基本称职”或“不称职”等次。 2. 发生严重违规违纪问题，受到撤销党内职务及以上党纪处分或降级及以上政纪处分的，应直接评定为“不称职”等次	处分决定	年度
备注	上述前三个指标在每年 4—11 月施工期间适用				

YS-TL-022

调度指挥中心机车室主任

岗位名称	机车室主任	所在部门	调度指挥中心
职位职级序列	管理序列		
直接上级	调度指挥中心负责人		
直接下级	部室成员		
岗位职责	负责建立健全中心机车车辆的运用、检修、过轨回送等有关办法制度；协助完善中心日常分析、考核、奖励等管理办法制度中有关机调部分内容；建立健全机车车辆运用检修等相关台账		
	负责公司支配机车运用管理，根据生产任务核定各线货运、调车、小运转机车的合理使用台数，努力提高机车运用效率		
	负责机车检修管理，根据运输生产实际情况，按照检修计划制订扣车计划并组织落实		
	负责自备车辆运用管理，动态掌握管内各线自备车体数量，根据生产任务情况调整车体使用区段，努力提高车辆运用效率		
	负责自备车辆检修管理，根据集团下达的计划及车检中心的检修进度，统筹组织车辆入段检修		
	负责本科室、机车调度员的业务规范管理，力求业务执行规范、准确，日常工作高效落实		
	负责与运输部、机务分公司、铁路装备公司各车检中心以及邻局（公司）进行业务协调，力求工作高效完成		
	负责机调信息化建设、系统升级改造需求分析、功能设计等		
工作记录文档	机车车辆运用检修台账		

指标类别	考核指标	考核内容	考核标准	信息来源	考核周期
岗位职责指标	机调业务规范（20分）	机调业务不规范被考核或业务标准高受奖励	运输部通报批评1次扣1分；奖励1次加1分	运输管理部	季度
	机车平均全周转时间（20分）	基准值为包神线8h、神朔线17h，完成基准值得95分	某线完成值每较基准值缩短时间2%，加1分，最多加5分；延长时间2%，扣1分	铁路调度系统	
	机车日产量（20分）	基准值为神朔线：105万吨公里；包神线：100万吨公里，完成基准值得95分	增加2%，加1分；减少2%，扣1分		
	机车车辆检修兑现（20分）	以集团每月下达的车辆检修计划和运输部、机务机车检修计划为准	完成值每较基准值减少1台次，扣1分；每较基准值增加1台次，加1分	集团、运输部、机务分公司计划，日常工作完成情况台账	

续表

指标类别	考核指标	考核内容	考核标准	信息来源	考核周期
岗位职责指标	机车、车辆、自轮运转设备等过轨回送（20 分）	以集团、运输部发布的业务通知回送计划为准	完成值每较基准值减少 1 次，扣 1 分	集团、运输部通知，日常工作完成情况台账	季度
非权重指标	否决指标	违规违纪	1. 员工违反国家法律法规、政治纪律、廉洁纪律、劳动纪律等造成不良影响的，应视情形直接评定为“基本称职”或“不称职”等次。 2. 发生严重违规违纪问题，受到撤销党内职务及以上党纪处分或降级及以上政纪处分的，应直接评定为“不称职”等次	处分决定	年度
备注					

YS-TL-023

调度指挥中心车流室主任

<table>
<tr><td>岗位名称</td><td>车流室主任</td><td>所在部门</td><td>调度指挥中心</td></tr>
<tr><td>职位职级序列</td><td colspan="3">管理序列</td></tr>
<tr><td>直接上级</td><td colspan="3">调度指挥中心主任（分管副主任）</td></tr>
<tr><td>直接下级</td><td colspan="3">车流室业务主管</td></tr>
<tr><td rowspan="11">岗位职责</td><td colspan="3">负责掌握公司运输方案、月度计划和周计划，组织、协调调度班组及相关室兑现日班计划</td></tr>
<tr><td colspan="3">以运行和装车最大化为目标，平衡空重车保有量，合理调配机车、车辆使用，指导制订日班车流计划，完成运输生产计划</td></tr>
<tr><td colspan="3">掌握运输生产情况，及时向国家能源集团总调度室汇报运输生产进度和存在的困难，协调次日轮廓计划，解决各线装车冲突问题</td></tr>
<tr><td colspan="3">组织好运行分析会议，认真分析每日车流组织情况，总结运输组织经验和运输规律，解决日常生产中存在的组织问题</td></tr>
<tr><td colspan="3">负责参加相关工作例会和专题会议，保持与上级领导部门和有关部门的业务联系</td></tr>
<tr><td colspan="3">负责与呼铁局、太原局、国家能源集团一体化单位日常联系，了解相关运输政策的调整与变化，协调日常生产、运行相关事务</td></tr>
<tr><td colspan="3">负责日常客户联系，提前摸底客户发运计划，主动将客户需求、铁路局批车、进线车流和站台装车进行一体化协作</td></tr>
<tr><td colspan="3">负责与站区生产组织联系，解决日常运输组织中存在的问题</td></tr>
<tr><td colspan="3">负责车流室人员管理，督促车流室各岗位各项制度的落实</td></tr>
<tr><td colspan="3">组织建立、健全车流调度相关制度、车流台账、报表及有关分析资料，优化、完善车流室各岗位工作职责、工作标准、工作流程</td></tr>
<tr><td colspan="3">负责员工请销假和班组人员调整等管理工作</td></tr>
<tr><td>工作记录文档</td><td colspan="3">车流台账、会议记录</td></tr>
</table>

<table>
<tr><th>指标类别</th><th>考核指标</th><th>考核内容</th><th>考核标准</th><th>信息来源</th><th>考核周期</th></tr>
<tr><td rowspan="3">岗位职责指标</td><td>车流组织（20 分）</td><td>以运行和装车最大化为目标，完成季度运输生产计划</td><td>完成季度目标值得满分。目标值超计划 5 万吨，加 1 分；欠计划 5 万吨，扣 1 分</td><td rowspan="3">调度指挥中心</td><td rowspan="3">季度</td></tr>
<tr><td>对外联系（20 分）</td><td>掌握运输生产情况，及时向集团总调度室汇报运输生产进度和存在的困难，解决各线装车冲突问题，努力争取增加装车计划</td><td>完成集团下达的装车季度目标值得满分。每超计划 5 列，加 1 分；欠计划 5 列，扣 1 分</td></tr>
<tr><td>市场营销（20 分）</td><td>积极树立市场营销理念，引进新客户，留住和稳定既有发运客户，不断改进运输组织工作和运输服务，扩大和吸引货源</td><td>地方客户发运完成季度基本值得满分。每增加 1 家新客户入线发运，加 1 分</td></tr>
</table>

续表

指标类别	考核指标	考核内容	考核标准	信息来源	考核周期
岗位职责指标	制度管理（20分）	组织建立、健全车流调度相关制度、台账等资料，优化、完善车流室各岗位工作职责、工作标准、工作流程，督促车流室各岗位各项制度的落实	按规定完成季度目标值得满分，未完成1项扣1分	调度指挥中心	季度
	综合事务办理（20分）	合理安排员工请销假和班组人员调整	按规定要求及时安排员工请销假管理及班组人员调整得满分，未安排扣1分		
非权重指标	否决指标	违规违纪	1. 员工违反国家法律法规、政治纪律、廉洁纪律、劳动纪律等造成不良影响的，应视情形直接评定为“基本称职”或“不称职”等次。 2. 发生严重违规违纪问题，受到撤销党内职务及以上党纪处分或降级及以上政纪处分的，应直接评定为“不称职”等次	处分决定	年度
备注					

YS-TL-024

调度指挥中心值班主任

<table>
<tr><td>岗位名称</td><td colspan="2">值班主任</td><td colspan="2">所在部门</td><td>调度指挥中心</td></tr>
<tr><td>职位职级序列</td><td colspan="5">管理序列</td></tr>
<tr><td>直接上级</td><td colspan="5">调度指挥中心主任、书记（副主任）</td></tr>
<tr><td>直接下级</td><td colspan="5">调度员</td></tr>
<tr><td rowspan="6">岗位职责</td><td colspan="5">完成本班安全运输生产任务，向上级领导汇报有关运输安全生产情况，贯彻上级有关文件、电报、调度命令和指示。重点盯控调度命令的发布，组织完成重点列车、专特运、超限货物、危险品装运等运输工作，对班中需值班主任签发的调度命令进行审核签发</td></tr>
<tr><td colspan="5">组织班组各岗位调度员主动采取措施，积极应对生产异常情况，及时处理和解决分界口发生的问题，完成集团公司运输生产日（班）计划</td></tr>
<tr><td colspan="5">及时收取、上报设备故障、铁路交通事故、自然灾害等突发事件信息，按规定进行应急处置、通报信息、组织救援、调整运输，根据领导指示启动应急响应</td></tr>
<tr><td colspan="5">与邻公司积极协调，与管辖站区、车站和机务进行安全、生产信息通报联系，保证装、卸、排及各分界口正常的运输秩序</td></tr>
<tr><td colspan="5">负责班组日常管理工作，协调班中各调度工种（台）业务流程顺畅衔接，主持交接班会，传达领导指示，布置工作重点，质量良好地完成一班工作，检查“两纪一化”落实情况</td></tr>
<tr><td colspan="5">在运输生产电视电话会议，向集团总调度室汇报当日运输安全和运输生产任务完成情况及完成次日计划的措施；主持每日集团公司运输生产视频会议，布置次日计划及工作重点</td></tr>
<tr><td>工作记录文档</td><td colspan="5">调度命令、运输生产日（班）计划</td></tr>
</table>

<table>
<tr><td>指标类别</td><td>考核指标</td><td>考核内容</td><td>考核标准</td><td>信息来源</td><td>考核周期</td></tr>
<tr><td rowspan="4">岗位职责指标</td><td>装车计划兑现（30 分）</td><td>由包神线＋甘泉线＋神朔线一体化每日装车计划。因调度责任指挥不当造成计划未兑现的</td><td>因调度责任指挥不当造成计划未兑现的，每减少 1 列，扣 0.1 分；每提高 1 列，加 0.1 分</td><td>集团下达的日计划、18 点统计数据</td><td rowspan="2">月度</td></tr>
<tr><td>日班卸车计划兑现（10 分）</td><td>管内各卸车点，根据卸车计划，完成卸车任务</td><td>因调度责任指挥不当造成计划未兑现的，每减少 1 列，扣 0.1 分；每提高 1 列，加 0.1 分</td><td>中心下达的卸车计划、18 点统计数据</td></tr>
<tr><td>施工天窗兑现率（10 分）</td><td>施工天窗兑现率＝年度实际给予天窗点 / 年度计划天窗点</td><td>完成指标得满分。完成值每提高 0.2%，加 1 分，最多加 5 分；每降低 0.2%，扣 1 分</td><td>施工室</td><td rowspan="2">季度</td></tr>
<tr><td>安全责任事故（35 分）</td><td>年度未发生因调度指挥导致的安全责任事故件数</td><td>每发生 1 件一般 C5 类及以下责任事故，扣 3 分；每发生 1 件一般 C5 类以上责任事故，扣 5 分</td><td>安全环保监察部</td></tr>
</table>

续表

指标类别	考核指标	考核内容	考核标准	信息来源	考核周期
岗位职责指标	班组人员学习培训（15 分）	每年组织 4 次班组集体学习培训	缺 1 次扣 5 分	安全教育室	季度
非权重指标	否决指标	违规违纪	1. 员工违反国家法律法规、政治纪律、廉洁纪律、劳动纪律等造成不良影响的，应视情形直接评定为“基本称职”或“不称职”等次。 2. 发生严重违规违纪问题，受到撤销党内职务及以上党纪处分或降级及以上政纪处分的，应直接评定为“不称职”等次	处分决定	年度
备注					

YS-TL-025

包神铁路公司 - 生产技术部主任

岗位名称		主任	所在部门	包神铁路公司 – 生产技术部	
职位职级序列		管理序列			
直接上级		公司分管领导			
直接下级		生产技术部副主任			
岗位职责		负责公司安全生产、运输生产、质量标准化管理、组织绩效考评、科技创新、制度建设、职工教育、提质增效、节能降耗工作			
工作记录文档		管理人员工作写实表等			
指标类别	考核指标	考核内容	考核标准	信息来源	考核周期
岗位职责指标	货运量（30分）	××年度18405万吨（外部环境发生较大变化时除外）	年度完成值达到满分，每提高100万吨，加1分；每降低150万吨，扣1分	生产技术部	年度
	责任行车设备故障（30分）	严格控制责任行车设备故障	车务不超过3、工务不超过4、电务不超过10、供电不超过14。 每超目标值1件，扣1分；每减1件，加1分	安全环保监察部、生产技术部	
	信息化建设（20分）	软件正版化、防病毒软件执行率	完成目标值得满分，未完成扣2分	生产技术部	季度
	下现场次数（10分）	定期深入一线检查基层班组对公司规章、制度的执行情况	未按要求完成不少于4次，每少1次扣5分	绩效考核记录卡	月度
	制度管理（10分）	年度制度新增（修订）完成率 = 年度新增（修订）制度数 / 年度新增（修订）制度计划数	按计划完成新增（修订）得满分；未完成新增（修订）制度，每项扣2分	制度库	年度
非权重指标	否决指标	违规违纪	考核周期内受到行政警告、记过、记大过处分的，年度绩效考核结果应视情形直接评定为“基本称职”或“不称职”等次（绩效考核成绩按不超过79分计）；受到撤销党内职务及以上党纪处分或降职（降级）及以上政纪处分的，年度绩效考核结果直接评定为“不称职”等次（绩效考核成绩按不超过59分计）	处分决定	
备注					

YS-TL-026

包神铁路公司－生产技术部专业副主任

岗位名称	专业副主任	所在部门	包神铁路公司－生产技术部
职位职级序列	管理序列		
直接上级	生产技术部主任		
直接下级	本部门主管		
岗位职责	在生产技术部主任的直接领导下，负责本专业的管理工作		
	组织制定本专业相关制度和管理办法		
	组织制定本专业生产任务		
工作记录文档	管理人员工作写实表、记录本等		

指标类别	考核指标	考核内容	考核标准	信息来源	考核周期
岗位职责指标	安全（30分）	发生事故、设备故障或安全事件	根据责任定性，依据考核办法扣对应分值	考核通报	月度
	月度生产任务（30分）	月度生产任务完成率	目标值95%。每下降1个百分点，扣1分；每增加1个百分点，加0.5分	月度报表	
	季节性工作（20分）	季节性工作组织、制订	未开展，每项扣2分；未完成，每项扣1分	检查、通知	
	下现场次数（10分）	定期深入一线检查基层班组对公司规章、制度的执行情况	不少于4次。 未按要求完成，每少1次扣5分	绩效考核记录卡	
	资金计划项目落实（10分）	项目落实率	目标值90%。每下降1%，扣1分；每增加1%，加1分	项目进度	
非权重指标	否决指标	违规违纪	考核周期内受到行政警告、记过、记大过处分的，年度绩效考核结果应视情形直接评定为“基本称职”或“不称职”等次（绩效考核成绩按不超过79分计）；受到撤销党内职务及以上党纪处分或降职（降级）及以上政纪处分的，年度绩效考核结果直接评定为“不称职”等次（绩效考核成绩按不超过59分计）	处分决定	年度
备注					

YS-TL-027

包神铁路公司－生产技术部车务专业技术

岗位名称	车务专业技术	所在部门	包神铁路公司－生产技术部
职位职级序列	管理序列、技术序列		
直接上级	生产技术部分管领导		
直接下级	——		
岗位职责	组织制定、修订《行车组织规则》		
	负责制定运输、行车组织相关的办法、措施等		
	协调解决生产中问题，确保运输生产任务顺利完成		
	负责《站细》等制度审查		
	负责车务专业的设备管理		
	负责编制、管理技术规章目录		
	负责收集、管理技术资料等		
	参与运输方面新技术、新设备的引入及应用		
	开展运输分析工作，查找运输作业环节中存在的问题		
	负责运输指标完成情况的统计工作		
工作记录文档	工作日志		

指标类别	考核指标	考核内容	考核标准	信息来源	考核周期
岗位职责指标	技术资料台账（10分）	技术资料台账完整情况	每缺失1项，扣1分	工作日志	月度
	运输管理（30分）	年度、月度运输生产完成率	完成量每下降1个百分点，扣1分		月度/年度
	设备管理（20分）	车务设备检查、检修完成情况；行车设备操作情况	行车设备操作不正确影响生产作业的，发生1次扣2分；未开展设备检查扣3分；不按规定时间节点检查扣1分		月度
	安全管理（20分）	生产安全事故原因分析，事故调查与处理和安全预防	未参与生产安全事故、故障（事件）调查与处理，扣2分；未对原因进行深入分析或分析质量不高的，每项扣1分；未提出定性定责建议和指导制定预防措施的，每项扣1分；未参加应急救援和演练1分；参与过程中因自身原因造成其他预期之外后果的，每项扣1分		
	下现场次数（10分）	定期深入一线检查基层班组对公司规章、制度的执行情况	不少于4次。 未按要求完成，每少1次扣5分	绩效考核记录卡	
	规章制度（10分）	规章制度建设与完成情况	无规章目录或规章库不健全，扣1分；制定不完善的，扣1分；未按规章执行或执行不力，每次扣2分	工作日志	

续表

指标类别	考核指标	考核内容	考核标准	信息来源	考核周期
非权重指标	否决指标	违规违纪	考核周期内受到行政警告、记过、记大过处分的，年度绩效考核结果应视情形直接评定为“基本称职”或“不称职”等次（绩效考核成绩按不超过79分计）；受到撤销党内职务及以上党纪处分或降职（降级）及以上政纪处分的，年度绩效考核结果直接评定为“不称职”等次（绩效考核成绩按不超过59分计）	处分决定	年度
备注					

YS-TL-028

包神铁路公司－生产技术部工务专业技术

岗位名称	工务专业技术	所在部门	包神铁路公司－生产技术部
职位职级序列	管理序列、技术序列		
直接上级	生产技术部分管领导		
直接下级	——		
岗位职责	负责工务专业生产维修项目的审核及组织实施工作		
	负责指导检查工务专业维修工作完成情况		
	负责工务专业设备投资、大修理计划的落实		
	负责工务专业相关技术审查及指导工作		
	负责工务专业季节性相关工作		
	负责参与工务专业切块外包服务项目的管理		
	负责工务专业资料建档		
	负责工务专业新技术、新设备推广工作		
	参与大中修工程、站改工程的验收工作		
	负责工务专业生产维修项目的审核及组织实施工作		
	按照直接上级要求，参加部门或科室会议并落实会议布置的相关工作		
	负责编写部门工作总结材料		
	负责对接公司其他部门，完成部门各项综合业务		
工作记录文档	工作日志		

指标类别	考核指标	考核内容	考核标准	信息来源	考核周期
岗位职责指标	技术资料台账（20分）	技术资料台账完整情况	每缺失1项扣1分	工作日志	月度
	生产维修管理（25分）	生产维修计划完成情况	未按规定定期进行生产任务验收，扣1分；未对现场标准化作业落实情况进行检查，扣1分		
	下现场次数（10分）	定期深入一线检查基层班组对公司规章、制度的执行情况	不少于4次。 未按要求完成，每少1次扣5分	绩效考核记录卡	
	规章制度（10分）	规章制度建设与完成情况	无规章目录或规章库不健全，扣1分；制定不完善的，扣1分；未按规章执行或执行不力，每次扣2分	工作日志	
	安全管理（20分）	生产安全事故原因分析，事故调查与处理和安全预防	未参与生产安全事故、故障（事件）调查与处理，扣2分；未对原因进行深入分析或分析质量不高的，每项扣1分；未提出定性定责或建议和指导制定预防措施的，每项扣1分；未参加应急救援和演练每次扣1分；参与过程中因自身原因造成其他预期之外后果的，每项扣1分		

续表

指标类别	考核指标	考核内容	考核标准	信息来源	考核周期
岗位职责指标	设备管理（15 分）	工务相关设备缺陷	按照质量评定标准，目标值 85 分。 设备质量评定每低 1 分，扣 1 分	工作日志	月度
非权重指标	否决指标	违规违纪	考核周期内受到行政警告、记过、记大过处分的，年度绩效考核结果应视情形直接评定为“基本称职”或“不称职”等次（绩效考核成绩按不超过 79 分计）；受到撤销党内职务及以上党纪处分或降职（降级）及以上政纪处分的，年度绩效考核结果直接评定为“不称职”等次（绩效考核成绩按不超过 59 分计）	处分决定	年度
备注					

YS-TL-029

包神铁路公司－生产技术部电务专业技术

<table>
<tr><td colspan="2">岗位名称</td><td colspan="2">电务专业技术</td><td colspan="2">所在部门</td><td>包神铁路公司－生产技术部</td></tr>
<tr><td colspan="2">职位职级序列</td><td colspan="5">管理序列、技术序列</td></tr>
<tr><td colspan="2">直接上级</td><td colspan="5">电务专业副主任</td></tr>
<tr><td colspan="2">直接下级</td><td colspan="5">电务工区</td></tr>
<tr><td colspan="2" rowspan="3">岗位职责</td><td colspan="5">负责电务专业安全技术管理和环境保护工作，以及管内电务专业设备运营、检修工作的监督、检查、指导、协调、考核等管理工作</td></tr>
<tr><td colspan="5">负责电务专业设备大中修、技改工程的施工进度、安全和质量管理工作</td></tr>
<tr><td colspan="5">负责电务设备事故、故障抢修的组织与协调工作</td></tr>
<tr><td colspan="2">工作记录文档</td><td colspan="5">电务专业设备月度检修工作计划表，设备运用质量月度统计表，施工预备会、总结会及施工日志，安全、“三违”考核通报</td></tr>
<tr><td>指标类别</td><td>考核指标</td><td>考核内容</td><td colspan="2">考核标准</td><td>信息来源</td><td>考核周期</td></tr>
<tr><td rowspan="5">岗位职责指标</td><td>月度检修完成量（20 分）</td><td>月度检修工作计划完成量</td><td colspan="2">目标值：95%。
完成量每下降 0.5%，扣 1 分；完成量每增加 0.5%，加 1 分</td><td>电务专业设备月度检修工作计划表</td><td rowspan="5">月度</td></tr>
<tr><td>下现场次数（10 分）</td><td>定期深入一线检查基层班组对公司规章、制度的执行情况</td><td colspan="2">不少于 4 次。
未按要求完成，每少 1 次扣 5 分</td><td>绩效考核记录卡</td></tr>
<tr><td>设备管理（20 分）</td><td>设备运用质量</td><td colspan="2">按照质量评定标准，目标值 90 分。
设备质量评定每低 1 分，扣 1 分；每增加 1 分，加 0.5 分</td><td>设备运用质量月度统计表</td></tr>
<tr><td>施工管理（20 分）</td><td>施工进度、质量、安全管控</td><td colspan="2">管控环节缺失，每发现 1 项扣 0.5 分</td><td>施工预备会、总结会及施工日志</td></tr>
<tr><td>安全（30 分）</td><td>公司定责的故障或事件、事故苗子；严重违章违纪或责任造成工作场所发生火情，未造成损失；发生一般违章违纪</td><td colspan="2">公司定责的故障或事件、事故苗子，扣 10 分；严重违章违纪或责任造成工作场所发生火情，未造成损失，扣 5 分；发生一般违章违纪，扣 3 分</td><td>安全、“三违”考核通报</td></tr>
<tr><td>非权重指标</td><td>否决指标</td><td>违规违纪</td><td colspan="2">考核周期内受到行政警告、记过、记大过处分的，年度绩效考核结果应视情形直接评定为“基本称职”或“不称职”等次（绩效考核成绩按不超过 79 分计）；受到撤销党内职务及以上党纪处分或降职（降级）及以上政纪处分的，年度绩效考核结果直接评定为“不称职”等次（绩效考核成绩按不超过 59 分计）</td><td>处分决定</td><td>年度</td></tr>
<tr><td>备注</td><td colspan="6"></td></tr>
</table>

YS-TL-030

包神铁路公司－生产技术部供电专业技术

<table>
<tr><th>岗位名称</th><td>供电专业技术</td><th>所在部门</th><td>包神铁路公司－生产技术部</td></tr>
<tr><td>职位职级序列</td><td colspan="3">管理序列、技术序列</td></tr>
<tr><td>直接上级</td><td colspan="3">生产技术部分管领导</td></tr>
<tr><td>直接下级</td><td colspan="3">——</td></tr>
<tr><td rowspan="7">岗位职责</td><td colspan="3">负责电力设备生产、技术管理工作，并根据在实施中的问题，提出有关技术措施、方案</td></tr>
<tr><td colspan="3">负责编制电力设备检修计划，不断改进安全运行设备的技术</td></tr>
<tr><td colspan="3">掌握电力设备运行方式，负责电力设备检修及运行指导工作，负责专业生产场所安全控制</td></tr>
<tr><td colspan="3">参与电力设备故障的调查、分析、排除工作，制定防范措施并监督落实</td></tr>
<tr><td colspan="3">负责电力设备的运行分析、表报记录的管理工作</td></tr>
<tr><td colspan="3">负责施工改造验收、大修竣工验收工作；负责各项技术资料的收集，技术图纸的修改、完善</td></tr>
<tr><td colspan="3">负责供电信息化系统运行、补丁更新、缺陷处理、硬件维修，指导供电信息化系统内的指标性数据验收和人员培训</td></tr>
<tr><td>工作记录文档</td><td colspan="3">工作日志</td></tr>
</table>

<table>
<tr><th>指标类别</th><th>考核指标</th><th>考核内容</th><th>考核标准</th><th>信息来源</th><th>考核周期</th></tr>
<tr><td rowspan="6">岗位职责指标</td><td>技术方案（20分）</td><td>技术方案采用率</td><td>目标值：90%。
采用率达90%以上，加2分；90%以下，扣2分；80%以下，扣5分</td><td rowspan="2">工作日志</td><td rowspan="6">月度</td></tr>
<tr><td>技术资料台账（15分）</td><td>技术资料台账完整情况</td><td>每缺失1项，扣1分</td></tr>
<tr><td>下现场次数（10分）</td><td>定期深入一线检查基层班组对公司规章、制度的执行情况</td><td>不少于4次。
未按要求完成，每少1次扣5分</td><td>绩效考核记录卡</td></tr>
<tr><td>技术支持（15分）</td><td>技术问题解决及时率</td><td>及时率每下降0.5%扣1分</td><td rowspan="3">工作日志</td></tr>
<tr><td>设备承包（20分）</td><td>设备缺陷</td><td>按照质量评定标准，目标值85分。
设备质量评定每低1分，扣1分；每增加1分，加0.5分</td></tr>
<tr><td>安全（20分）</td><td>公司定责的故障或事件、事故苗子；严重违章违纪或责任造成工作场所发生火情，未造成损失；发生一般违章违纪</td><td>出现公司定责的故障或事件、事故苗子，扣10分；严重违章违纪或责任造成工作场所发生火情，未造成损失，扣5分；发生一般违章违纪，扣3分</td></tr>
</table>

续表

指标类别	考核指标	考核内容	考核标准	信息来源	考核周期
非权重指标	否决指标	违规违纪	考核周期内受到行政警告、记过、记大过处分的，年度绩效考核结果应视情形直接评定为“基本称职”或“不称职”等次（绩效考核成绩按不超过 79 分计）；受到撤销党内职务及以上党纪处分或降职（降级）及以上政纪处分的，年度绩效考核结果直接评定为“不称职”等次（绩效考核成绩按不超过 59 分计）	处分决定	年度
备注					

YS-TL-031

包神铁路公司 – 生产技术部设备计量档案

岗位名称		设备计量档案	所在部门		包神铁路公司 – 生产技术部
职位职级序列		管理序列、技术序列			
直接上级		生产技术部分管领导			
直接下级		基层单位			
岗位职责		负责电能计量管理工作			
		负责自轮运转设备、特种设备等检修维护、运行分析及相关档案管理工作			
		负责制定设备管理实施细则工作			
工作记录文档		管理人员工作写实表			
指标类别	考核指标	考核内容	考核标准	信息来源	考核周期
岗位职责指标	电能计量（20 分）	各类计量设备平稳、准确运行	发现并及时处理各类计量装置损坏或计量误差，得满分；未发现或未及时处理，每次扣 2 分	生产技术部，沿线供电工区，牵引、配电所电能计量设备	月度
	设备检修维护（20 分）	设备检修维护及时性	能及时发现设备缺陷并在限定时间内处理，得满分；未发现或未及时处理，每次扣 2 分	生产技术部、维检中心	
	档案管理（20 分）	技术资料、设备管理台账	能建立完整完善的技术台账、管理台账，得满分；漏项、错项或与现场不符，每项扣 2 分	生产技术部	
	设备运行分析（20 分）	正确进行设备运行分析	能准确无误对设备运行进行分析，得满分；漏项、错项或与现场不符，每项扣 2 分	生产技术部、维检中心、沿线供电工区	
	下现场次数（10 分）	定期深入一线检查基层班组对公司规章、制度的执行情况	不少于 4 次。未按要求完成，每少 1 次扣 5 分	绩效考核记录卡	
	知识技能专业性（10 分）	熟悉掌握本专业知识	对应知的台账了解全面且有数据分析，得满分；了解不全面且无数据分析，每项扣 1 分	日常抽考	
非权重指标	否决指标	违规违纪	考核周期内受到行政警告、记过、记大过处分的，年度绩效考核结果应视情形直接评定为“基本称职”或“不称职”等次（绩效考核成绩按不超过 79 分计）；受到撤销党内职务及以上党纪处分或降职（降级）及以上政纪处分的，年度绩效考核结果直接评定为“不称职”等次（绩效考核成绩按不超过 59 分计）	处分决定	年度
备注					

YS–TL–032

包神铁路公司－生产技术部物资管理

岗位名称	物资管理	所在部门	包神铁路公司－生产技术部
职位职级序列	管理序列、技术序列		
直接上级	生产技术部分管领导		
直接下级	——		
岗位职责	负责修订分公司物资管理办法		
	负责对 ERP 主数据通过率、及时率和使用率进行考核		
	负责对公司下达储备资金进行分解		
	负责组织对各直属单位（区段）物资管理办法及相关制度执行情况的监督检查		
	负责物资计划综合管理，协调物资供应中心落实物资计划		
	负责组织废旧物资的调剂和处置上报工作		
	配合完成已处置废旧物资的提货工作		
	负责各直属单位（区段）生产应急材料配件的日常管理		
	负责分公司生产运营统计报表的编制工作		
	负责分公司生产运营统计分析的编制工作		
	按照部门负责人的要求，参加部门或专题会议并落实会议布置的相关工作		
	负责本部门计划编制、制度起草等相关工作		
	完成上级交办的其他工作		
工作记录文档	工作日志、ERP 系统		

指标类别	考核指标	考核内容	考核标准	信息来源	考核周期
岗位职责指标	物资管理（30 分）	负责物资专项监督、日常管理	目标值：90%。 无效需求计划不超过 90%，不达标扣 0.2 分；无效领料单占比不超过 90%，不达标扣 0.2 分；工单审核及时率不低于 90%，不达标扣 0.2 分；工单关闭及时率不低于 90%，不达标扣 0.2 分；工单完成率不低于 90%，每低 1% 扣 0.2 分，总分 2 分	ERP 系统	月度
	主数据指标考核（30 分）	确保主数据指标考核达标	目标值：低于 95%。 每不达标 5% 扣 2 分		
	下现场次数（10 分）	定期深入一线检查基层班组对公司规章、制度的执行情况	不少于 3 次。 未按要求完成，每少 1 次扣 5 分	绩效考核记录卡	
	劳动纪律（10 分）	按时上下班、遵章守纪	遵守劳动纪律、按时上下班，得满分；工作纪律松散、迟到早退等现象频发、受到公司通报批评的，每次扣 2 分	月度考勤表、公司下发通报	
	材料管理（20 分）	统筹及时调配安全生产所需的各类物资	提供各类物资不及时，每次扣 2 分	工作日志	

续表

指标类别	考核指标	考核内容	考核标准	信息来源	考核周期
非权重指标	否决指标	违规违纪	考核周期内受到行政警告、记过、记大过处分的，年度绩效考核结果应视情形直接评定为“基本称职”或“不称职”等次（绩效考核成绩按不超过 79 分计）；受到撤销党内职务及以上党纪处分或降职（降级）及以上政纪处分的，年度绩效考核结果直接评定为“不称职”等次（绩效考核成绩按不超过 59 分计）	处分决定	年度
备注					

YS-TL-033

包神铁路公司－站区主任兼党（总）支部书记

岗位名称	主任兼党（总）支部书记	所在部门	包神铁路公司－站区
职位职级序列	管理序列		
直接上级	公司分管领导		
直接下级	站区副主任		
岗位职责	根据分公司年度工作计划，组织编制、审核站区年度工作计划和预算并上报公司		
	根据公司批准的年度工作计划，组织任务分解、设置任务完成时限和标准并进行调度部署		
	审核专项计划		
	监督、指导并评估工作计划实施情况		
	根据站区实际情况、计划完成情况，分析、评估本单位年度工作计划／预算调整的必要性，提出建议并上报大准铁路分公司		
	根据分公司总体部署和本单位实际情况，组织本单位各项管理制度体系的建立、维护与优化工作		
	负责安排制度编写任务，并对编写完成的制度组织审核		
	组织审核与上述制度相配套的各项业务流程		
	负责根据分公司制度发布流程，申报、发布并备案相关制度		
	负责监督相关制度、流程的执行情况，并针对执行情况提出优化要求		
	负责组织论证本单位制度体系的科学性、完整性，组织并推动制度体系建设工作		
	全面负责站区生产现场的安全管理工作		
	负责协调相关单位的装卸车工作，并签订相关安全协议		
	负责本单位内部人员，资源等关系的协调		
	负责站区周边地区煤炭市场及白货业务市场的调研工作		
	完成上级交办的其他工作		
工作记录文档	工作日志		

指标类别	考核指标	考核内容	考核标准	信息来源	考核周期
岗位职责指标	职工培训（20分）	季度定转岗考试通过率、季度培训计划兑现率	目标值：100%。 每未完成1%扣1分	工作日志	月度
	安全管理（30分）	对站区员工不安全行为管控	查处的员工不安全行为，经查阅考勤及询问当事人与处理决定不相符、弄虚作假，每次扣1分；未完成月度反“三违”指标，每次扣1分；特种作业人员无证上岗，员工酒后上岗、脱岗，未按规定设置防护及安全操作规程、标准作业流程执行不到位等“三违”行为，每次扣2分		

续表

指标类别	考核指标	考核内容	考核标准	信息来源	考核周期
岗位职责指标	规章制度管理（10分）	规章制度建立、执行情况	未按规章执行或执行不力，每次扣2—5分；各类台账、表簿填写不规范，每处扣1分；安全活动未制定方案、不认真开展、无组织机构、无总结，每项扣1分	工作日志	月度
	劳动纪律（10分）	按时上下班、遵章守纪	遵守劳动纪律、按时上下班，得基本分；工作纪律松散、迟到早退等现象频发、受到公司通报批评的，每次扣2分	月度考勤表、公司下发通报	
	生产管理（30分）	生产计划完成情况	未制订本单位生产计划的，扣3分；制订生产计划不完善的，扣1分；违反劳动纪律的，发生一次扣1分；未组织月计划任务验收，扣5分；验收不全面，每缺一项扣1分；班组内业台账未检查、未签字，每处扣1分；无验收考核结果扣1分；未按时完成月度生产任务扣1分；任务完成质量不达标，每处扣2分	工作日志	
非权重指标	否决指标	违规违纪	考核周期内受到行政警告、记过、记大过处分的，年度绩效考核结果应视情形直接评定为“基本称职”或“不称职”等次（绩效考核成绩按不超过79分计）；受到撤销党内职务及以上党纪处分或降职（降级）及以上政纪处分的，年度绩效考核结果直接评定为“不称职”等次（绩效考核成绩按不超过59分计）	处分决定	
备注					

YS-TL-034

包神铁路公司－站区支部（副）书记兼副主任

岗位名称	支部（副）书记兼副主任	所在部门	包神铁路公司－站区
职位职级序列	管理序列		
直接上级	公司分管领导		
直接下级	党支部副书记		
岗位职责	负责党的思想建设，进行理论教育、理论研究和理论宣传		
	负责党的组织建设、党群工作目标化管理、党员队伍建设、党务管理、党内统计		
	负责党的作风建设，纠正党风、反腐倡廉		
	团的建设：建设团的组织制度、基层组织设置、团干部队伍建设、团员思想教育活动		
	工会建设：开展工会组织建设、工会干部队伍建设、会员管理		
	企业文化规划设计，理念宣导，VI 系统应用，企业文化活动		
	对站区信箱日常管理，信件处理、信息反馈、跟踪督办、总结分析、评优表彰		
	对信访案件受理、登记、线索处理		
	职代会管理，厂务公开，民主监督		
	体系建设，文明单位创建，宣导教育，主题活动，环境文明建设		
	女工工作，后勤工作，计划生育，统一战线等分管领导交办的其他工作		
工作记录文档	工作日志		

指标类别	考核指标	考核内容	考核标准	信息来源	考核周期
岗位职责指标	宣传思想建设（25 分）	站区党员学习情况	未按月完成“两学一做”学习教育平台任务，每人次扣 1 分；“学习强国”学习平台党员覆盖率未达 100% 以上（离退休党员除外）或未按要求每半年上报学习情况统计分析，扣 1 分；有党员未取得“融智学习”平台集团党校授予电子证书的，每人次扣 1 分	工作日志	月度
	企业文化建设（25 分）	宣传国家劳动保护政策、法律法规及企业的规章制度	未利用悬挂宣传条幅、制作宣传视频文件、在网络媒体平台发表宣传信息等方式宣传国家劳动保护方针政策、法律法规及分公司规章制度，每项扣 1 分		
	工会工作（20 分）	工会工作开展实行情况	未严格执行各类制度的扣 1 分；厂务公开工作机制不完善，公开内容不符合规定的，扣 1 分；职工满意度低于 90%，扣 1 分；未开展“职工之家”各类自主性建家活动的，扣 1 分		
	劳动纪律（10 分）	按时上下班、遵章守纪	遵守劳动纪律、按时上下班，得基本分；工作纪律松散、迟到早退等现象频发、受到公司通报批评的，每次扣 2 分	月度考勤表、公司下发通报	

续表

指标类别	考核指标	考核内容	考核标准	信息来源	考核周期
岗位职责指标	行政办公管理（20 分）	文件流转效率；公文处理情况	公文流转不及时，每次扣 1 分；不按照流程办理公文，每次扣 1 分；各类信息材料上报不及时或未按公文格式上报，每次扣 1 分；文件学习、收发记录不规范、不齐全（文件收发可以在计算机上体现），每次扣 1 分	工作日志	月度
非权重指标	否决指标	违规违纪	考核周期内受到行政警告、记过、记大过处分的，年度绩效考核结果应视情形直接评定为“基本称职”或“不称职”等次（绩效考核成绩按不超过 79 分计）；受到撤销党内职务及以上党纪处分或降职（降级）及以上政纪处分的，年度绩效考核结果直接评定为“不称职”等次（绩效考核成绩按不超过 59 分计）	处分决定	
备注					

YS-TL-035

包神铁路公司－站区车务副主任

岗位名称	车务副主任	所在部门	包神铁路公司－站区
职位职级序列	管理序列		
直接上级	站区主任		
直接下级	车务安技员		
岗位职责	负责与当地政府的沟通协调工作		
	负责所管辖车站的安全管理、生产管理、技术管理、经营管理、人事管理、职教培训，组织员工练兵和技术比武，班组建设等工作		
	负责所辖车站的党建、工会、员工思想政治工作和后勤管理协调工作		
	负责组织站区各专业日常联劳协作，应急突发事件的组织处置工作；负责站区对外联系协调工作		
	负责本站区业务保安及节能环保工作		
工作记录文档	工作日志		

指标类别	考核指标	考核内容	考核标准	信息来源	考核周期
岗位职责指标	绩效考核管理（10分）	对所辖班组进行绩效考核	未定期对所属班组开展检查考核，扣1分；未及时下发检查考核通报，扣1分	工作日志	月度
	劳动纪律（10分）	按时上下班、遵章守纪	遵守劳动纪律、按时上下班，得基本分；工作纪律松散、迟到早退等现象频发、受到公司通报批评的，每次扣2分	月度考勤表、公司下发通报	
	物资管理（25分）	物资材料管理情况	物资计划不及时或提报数量明显过多等情况，造成库存积压的，出现1次扣2分；严格执行管理办法领用流程，未执行相关领用流程，1次扣1分；物资材料管理，账目不清，账卡物不符，发现1次扣2—10分；没有按时盘点，扣1分；库房摆放不整齐，扣1分	工作日志	
	设备基础管理（25分）	建立设备台账，设备完好率，设备运行情况	设备台账、技术履历、档案管理、运用、检修保养等记录混乱、不齐全，每项不满足要求扣1分；各类仪表有效显示、无灰尘、杂物，设备标识、指示标志显示清晰、指示明确，备品、备件、工具齐全、可靠，严格按规定放置，每项不符合要求扣1分		
	安全管理（30分）	所辖车站安全管理情况	未建立健全车站安全生产责任制，扣1分；未组织制定车站安全生产规章制度和操作规程，扣2分；未及时、如实报告生产安全事故，每次扣2分		

续表

指标类别	考核指标	考核内容	考核标准	信息来源	考核周期
非权重指标	否决指标	违规违纪	考核周期内受到行政警告、记过、记大过处分的，年度绩效考核结果应视情形直接评定为“基本称职”或“不称职”等次（绩效考核成绩按不超过 79 分计）；受到撤销党内职务及以上党纪处分或降职（降级）及以上政纪处分的，年度绩效考核结果直接评定为“不称职”等次（绩效考核成绩按不超过 59 分计）	处分决定	年度
备注					

YS-TL-036

包神铁路公司－站区工务副主任（工务工队队长）

<table>
<tr><td colspan="2">岗位名称</td><td>工务副主任
（工务工队队长）</td><td>所在部门</td><td colspan="2">包神铁路公司－站区</td></tr>
<tr><td colspan="2">职位职级序列</td><td colspan="4">管理序列</td></tr>
<tr><td colspan="2">直接上级</td><td colspan="4">站区主任、运输生产部主任</td></tr>
<tr><td colspan="2">直接下级</td><td colspan="4">工务安技员、工队管理人员</td></tr>
<tr><td colspan="2" rowspan="5">岗位职责</td><td colspan="4">负责管内设备正常运行，为运输生产提供良好的运输通道</td></tr>
<tr><td colspan="4">负责工队全面安全生产工作</td></tr>
<tr><td colspan="4">负责设备维修、设备故障的相关管理工作</td></tr>
<tr><td colspan="4">负责本单位员工的管理工作</td></tr>
<tr><td colspan="4">负责分公司安全生产责任制规定的本岗位安全职责</td></tr>
<tr><td colspan="2">工作记录文档</td><td colspan="4">工作日志</td></tr>
<tr><td>指标类别</td><td>考核指标</td><td>考核内容</td><td>考核标准</td><td>信息来源</td><td>考核周期</td></tr>
<tr><td rowspan="5">岗位职责指标</td><td>运输生产（25 分）</td><td>落实工务大中修施工管理工作</td><td rowspan="2">日常检查发现问题按照考核标准扣分</td><td>上级领导检查、安全监察室、技术部、运输生产部</td><td rowspan="3">季度</td></tr>
<tr><td>安全环保（25 分）</td><td>落实各项安全工作</td><td>安全监察室、运输生产部、保障服务部</td></tr>
<tr><td>科技教育（25 分）</td><td>持续推进本工队各项科技教育工作</td><td>按照员工教育“五个一”以及科技项目考核标准进行扣分</td><td>安全监察室、科技教育部</td></tr>
<tr><td>劳动纪律（10 分）</td><td>按时上下班、遵章守纪</td><td>遵守劳动纪律、按时上下班，得基本分；工作纪律松散、迟到早退等现象频发、受到公司通报批评的，每次扣 2 分</td><td>月度考勤表、公司下发通报</td><td>月度</td></tr>
<tr><td>综合业务（15 分）</td><td>落实分公司安排的各项日常工作</td><td>日常业务内容未完成，按照考核标准扣分</td><td>办公室、人力资源部、经济核算部</td><td>季度</td></tr>
<tr><td>非权重指标</td><td>否决指标</td><td>违规违纪</td><td>考核周期内受到行政警告、记过、记大过处分的，年度绩效考核结果应视情形直接评定为“基本称职”或“不称职”等次（绩效考核成绩按不超过 79 分计）；受到撤销党内职务及以上党纪处分或降职（降级）及以上政纪处分的，年度绩效考核结果直接评定为“不称职”等次（绩效考核成绩按不超过 59 分计）</td><td>处分决定</td><td>年度</td></tr>
<tr><td>备注</td><td colspan="5"></td></tr>
</table>

YS-TL-037

包神铁路公司 – 站区车务安技员

岗位名称	车务安技员	所在部门	包神铁路公司 – 站区
职位职级序列	管理序列、技术序列		
直接上级	站区主任、副主任		
直接下级	——		
岗位职责	编写站区安委会制度		
	参与编写站区安全结构工资考核办法		
	编写站区员工不安全行为管控实施细则		
	编写站区应急管理办法，编写站区消防管理制度		
	修订完善站区员工技术业务考核办法		
	编写环境保护管理办法		
	贯彻执行有关铁路运输生产组织管理的政策、法规和上级部门的指示		
	负责站区生产组织工作		
	落实站区生产管理制度		
	组织、实施、考核站区各专业生产计划、检修计划		
	负责站区各专业技术规程、办法、技术标准的贯彻执行及督导工作		
	负责站区各专业生产组织协调工作		
	负责站区现场施工监管、配合、联劳协作的组织和协调工作		
	负责分管业务的安全工作		
	负责检查指导运输、安全、劳动纪律等方面工作，为职工解决工作、生活中存在的困难问题		
	全面负责各车站的行政、安全、生产工作		
	负责站区生产管理制度的编制、修订、完善工作		
	负责站区各专业生产计划、检修计划的编制		
	负责站区生产类协议的编制、修订、审核及签订工作		
工作记录文档	工作日志		

指标类别	考核指标	考核内容	考核标准	信息来源	考核周期
岗位职责指标	安全教育培训（10 分）	做好新进人员的班组级安全教育工作并记录，每月定期开展专项安全培训	未做到及不规范，每项每次扣 2 分；每增加一次加 1 分	工作日志	月度
	劳动纪律（10 分）	按时上下班、遵章守纪	遵守劳动纪律、按时上下班，得基本分；工作纪律松散、迟到早退等现象频发、受到公司通报批评的，每次扣 2 分	月度考勤表、公司下发通报	
	安全防护措施（20 分）	专用防护用品和劳动防护用品管理	劳保计划上报及时、准确，领用程序规范，台账建立完整，劳保制度宣贯到位，正确穿戴劳保用品，不符合每项扣 1 分	工作日志	

续表

指标类别	考核指标	考核内容	考核标准	信息来源	考核周期
岗位职责指标	设备基础管理（30分）	建立设备台账，设备完好率，设备运行情况	设备台账、技术履历、档案管理、运用、检修保养等记录混乱、不齐全，每项不满足要求扣1分；各类仪表有效显示，无灰尘、杂物，设备标识、指示标志显示清晰、指示明确，备品、备件、工具齐全、可靠，严格按规定放置，每项不符合要求扣1分	工作日志	月度
	技术管理（30分）	技术规章制度管理和实行情况	无规章目录或规章库不健全，扣1分；未按规章执行或执行不力，每次扣1分		
非权重指标	否决指标	违规违纪	考核周期内受到行政警告、记过、记大过处分的，年度绩效考核结果应视情形直接评定为“基本称职”或“不称职”等次（绩效考核成绩按不超过79分计）；受到撤销党内职务及以上党纪处分或降职（降级）及以上政纪处分的，年度绩效考核结果直接评定为“不称职”等次（绩效考核成绩按不超过59分计）	处分决定	年度
备注					

YS-TL-038

包神铁路公司 – 站区电务安技员

岗位名称	电务安技员		所在部门	包神铁路公司 – 站区	
职位职级序列	管理序列、技术序列				
直接上级	电务副主任				
直接下级	——				
岗位职责	负责电务专业安全技术管理和环境保护工作，以及管内电务设备运营、检修工作的监督、检查、指导、协调、考核等管理工作				
	负责电务专业设备大中修、技改工程的施工进度、安全和质量管理工作				
	负责电务设备事故、故障抢修的组织与协调工作				
工作记录文档	通信设备月度检修工作计划表，通信设备运用质量月度统计表，施工预备会、总结会及施工日志，安全、“三违”考核通报				
指标类别	考核指标	考核内容	考核标准	信息来源	考核周期
岗位职责指标	月度检修完成量（20 分）	月度检修工作计划完成量	目标值：95%。 完成量每下降 0.5%，扣 1 分；每增加 0.5%，加 1 分	通信设备月度检修工作计划表	月度
	设备管理（20 分）	设备运用质量	按照质量评定标准，目标值：90%。 设备质量评定每低 1%，扣 1 分；设备质量评定每增加 1%，加 0.5 分	通信设备运用质量月度统计表	
	工作纪律（10 分）	日常劳动纪律	遵守劳动纪律、按时上下班，得基本分；工作纪律松散、迟到早退等现象频发、受到公司通报批评的，每次扣 2 分	月度考勤表、公司下发通报	
	施工管理（20 分）	施工进度、质量、安全管控	管控环节缺失，每发现 1 项扣 0.5 分	施工预备会、总结会及施工日志	
	安全事故（30 分）	公司定责的故障或事件、事故苗子；严重违章违纪或责任造成工作场所发生火情，未造成损失；发生一般违章违纪	公司定责的故障或事件、事故苗子，扣 10 分；严重违章违纪或责任造成工作场所发生火情，未造成损失，扣 5 分；发生一般违章违纪，扣 3 分	安全、“三违”考核通报	
非权重指标	否决指标	违规违纪	考核周期内受到行政警告、记过、记大过处分的，年度绩效考核结果应视情形直接评定为“基本称职”或“不称职”等次（绩效考核成绩按不超过 79 分计）；受到撤销党内职务及以上党纪处分或降职（降级）及以上政纪处分的，年度绩效考核结果直接评定为“不称职”等次（绩效考核成绩按不超过 59 分计）	处分决定	年度
备注					

YS–TL–039

包神铁路公司－站区供电安技员

<table>
<tr><td>岗位名称</td><td colspan="2">供电安技员</td><td>所在部门</td><td colspan="2">包神铁路公司－站区</td></tr>
<tr><td>职位职级序列</td><td colspan="5">管理序列、技术序列</td></tr>
<tr><td>直接上级</td><td colspan="5">供电副主任</td></tr>
<tr><td>直接下级</td><td colspan="5">——</td></tr>
<tr><td rowspan="3">岗位职责</td><td colspan="5">贯彻执行本行业与上级制定的各项规章制度，督促站区各工区、变配电所按时完成月检修计划和其他安全生产任务</td></tr>
<tr><td colspan="5">严格执行作业标准，通过深入作业现场，监督检查作业人员标准化作业程序的执行情况，保证人身、设备、行车安全</td></tr>
<tr><td colspan="5">严格落实安全职责，参与站区的安全生产管理工作，贯彻执行安全规程，监督站区职工严格遵守安全生产规章制度</td></tr>
<tr><td>工作记录文档</td><td colspan="5">工作日志</td></tr>
<tr><td>指标类别</td><td>考核指标</td><td>考核内容</td><td>考核标准</td><td>信息来源</td><td>考核周期</td></tr>
<tr><td rowspan="6">岗位职责指标</td><td>安全教育培训（15 分）</td><td>做好新进人员的班组级安全教育工作并记录，每月定期开展专项安全培训</td><td>未做到及不规范，每项每次扣 2 分；每增加 1 次，加 1 分</td><td rowspan="4">工作日志</td><td rowspan="6">月度</td></tr>
<tr><td>安全防护措施（15 分）</td><td>劳保用品管理</td><td>劳保计划上报及时、准确，领用程序规范，台账建立完整，劳保制度宣贯到位，正确穿戴劳保用品；不符合规范，每项扣 1 分</td></tr>
<tr><td>安全预案（20 分）</td><td>安全预案的执行</td><td>重点危险作业前检查班前会各项安全及现场安全防范措施是否落实到位，应急事件发生时应急预案执行是否可行，未做到及不规范，每项每次扣 2 分，造成严重事故的扣 10 分</td></tr>
<tr><td>设备承包（20 分）</td><td>设备缺陷</td><td>按照质量评定标准，目标值：85%。
设备质量评定每低 1%，扣 1 分；设备质量评定每增加 1%，加 0.5 分</td></tr>
<tr><td>工作纪律（10 分）</td><td>日常劳动纪律</td><td>遵守劳动纪律、按时上下班，得基本分；工作纪律松散、迟到早退等现象频发、受到公司通报批评的，每次扣 2 分</td><td>月度考勤表、公司下发通报</td></tr>
<tr><td>安全事故（20 分）</td><td>公司定责的故障或事件、事故苗子；严重违章违纪或责任造成工作场所发生火情，未造成损失；发生一般违章违纪</td><td>出现公司定责的故障或事件、事故苗子，扣 10 分；严重违章违纪或责任造成工作场所发生火情，未造成损失，扣 5 分；发生一般违章违纪，扣 3 分</td><td>工作日志</td></tr>
</table>

续表

指标类别	考核指标	考核内容	考核标准	信息来源	考核周期
非权重指标	否决指标	违规违纪	考核周期内受到行政警告、记过、记大过处分的，年度绩效考核结果应视情形直接评定为“基本称职”或“不称职”等次（绩效考核成绩按不超过 79 分计）；受到撤销党内职务及以上党纪处分或降职（降级）及以上政纪处分的，年度绩效考核结果直接评定为“不称职”等次（绩效考核成绩按不超过 59 分计）	处分决定	年度
备注					

YS-TL-040

包神铁路公司－站区综合干事

<table>
<tr><td>岗位名称</td><td colspan="2">综合干事</td><td colspan="2">所在部门</td><td>包神铁路公司－站区</td></tr>
<tr><td>职位职级序列</td><td colspan="5">管理序列、技术序列</td></tr>
<tr><td>直接上级</td><td colspan="5">站区（工电区段）主任、副主任</td></tr>
<tr><td>直接下级</td><td colspan="5">——</td></tr>
<tr><td rowspan="7">岗位职责</td><td colspan="5">负责党员统计、组织关系接转、发展党员的档案管理、党员信息平台维护、支部会议记录等</td></tr>
<tr><td colspan="5">负责撰写党支部及分工会工作计划、工作总结及相关文件</td></tr>
<tr><td colspan="5">负责党团活动和分工会各类活动的报账工作，负责收缴党、工、团费</td></tr>
<tr><td colspan="5">按照分工会要求，开展“安康杯”竞赛活动；负责分工会固资盘点、台账管理、核对账物等工作</td></tr>
<tr><td colspan="5">组织开展各类职工文体娱乐活动，协助团支部书记开展各类团青活动</td></tr>
<tr><td colspan="5">编辑、上报、统计各类新闻宣传稿件及各类征集、约稿工作，开展新闻报道培训工作</td></tr>
<tr><td colspan="5">负责支部“安康杯”台账的填记工作，检查班组综合类型台账资料</td></tr>
<tr><td>工作记录文档</td><td colspan="5">工作日志</td></tr>
</table>

<table>
<tr><td>指标类别</td><td>考核指标</td><td>考核内容</td><td>考核标准</td><td>信息来源</td><td>考核周期</td></tr>
<tr><td rowspan="5">岗位职责指标</td><td>党员管理（30 分）</td><td>支部党员工作管理的规范化和完整度</td><td>根据发展流程，管理规范和完整得基本分，不规范不完整依据考核办法扣对应分值</td><td>党建信息系统和党员档案</td><td rowspan="5">月度</td></tr>
<tr><td>新闻宣传（30 分）</td><td>对内对外宣传的上稿率、质量和效果</td><td>完成公司计划任务得基本分，未完成依据考核办法扣对应分值</td><td>信息报送平台</td></tr>
<tr><td>企业文化（10 分）</td><td>公司企业文化宣传材料（文字、音像、设备）的管理情况</td><td>按照要求管理得基本分，未按要求管理依据考核办法扣对应分值</td><td>厂务公开栏、宣传栏等</td></tr>
<tr><td>工作纪律（10 分）</td><td>日常劳动纪律</td><td>遵守劳动纪律，按时上下班得基本分；工作纪律松散，迟到、早退等现象频发，受到公司通报批评的，每次扣 2 分</td><td>月度考勤表、公司下发通报</td></tr>
<tr><td>工会（20 分）</td><td>公司计划内活动开展交流的合理性和有效性</td><td>按照要求合理有效开展活动得基本分，未按要求开展依据考核办法扣对应分值</td><td>活动经费报销票据</td></tr>
<tr><td>非权重指标</td><td>否决指标</td><td>违规违纪</td><td>考核周期内受到行政警告、记过、记大过处分的，年度绩效考核结果应视情形直接评定为“基本称职”或“不称职”等次（绩效考核成绩按不超过 79 分计）；受到撤销党内职务及以上党纪处分或降职（降级）及以上政纪处分的，年度绩效考核结果直接评定为“不称职”等次（绩效考核成绩按不超过 59 分计）</td><td>处分决定</td><td>年度</td></tr>
<tr><td>备注</td><td colspan="5"></td></tr>
</table>

YS–TL–041

朔黄铁路 – 机辆分公司运用工程师

岗位名称	运用工程师	所在部门	朔黄铁路 – 机辆分公司
职位职级序列	管理序列		
直接上级	中心（折返段）主任		
直接下级	——		
岗位职责	负责建立健全各项运用方面规章制度		
	分析各项运用指标完成情况，提高人员运用质量和效率，合理调整乘务员休班数量		
	负责行车问题的分析，查找规律性和倾向性问题，提出指导意见		
工作记录文档	行车组织分析通报、添乘信息单、监控文件		

指标类别	考核指标	考核内容	考核标准	信息来源	考核周期
岗位职责指标	安全职责（30 分）	严格落实安全风险分级管控和隐患排查治理双重预防工作机制的要求，参与危险源辨识和评估，督促落实本部门危险源的安全管理措施	每少录入 1 条危险源，扣 1 分	朔黄铁路本质安全管理信息系统	月度
	岗位职责（30 分）	行车组织分析及标准化作业情况落实	落实不到位、定责出现错误，每次扣 3 分	机车监控中心日报及分公司通报	
	对负责工作定期总结（20 分）	对本专业范围内的安全生产工作进行汇报	目标值每月 1 次。 总结不到位，每次扣 5 分	安全例会纪要	
	人员管理室日常管理监督（10 分）	检查人员管理室日常作业情况	人员管理室发生问题监管不到位，根据问题严重程度，最低每件扣 1 分	运用安全管理系统	
	劳动纪律（10 分）	按时上下班、遵章守纪	上班迟到、早退，每次扣 3 分；违反安全规章，每次扣 5 分	分公司通报	
非权重指标	否决指标	违规违纪	考核周期内受到行政警告、记过、记大过处分的，年度绩效考核结果应视情形直接评定为“基本称职”或“不称职”等次（绩效考核成绩按不超过 79 分计）；受到撤销党内职务及以上党纪处分或降职（降级）及以上政纪处分的，年度绩效考核结果直接评定为“不称职”等次（绩效考核成绩按不超过 59 分计）	处分决定	年度
备注					

YS-TL-042

朔黄铁路－机辆分公司电机工程师

<table>
<tr><td colspan="2">岗位名称</td><td>电机工程师</td><td>所在部门</td><td colspan="2">朔黄铁路－机辆分公司</td></tr>
<tr><td colspan="2">职位职级序列</td><td colspan="4">管理序列</td></tr>
<tr><td colspan="2">直接上级</td><td colspan="4">中心主任</td></tr>
<tr><td colspan="2">直接下级</td><td colspan="4">——</td></tr>
<tr><td colspan="2">岗位职责</td><td colspan="4">负责电力机车检修电机专业技术标准、工艺流程、操作规范、规章制度的制定和监督执行</td></tr>
<tr><td colspan="2">工作记录文档</td><td colspan="4">电力机车电机履历，电力机车电机专业技术标准、工艺范围、故障统计分析材料以及规章制度台账</td></tr>
<tr><td>指标类别</td><td>考核指标</td><td>考核内容</td><td>考核标准</td><td>信息来源</td><td>考核周期</td></tr>
<tr><td rowspan="5">岗位职责指标</td><td>机车质量（20 分）</td><td>机车发生故障停车，属责任故障的</td><td>按照故障停车时间，每 10 分钟扣 0.1—0.2 分</td><td>公司、分公司党的建设和经营业绩考核通报</td><td rowspan="5">月度</td></tr>
<tr><td>工艺管理（20 分）</td><td>分管专业范围内检修工艺存在问题或未及时修订</td><td>根据检查情况，发现问题每件次扣 0.1—0.2 分</td><td rowspan="3">部门考核</td></tr>
<tr><td>技术改造（20 分）</td><td>改造项目未经审批，未按流程办理</td><td>依据检查情况，发现问题每件次扣 0.1 分</td></tr>
<tr><td>日常履职（20 分）</td><td>岗位日常工作及部门临时任务</td><td>根据完成情况，每件加减 0.1—0.2 分</td></tr>
<tr><td>劳动纪律（20 分）</td><td>按时上下班、遵章守纪</td><td>上班迟到、早退，每次扣 0.5 分；违反安全规章，每次扣 5 分</td><td>分公司通报</td></tr>
<tr><td>非权重指标</td><td>否决指标</td><td>违规违纪</td><td>考核周期内受到行政警告、记过、记大过处分的，年度绩效考核结果应视情形直接评定为“基本称职”或“不称职”等次（绩效考核成绩按不超过 79 分计）；受到撤销党内职务及以上党纪处分或降职（降级）及以上政纪处分的，年度绩效考核结果直接评定为“不称职”等次（绩效考核成绩按不超过 59 分计）</td><td>处分决定</td><td>年度</td></tr>
<tr><td>备注</td><td colspan="5">轮对工程师、机械工程师、制动工程师参照该岗位考核指标执行</td></tr>
</table>

YS-TL-043

朔黄铁路－机辆分公司检修工程师

<table>
<tr><td>岗位名称</td><td colspan="2">检修工程师</td><td>所在部门</td><td colspan="2">朔黄铁路－机辆分公司</td></tr>
<tr><td>职位职级序列</td><td colspan="5">管理序列</td></tr>
<tr><td>直接上级</td><td colspan="5">中心主任</td></tr>
<tr><td>直接下级</td><td colspan="5">——</td></tr>
<tr><td rowspan="2">岗位职责</td><td colspan="5">负责机车临碎修、小辅修、大中修、高价互换配件管理工作</td></tr>
<tr><td colspan="5">检修管理（包含自主中修）和设备技术管理，设备故障的分析和倾向性技术问题的攻关和整改</td></tr>
<tr><td>工作记录文档</td><td colspan="5">设备履历、修程交验台账、机车检修记录、高价互换记录、复检会修程会记录（前两项为监控中心工作记录，后三项为内燃中心工作记录）</td></tr>
<tr><td>指标类别</td><td>考核指标</td><td>考核内容</td><td>考核标准</td><td>信息来源</td><td>考核周期</td></tr>
<tr><td rowspan="5">岗位职责指标</td><td>履职工作（20分）</td><td>履职基本要求和主要工作内容</td><td>工作未完成，每次扣0.1分</td><td>部门考核</td><td rowspan="5">月度</td></tr>
<tr><td>设备返工修（20分）</td><td>设备修程一次作业标准化</td><td>造成返工修，每件扣0.3分</td><td>机车发生非正常</td></tr>
<tr><td>劳动纪律（20分）</td><td>按时上下班、遵章守纪</td><td>上班迟到、早退，每次扣0.5分；违反安全规章，每次扣5分</td><td>分公司通报</td></tr>
<tr><td>定量工作（20分）</td><td>月度定量指标</td><td>依台账分析及现场检查按比值进行核减，每少完成1项扣0.2分</td><td>工作台账记录本</td></tr>
<tr><td>安全职责（20分）</td><td>严格落实安全风险分级管控和隐患排查治理双重预防工作机制的要求，参与危险源辨识和评估，督促落实本部门危险源的安全管理措施</td><td>每少录入1条危险源，扣1分</td><td>朔黄铁路本质安全管理信息系统</td></tr>
<tr><td>非权重指标</td><td>否决指标</td><td>违规违纪</td><td>考核周期内受到行政警告、记过、记大过处分的，年度绩效考核结果应视情形直接评定为“基本称职”或“不称职”等次（绩效考核成绩按不超过79分计）；受到撤销党内职务及以上党纪处分或降职（降级）及以上政纪处分的，年度绩效考核结果直接评定为“不称职”等次（绩效考核成绩按不超过59分计）</td><td>处分决定</td><td>年度</td></tr>
<tr><td>备注</td><td colspan="5"></td></tr>
</table>

YS–TL–044

新朔铁路–机务分公司安全技术员

岗位名称	安全技术员	所在部门	新朔铁路–机务分公司
职位职级序列	管理序列		
直接上级	副主任		
直接下级	工班长		
岗位职责	负责车间安全生产及技术管理工作		
	处理好安全生产中存在的各种问题，有预见性地制定措施，落实好隐患整改措施，搞好日常安全检查工作，把好安全生产关		
	参与设备故障、生产安全事故和事故苗子、严重违章违纪的调查、分析，落实相关信息上报工作，监督防范措施的落实情况		
工作记录文档	安全量化指标统计表		

指标类别	考核指标	考核内容	考核标准	信息来源	考核周期
岗位职责指标	安全管理（30分）	定责的责任事故，严重违章违纪；发生一般违章等	按照考核奖金/100计算扣分	安全奖惩通报	月度
	技术管理（30分）	完成车间技术任务	目标值：95%。 每少完成1项，扣1分	技术管理任务指标	
	劳动纪律（10分）	按时上下班、遵章守纪	遵守劳动纪律，按时上下班得基本分；工作纪律松散，迟到、早退等现象频发，受到公司通报批评的，每次扣2分	月度考勤表、公司下发通报	
	履职工作（10分）	履职基本要求和主要工作内容	工作未完成，每次扣0.1分	部门考核	
	量化指标（20分）	安全管控量化指标	完成量每少1项，扣1分	安全量化指标统计表	
非权重指标	否决指标	违规违纪	考核周期内受到行政警告、记过、记大过处分的，年度绩效考核结果应视情形直接评定为“基本称职”或“不称职”等次（绩效考核成绩按不超过79分计）；受到撤销党内职务及以上党纪处分或降职（降级）及以上政纪处分的，年度绩效考核结果直接评定为“不称职”等次（绩效考核成绩按不超过59分计）	处分决定	年度
备注					

YS-TL-045

调度指挥中心列车调度员

岗位名称	列车调度员	所在部门	调度指挥中心
职位职级序列	技能序列		
直接上级	计划调度员		
直接下级	车站值班员		
岗位职责	负责监督、检查管辖区段按图行车，并根据情况调整阶段计划；组织、监督旅客列车、专特运、超限超重等重点列车运行		
	负责本区段施工、维修计划落实工作		
	负责相关调度命令的落实工作，并及时正确编制、下达行车调度命令		
	正确、及时、完整地收集、填记列车运行图信息并上报有关资料		
	负责与邻公司列车调度员联系阶段计划落实，交换相关调度命令，处理分界口相关事宜等		
	负责正确及时地处理危及行车安全的各类突发事件；负责掌握机车交路、乘务员劳动时间，防止机车乘务员超劳；负责填写本区段《安监报 –1》，及时处理联控信息		
工作记录文档	工作日志		

指标类别	考核指标	考核内容	考核标准	信息来源	考核周期
岗位职责指标	客运工作（20分）	旅客列车、通勤车正点率	本项指标目标值：98%。完成值每提升1%，加1分；每发生1件调度责任晚点，扣0.5分	统计分析室	季度
	施工安全（20分）	施工天窗兑现率	本项指标目标值：98%。完成值每提高0.2%，加1分，最多加5分；每降低0.2%，扣1分	施工室	
	行车安全（20分）	调度命令错漏发	每发现1件，扣1分	安全教育室	
	机务安全（20分）	机车乘务员超劳	每发生1件由于调度不当造成乘务员超劳，扣1分	机车室	
	执行能力（20分）	准确理解上级要求并迅速行动，遇困难时能积极协调资源，克服困难，高效地完成各项任务	个人执行力方面，对上级要求理解不准确、不主动沟通，执行缓慢甚至故意拖延，扣责任人2分；不能够快速高效处理问题，主动协调资源，及时处理解决问题，扣责任人1分	值班领导、中心负责人	月度
非权重指标	奖励指标	各类荣誉	1. 年度周期内获国家、国家能源集团、包神集团年度先进个人（包括劳动模范、安全标兵），分别加2分、1.5分、1分、0.5分（不含获奖作品）；年度周期内获国家能源集团技术比武个人项目一、二、三等奖，分别加2分、1.5分、1分。	奖励文件或荣誉证书	年度

续表

指标类别	考核指标	考核内容	考核标准	信息来源	考核周期
非权重指标	奖励指标	各类荣誉	2. 年度周期内获得国家发明专利加 2 分（按项目），获得实用新型专利加 0.5 分（只加第一发明人）。专利须与本专业相关，且专利权人为包神集团，如专权利人为个人加 0.1 分	奖励文件或荣誉证书	年度
	否决指标	安全事故	发生一般 D 类及以上铁路交通事故直接扣 100 分	处分决定	
备注					

YS-TL-046

包神铁路公司 – 站区工管员

<table>
<tr><td>岗位名称</td><td>工管员</td><td>所在部门</td><td>包神铁路公司 – 站区</td></tr>
<tr><td>职位职级序列</td><td colspan="3">技能序列</td></tr>
<tr><td>直接上级</td><td colspan="3">站区主任、相关部门</td></tr>
<tr><td>直接下级</td><td colspan="3">——</td></tr>
<tr><td rowspan="14">岗位职责</td><td colspan="3">负责站区财务、物资低值易耗品和工器具的管理工作</td></tr>
<tr><td colspan="3">负责站区各专业物资、固定资产管理工作，建立完善相关台账、卡片，确保账、卡、物相符</td></tr>
<tr><td colspan="3">负责站区季节性配备物品的统计和申领工作</td></tr>
<tr><td colspan="3">负责站区资产管理方面各类报表的统计上报工作</td></tr>
<tr><td colspan="3">负责站区各专业生产费用的计划提报及费用报销，配合进行成本分析工作</td></tr>
<tr><td colspan="3">负责站区相关费用报销票据粘贴上报工作</td></tr>
<tr><td colspan="3">熟练掌握资产、财务类制度，做好站区相关制度宣传、解释及站区各班组工管员的业务指导工作</td></tr>
<tr><td colspan="3">负责站区职工考勤、休假、工资、奖金的统计分配工作，做好站区职工奖罚兑现工作</td></tr>
<tr><td colspan="3">负责站区人事命令及职工档案管理的协助工作</td></tr>
<tr><td colspan="3">负责站区办公用品计划编报、请领、发放等工作</td></tr>
<tr><td colspan="3">负责站区劳动组织及人事劳资信息变动后的统计上报工作</td></tr>
<tr><td colspan="3">负责站区职能划分说明书、劳动合同续签及人力资源相关工作</td></tr>
<tr><td colspan="3">负责站区劳保统计，配合做好站区劳保发放工作</td></tr>
<tr><td colspan="3">熟练掌握人力、综合类制度，做好站区相关制度宣传、解释及站区各班组工管员的业务指导工作</td></tr>
<tr><td>工作记录文档</td><td colspan="3">物资（固定资产）台账、考勤表、劳保领用台账等</td></tr>
</table>

<table>
<tr><th>指标类别</th><th>考核指标</th><th>考核内容</th><th>考核标准</th><th>信息来源</th><th>考核周期</th></tr>
<tr><td rowspan="4">岗位职责指标</td><td>知识技能专业性（30分）</td><td>掌握相关业务制度</td><td>熟悉掌握相关业务制度得满分，一知半解或不清楚的，每发现1次扣2分</td><td>抽查记录本</td><td rowspan="4">月度</td></tr>
<tr><td>及时性（20分）</td><td>定期上报各类资料、报表、计划等</td><td>及时上报得满分；未及时上报，每次扣2分</td><td>各类报表</td></tr>
<tr><td>完整性、准确性（30分）</td><td>准确完整填报各类资料</td><td>准确完整填报得满分；漏报、错填，每次扣2分</td><td>各类填报资料</td></tr>
<tr><td>劳动纪律（20分）</td><td>按时上下班，遵章守纪</td><td>遵守劳动纪律，按时上下班得满分；工作纪律松散，迟到、早退等现象频发，受到公司通报批评的，每次扣2分</td><td>月度考勤表、公司下发通报</td></tr>
</table>

续表

指标类别	考核指标	考核内容	考核标准	信息来源	考核周期
非权重指标	奖励指标	各类荣誉	1. 年度周期内获国家、国家能源集团、包神集团、公司年度先进个人（包括劳动模范、安全标兵），分别加 2 分、1.5 分、1 分、0.5 分（不含获奖作品）；年度周期内获国家能源集团技术比武个人项目一、二、三等奖，分别加 2 分、1.5 分、1 分。 2. 年度周期内获得国家发明专利加 2 分（按项目），获得实用新型专利加 0.5 分（只加第一发明人）。专利须与本专业相关，且专利权人为包神集团或包神公司，如专权利人为个人加 0.1 分	奖励文件或荣誉证书	年度
	否决指标	安全事故	发生一般 D 类及以上铁路交通事故直接扣 100 分	处分决定	
备注					

YS-TL-047

包神铁路公司站长

<table>
<tr><td colspan="2">岗位名称</td><td colspan="2">站长</td><td>所在部门</td><td>包神铁路公司</td></tr>
<tr><td colspan="2">职位职级序列</td><td colspan="4">管理序列、技能序列</td></tr>
<tr><td colspan="2">直接上级</td><td colspan="4">车务副主任、运输生产部主任</td></tr>
<tr><td colspan="2">直接下级</td><td colspan="4">副站长、技术主管</td></tr>
<tr><td colspan="2" rowspan="5">岗位职责</td><td colspan="4">负责管内设备正常运行，为运输生产提供良好的运输通道</td></tr>
<tr><td colspan="4">负责全站安全管理、现场作业管理以及车站综合管理</td></tr>
<tr><td colspan="4">负责全站文明生产、风险预控管理体系建设有关工作</td></tr>
<tr><td colspan="4">全面负责车站员工培训教育有关工作</td></tr>
<tr><td colspan="4">负责分公司安全生产责任制规定的本岗位安全职责</td></tr>
<tr><td colspan="2">工作记录文档</td><td colspan="4">工作日志</td></tr>
<tr><td>指标类别</td><td>考核指标</td><td>考核内容</td><td>考核标准</td><td>信息来源</td><td>考核周期</td></tr>
<tr><td rowspan="5">岗位职责指标</td><td>运输生产（30 分）</td><td>顺利完成车站各项运输生产任务</td><td>未完成按照考核标准进行扣分</td><td>工作日志</td><td>月度 / 季度</td></tr>
<tr><td>安全环保（30 分）</td><td>组织召开安全生产分析会，解决生产过程中存在的安全问题，布置安全生产环保工作</td><td>日常检查发现问题参照分公司考核标准扣分</td><td>安全监察室、运输生产部、保障服务部</td><td rowspan="2">季度</td></tr>
<tr><td>科技教育（20 分）</td><td>车站“五个一”的教育培训工作，如实记录安全生产教育和培训情况</td><td>按照员工教育“五个一”以及科技项目考核标准进行扣分</td><td>安全监察室、科技教育部</td></tr>
<tr><td>劳动纪律（10 分）</td><td>按时上下班，遵章守纪</td><td>遵守劳动纪律，按时上下班得满分；工作纪律松散，迟到、早退等现象频发，受到公司通报批评的，每次扣 2 分</td><td>月度考勤表、公司下发通报</td><td>月度</td></tr>
<tr><td>综合业务（10 分）</td><td>落实分公司安排的各项日常工作</td><td>日常业务内容未完成，按照考核标准扣分</td><td>办公室、人力资源部、经济核算部</td><td>季度</td></tr>
<tr><td>非权重指标</td><td>奖励指标</td><td>各类荣誉</td><td>1. 年度周期内获国家、国家能源集团、包神集团、公司年度先进个人（包括劳动模范、安全标兵），分别加 2 分、1.5 分、1 分、0.5 分（不含获奖作品）；年度周期内获国家能源集团技术比武个人项目一、二、三等奖，分别加 2 分、1.5 分、1 分。</td><td>奖励文件或荣誉证书</td><td>年度</td></tr>
</table>

续表

指标类别	考核指标	考核内容	考核标准	信息来源	考核周期
非权重指标	奖励指标	各类荣誉	2. 年度周期内获得国家发明专利加 2 分（按项目），获得实用新型专利加 0.5 分（只加第一发明人）。专利须与本专业相关，且专利权人为包神集团或包神公司，如专权利人为个人加 0.1 分	奖励文件或荣誉证书	年度
	否决指标	安全事故	发生一般 D 类及以上铁路交通事故直接扣 100 分	处分决定	
备注					

YS–TL–048

包神铁路公司副站长

岗位名称	副站长	所在部门	包神铁路公司
职位职级序列	管理序列、技能序列		
直接上级	站长		
直接下级	车站员工		
岗位职责	协助站长负责管内设备正常运行，为运输生产提供良好的运输通道		
	协助站长负责全站安全管理、现场作业管理以及车站综合管理		
	协助站长负责全站文明生产、风险预控管理体系建设有关工作		
	协助站长负责车站员工培训教育有关工作		
	负责分公司安全生产责任制规定的本岗位安全职责		
工作记录文档	工作日志		

指标类别	考核指标	考核内容	考核标准	信息来源	考核周期
岗位职责指标	站场巡查（40 分）	坚持每日到现场了解情况，及时制止和纠正违章指挥、冒险作业、违反操作规程的行为	未完成按照考核标准进行扣分	工作日志	每日
	日常会议（10 分）	值班期间参加车站运输交接班会议，检查日班计划完成情况	未按时参加会议参照考核标准扣分		
	劳动纪律（10 分）	按时上下班，遵章守纪	遵守劳动纪律，按时上下班得满分；工作纪律松散，迟到、早退等现象频发，受到公司通报批评的，每次扣 2 分	月度考勤表、公司下发通报	月度
	施工平衡会（20 分）	定期组织施工平衡会，针对车站关键作业、薄弱环节，提出有效的安全控制建议	未完成按照考核标准进行扣分	工作日志	每周
	隐患排查（20 分）	适时负责对分管业务内的事故隐患和危险源组织整改、消除			月度
非权重指标	奖励指标	各类荣誉	1. 年度周期内获国家、国家能源集团、包神集团、公司年度先进个人（包括劳动模范、安全标兵），分别加 2 分、1.5 分、1 分、0.5 分（不含获奖作品）；年度周期内获国家能源集团技术比武个人项目一、二、三等奖，分别加 2 分、1.5 分、1 分。	奖励文件或荣誉证书	年度

续表

指标类别	考核指标	考核内容	考核标准	信息来源	考核周期
非权重指标	奖励指标	各类荣誉	2. 年度周期内获得国家发明专利加 2 分（按项目），获得实用新型专利加 0.5 分（只加第一发明人）。专利须与本专业相关，且专利权人为包神集团或包神公司，如专权利人为个人加 0.1 分	奖励文件或荣誉证书	年度
	否决指标	安全事故	发生一般 D 类及以上铁路交通事故直接扣 100 分	处分决定	
备注					

YS-TL-049

包神铁路公司值班主任

<table>
<tr><td>岗位名称</td><td>值班主任</td><td>所在部门</td><td colspan="3">包神铁路公司</td></tr>
<tr><td>职位职级序列</td><td colspan="5">技能序列</td></tr>
<tr><td>直接上级</td><td colspan="5">副站长</td></tr>
<tr><td>直接下级</td><td colspan="5">车站员工</td></tr>
<tr><td rowspan="5">岗位职责</td><td colspan="5">负责组织、指挥本班运输工作，保证安全生产，完成班计划任务</td></tr>
<tr><td colspan="5">组织本班组人员按规定时间备班、接班、交班</td></tr>
<tr><td colspan="5">负责行车室备品的保管、使用及交接，认真填写《车站值班员交接班簿》</td></tr>
<tr><td colspan="5">负责做好非正常情况下汇报、请示及组织工作</td></tr>
<tr><td colspan="5">负责分公司安全生产责任制规定的本岗位安全职责</td></tr>
<tr><td>工作记录文档</td><td colspan="5">工作日志</td></tr>
</table>

<table>
<tr><th>指标类别</th><th>考核指标</th><th>考核内容</th><th>考核标准</th><th>信息来源</th><th>考核周期</th></tr>
<tr><td rowspan="5">岗位职责指标</td><td>站场巡查（40 分）</td><td>坚持每日到现场了解情况，及时制止和纠正违章指挥、冒险作业、违反操作规程的行为</td><td>未完成按照考核标准进行扣分</td><td rowspan="2">工作日志</td><td rowspan="2">每日</td></tr>
<tr><td>日常会议（10 分）</td><td>值班期间参加车站运输交接班会议，检查日班计划完成情况</td><td>未按时参加会议按照考核标准扣分</td></tr>
<tr><td>劳动纪律（10 分）</td><td>按时上下班，遵章守纪</td><td>遵守劳动纪律，按时上下班得满分；工作纪律松散，迟到、早退等现象频发，受到公司通报批评的，每次扣 2 分</td><td>月度考勤表、公司下发通报</td><td>月度</td></tr>
<tr><td>施工平衡会（20 分）</td><td>定期组织施工平衡会，针对车站关键作业、薄弱环节，提出有效的安全控制建议</td><td rowspan="2">未完成按照考核标准进行扣分</td><td rowspan="2">工作日志</td><td>每周</td></tr>
<tr><td>隐患排查（20 分）</td><td>适时负责对分管业务内的事故隐患和危险源组织整改、消除</td><td>月度</td></tr>
<tr><td>非权重指标</td><td>奖励指标</td><td>各类荣誉</td><td>1. 年度周期内获国家、国家能源集团、包神集团、公司年度先进个人（包括劳动模范、安全标兵），分别加 2 分、1.5 分、1 分、0.5 分（不含获奖作品）；年度周期内获国家能源集团技术比武个人项目一、二、三等奖，分别加 2 分、1.5 分、1 分。</td><td>奖励文件或荣誉证书</td><td>年度</td></tr>
</table>

续表

指标类别	考核指标	考核内容	考核标准	信息来源	考核周期
非权重指标	奖励指标	各类荣誉	2. 年度周期内获得国家发明专利加 2 分（按项目），获得实用新型专利加 0.5 分（只加第一发明人）。专利须与本专业相关，且专利权人为包神集团或包神公司，如专权利人为个人加 0.1 分	奖励文件或荣誉证书	年度
	否决指标	安全事故	发生一般 D 类及以上铁路交通事故直接扣 100 分	处分决定	
备注					

YS–TL–050

包神铁路公司车站值班员

岗位名称	车站值班员	所在部门	包神铁路公司
职位职级序列	技能序列		
直接上级	值班站长		
直接下级	信号员		
岗位职责	负责车站接发列车的办理和组织工作		
	负责规范填记各种凭证、本簿、审核调度命令，对施工登销记严格把关		
	负责机车的摘挂、转线及出入段进路的布置并监督执行		
	负责做好非正常情况下汇报、请示及组织工作		
	负责分公司安全生产责任制规定的本岗位安全职责		
工作记录文档	车站值班员交接班簿、工作日志		

指标类别	考核指标	考核内容	考核标准	信息来源	考核周期
岗位职责指标	接发车、装卸车数（30 分）	日均装卸量	目标值：98%。 完成量每下降 0.5 个百分点，扣 1 分；每增加 0.5 个百分点，加 1 分	月度装卸计划	月度
	安全生产信息（20 分）	班中安全生产信息统计上报	未统计上报 1 件，扣 1 分；精准预判、上报及时，加 0.5 分	班中非正常情况统计	
	安全（30 分）	公司定责的故障或事件、事故苗子；严重违章违纪或责任造成工作场所发生火情，未造成损失；发生一般违章违纪	公司定责的故障或事件、事故苗子，扣 10 分；严重违章违纪或责任造成工作场所发生火情，未造成损失，扣 5 分；发生一般违章违纪，扣 3 分	日常检查	
	劳动纪律（10 分）	按时上下班，遵章守纪	遵守劳动纪律，按时上下班得满分；工作纪律松散，迟到、早退等现象频发，受到公司通报批评的，每次扣 2 分	月度考勤表、公司下发通报	
	表报簿册登记（10 分）	登记内容准确无误	错误1处，扣1分；自查、互查发现1处，加 0.5 分	表报簿册	
非权重指标	奖励指标	各类荣誉	1. 年度周期内获国家、国家能源集团、包神集团、公司年度先进个人（包括劳动模范、安全标兵），分别加 2 分、1.5 分、1 分、0.5 分（不含获奖作品）；年度周期内获国家能源集团技术比武个人项目一、二、三等奖，分别加 2 分、1.5 分、1 分。 2. 年度周期内获得国家发明专利加 2 分（按项目），获得实用新型专利加 0.5 分（只加第一发明人）。专利须与本专业相关，且专利权人为包神集团或包神公司，如专权利人为个人加 0.1 分	奖励文件或荣誉证书	年度

续表

指标类别	考核指标	考核内容	考核标准	信息来源	考核周期
非权重指标	否决指标	安全事故	发生一般 D 类及以上铁路交通事故直接扣 100 分	处分决定	年度
备注					

YS-TL-051

包神铁路公司信号员

<table>
<tr><td>岗位名称</td><td>信号员</td><td>所在部门</td><td>包神铁路公司</td></tr>
<tr><td>职位职级序列</td><td colspan="3">技能序列</td></tr>
<tr><td>直接上级</td><td colspan="3">车站值班员</td></tr>
<tr><td>直接下级</td><td colspan="3">——</td></tr>
<tr><td rowspan="4">岗位职责</td><td colspan="3">在值班员的领导下，负责办理闭塞及全站列车进路、调车进路的信号操纵</td></tr>
<tr><td colspan="3">按照《接发列车作业标准》，负责正确及时开放接发列车和调车作业信号，并认真执行眼看、标指、口呼、标点制度，监视信号、进路及列车和调车作业运行情况</td></tr>
<tr><td colspan="3">负责通知助理值班员、车号员接发列车，通知调车员列车分解、组合</td></tr>
<tr><td colspan="3">负责分公司安全生产责任制规定的本岗位安全职责</td></tr>
<tr><td>工作记录文档</td><td colspan="3">工作日志</td></tr>
</table>

<table>
<tr><th>指标类别</th><th>考核指标</th><th>考核内容</th><th>考核标准</th><th>信息来源</th><th>考核周期</th></tr>
<tr><td rowspan="5">岗位职责指标</td><td>接发车、装卸车数（40 分）</td><td>日均装卸量</td><td>目标值：98%。
完成量每下降 0.5 个百分点，扣 1 分；每增加 0.5 个百分点，加 1 分</td><td>月度装卸计划</td><td rowspan="5">月度</td></tr>
<tr><td>开放信号（20 分）</td><td>开放信号、办理进路</td><td>信号开放错误、进路准备错误 1 件，扣 1 分；发现异常情况，加 0.5 分</td><td>班中接发车</td></tr>
<tr><td>安全（20 分）</td><td>公司定责的故障或事件、事故苗子；严重违章违纪或责任造成工作场所发生火情，未造成损失；发生一般违章违纪</td><td>公司定责的故障或事件、事故苗子，扣 10 分；严重违章违纪或责任造成工作场所发生火情，未造成损失，扣 5 分；发生一般违章违纪，扣 3 分</td><td>日常检查</td></tr>
<tr><td>劳动纪律（10 分）</td><td>按时上下班，遵章守纪</td><td>遵守劳动纪律，按时上下班得满分；工作纪律松散，迟到、早退等现象频发，受到公司通报批评的，每次扣 2 分</td><td>月度考勤表、公司下发通报</td></tr>
<tr><td>表报簿册登记（10 分）</td><td>登记内容准确无误</td><td>错误1处，扣1分；自查、互查发现1处，加 0.5 分</td><td>表报簿册</td></tr>
<tr><td>非权重指标</td><td>奖励指标</td><td>各类荣誉</td><td>1. 年度周期内获国家、国家能源集团、包神集团、公司年度先进个人（包括劳动模范、安全标兵），分别加 2 分、1.5 分、1 分、0.5 分（不含获奖作品）；年度周期内获国家能源集团技术比武个人项目一、二、三等奖，分别加 2 分、1.5 分、1 分。
2. 年度周期内获得国家发明专利加 2 分（按项目），获得实用新型专利加 0.5 分（只加第一发明人）。专利须与本专业相关，且专利权人为包神集团或包神公司，如专权利人为个人加 0.1 分</td><td>奖励文件或荣誉证书</td><td>年度</td></tr>
</table>

续表

指标类别	考核指标	考核内容	考核标准	信息来源	考核周期
非权重指标	否决指标	安全事故	发生一般 D 类及以上铁路交通事故直接扣 100 分	处分决定	年度
备注					

YS-TL-052

包神铁路公司调车长

<table>
<tr><th colspan="2">岗位名称</th><th colspan="2">调车长</th><th>所在部门</th><th colspan="2">包神铁路公司</th></tr>
<tr><td colspan="2">职位职级序列</td><td colspan="5">技能序列</td></tr>
<tr><td colspan="2">直接上级</td><td colspan="5">车站值班员</td></tr>
<tr><td colspan="2">直接下级</td><td colspan="5">调车员</td></tr>
<tr><td colspan="2" rowspan="5">岗位职责</td><td colspan="5">负责接收下达的调车作业计划、布置调车作业计划及作业注意事项，拟定调车工作方法</td></tr>
<tr><td colspan="5">负责正确及时地传达调车作业计划，做好人员分工，严格执行《铁路调车作业标准》</td></tr>
<tr><td colspan="5">负责调车人员的人身安全和行车安全卡控，对站内保留列车及调车作业采取防溜措施</td></tr>
<tr><td colspan="5">负责对行车备品进行检查，执行对号交接班制度，认真填写《调车组交接班簿》</td></tr>
<tr><td colspan="5">负责分公司安全生产责任制规定的本岗位安全职责</td></tr>
<tr><td colspan="2">工作记录文档</td><td colspan="5">调车组交接簿</td></tr>
<tr><th>指标类别</th><th>考核指标</th><th>考核内容</th><th colspan="2">考核标准</th><th>信息来源</th><th>考核周期</th></tr>
<tr><td rowspan="5">岗位职责指标</td><td>调车作业完成情况（40分）</td><td>调车作业计划</td><td colspan="2">目标值：98%。
完成量每下降0.5个百分点，扣1分；完成量每增加0.5个百分点，加1分</td><td>日调车计划</td><td rowspan="5">月度</td></tr>
<tr><td>车辆检查防溜措施落实情况（20分）</td><td>车辆装卸编组检查</td><td colspan="2">装卸车辆调送、列车编组关门车未现场确认或不符合规定、车辆防溜不彻底，发生1件扣1分；发现异常情况，加0.5分</td><td>现车</td></tr>
<tr><td>安全（20分）</td><td>公司定责的故障或事件、事故苗子；严重违章违纪或责任造成工作场所发生火情，未造成损失；发生一般违章违纪</td><td colspan="2">公司定责的故障或事件、事故苗子，扣10分；严重违章违纪或责任造成工作场所发生火情，未造成损失，扣5分；发生一般违章违纪，扣3分</td><td>日常检查</td></tr>
<tr><td>劳动纪律（10分）</td><td>按时上下班，遵章守纪</td><td colspan="2">遵守劳动纪律，按时上下班得满分；工作纪律松散，迟到、早退等现象频发，受到公司通报批评的，每次扣2分</td><td>月度考勤表、公司下发通报</td></tr>
<tr><td>表报簿册登记（10分）</td><td>登记内容准确无误</td><td colspan="2">错误1处，扣1分；自查、互查发现1处，加0.5分</td><td>表报簿册</td></tr>
<tr><td>非权重指标</td><td>奖励指标</td><td>各类荣誉</td><td colspan="2">1. 年度周期内获国家、国家能源集团、包神集团、公司年度先进个人（包括劳动模范、安全标兵），分别加2分、1.5分、1分、0.5分（不含获奖作品）；年度周期内获国家能源集团技术比武个人项目一、二、三等奖，分别加2分、1.5分、1分。</td><td>奖励文件或荣誉证书</td><td>年度</td></tr>
</table>

续表

指标类别	考核指标	考核内容	考核标准	信息来源	考核周期
非权重指标	奖励指标	各类荣誉	2. 年度周期内获得国家发明专利加 2 分（按项目），获得实用新型专利加 0.5 分（只加第一发明人）。专利须与本专业相关，且专利权人为包神集团或包神公司，如专权利人为个人加 0.1 分	奖励文件或荣誉证书	年度
	否决指标	安全事故	发生一般 D 类及以上铁路交通事故直接扣 100 分	处分决定	
备注					

YS-TL-053

包神铁路公司连结员

<table>
<tr><td>岗位名称</td><td colspan="2">连结员</td><td>所在部门</td><td colspan="2">包神铁路公司</td></tr>
<tr><td>职位职级序列</td><td colspan="5">技能序列</td></tr>
<tr><td>直接上级</td><td colspan="5">调车长</td></tr>
<tr><td>直接下级</td><td colspan="5">——</td></tr>
<tr><td rowspan="5">岗位职责</td><td colspan="5">在调车长的领导下，负责正确、及时、安全、迅速地完成调车任务</td></tr>
<tr><td colspan="5">负责正确及时显示信号、摘挂车辆，摘接制动软管、落实车辆防溜措施，保证调车作业安全</td></tr>
<tr><td colspan="5">按照列车到发通知，负责列车分解、组合作业</td></tr>
<tr><td colspan="5">对站内保留列车及调车作业采取防溜措施</td></tr>
<tr><td colspan="5">严格落实安全职责</td></tr>
<tr><td>工作记录文档</td><td colspan="5">工作日志</td></tr>
</table>

指标类别	考核指标	考核内容	考核标准	信息来源	考核周期
岗位职责指标	调车作业（40分）	一批调车作业	进路检查确认不到位、推进运行途中间断瞭望、互控不到位、简化作业程序，每处扣1分；标准用语错误，每处扣0.5分	日常检查	月度
	车辆检查、防溜措施落实情况（20分）	车辆装卸编组检查	装卸车辆调送、列车编组关门车未现场确认或不符合规定、车辆防溜不彻底，发生1件扣1分；发现异常情况，加0.5分	现车	
	安全（20分）	公司定责的故障或事件、事故苗子；严重违章违纪或责任造成工作场所发生火情，未造成损失；发生一般违章违纪	公司定责的故障或事件、事故苗子，扣10分；严重违章违纪或责任造成工作场所发生火情，未造成损失，扣5分；发生一般违章违纪，扣3分	日常检查	
	劳动纪律（10分）	按时上下班，遵章守纪	遵守劳动纪律，按时上下班得满分；工作纪律松散，迟到、早退等现象频发，受到公司通报批评的，每次扣2分	月度考勤表、公司下发通报	
	工作质量（10分）	一班工作情况、交接班情况	班工作量完成情况及五清五不交情况。一班工作质量不合格、交接不清楚，1处扣1分	日常检查	
非权重指标	奖励指标	各类荣誉	1. 年度周期内获国家、国家能源集团、包神集团、公司年度先进个人（包括劳动模范、安全标兵），分别加2分、1.5分、1分、0.5分（不含获奖作品）；年度周期内获国家能源集团技术比武个人项目一、二、三等奖，分别加2分、1.5分、1分。	奖励文件或荣誉证书	年度

续表

指标类别	考核指标	考核内容	考核标准	信息来源	考核周期
非权重指标	奖励指标	各类荣誉	2. 年度周期内获得国家发明专利加 2 分（按项目），获得实用新型专利加 0.5 分（只加第一发明人）。专利须与本专业相关，且专利权人为包神集团或包神公司，如专权利人为个人加 0.1 分	奖励文件或荣誉证书	年度
	否决指标	安全事故	发生一般 D 类及以上铁路交通事故直接扣 100 分	处分决定	
备注					

YS-TL-054

包神铁路公司货运员

<table>
<tr><td>岗位名称</td><td colspan="2">货运员</td><td>所在部门</td><td colspan="2">包神铁路公司</td></tr>
<tr><td>职位职级序列</td><td colspan="5">技能序列</td></tr>
<tr><td>直接上级</td><td colspan="5">作业组长</td></tr>
<tr><td>直接下级</td><td colspan="5">——</td></tr>
<tr><td rowspan="3">岗位职责</td><td colspan="5">在作业组长的直接领导下，严格落实有关文件及规章要求，对货物承运、制票、交付、交接检查、数据统计等开展工作</td></tr>
<tr><td colspan="5">严格执行货运作业标准，安全、优质完成货物承运、交接、日常装卸作业等任务</td></tr>
<tr><td colspan="5">严格落实安全环保职责</td></tr>
<tr><td>工作记录文档</td><td colspan="5">货运员交接班簿、货场综合日志</td></tr>
</table>

<table>
<tr><th>指标类别</th><th>考核指标</th><th>考核内容</th><th>考核标准</th><th>信息来源</th><th>考核周期</th></tr>
<tr><td rowspan="5">岗位职责指标</td><td>货运核收和装卸车工作量（30分）</td><td>日作业完成量</td><td>目标值：95%。
完成量每下降0.5个百分点，扣1分；每增加0.5个百分点，加1分</td><td rowspan="2">货运员交接班簿、货场综合日志</td><td rowspan="4">月度</td></tr>
<tr><td>货运核收和装卸车质量（20分）</td><td>作业质量</td><td>按照质量评定标准，目标值：90分。
作业质量评定每低1分，扣1分；每增加1分，加0.5分</td></tr>
<tr><td>承运、制票、交付、统计工作正确率（20分）</td><td>日作业完成正确率</td><td>按照统计评定标准，目标值：85分。
统计数值每错1处（次），扣1分</td><td>货场综合日志、各项统计报表</td></tr>
<tr><td>劳动纪律（10分）</td><td>按时上下班，遵章守纪</td><td>遵守劳动纪律，按时上下班得满分；工作纪律松散，迟到、早退等现象频发，受到公司通报批评的，每次扣2分</td><td>月度考勤表、公司下发通报</td></tr>
<tr><td>安全（20分）</td><td>公司定责的故障或事件、事故苗子；严重违章违纪或责任造成工作场所发生火情，未造成损失；发生一般违章违纪</td><td>公司定责的故障或事件、事故苗子，扣10分；严重违章违纪或责任造成工作场所发生火情，未造成损失，扣5分；发生一般违章违纪，扣3分</td><td>检查通报、季度考核</td><td>月度/季度</td></tr>
<tr><td>非权重指标</td><td>奖励指标</td><td>各类荣誉</td><td>1. 年度周期内获国家、国家能源集团、包神集团、公司年度先进个人（包括劳动模范、安全标兵），分别加2分、1.5分、1分、0.5分（不含获奖作品）；年度周期内获国家能源集团技术比武个人项目一、二、三等奖，分别加2分、1.5分、1分。</td><td>奖励文件或荣誉证书</td><td>年度</td></tr>
</table>

续表

指标类别	考核指标	考核内容	考核标准	信息来源	考核周期
非权重指标	奖励指标	各类荣誉	2. 年度周期内获得国家发明专利加 2 分（按项目），获得实用新型专利加 0.5 分（只加第一发明人）。专利须与本专业相关，且专利权人为包神集团或包神公司，如专权利人为个人加 0.1 分	奖励文件或荣誉证书	年度
	否决指标	安全事故	发生一般 D 类及以上铁路交通事故直接扣 100 分	处分决定	
备注					

YS-TL-055

包神铁路公司线路工

岗位名称	线路工	所在部门	包神铁路公司
职位职级序列	技能序列		
直接上级	线路班组长		
直接下级	——		
岗位职责	在班组长的直接领导下，对线路、道岔、路基及三沟附属开展维修保养工作		
	严格执行工务作业标准，安全、优质完成日常维修保养任务		
	严格落实安全职责		
工作记录文档	工作日志、派工单		

指标类别	考核指标	考核内容	考核标准	信息来源	考核周期
岗位职责指标	维修保养工作量（30分）	日作业完成量	目标值：95%。 完成量每下降0.5个百分点，扣1分；每增加0.5个百分点，加1分	工作日志	月度
	维修保养质量（20分）	维修保养质量	按照质量评定标准，目标值：90分。 设备质量评定每低1分，扣1分；每增加1分，加0.5分		
	设备承包（20分）	设备缺陷	按照质量评定标准，目标值：85分。 设备质量评定每低1分，扣1分；每增加1分，加0.5分		
	劳动纪律（10分）	按时上下班，遵章守纪	遵守劳动纪律，按时上下班得满分；工作纪律松散，迟到、早退等现象频发，受到公司通报批评的，每次扣2分	月度考勤表、公司下发通报	
	安全（20分）	公司定责的故障或事件、事故苗子；严重违章违纪或责任造成工作场所发生火情，未造成损失；发生一般违章违纪	公司定责的故障或事件、事故苗子，扣10分；严重违章违纪或责任造成工作场所发生火情，未造成损失，扣5分；发生一般违章违纪，扣3分	工作日志	
非权重指标	奖励指标	各类荣誉	1. 年度周期内获国家、国家能源集团、包神集团、公司年度先进个人（包括劳动模范、安全标兵），分别加2分、1.5分、1分、0.5分（不含获奖作品）；年度周期内获国家能源集团技术比武个人项目一、二、三等奖，分别加2分、1.5分、1分。 2. 年度周期内获得国家发明专利加2分（按项目），获得实用新型专利加0.5分（只加第一发明人）。专利须与本专业相关，且专利权人为包神集团或包神公司，如专权利人为个人加0.1分	奖励文件或荣誉证书	年度

续表

指标类别	考核指标	考核内容	考核标准	信息来源	考核周期
非权重指标	否决指标	安全事故	发生一般 D 类及以上铁路交通事故直接扣 100 分	处分决定	年度
备注					

YS-TL-056

包神铁路公司桥隧工

岗位名称	桥隧工	所在部门	包神铁路公司
职位职级序列	技能序列		
直接上级	桥隧班组长		
直接下级	——		
岗位职责	在班组长的直接领导下，负责管内桥隧建筑物的维检工作		
	严格执行工务作业标准，安全、优质完成日常维修保养任务		
	严格落实安全职责		
工作记录文档	工作日志、派工单		

指标类别	考核指标	考核内容	考核标准	信息来源	考核周期
岗位职责指标	检修工作量（30 分）	日作业完成量	目标值：95%。 完成量每下降 0.5 个百分点，扣 1 分；每增加 0.5 个百分点，加 1 分	工作日志	月度
	检修质量（20 分）	病害检出（合格）率	目标值：90%。 检出率每下降 1 个百分点，扣 1 分；每增加 1 个百分点，加 1 分		
	检修记录及技术台账（20 分）	台账准确完善率	目标值：96%。 准确完善率每下降 1 个百分点，扣 1 分；每增加 1 个百分点，加 1 分		
	劳动纪律（10 分）	按时上下班，遵章守纪	遵守劳动纪律，按时上下班得满分；工作纪律松散，迟到、早退等现象频发，受到公司通报批评的，每次扣 2 分	月度考勤表、公司下发通报	
	安全（20 分）	公司定责的故障或事件、事故苗子；严重违章违纪或责任造成工作场所发生火情，未造成损失；发生一般违章违纪	公司定责的故障或事件、事故苗子，扣 10 分；严重违章违纪或责任造成工作场所发生火情，未造成损失，扣 5 分；发生一般违章违纪，扣 3 分	工作日志	
非权重指标	奖励指标	各类荣誉	1. 年度周期内获国家、国家能源集团、包神集团、公司年度先进个人（包括劳动模范、安全标兵），分别加 2 分、1.5 分、1 分、0.5 分（不含获奖作品）；年度周期内获国家能源集团技术比武个人项目一、二、三等奖，分别加 2 分、1.5 分、1 分。 2. 年度周期内获得国家发明专利加 2 分（按项目），获得实用新型专利加 0.5 分（只加第一发明人）。专利须与本专业相关，且专利权人为包神集团或包神公司，如专权利人为个人加 0.1 分	奖励文件或荣誉证书	年度

续表

指标类别	考核指标	考核内容	考核标准	信息来源	考核周期
非权重指标	否决指标	安全事故	发生一般 D 类及以上铁路交通事故直接扣 100 分	处分决定	年度
备注					

YS-TL-057

包神铁路公司探伤工

岗位名称	探伤工	所在部门	包神铁路公司
职位职级序列	技能序列		
直接上级	探伤班组长		
直接下级	——		
岗位职责	在班组长的直接领导下，负责管内线路钢轨探伤工作		
	严格执行探伤作业标准，安全、优质完成日常钢轨探伤任务		
	严格落实安全职责		
工作记录文档	工作日志、派工单		

指标类别	考核指标	考核内容	考核标准	信息来源	考核周期
岗位职责指标	探伤工作量（20分）	日作业完成量	目标值：95%。 完成量每下降0.5%，扣1分；每增加0.5%，加1分	工作日志	月度
	探伤质量（40分）	钢轨伤损检出率	目标值：92%。 检出率每下降1%，扣1分；每增加1%，加1分		
	仪器性能评定（10分）	仪器各项性能评定	目标值：90分。 仪器性能综合评定每低1分，扣1分；每增加1分，加0.5分		
	劳动纪律（10分）	按时上下班，遵章守纪	遵守劳动纪律，按时上下班得满分；工作纪律松散，迟到、早退等现象频发，受到公司通报批评的，每次扣2分	月度考勤表、公司下发通报	
	安全（20分）	公司定责的故障或事件、事故苗子；严重违章违纪或责任造成工作场所发生火情，未造成损失；发生一般违章违纪	公司定责的故障或事件、事故苗子，扣10分；严重违章违纪或责任造成工作场所发生火情，未造成损失，扣5分；发生一般违章违纪，扣3分	工作日志	
非权重指标	奖励指标	各类荣誉	1. 年度周期内获国家、国家能源集团、包神集团、公司年度先进个人（包括劳动模范、安全标兵），分别加2分、1.5分、1分、0.5分（不含获奖作品）；年度周期内获国家能源集团技术比武个人项目一、二、三等奖，分别加2分、1.5分、1分。 2. 年度周期内获得国家发明专利加2分（按项目），获得实用新型专利加0.5分（只加第一发明人）。专利须与本专业相关，且专利权人为包神集团或包神公司，如专权利人为个人加0.1分	奖励文件或荣誉证书	年度

续表

指标类别	考核指标	考核内容	考核标准	信息来源	考核周期
非权重指标	否决指标	安全事故	发生一般 D 类及以上铁路交通事故直接扣 100 分	处分决定	年度
备注					

YS-TL-058

包神铁路公司工管员（工区班组）

岗位名称	工管员（工区班组）	所在部门	包神铁路公司
职位职级序列	技能序列		
直接上级	班组长		
直接下级	——		
岗位职责	在班组长的领导下主要负责材料、工具、劳保、备品的领取发放，工区事务等工作		
	熟知工区各种材料的名称、规格、单价、用途，领回材料需工长确认后上账入库，直接分散在施工地点的材料要办理好手续		
	加强班组材料“领、发、管”，开展节约活动，降低生产成本，把好材料及工机具进出关，防止流失，确保账物相符		
	保持库房的清洁，做到材料工具堆放有序、不锈蚀、不霉烂变质，保证材料的完整有效，并同时做好防火防盗		
	加强库房管理，在上班前和下班前都要对门窗、管区进行检查，防止火灾、被盗事件发生		
	熟悉有关规章、制度、政策、法规及有关工作方面的规定，建立健全班组材料台账		
	协助班组长组织班组的业务和政治学习，做好班组基础资料归纳及台账的填写管理		
工作记录文档	班组材料台账、领料单、出库单		

指标类别	考核指标	考核内容	考核标准	信息来源	考核周期
岗位职责指标	知识技能专业性（30分）	熟知班组各种材料的名称、规格、单价、用途	熟知得满分；一知半解或不清楚的，每发现1次扣2分	抽查绩效考评卡片	月度
	及时性、准确性（20分）	对领回材料经工长确认上账入库；对班组材料把好进出关，防止流失	按要求完成得满分，未经工长确认上账入库的，每次扣2分；未对班组材料把好进出关，出现流失现象的，每发现1次扣2分	入库单	
	工作管理（30分）	工作规范性	规范得满分，未保持库房的清洁，未做到材料工具堆放有序、不锈蚀、不霉烂变质，导致材料不完整的，每次扣1分；未加强库房管理，在上班前和下班前未对门窗、管区进行检查，发生被盗事件的，每次扣5分	抽查绩效考评卡片	
	劳动纪律（20分）	按时上下班，遵章守纪	遵守劳动纪律，按时上下班得满分；工作纪律松散，迟到、早退等现象频发，受到公司通报批评的，每次扣2分	月度考勤表、公司下发通报	
非权重指标	奖励指标	各类荣誉	1. 年度周期内获国家、国家能源集团、包神集团、公司年度先进个人（包括劳动模范、安全标兵），分别加2分、1.5分、1分、0.5分（不含获奖作品）；年度周期内获国家能源集团技术比武个人项目一、二、三等奖，分别加2分、1.5分、1分。	奖励文件或荣誉证书	年度

续表

指标类别	考核指标	考核内容	考核标准	信息来源	考核周期
非权重指标	奖励指标	各类荣誉	2. 年度周期内获得国家发明专利加 2 分（按项目），获得实用新型专利加 0.5 分（只加第一发明人）。专利须与本专业相关，且专利权人为包神集团或包神公司，如专权利人为个人加 0.1 分	奖励文件或荣誉证书	年度
	否决指标	安全事故	发生一般 D 类及以上铁路交通事故直接扣 100 分	处分决定	
备注					

YS-TL-059

包神铁路公司轨道车司机

<table>
<tr><td>岗位名称</td><td colspan="2">轨道车司机</td><td>所在部门</td><td colspan="2">包神铁路公司</td></tr>
<tr><td>职位职级序列</td><td colspan="5">技能序列</td></tr>
<tr><td>直接上级</td><td colspan="5">工区工长</td></tr>
<tr><td>直接下级</td><td colspan="5">——</td></tr>
<tr><td rowspan="3">岗位职责</td><td colspan="5">严格执行各项规章制度，严肃行车纪律，确保行车安全</td></tr>
<tr><td colspan="5">严格执行轨道车作业标准，精心操纵轨道车，进行日常和定期保养，保证轨道车处于优良技术状态</td></tr>
<tr><td colspan="5">严格落实安全职责，参加班组组织的日常安全技术、操作规程、故障应急处置、消防安全等培训，掌握必要的安全业务技能</td></tr>
<tr><td>工作记录文档</td><td colspan="5">工作日志</td></tr>
</table>

<table>
<tr><th>指标类别</th><th>考核指标</th><th>考核内容</th><th>考核标准</th><th>信息来源</th><th>考核周期</th></tr>
<tr><td rowspan="5">岗位职责指标</td><td>作业标准（30 分）</td><td>违背作业标准</td><td>运行中严格执行《技规》《轨规》有关规定，运行时未按规定执行，每次扣 2 分；情节严重视情况而定</td><td rowspan="3">工作日志</td><td rowspan="5">月度</td></tr>
<tr><td>检修维护质量（30 分）</td><td>维修保养质量</td><td>按照质量评定标准，目标值：95 分。
设备质量评定每低 1 分，扣 1 分；每增加 1 分，加 0.5 分</td></tr>
<tr><td>设备承包（10 分）</td><td>设备缺陷</td><td>按照质量评定标准，目标值：85 分。
设备质量评定每低 1 分，扣 1 分；每增加 1 分，加 0.5 分</td></tr>
<tr><td>劳动纪律（10 分）</td><td>按时上下班，遵章守纪</td><td>遵守劳动纪律，按时上下班得基本分；工作纪律松散，迟到、早退等现象频发，受到公司通报批评的，每次扣 2 分</td><td>月度考勤表、公司下发通报</td></tr>
<tr><td>安全（20 分）</td><td>公司定责的故障或事件、事故苗子；严重违章违纪或责任造成工作场所发生火情，未造成损失；发生一般违章违纪</td><td>公司定责的故障或事件、事故苗子，扣 10 分；严重违章违纪或责任造成工作场所发生火情，未造成损失，扣 5 分；发生一般违章违纪，扣 3 分</td><td>工作日志</td></tr>
<tr><td>非权重指标</td><td>奖励指标</td><td>各类荣誉</td><td>1. 年度周期内获国家、国家能源集团、包神集团、公司年度先进个人（包括劳动模范、安全标兵），分别加 2 分、1.5 分、1 分、0.5 分（不含获奖作品）；年度周期内获国家能源集团技术比武个人项目一、二、三等奖，分别加 2 分、1.5 分、1 分。</td><td>奖励文件或荣誉证书</td><td>年度</td></tr>
</table>

续表

<table>
<tr><th>指标类别</th><th>考核指标</th><th>考核内容</th><th>考核标准</th><th>信息来源</th><th>考核周期</th></tr>
<tr><td rowspan="2">非权重指标</td><td>奖励指标</td><td>各类荣誉</td><td>2. 年度周期内获得国家发明专利加 2 分（按项目），获得实用新型专利加 0.5 分（只加第一发明人）。专利须与本专业相关，且专利权人为包神集团或包神公司，如专权利人为个人加 0.1 分</td><td>奖励文件或荣誉证书</td><td rowspan="2">年度</td></tr>
<tr><td>否决指标</td><td>安全事故</td><td>发生一般 D 类及以上铁路交通事故直接扣 100 分</td><td>处分决定</td></tr>
<tr><td>备注</td><td colspan="5"></td></tr>
</table>

YS-TL-060

朔黄铁路公司综合检测员

<table>
<tr><th colspan="2">岗位名称</th><td colspan="2">综合检测员</td><th>所在部门</th><td colspan="2">朔黄铁路公司</td></tr>
<tr><td colspan="2">职位职级序列</td><td colspan="5">技能序列</td></tr>
<tr><td colspan="2">直接上级</td><td colspan="5">综合检测班组长</td></tr>
<tr><td colspan="2">直接下级</td><td colspan="5">——</td></tr>
<tr><td colspan="2" rowspan="3">岗位职责</td><td colspan="5">在班组长的直接领导下，开展设备检测、数据分析和设备状态评定工作</td></tr>
<tr><td colspan="5">严格执行作业标准，安全、优质完成车辆和检测设备的维护保养任务</td></tr>
<tr><td colspan="5">严格落实安全职责</td></tr>
<tr><td colspan="2">工作记录文档</td><td colspan="5">工作日志、月报、维护保养记录</td></tr>
<tr><th>指标类别</th><th>考核指标</th><th>考核内容</th><th colspan="2">考核标准</th><th>信息来源</th><th>考核周期</th></tr>
<tr><td rowspan="6">岗位职责指标</td><td>检测分析工作量（15 分）</td><td>月作业完成量</td><td colspan="2">完成量每下降 0.5 个百分点，扣 1 分；每增加 0.5 个百分点，加 1 分</td><td rowspan="2">月报</td><td rowspan="4">月度</td></tr>
<tr><td>检测分析质量（15 分）</td><td>检测分析质量</td><td colspan="2">按照质量评定标准，目标值：90 分。
设备质量评定每低 1 分，扣 1 分；每增加 1 分，加 0.5 分</td></tr>
<tr><td>维护保养工作量（15 分）</td><td>月作业完成量</td><td colspan="2">完成量每下降 0.5 个百分点，扣 1 分；每增加 0.5 个百分点，加 1 分</td><td rowspan="2">工作日志、维护保养记录</td></tr>
<tr><td>维护保养质量（15 分）</td><td>维护保养质量</td><td colspan="2">按照质量评定标准，目标值：90 分。
设备质量评定每低 1 分，扣 1 分；每增加 1 分，加 0.5 分</td></tr>
<tr><td>科技项目（20 分）</td><td>项目数量</td><td colspan="2">按照科技奖励办法予以加分</td><td>年度科技工作会纪要</td><td>年度</td></tr>
<tr><td>安全（20 分）</td><td>公司定责的故障或事件、事故苗子；严重违章违纪或责任造成工作场所发生火情，未造成损失；发生一般违章违纪</td><td colspan="2">公司定责的故障或事件、事故苗子，扣 10 分；严重违章违纪或责任造成工作场所发生火情，未造成损失，扣 5 分；发生一般违章违纪，扣 3 分</td><td>工作日志</td><td>月度</td></tr>
<tr><td>非权重指标</td><td>奖励指标</td><td>各类荣誉</td><td colspan="2">1. 年度周期内获国家、国家能源集团、公司、子分公司年度先进个人（包括劳动模范、安全标兵），分别加 2 分、1.5 分、1 分、0.5 分（不含获奖作品）；年度周期内获国家能源集团技术比武个人项目一、二、三等奖，分别加 2 分、1.5 分、1 分。</td><td>奖励文件或荣誉证书</td><td>年度</td></tr>
</table>

续表

指标类别	考核指标	考核内容	考核标准	信息来源	考核周期
非权重指标	奖励指标	各类荣誉	2. 年度周期内获得国家发明专利加 2 分（按项目），获得实用新型专利加 0.5 分（只加第一发明人）。专利须与本专业相关，且专利权人为单位，如专权利人为个人加 0.1 分	奖励文件或荣誉证书	年度
	否决指标	安全事故	发生一般 D 类及以上铁路交通事故直接扣 100 分	处分决定	
备注					

YS-TL-061

包神铁路公司电务维修工

岗位名称	电务维修工	所在部门	包神铁路公司
职位职级序列	技能序列		
直接上级	电务班组长		
直接下级	——		
岗位职责	在班组长的直接领导下，负责通信设备、线路及附属设施的维修、保养和故障处理工作		
	按时执表，执表中保证维修的设备符合技术标准、工艺标准、质量标准		
	配合班组长做好定期设备运用质量的分析，根据设备存在的问题，制定改善设备质量的整治措施，并予以实施		
工作记录文档	工作日志		

指标类别	考核指标	考核内容	考核标准	信息来源	考核周期
岗位职责指标	维修保养工作量（30分）	日作业完成量	目标值：95%。 完成量每下降0.5个百分点，扣1分；每增加0.5个百分点，加1分	工作日志	月度
	维修保养质量（20分）	维修保养质量	按照质量评定标准，目标值：90分。 设备质量评定每低1分，扣1分；每增加1分，加0.5分		
	设备承包（20分）	设备缺陷	按照质量评定标准，目标值：85分。 设备质量评定每低1分，扣1分；每增加1分，加0.5分		
	劳动纪律（10分）	按时上下班，遵章守纪	遵守劳动纪律，按时上下班得满分；工作纪律松散，迟到、早退等现象频发，受到公司通报批评的，每次扣2分	月度考勤表、公司下发通报	
	安全（20分）	公司定责的故障或事件、事故苗子；严重违章违纪或责任造成工作场所发生火情，未造成损失；发生一般违章违纪	公司定责的故障或事件、事故苗子，扣10分；严重违章违纪或责任造成工作场所发生火情，未造成损失，扣5分；发生一般违章违纪，扣3分	工作日志	
非权重指标	奖励指标	各类荣誉	1.年度周期内获国家、国家能源集团、包神集团、公司年度先进个人（包括劳动模范、安全标兵），分别加2分、1.5分、1分、0.5分（不含获奖作品）；年度周期内获国家能源集团技术比武个人项目一、二、三等奖，分别加2分、1.5分、1分。	奖励文件或荣誉证书	年度

续表

指标类别	考核指标	考核内容	考核标准	信息来源	考核周期
非权重指标	奖励指标	各类荣誉	2. 年度周期内获得国家发明专利加 2 分（按项目），获得实用新型专利加 0.5 分（只加第一发明人）。专利须与本专业相关，且专利权人为包神集团或包神公司，如专权利人为个人加 0.1 分	奖励文件或荣誉证书	年度
	否决指标	安全事故	发生一般 D 类及以上铁路交通事故直接扣 100 分	处分决定	
备注					

YS-TL-062

包神铁路公司供电维修工

岗位名称	供电维修工	所在部门	包神铁路公司
职位职级序列	技能序列		
直接上级	供电工区工长		
直接下级	——		
岗位职责	在工长的直接领导下，按计划对管内接触网、电力设备进行检修、维护等工作		
	严格执行接触网作业标准，安全完成使用的设备、工器具的日常维护保养工作		
	严格落实安全职责，积极参加班组组织的日常安全技术、操作规程、故障应急处置、消防安全等培训，掌握必要的安全业务技能		
工作记录文档	工作日志		

指标类别	考核指标	考核内容	考核标准	信息来源	考核周期
岗位职责指标	检修维护工作量（15 分）	日作业完成量	目标值：95%。 完成量每下降 0.5 个百分点，扣 1 分；每增加 0.5 个百分点，加 1 分	工作日志	月度
	检修维护质量（25 分）	维修保养质量	按照质量评定标准，目标值：95 分。 设备质量评定每低 1 分，扣 1 分；每增加 1 分，加 0.5 分		
	工作效率（25 分）	抢修及时率	目标值：100%。 及时率每下降 0.5 个百分点，扣 1 分		
	设备承包（15 分）	设备缺陷	按照质量评定标准，目标值：85 分。 设备质量评定每低 1 分，扣 1 分；每增加 1 分，加 0.5 分。按照包保责任巡视，对不按时巡视检查的，发现 1 次扣 2 分；凡巡视不到位，设备出现故障未及时处理，每次扣 2 分；设备故障引发事故造成经济损失，每次扣 3 分		
	安全（20 分）	公司定责的故障或事件、事故苗子；严重违章违纪或责任造成工作场所发生火情，未造成损失；发生一般违章违纪；劳动防护用品、工器具佩戴	公司定责的故障或事件、事故苗子，扣 10 分；严重违章违纪或责任造成工作场所发生火情，未造成损失，扣 5 分；发生一般违章违纪，扣 3 分；未按作业标准佩戴防护用品、工器具每发生一次，扣 1 分		
非权重指标	奖励指标	各类荣誉	1. 年度周期内获国家、国家能源集团、包神集团、公司年度先进个人（包括劳动模范、安全标兵），分别加 2 分、1.5 分、1 分、0.5 分（不含获奖作品）；年度周期内获国家能源集团技术比武个人项目一、二、三等奖，分别加 2 分、1.5 分、1 分。	奖励文件或荣誉证书	年度

续表

指标类别	考核指标	考核内容	考核标准	信息来源	考核周期
非权重指标	奖励指标	各类荣誉	2. 年度周期内获得国家发明专利加 2 分（按项目），获得实用新型专利加 0.5 分（只加第一发明人）。专利须与本专业相关，且专利权人为包神集团或包神公司，如专权利人为个人加 0.1 分	奖励文件或荣誉证书	年度
	否决指标	安全事故	发生一般 D 类及以上铁路交通事故直接扣 100 分	处分决定	
备注					

YS-TL-063

机务分公司 - 运用车间队长

<table>
<tr><td>岗位名称</td><td colspan="2">队长</td><td>所在部门</td><td colspan="2">机务分公司 – 运用车间</td></tr>
<tr><td>职位职级序列</td><td colspan="5">技能序列</td></tr>
<tr><td>直接上级</td><td colspan="5">副主任</td></tr>
<tr><td>直接下级</td><td colspan="5">指导司机</td></tr>
<tr><td rowspan="3">岗位职责</td><td colspan="5">检查督促各项规章制度的贯彻落实和标准化作业执行情况，正确及时填写各种原始记录、安全生产台账</td></tr>
<tr><td colspan="5">经常深入现场，添乘重点机班、重点列车，对职工不安全行为及时纠正和技术业务指导</td></tr>
<tr><td colspan="5">负责分管车队的班组建设、标准化作业、培训教育工作</td></tr>
<tr><td>工作记录文档</td><td colspan="5">添乘信息单、添乘指导簿、机车乘务员标准化验收记录</td></tr>
<tr><td>指标类别</td><td>考核指标</td><td>考核内容</td><td>考核标准</td><td>信息来源</td><td>考核周期</td></tr>
<tr><td rowspan="4">岗位职责指标</td><td>安全管理
（50 分）</td><td>定责的责任事故；严重违章违纪；发生一般违章等</td><td>目标值：“0”违章。
按照考核奖金 /100 计算扣分</td><td>安全奖惩通报</td><td rowspan="4">月度</td></tr>
<tr><td>添乘工作
（20 分）</td><td>月添乘完成量</td><td>目标值：4 趟。
完成量每少 1 趟，扣 1 分</td><td>添乘信息单</td></tr>
<tr><td>定量标准
（20 分）</td><td>机车运行数据、视频检索</td><td>完成指标每少 1 项，扣 1 分</td><td>安全检查记录</td></tr>
<tr><td>乘务员培训
（10 分）</td><td>乘务员日常学习培训</td><td>完成指标每少 1 项，扣 1 分</td><td>培训计划</td></tr>
<tr><td rowspan="2">非权重指标</td><td>奖励指标</td><td>突出表现或贡献</td><td>在工作中有突出表现或贡献（如全年无违章违纪的或在各级技能大赛获奖），根据实际情况给予适当加分；其他经党委会或总经理办公会研究通过的加分项，根据实际情况进行加分；各项考核内容成绩累计加分不得超过 2 分</td><td>奖励文件或荣誉证书</td><td rowspan="2">年度</td></tr>
<tr><td>否决指标</td><td>安全事故</td><td>发生一般 D 类及以上铁路交通事故直接扣 100 分</td><td>处分决定</td></tr>
<tr><td>备注</td><td colspan="5"></td></tr>
</table>

YS-TL-064

机务分公司－运用车间指导司机

<table>
<tr><td>岗位名称</td><td colspan="2">指导司机</td><td colspan="2">所在部门</td><td>机务分公司－运用车间</td></tr>
<tr><td>职位职级序列</td><td colspan="5">技能序列</td></tr>
<tr><td>直接上级</td><td colspan="5">队长</td></tr>
<tr><td>直接下级</td><td colspan="5">机车司机</td></tr>
<tr><td rowspan="3">岗位职责</td><td colspan="5">组织乘务员开展岗位练兵，总结推广安全节能、机车检查保养、平稳操纵等先进经验</td></tr>
<tr><td colspan="5">经常添乘指导，及时改进乘务员的操纵技术，发现危及行车安全时，有权令其停止工作</td></tr>
<tr><td colspan="5">月添乘及下线蹲点检查的时间不得少于月工作时间的 60%，确定指导组内的重点人进行重点检索分析，并进行重点帮教</td></tr>
<tr><td>工作记录文档</td><td colspan="5">添乘信息单、添乘指导簿、机车乘务员标准化验收记录</td></tr>
</table>

<table>
<tr><td>指标类别</td><td>考核指标</td><td>考核内容</td><td>考核标准</td><td>信息来源</td><td>考核周期</td></tr>
<tr><td rowspan="4">岗位职责指标</td><td>安全管理（40 分）</td><td>定责的责任事故；严重违章违纪；发生一般违章等</td><td>目标值：“0”违章。
按照考核奖金 /100 计算扣分</td><td>安全奖惩通报</td><td rowspan="4">月度</td></tr>
<tr><td>添乘工作（40 分）</td><td>月添乘完成量</td><td>目标值：6 趟。
完成量每少 1 趟，扣 1 分</td><td>添乘信息单</td></tr>
<tr><td>定量标准（10 分）</td><td>机车运行数据、视频检索</td><td>完成指标每少 1 项，扣 1 分</td><td>安全检查记录</td></tr>
<tr><td>指导组培训（10 分）</td><td>乘务员专项培训培训</td><td>完成指标每少 1 项，扣 1 分</td><td>培训计划</td></tr>
<tr><td rowspan="2">非权重指标</td><td>奖励指标</td><td>突出表现或贡献</td><td>在工作中有突出表现或贡献（如全年无违章违纪的或在各级技能大赛获奖），根据实际情况给予适当加分；其他经党委会或总经理办公会研究通过的加分项，根据实际情况进行加分；各项考核内容成绩累计加分不得超过 2 分</td><td>奖励文件或荣誉证书</td><td rowspan="2">年度</td></tr>
<tr><td>否决指标</td><td>安全事故</td><td>发生一般 D 类及以上铁路交通事故直接扣 100 分</td><td>处分决定</td></tr>
<tr><td>备注</td><td colspan="5"></td></tr>
</table>

YS-TL-065

机务分公司－运用车间机车司机

<table>
<tr><td>岗位名称</td><td colspan="2">机车司机</td><td>所在部门</td><td colspan="2">机务分公司－运用车间</td></tr>
<tr><td>职位职级序列</td><td colspan="5">技能序列</td></tr>
<tr><td>直接上级</td><td colspan="5">指导司机</td></tr>
<tr><td>直接下级</td><td colspan="5">机车副司机</td></tr>
<tr><td rowspan="3">岗位职责</td><td colspan="5">负责组织本班按照列车运行图行车，确保安全正点、平稳操纵，高质量低消耗地完成运输生产任务</td></tr>
<tr><td colspan="5">认真执行乘务员一次性标准化作业程序，监督副司机工作，保证运行机车状态良好</td></tr>
<tr><td colspan="5">负责机班成员的行车和人身安全</td></tr>
<tr><td>工作记录文档</td><td colspan="5">司机手账、班组综合台账</td></tr>
</table>

<table>
<tr><td>指标类别</td><td>考核指标</td><td>考核内容</td><td>考核标准</td><td>信息来源</td><td>考核周期</td></tr>
<tr><td rowspan="5">岗位职责指标</td><td>列车安全运行（50 分）</td><td>一次作业标准化</td><td>目标值：“0”违章。
按照考核金额 /100 计算扣分</td><td>司机手账、机车交接班本、安全奖惩通报</td><td rowspan="5">月度</td></tr>
<tr><td>列车达速运行（20 分）</td><td>《列车运行图》规定的区段运行时分</td><td>目标值：98%。
每增加规定运行时分 1 分钟，扣 1 分</td><td>电子报单系统</td></tr>
<tr><td>节能减排（10 分）</td><td>机车标准耗电量</td><td>目标值：95%。
每下降 0.5 个百分点，加 1 分；每增加 0.5 个百分点，扣 1 分</td><td>机车信息统计系统</td></tr>
<tr><td>劳动纪律（10 分）</td><td>公司和车间制度</td><td>目标值：“0”违纪。
按照考核金额 /100 计算扣分</td><td>安全奖惩通报</td></tr>
<tr><td>教育培训（10 分）</td><td>员工按规定参加相关培训、考试情况</td><td>专项培训目标：98%，日常月度培训每月 4 次。
每缺 1 次，扣 0.5 分</td><td>车队培训问题汇总台账</td></tr>
<tr><td rowspan="2">非权重指标</td><td>奖励指标</td><td>突出表现或贡献</td><td>在工作中有突出表现或贡献（如全年无违章违纪的或在各级技能大赛获奖），根据实际情况给予适当加分；其他经党委会或总经理办公会研究通过的加分项，根据实际情况进行加分；各项考核内容成绩累计加分不得超过 2 分</td><td>奖励文件或荣誉证书</td><td rowspan="2">年度</td></tr>
<tr><td>否决指标</td><td>安全事故</td><td>发生一般 D 类及以上铁路交通事故直接扣 100 分</td><td>处分决定</td></tr>
<tr><td>备注</td><td colspan="5"></td></tr>
</table>

YS-TL-066

机务分公司－运用车间机车副司机

岗位名称	机车副司机	所在部门	机务分公司－运用车间
职位职级序列	技能序列		
直接上级	机车司机		
直接下级	——		
岗位职责	认真执行标准化作业，配合本班司机安全正点地完成运输生产任务		
	认真执行一次性标准化作业程序，坚持走廊巡视，当好司机助手		
	发现机车异状及时汇报，并配合司机进行处理		
工作记录文档	司机手账、班组综合台账		

指标类别	考核指标	考核内容	考核标准	信息来源	考核周期
岗位职责指标	列车安全运行（50 分）	一次作业标准化	目标值："0" 违章。 按照考核金额 /100 计算扣分	LKJ 和视频分析系统、安全奖惩通报	月度
	工作量完成情况（20 分）	月作业完成量	目标值为月规定上班时间内完成月平均趟数。 完成量每少 1 趟，扣 1 分	统计分析系统	
	教育培训（20 分）	员工按规定参加相关培训、考试情况	专项培训目标达到 98%，日常月度培训每月 4 次。 每缺 1 次，扣 1 分	车队培训问题汇总台账	
	劳动纪律（10 分）	公司和车间制度	目标值："0" 违纪。 按照考核金额 /100 计算扣分	安全奖惩通报	
非权重指标	奖励指标	突出表现或贡献	在工作中有突出表现或贡献（如全年无违章违纪的或在各级技能大赛获奖），根据实际情况给予适当加分；其他经党委会或总经理办公会研究通过的加分项，根据实际情况进行加分；各项考核内容成绩累计加分不得超过 2 分	奖励文件或荣誉证书	年度
	否决指标	安全事故	发生一般 D 类及以上铁路交通事故直接扣 100 分	处分决定	
备注					

YS-TL-067

机务分公司－检修车间机车钳工

<table>
<tr><td>岗位名称</td><td colspan="2">机车钳工</td><td>所在部门</td><td colspan="2">机务分公司－检修车间</td></tr>
<tr><td>职位职级序列</td><td colspan="5">技能序列</td></tr>
<tr><td>直接上级</td><td colspan="5">班组长</td></tr>
<tr><td>直接下级</td><td colspan="5">——</td></tr>
<tr><td rowspan="3">岗位职责</td><td colspan="5">在班组长的直接领导下，负责机车（辅小修、中修、临修）走行部及车体检修，内燃机车、柴油机及附属配件检修；严格执行机车检修工艺范围</td></tr>
<tr><td colspan="5">严格执行“四按三化、记名检修”岗位标准作业流程制度</td></tr>
<tr><td colspan="5">严格落实安全生产职责</td></tr>
<tr><td>工作记录文档</td><td colspan="5">标准管理综合台账</td></tr>
<tr><td>指标类别</td><td>考核指标</td><td>考核内容</td><td>考核标准</td><td>信息来源</td><td>考核周期</td></tr>
<tr><td rowspan="4">岗位职责指标</td><td>安全生产（40 分）</td><td>严格执行有关规章制度，正确使用劳动保护用品，消灭违章违纪，杜绝事故发生，确保安全生产</td><td>发生机故，全部责任扣 3 分、主要责任扣 2 分、次要责任扣 1 分；发生区间停车，全部责任扣 2 分、主要责任扣 1 分、次要责任扣 0.5 分；发生临修，全部责任扣 1 分、主要责任扣 0.5 分、次要责任扣 0.3 分；发现重大安全隐患加 2 分、一般安全隐患加 1 分；未按计划完成工作任务，主要责任 1 次扣 0.2 分、次要责任 1 次扣 0.1 分；发生碎修主要责任 1 次扣 0.1 分</td><td rowspan="2">机务分公司通知书及车间行为观察卡</td><td rowspan="4">月度</td></tr>
<tr><td>标准化作业（30 分）</td><td>严格执行“四按三化”记名检修制度，确保机车检修质量</td><td>未按作业标准执行 1 次扣 0.1 分</td></tr>
<tr><td>业务学习（20 分）</td><td>熟练掌握电力机车走行部转向架系统、轮对齿轮箱系统、车钩系统等构造及原理，掌握走行部所有机械配件及附属装置的检修工艺、范围、作业流程，精通走行部细检、给油和常见故障处理</td><td>目标值：90%。
每降低 1% 扣 0.2 分</td><td>学习记录</td></tr>
<tr><td>通知书考核（10 分）</td><td>执行国家，地方和上级有关环保政策，法律，法规和相关要求，负责管理内的环保工作</td><td>违反 1 次，扣 1 分；发生严重环保问题，扣 2 分</td><td>机务分公司通知书及车间行为观察卡</td></tr>
</table>

续表

指标类别	考核指标	考核内容	考核标准	信息来源	考核周期
非权重指标	奖励指标	突出表现或贡献	在工作中有突出表现或贡献（如全年无违章违纪的或在各级技能大赛获奖），根据实际情况给予适当加分；其他经党委会或总经理办公会研究通过的加分项，根据实际情况进行加分；各项考核内容成绩累计加分不得超过 2 分	奖励文件或荣誉证书	年度
	否决指标	安全事故	发生一般 D 类及以上铁路交通事故直接扣 100 分	处分决定	
备注					

YS–TL–068

机务分公司 – 监控列尾车间监控维修员

<table>
<tr><td>岗位名称</td><td colspan="2">监控维修员</td><td colspan="2">所在部门</td><td>机务分公司 – 监控列尾车间</td></tr>
<tr><td>职位职级序列</td><td colspan="5">技能序列</td></tr>
<tr><td>直接上级</td><td colspan="5">监控维修员工长</td></tr>
<tr><td>直接下级</td><td colspan="5">——</td></tr>
<tr><td rowspan="3">岗位职责</td><td colspan="5">负责机车监控设备的维护与维修（辅小修、中修、临碎修）工作，保证监控设备状态良好；严格执行库检工作业标准</td></tr>
<tr><td colspan="5">严格执行标准作业流程，安全、优质完成日常维修保养任务</td></tr>
<tr><td colspan="5">严格落实安全生产职责</td></tr>
<tr><td>工作记录文档</td><td colspan="5">标准管理综合台账</td></tr>
</table>

<table>
<tr><th>指标类别</th><th>考核指标</th><th>考核内容</th><th>考核标准</th><th>信息来源</th><th>考核周期</th></tr>
<tr><td rowspan="4">岗位职责指标</td><td>设备维护（30分）</td><td>设备维护质量</td><td>目标值：90%。
设备故障率每上升0.5%，扣0.1分；每下降0.5%，加0.1分</td><td rowspan="4">检修工作台账</td><td rowspan="4">月度</td></tr>
<tr><td>设备维修（30分）</td><td>设备维修质量</td><td>目标值：90%。
设备维修质量评定每下降0.5%，扣0.1分；每增加0.5%，加0.1分</td></tr>
<tr><td>设备承包（20分）</td><td>设备缺陷</td><td>按照设备质量评定标准，目标值：90分。设备质量评定每低1分，扣0.1分；每增加1分，加0.1分</td></tr>
<tr><td>安全（20分）</td><td>公司定责的故障或事件；严重违章违纪，未造成损失；发生一般违章违纪</td><td>公司定责的故障或事件，根据通报认定进行扣分；严重违章违纪未造成损失，扣5分；发生一般违章违纪，扣3分</td></tr>
<tr><td rowspan="2">非权重指标</td><td>奖励指标</td><td>突出表现或贡献</td><td>在工作中有突出表现或贡献（如全年无违章违纪的或在各级技能大赛获奖），根据实际情况给予适当加分；其他经党委会或总经理办公会研究通过的加分项，根据实际情况进行加分；各项考核内容成绩累计加分不得超过2分</td><td>奖励文件或荣誉证书</td><td rowspan="2">年度</td></tr>
<tr><td>否决指标</td><td>安全事故</td><td>发生一般D类及以上铁路交通事故直接扣100分</td><td>处分决定</td></tr>
<tr><td>备注</td><td colspan="5"></td></tr>
</table>

YS-TL-069

机务分公司 – 监控列尾车间列尾维修工

<table>
<tr><td>岗位名称</td><td>列尾维修工</td><td>所在部门</td><td>机务分公司 – 监控列尾车间</td></tr>
<tr><td>职位职级序列</td><td colspan="3">技能序列</td></tr>
<tr><td>直接上级</td><td colspan="3">列尾维修工工长</td></tr>
<tr><td>直接下级</td><td colspan="3">——</td></tr>
<tr><td rowspan="8">岗位职责</td><td colspan="3">认真学习并严格遵守各项规章制度和安全操作规程、作业标准</td></tr>
<tr><td colspan="3">认真做好安全生产自保、互保工作，做到“三不伤害”，杜绝“三违”行为</td></tr>
<tr><td colspan="3">上岗必须按规定着用劳动保护用品，妥善保管和正确使用各种防护器具和灭火器材，正确操作、精心维护设备，保持作业环境整洁，搞好安全生产，做好各项记录，交接班必须交接安全情况</td></tr>
<tr><td colspan="3">发生事故，及时报告并保护现场，做好详细记录</td></tr>
<tr><td colspan="3">做好管内无线列尾通信设备的日常检修、检测工作，保障检测质量</td></tr>
<tr><td colspan="3">交接班时必须交接设备质量及运行情况</td></tr>
<tr><td colspan="3">交接生产任务的完成情况</td></tr>
<tr><td colspan="3">每日按规定参加班前会及班后会，配合工班长完成班组内业等工作</td></tr>
<tr><td>工作记录文档</td><td colspan="3">工作日志</td></tr>
</table>

<table>
<tr><td>指标类别</td><td>考核指标</td><td>考核内容</td><td>考核标准</td><td>信息来源</td><td>考核周期</td></tr>
<tr><td rowspan="4">岗位职责指标</td><td>检修维护工作量（30 分）</td><td>日作业完情况</td><td>目标值：90%。
完成质量每下降 0.5%，扣 0.1 分</td><td rowspan="4">工作日志</td><td rowspan="4">月度</td></tr>
<tr><td>检修维护质量（30 分）</td><td>维修保养质量</td><td>按照质量评定标准，目标值：90 分。
设备质量评定每低 1 分，扣 0.1 分；设备质量评定每增加 1 分，加 0.1 分</td></tr>
<tr><td>设备管理（20 分）</td><td>设备检查</td><td>未开展设备检查，扣 1.5 分；不按规定时间节点检查，扣 1 分；发生责任设备故障，每次扣 0.5 分</td></tr>
<tr><td>安全（20 分）</td><td>责任事故、劳动防护用品、工器具佩戴</td><td>发生责任事故（人身、行车），扣 3 分；未按作业标准佩戴防护用品、工器具每发生 1 次，扣 1 分</td></tr>
<tr><td>非权重指标</td><td>奖励指标</td><td>各类荣誉</td><td>1. 年度周期内获国家、国家能源集团、包神集团、公司年度先进个人（包括劳动模范、安全标兵），分别加 2 分、1.5 分、1 分、0.5 分（不含获奖作品）；年度周期内获国家能源集团技术比武个人项目一、二、三等奖，分别加 2 分、1.5 分、1 分。</td><td>奖励文件或荣誉证书</td><td>年度</td></tr>
</table>

续表

指标类别	考核指标	考核内容	考核标准	信息来源	考核周期
非权重指标	奖励指标	各类荣誉	2. 年度周期内获得国家发明专利加 2 分（按项目），获得实用新型专利加 0.5 分（只加第一发明人）。专利须与本专业相关，且专利权人为单位，如专权利人为个人加 0.1 分	奖励文件或荣誉证书	年度
	否决指标	安全事故	发生一般 D 类及以上铁路交通事故直接扣 100 分	处分决定	
备注					

港　口

一、适用范围

本关键岗位绩效考核标准适用于国家能源投资集团有限责任公司所属港口板块子分公司相关岗位人员。

二、引用文件

1.《中华人民共和国职业分类大典》(2015 版)
2.《国家职业资格目录清单》(2017 版)
3.《国家能源投资集团有限责任公司劳动用工管理暂行规定》(2018 版)
4.《国家能源投资集团有限责任公司领导人员管理暂行规定》(2018 版)

三、提取依据

按照“具有港口行业特色，可替代性较差，在集团所属‘三港’中可复制推广，且在集团所属‘三港’管理、运营、生产以及智慧港口建设活动中处于重要环节或产生重大影响”的原则，对关键岗位进行识别和提取。

四、关键岗位列表

序号	组织机构	岗位名称	职位职级序列	主要工作内容
YS–GK–001	生产（运营）部门	经理	管理序列	主持本部门全面工作，按照管理权限负责部门生产、设备、安全、环保等工作
YS–GK–002		值班长		负责运行班组生产组织、安全环保、设备日常维护保养等工作
YS–GK–003		安全员	技术序列	组织落实生产部门安全管理体系建设和环境保护工作，组织生产部门安全教育培训、危险源辨识及隐患管控，做好消防、车辆、外委、交通、土建、事故、应急等体系要素日常管理工作
YS–GK–004		机械工程师（技术员）		组织落实机械设备维护、保养、维修、改造等工作，配合做好部门科技创新、环境保护设备设施机械技术保障、技术人员培养等工作
YS–GK–005		电气工程师（技术员）		组织落实电气设备维护、保养、维修、改造等工作，配合做好部门科技创新、环境保护设备设施电气技术保障、技术人员培养等工作
YS–GK–006		中控调度员	技能序列	组织落实班组生产作业计划与方案，卸车、装船作业调度指挥，启停、监控、优化生产作业流程，协调处理生产过程中出现的各类情况等工作
YS–GK–007		设备点检技术员		落实日常设备检查、设备初期故障判断及简单处理、特殊情况下设备操作等工作
YS–GK–008		取装集控员		落实运行班组取料和装船作业计划，执行生产作业及操作指令，监控取料和装船设备运行，配合处理生产作业过程中出现的各类情况等工作
YS–GK–009		翻堆集控员		落实运行班组翻堆作业计划，执行生产作业及操作指令，监控翻堆设备运行，配合处理生产作业过程中出现的各类情况等工作
YS–GK–010		装船指导员		落实运行班组装船作业生产组织，做好船舶客户服务，组织开展码头区域现场检查及管理，配合处理生产作业过程中出现的各类情况等工作
YS–GK–011		卸船机司机		负责公司卸船作业等工作

续表

序号	组织机构	岗位名称	职位职级序列	主要工作内容
YS–GK–012	生产（业务）指挥中心	经理	管理序列	主持生产（业务）指挥中心全面工作，按照管理权限负责部门商务、生产、客户、收费、安健环等工作，做好与上级单位、业务相关单位的沟通协调
YS–GK–013		值班主任		负责生产调度指挥、运行监控、应急响应及班组建设等工作
YS–GK–014		货运调度员	技能序列	负责生产作业现场堆场调度、货运质量监督等工作
YS–GK–015		司磅员		负责汽运作业监督管理，公司地磅的计数、统计和出单等工作
YS–GK–016	设备管理（保障）中心	经理	管理序列	主持设备管理（保障）中心全面工作，按照管理权限负责设备管理、工程管理、物资管理、科技创新、技术与工艺等工作
YS–GK–017		供配电工程师（技术员）	技术序列	组织落实供配电设备维护、保养、维修、改造等工作，配合做好部门科技创新、环境保护设备设施供配电技术保障、技术人员培养等工作
YS–GK–018		技术创新工程师（技术员）		开展公司的机械液压、电气控制、智能化系统开发等科技创新管理工作，负责构建技术创新体系、编制技术创新发展规划及计划实施、研究技术发展动向，培训推广新技术及知识产权管理工作
YS–GK–019		变电站值班员	技能序列	负责公司电网系统的调度管理，监视公司电网运行情况；负责大面积停电应急处理的执行，与地调、港调、维修及生产值班长的停送电联系及调度应急处理后正常供电恢复工作
YS–GK–020	科技信息（设备）中心	经理	管理序列	主持科技信息（设备）中心全面工作，按照管理权限负责公司信息化管理、信息类及自动化类工程项目管理、自动化控制管理、IT资产管理等工作
YS–GK–021		控制系统工程师（技术员）	技术序列	组织落实控制系统维护、应用、维修等工作

五、关键岗位绩效考核标准

YS-GK-001

生产（运营）部门经理

<table>
<tr><td>岗位名称</td><td>经理</td><td>所在部门</td><td>生产（运营）部门</td></tr>
<tr><td>职位职级序列</td><td colspan="3">管理序列</td></tr>
<tr><td>直接上级</td><td colspan="3">分管副总经理</td></tr>
<tr><td>直接下级</td><td colspan="3">副经理、科长</td></tr>
<tr><td rowspan="8">岗位职责</td><td colspan="3">主持部门煤炭生产执行、生产监控、生产运行分析及应急响应等工作</td></tr>
<tr><td colspan="3">主持部门设备管理、设备运行维护、外委维修、土建设施维护和业务外包工作</td></tr>
<tr><td colspan="3">主持部门业务范围内的客户管理、质量管理和计量管理等工作</td></tr>
<tr><td colspan="3">负责建立部门创新机制，指导创新工作的实施</td></tr>
<tr><td colspan="3">全面负责部门的安全管理工作</td></tr>
<tr><td colspan="3">全面负责部门的节能减排与环境保护工作</td></tr>
<tr><td colspan="3">全面负责部门的企业文化建设工作，指导科室（班组）文化建设</td></tr>
<tr><td colspan="3">负责部门党建、党风廉政工作</td></tr>
<tr><td>工作记录文档</td><td colspan="3">管控一体化系统、会议纪要、工作日志、党建责任制考核评价系统、中层管理人员考核评价系统</td></tr>
</table>

<table>
<tr><th>指标类别</th><th>考核指标</th><th>考核内容</th><th>考核标准</th><th>信息来源</th><th>考核周期</th></tr>
<tr><td rowspan="5">岗位职责指标</td><td>公司年度装船计划完成率（10 分）</td><td>计划完成率 = 本期内实现煤炭装船公估吨数 / 集团下发年度目标值 ×100%</td><td>完成率≥100%，得 10 分；完成率≤80%，得 0 分；中间值以插值法计算</td><td rowspan="5">管控一体化系统</td><td rowspan="5">年度</td></tr>
<tr><td>公司年度卸车计划完成率（5 分）</td><td>计划完成率 = 本期内实现煤炭卸车公估吨数 / 集团下发年度目标值 ×100%</td><td>完成率≥100%，得 5 分；完成率≤80%，得 0 分；中间值以插值法计算</td></tr>
<tr><td>部门年度装船计划完成率（5 分）</td><td>计划完成率 = 本年度内部门实际完成的装船公估吨数 / 部门年度装船任务分解值 ×100%</td><td>完成率≥100%，得 5 分；完成率≤80%，得 0 分；中间值以插值法计算。超过计划量 100 万吨，部门绩效总分加 0.5 分，上限 1.5 分；如公司完成全年总体任务，该项指标按照完成进行认定</td></tr>
<tr><td>部门年度卸车计划完成率（5 分）</td><td>计划完成率 = 本年度内部门实际完成的卸车公估吨数 / 部门年度卸车任务分解值 ×100%</td><td>完成率≥100%，得 5 分；完成率≤80%，得 0 分；中间值以插值法计算。如公司完成全年总体任务，该项指标按照完成进行认定</td></tr>
<tr><td>部门材料费预算执行率（5 分）</td><td>预算执行率 = 本期内部门实际发生的材料费 / 部门材料费预算 ×100%</td><td>预算执行率为 80%—100%，得 5 分；预算执行率≤60% 或预算执行率≥110%，得 0 分；中间插值法计算</td></tr>
</table>

续表一

指标类别	考核指标	考核内容	考核标准	信息来源	考核周期
岗位职责指标	党建工作（10分）	智慧党建平台及相关基础工作要求，任务落实工作，发挥党支部战斗堡垒和党员先锋模范作用，提升党支部党建工作质量和水平	每项内容扣分上不封顶，扣完为止。线上考核均采取非界评方式，即需要根据提交材料完成情况综合给分	党建责任制考核评价系统	年度
	工团工作（3分）	工会组织建设与管理，厂务公开与民主管理，群安工作团青活动开展			
	纪检工作（3分）	传达部署党风廉政工作，廉政提醒教育，运用“一清单三控制”，职能监督			
	宣传工作（2分）	队伍建设、舆情管控			
	企业文化（2分）	企业文化建设			
	素质（10分）	包括政治素质、职业操守、作风建设、廉洁从业	通过现场述职打分或网络打分的形式进行。 1. 公司领导班子成员打分占25%，其中党政主要负责人打分系数为2，其他领导打分系数为1。 2. 公司本部中层正职（含主持工作）打分占40%。 3. 公司本部中层副职打分占25%。 4. 公司职工代表打分占10%	中层管理人员考核评价系统	
	能力（10分）	包括科学决策能力、推动执行能力、学习创新能力、团队建设能力			
	业绩（30分）	包括履职绩效、协同成效			
非权重指标	奖励指标	管理创新	在业务开展以及管理活动过程中，有创新性的方法和思路，促进部门业绩较大程度提升，促进公司发展，加5分	会议纪要、工作日志	
		合理化建议	提出的合理化建议被公司采纳，每条加5分		
	否决指标	违规违纪或出现重大问题给企业造成严重不良影响、重大损失	1. 在考核周期内，受到诫勉谈话、行政警告、党内警告的，不能确定为“优秀”。 2. 在考核周期内受到行政记过或党内严重警告的，不能确定为“称职”及以上等次。 3. 在考核周期内受到降职（降级）及以上行政处分或撤销党内职务及以上党纪处分的，直接评为“不称职”。		

续表二

指标类别	考核指标	考核内容	考核标准	信息来源	考核周期
非权重指标	否决指标	违规违纪或出现重大问题给企业造成严重不良影响、重大损失	4. 在考核周期内，分管范围内出现重大问题，给企业造成严重不良影响或重大损失的，可根据事件严重程度、相关会议及专业部门出具的意见，直接确定为“基本称职”或“不称职”	会议纪要、工作日志	年度
备注	1. 部门发生一次一般及以上安全环保责任事故，取消年度评比资格，部门总分扣 20 分。 2. 每发生一次轻微二级安全环保责任事故，部门总分扣 4 分；每发生一次轻微三级安全环保责任事故，部门总分扣 6 分；每发生一次轻微四级安全环保责任事故，部门总分扣 10 分				

YS-GK-002

生产（运营）部门值班长

<table>
<tr><td>岗位名称</td><td colspan="2">值班长</td><td>所在部门</td><td colspan="2">生产（运营）部门</td></tr>
<tr><td>职位职级序列</td><td colspan="5">管理序列</td></tr>
<tr><td>直接上级</td><td colspan="5">部门经理</td></tr>
<tr><td>直接下级</td><td colspan="5">中控调度员、翻堆集控员、取装集控员、设备点检技术员、装船指导员</td></tr>
<tr><td rowspan="3">岗位职责</td><td colspan="5">做好班组煤炭生产执行、生产监控、生产运行分析及应急响应等工作</td></tr>
<tr><td colspan="5">做好班组设备、设施的日常管理与检查，配合职能科室开展计划性维修，并协调处理生产作业中出现的各类问题</td></tr>
<tr><td colspan="5">做好区域内突发事件的现场应急救援与处置工作，做好班组内人员、业务及区域的安全管理工作，做好班组节能减排和环境保护工作，做好生产作业过程中污染控制工作</td></tr>
<tr><td>工作记录文档</td><td colspan="5">管控一体化系统、绩效考核成绩表、会议纪要、工作日志</td></tr>
</table>

<table>
<tr><th>指标类别</th><th>考核指标</th><th>考核内容</th><th>考核标准</th><th>信息来源</th><th>考核周期</th></tr>
<tr><td rowspan="2">岗位职责指标</td><td>班组生产产量（40 分）</td><td>所管理班组的月度生产总产量</td><td>班组产量第一指标得分为 40 分，产量第二指标得分为第二名产量与第一名产量的比值 ×40，第三名、第四名依此类推</td><td>管控一体化系统、绩效考核成绩表</td><td rowspan="2">月度</td></tr>
<tr><td>班组设备管理（30 分）</td><td>所管理班组的月度设备管理情况。即设备管理得分 = 设备点检得分 + 缺陷整改和故障处理得分 + 设备穿插维修得分 + 设备计划维修得分 − 监督检查扣分</td><td>完成部门月度设备点检任务及维修计划，
1. 设备点检得分：针对班组点检技术员上报的点检设备类问题按无效、一般、中等、重大，最终汇总得出本班组设备检查得分。
2. 缺陷整改和故障处理得分：依据班组点检技术员所处理的设备问题的工作量以及技术含量进行评分。
3. 设备穿插维修得分：按维修时间长度进行统计，折算成分数。
4. 设备计划维修得分：时间为维修的开始时间、结束时间进行核算。得分最高者占比班组设备管理得分 25%，其他依次按比例折合。
5. 监督检查扣分：通过专项检查开展的封点、巡检、安全措施、保护开关检查及日常发现的绩效数据检查，发现问题进行相应扣分</td><td>绩效考核成绩表</td></tr>
</table>

续表

<table>
<tr><th>指标类别</th><th>考核指标</th><th>考核内容</th><th>考核标准</th><th>信息来源</th><th>考核周期</th></tr>
<tr><td rowspan="2">岗位职责指标</td><td>班组安全管理（25分）</td><td>所管理班组的月度安全管理情况。即安全管理得分＝隐患管控得分＋同场施工管控得分＋动火管控得分－工作纪律管控扣分－生产安全责任事故管控扣分</td><td>完成部门内部月度内隐患管控、同场施工管控、动火管控、工作纪律管控，生产安全责任事故为0，满分25分。
1. 隐患管控得分占比为40%。
2. 同场施工管控得分占比为40%。
3. 动火管控得分占比为20%。
4. 工作纪律管控扣分：对日常发现的或部门纪律巡查、公司检查发现的各类情节严重、影响较大的违规违纪行为进行问责。
5. 生产安全责任事故：发生未遂事件，责任班组月度安全绩效事故事件板块扣除1—10分；发生一级轻微事故，扣除3—20分；发生二级轻微及以上责任事故，扣除10—25分</td><td rowspan="2">绩效考核成绩表</td><td rowspan="5">月度</td></tr>
<tr><td>班组综合管理（5分）</td><td>所管理班组的月度综合管理情况。即综合管理得分＝宣传报道得分＋突出贡献得分－综合管理工作落实不到位扣分</td><td>完成部门针对党建、纪检、宣传、工会、考勤、薪酬、选人用人等方面工作。
1. 宣传报道得分：根据各班组上月度宣传报道发表情况核定此项分数，占比为40%。
2. 突出贡献得分：职工代表部门参加公司级及以上单位重要活动，取得名次或表现突出；班组单独承办部门或者公司各类活动且活动效果突出；受到公司层级及以上通报表扬的个人或班组。核定相应分数，占比为60%。
3. 综合管理工作落实不到位扣分：根据各班组综合管理工作各项业务落实不到位情况进行扣分，最高扣5分</td></tr>
<tr><td rowspan="3">非权重指标</td><td rowspan="2">奖励指标</td><td>管理创新</td><td>在业务开展以及管理活动过程中，有创新性的方法和思路，促进部门业绩较大程度提升，加5分</td><td rowspan="3">会议纪要、工作日志</td></tr>
<tr><td>合理化建议</td><td>提出的合理化建议被部门采纳，每条加5分；被公司采纳，每条加10分</td></tr>
<tr><td>否决指标</td><td>日常工作出现失误及重大事故</td><td>违反工作纪律及各项制度的，每项扣2分；由于日常工作不当导致安全事故，对公司造成较大影响扣5—10分，造成重大影响扣10—20分</td></tr>
<tr><td>备注</td><td colspan="5"></td></tr>
</table>

YS-GK-003

生产（运营）部门安全员

岗位名称	安全员	所在部门	生产（运营）部门
职位职级序列	技术序列		
直接上级	安全生产科科长		
直接下级	——		
岗位职责	负责现场危险源辨识、评价，并定期组织开展隐患排查治理工作		
	负责员工安全培训工作，并建立职工安全培训档案		
	负责组织落实消防管理工作，建立消防档案，组织消防培训、防火检查、消防演练等工作		
	负责部门职业保护工作，建立员工职业健康监护档案		
	负责应急响应工作，编制应急预案并定期组织应急演练，发生突发事件时参与现场应急救援处置及事故调查处理工作		
工作记录文档	风险管控清单、教育培训台账、隐患管理系统、会议纪要、工作日志		

指标类别	考核指标	考核内容	考核标准	信息来源	考核周期
岗位职责指标	员工培训（25分）	落实年度教育培训计划，对培训效果进行跟踪评估	法定参训率及合格率达到100%；培训计划执行率≥95%。每下降1%，扣1分	教育培训台账	月度
	消防管理（25分）	统筹规划现场消防设施，确保设施的正常使用	消防设施完好率≥95%。每下降1%，扣1分	风险管控清单	
	应急管理（25分）	落实年度应急管理计划，适度进行现场演练	应急演练计划执行率≥95%；应急工作计划执行率≥95%。每下降1%，扣1分		
	隐患管理（25分）	按期完成挂牌督办的隐患整改，每季度完成隐患分析报告，提出隐患管理改进措施	挂牌督办隐患整改率100%；周检计划完成率≥90%；季度隐患分析报告4次。每下降1%，扣2分	隐患管理系统	
非权重指标	奖励指标	管理创新	在业务开展以及管理活动过程中，有创新性的方法和思路，促进部门业绩较大程度提升，加5分	会议纪要、工作日志	
		合理化建议	提出的合理化建议被部门采纳，每条加5分；被公司采纳，每条加10分		
	否决指标	日常工作出现失误及重大事故	违反工作纪律及各项制度的，每项扣2分；由于日常工作不当导致安全事故，对公司造成较大影响扣5—10分，造成重大影响扣10—20分		
备注					

YS-GK-004

生产（运营）部门机械工程师（技术员）

岗位名称	机械工程师（技术员）	所在部门	生产（运营）部门
职位职级序列	技术序列		
直接上级	技术设备科科长		
直接下级	——		
岗位职责	开展部门大型维修需求提报并配合现场实施		
	提报部门设备新增需求，配合设备选型及验收，参与设备设施建设及维修验收		
	做好部门所辖设备的运行与日常维护管理工作，保证设备的完好率		
工作记录文档	表单、设备维修平台系统、管控一体化系统、文件、会议纪要		

指标类别	考核指标	考核内容	考核标准	信息来源	考核周期
岗位职责指标	设备专检完成率（40分）	针对设备的专业性检查	完成率100%。完成率＝专检设备数/当月计划专检设备总数×100%。每下降1%，扣2分	专检计划表单、设备维修平台系统	月度
	专检问题整改率（10分）	专检查出问题的整改率	整改率≥85%。整改率＝专检问题整改项数/专检问题总项数×100%。每下降1%，扣2分	专检问题表单、设备维修平台系统	
	设备保养完成率（20分）	针对设备的润滑保养	完成率100%。完成率＝设备保养数/当月计划设备保养总数×100%。每下降1%，扣1分	保养计划表单、设备维修平台系统	
	日常维修完成率（20分）	部门自主实施的日常维修	整改率≥90%。整改率＝日常维修完成项数/日常维修计划完成项数×100%。每下降1%，扣2分	月度零星维修计划表单、设备维修平台系统	
	设备运行完好率（10分）	设备完好率达到97%	完好率＝运行台时/（运行台时＋故障台时）×100%。每下降1%，扣2分	管控一体化系统	
非权重指标	奖励指标	提出的合理化建议解决了生产中的技术难题	获国家级奖励每次加10分，获集团级奖励每次加5分，获公司级奖励每次加3分	文件、会议纪要	
		主持专业技术攻关提高工作效率、促进技术管理			
		成果获得专利	实用新型专利每次加3分，发明专利每次加5分		
	否决指标	日常工作出现失误及重大事故	违反工作纪律及各项制度的，每项扣2分；由于日常工作不当导致安全事故，对公司造成较大影响扣5—10分，造成重大影响扣10—20分		
备注					

YS-GK-005

生产（运营）部门电气工程师（技术员）

岗位名称	电气工程师（技术员）	所在部门	生产（运营）部门
职位职级序列	技术序列		
直接上级	技术设备科科长		
直接下级	电工		
岗位职责	做好部门所辖设备的运行与日常维护管理工作，保证设备的完好率；做好设备维修配件及耗材的需求提报、领用；开展部门大型维修需求提报并配合现场实施；做好部门计量设备的日常维护管理，开展计量统计工作；做好设备维修配件及耗材的需求提报、领用		
	提出创新及技改需求，做好部门自主创新项目实施；开展部门创新成果申报，配合公司创新活动开展		
	提出外包维修需求，配合主管部门开展设备外包维修的现场实施和过程管理；做好工作范围内的节能减排工作；开展所辖区域内突发事件的现场应急救援与处置工作		
	开展所辖业务的安全管理和环保设备设施维护、改造工作，做好维修过程中的污染控制和废弃物合规处理工作		
工作记录文档	表单、设备维修平台系统、管控一体化系统、文件、会议纪要		

指标类别	考核指标	考核内容	考核标准	信息来源	考核周期
岗位职责指标	月度专检完成率（40分）	当月设备专检计划完成的比例	完成率100%。每降低1%，扣2分	专检计划表单、设备维修平台系统	月度
	月度专检问题整改完成率（10分）	当月设备专检发现的设备问题整改完成的比例	完成率80%±1%。每降低1%，扣2分；每提高1%，加1分	专检问题表单、设备维修平台系统	
	月度保养完成率（20分）	当月设备保养计划完成的比例	完成率100%。每降低1%，扣2分	保养计划表单、设备维修平台系统	
	日常维修完成率（20分）	部门自主实施的日常维修	完成率85%±1%。每降低1%，扣2分，每提高1%，加1分	月度零星维修计划表单、设备维修平台系统	
	设备运行完好率（10分）	设备完好率达到97%	完好率＝运行台时/（运行台时＋故障台时）×100%。每下降1%，扣2分	管控一体化系统	
非权重指标	奖励指标	提出的合理化建议解决了生产中的技术难题	获国家级奖励每次加10分，获集团级奖励每次加5分，获公司级奖励每次加3分	文件、会议纪要	

续表

指标类别	考核指标	考核内容	考核标准	信息来源	考核周期
非权重指标	奖励指标	主持专业技术攻关提高工作效率、促进技术管理	获国家级奖励每次加 10 分，获集团级奖励每次加 5 分，获公司级奖励每次加 3 分	文件、会议纪要	月度
		成果获得专利	实用新型专利每次加 3 分，发明专利每次加 5 分		
	否决指标	日常工作出现失误及重大事故	违反工作纪律及各项制度的，每项扣 2 分；由于日常工作不当导致安全事故，对公司造成较大影响扣 5—10 分，造成重大影响扣 10—20 分		
备注					

YS-GK-006

生产（运营）部门中控调度员

<table>
<tr><td>岗位名称</td><td colspan="2">中控调度员</td><td>所在部门</td><td colspan="3">生产（运营）部门</td></tr>
<tr><td colspan="2">职位职级序列</td><td colspan="5">技能序列</td></tr>
<tr><td colspan="2">直接上级</td><td colspan="5">值班长</td></tr>
<tr><td colspan="2">直接下级</td><td colspan="5">——</td></tr>
<tr><td colspan="2" rowspan="3">岗位职责</td><td colspan="5">组织落实生产作业计划和方案，启停生产作业流程，调度指挥卸车和装船作业</td></tr>
<tr><td colspan="5">监控、优化生产作业流程，协调处理生产过程中出现的各类情况</td></tr>
<tr><td colspan="5">做好班组设备维修等工作的协调安排与配合</td></tr>
<tr><td colspan="2">工作记录文档</td><td colspan="5">管控一体化系统、工作日志、会议纪要</td></tr>
<tr><td>指标类别</td><td>考核指标</td><td>考核内容</td><td colspan="2">考核标准</td><td>信息来源</td><td>考核周期</td></tr>
<tr><td rowspan="4">岗位职责指标</td><td>生产类绩效成绩（50分）</td><td>班组月度生产量及生产效率</td><td colspan="2">本班组月度生产成绩 / 部门月度最高班组生产成绩 ×50</td><td rowspan="2">管控一体化系统、工作日志</td><td rowspan="7">月度</td></tr>
<tr><td>维修安排（20分）</td><td>班组月度穿插维修</td><td colspan="2">本班组月度维修安排得分 / 部门月度最高班组维修安排得分 ×20</td></tr>
<tr><td>安全管理（20分）</td><td>工作纪律</td><td colspan="2">基础分 15 分，正向激励每次加 1 分，负向激励每次扣 1 分，扣完为止</td><td rowspan="2">工作日志</td></tr>
<tr><td>综合评价（10分）</td><td>文章、出勤、参加活动</td><td colspan="2">文章得分 + 出勤得分 + 参加活动得分 + 其他得分</td></tr>
<tr><td rowspan="3">非权重指标</td><td rowspan="2">奖励指标</td><td>日常工作及各项技能比赛活动中表现优秀</td><td colspan="2">获得举办的各类技能比武或其他奖励的，每次加 5 分</td><td rowspan="3">工作日志、会议纪要</td></tr>
<tr><td>发现安全隐患并及时采取有效措施，避免了设施设备损坏；提出节能降耗合理化建议且被采纳</td><td colspan="2">发现重大安全隐患并采取有效措施，避免设施设备损坏的，每次加 5—10 分；提出的节能降耗合理化建议被采纳的，每条加 1—5 分</td></tr>
<tr><td>否决指标</td><td>日常工作出现失误及重大事故</td><td colspan="2">违反工作纪律及各项制度的，每项扣 2 分；由于日常工作不当导致安全事故，对公司造成较大影响扣 5—10 分，造成重大影响扣 10—20 分</td></tr>
<tr><td>备注</td><td colspan="6"></td></tr>
</table>

YS-GK-007

生产（运营）部门设备点检技术员

<table>
<tr><th colspan="2">岗位名称</th><th colspan="2">设备点检技术员</th><th>所在部门</th><th>生产（运营）部门</th></tr>
<tr><td colspan="2">职位职级序列</td><td colspan="4">技能序列</td></tr>
<tr><td colspan="2">直接上级</td><td colspan="4">值班长</td></tr>
<tr><td colspan="2">直接下级</td><td colspan="4">——</td></tr>
<tr><td colspan="2" rowspan="3">岗位职责</td><td colspan="4">做好装卸设备日常点巡检、设备状态、故障判断及简单处理等工作，协调处理生产作业过程中出现的各类设备问题</td></tr>
<tr><td colspan="4">做好特殊工况下的设备操作、单机锚固及解锚固工作，协助做好班组区域内生产与维修协调工作</td></tr>
<tr><td colspan="4">开展岗位和区域内突发事件的现场应急救援与处置工作，做好岗位和区域内节能减排和环境保护工作，做好岗位和区域内安全工作</td></tr>
<tr><td colspan="2">工作记录文档</td><td colspan="4">设备维修平台系统、部门内部短封点监督周报、部门内部设备检查质量监督周报、工作日志、会议纪要</td></tr>
<tr><th>指标类别</th><th>考核指标</th><th>考核内容</th><th>考核标准</th><th>信息来源</th><th>考核周期</th></tr>
<tr><td rowspan="3">岗位职责指标</td><td>点检执行率（60 分）</td><td>完成所负责设备点检工作</td><td>目标值 100%。每减少 1%，扣 1 分</td><td>设备维修平台系统</td><td rowspan="7">月度</td></tr>
<tr><td>设备短封点执行率（20 分）</td><td>完成所负责设备短封点情况的录入和执行工作</td><td>目标值 100%。执行不到位或者未执行，每项扣 1 分</td><td>短封点监督周报</td></tr>
<tr><td>设备点检漏检（20 分）</td><td>设备点检质量不到位发生漏检</td><td>目标值 100%。漏检 1 项，扣 1 分</td><td>设备检查质量监督周报</td></tr>
<tr><td rowspan="3">非权重指标</td><td rowspan="2">奖励指标</td><td>日常工作及各项技能比赛活动中表现优秀</td><td>获得举办的各类技能比武或其他奖励的，每次加 5 分</td><td rowspan="3">工作日志、会议纪要</td></tr>
<tr><td>发现安全隐患并及时采取有效措施，避免了设施设备损坏；提出节能降耗合理化建议且被采纳</td><td>发现重大安全隐患并采取有效措施，避免设施设备损坏的，每次加 5—10 分；提出的节能降耗合理化建议被采纳的，每条加 1—5 分</td></tr>
<tr><td>否决指标</td><td>日常工作出现失误及重大事故</td><td>违反工作纪律及各项制度的，每项扣 2 分；由于日常工作不当导致安全事故，对公司造成较大影响扣 5—10 分，造成重大影响扣 10—20 分</td></tr>
<tr><td>备注</td><td colspan="4"></td></tr>
</table>

YS-GK-008

生产（运营）部门取装集控员

<table>
<tr><td colspan="2">岗位名称</td><td colspan="2">取装集控员</td><td>所在部门</td><td>生产（运营）部门</td></tr>
<tr><td colspan="2">职位职级序列</td><td colspan="4">技能序列</td></tr>
<tr><td colspan="2">直接上级</td><td colspan="4">值班长</td></tr>
<tr><td colspan="2">直接下级</td><td colspan="4">——</td></tr>
<tr><td colspan="2" rowspan="3">岗位职责</td><td colspan="4">落实班组取料和装船作业计划，执行生产作业及操作指令</td></tr>
<tr><td colspan="4">监控、优化取料和装船作业流程，配合处理生产过程中出现的各类情况</td></tr>
<tr><td colspan="4">配合做好班组取料和装船设备维修、点巡检等工作</td></tr>
<tr><td colspan="2">工作记录文档</td><td colspan="4">管控一体化系统、工作日志、会议纪要</td></tr>
<tr><th>指标类别</th><th>考核指标</th><th>考核内容</th><th>考核标准</th><th>信息来源</th><th>考核周期</th></tr>
<tr><td rowspan="4">岗位职责指标</td><td>作业量（40 分）</td><td>月度个人作业量</td><td>本人月度作业量 / 同岗位月度最高作业量 ×40</td><td rowspan="2">管控一体化系统、工作日志</td><td rowspan="7">月度</td></tr>
<tr><td>作业效率（30 分）</td><td>月度个人作业效率</td><td>本人月度装船效率 / 同岗位月度最高装船效率 ×30</td></tr>
<tr><td>安全管理（20 分）</td><td>工作纪律</td><td>基础分 15 分，正向激励每次加 1 分，负向激励每次扣 1 分，扣完为止</td><td rowspan="2">工作日志</td></tr>
<tr><td>综合评价（10 分）</td><td>宣传报道、出勤、参加活动、其他</td><td>宣传报道得分 + 出勤得分 + 参加活动得分 + 其他得分</td></tr>
<tr><td rowspan="3">非权重指标</td><td rowspan="2">奖励指标</td><td>日常工作及各项技能比赛活动中表现优秀</td><td>获得举办的各类技能比武或其他奖励的，每次加 5 分</td><td rowspan="3">工作日志、会议纪要</td></tr>
<tr><td>发现安全隐患并及时采取有效措施，避免了设施设备损坏；提出节能降耗合理化建议且被采纳</td><td>发现重大安全隐患并采取有效措施，避免设施设备损坏的，每次加 5—10 分；提出的节能降耗合理化建议被采纳的，每条加 1—5 分</td></tr>
<tr><td>否决指标</td><td>日常工作出现失误及重大事故</td><td>违反工作纪律及各项制度的，每项扣 2 分；由于日常工作不当导致安全事故，对公司造成较大影响扣 5—10 分，造成重大影响扣 10—20 分</td></tr>
<tr><td>备注</td><td colspan="5"></td></tr>
</table>

YS-GK-009

生产（运营）部门翻堆集控员

<table>
<tr><td colspan="2">岗位名称</td><td>翻堆集控员</td><td>所在部门</td><td colspan="2">生产（运营）部门</td></tr>
<tr><td colspan="2">职位职级序列</td><td colspan="4">技能序列</td></tr>
<tr><td colspan="2">直接上级</td><td colspan="4">值班长</td></tr>
<tr><td colspan="2">直接下级</td><td colspan="4">——</td></tr>
<tr><td colspan="2" rowspan="6">岗位职责</td><td colspan="4">落实班组翻堆作业计划，执行生产作业及操作指令</td></tr>
<tr><td colspan="4">监控、优化翻堆作业流程，配合处理生产过程中出现的各类情况</td></tr>
<tr><td colspan="4">配合做好班组翻堆设备维修、点巡检等工作</td></tr>
<tr><td colspan="4">开展岗位和区域内突发事件的现场应急救援与处置工作</td></tr>
<tr><td colspan="4">参与部门和班组的安全管理体系建设，做好岗位和区域内安全工作</td></tr>
<tr><td colspan="4">落实部门和班组环保工作要求和措施，做好岗位和区域内节能减排和环境保护工作</td></tr>
<tr><td colspan="2">工作记录文档</td><td colspan="4">管控一体化系统、工作日志、会议纪要</td></tr>
<tr><td>指标类别</td><td>考核指标</td><td>考核内容</td><td>考核标准</td><td>信息来源</td><td>考核周期</td></tr>
<tr><td rowspan="3">岗位职责指标</td><td>作业量（50 分）</td><td>作业量的吨数</td><td>完成月度翻堆作业的任务量最多的计满分。按照个人作业量 / 岗位个人最高作业量 ×50</td><td rowspan="2">管控一体化系统、工作日志</td><td rowspan="7">月度</td></tr>
<tr><td>作业效率（20 分）</td><td>作业效率</td><td>根据作业计划，在单位时间内完成最多翻堆作业任务的计满分。个人翻堆作业效率 / 岗位个人翻堆最高作业效率 ×20</td></tr>
<tr><td>员工贡献（30 分）</td><td>主要指完成部门、班组交办的任务，在班组建设方面发挥积极作用；在制度执行方面没有出现违规违纪的情况</td><td>值班长根据员工工作完成效果和数量，对职工当月表现进行综合评价，评价标准：
表现优秀的在 25—30 分，良好的 15—25 分，一般的 5—15 分，不称职的 0—5 分</td><td>工作日志</td></tr>
<tr><td rowspan="3">非权重指标</td><td rowspan="2">奖励指标</td><td>日常工作及各项技能比赛活动中表现优秀</td><td>获得举办的各类技能比武或其他奖励的，每次加 5 分</td><td rowspan="3">工作日志、会议纪要</td></tr>
<tr><td>发现安全隐患并及时采取有效措施，避免了设施设备损坏；提出节能降耗合理化建议且被采纳</td><td>发现重大安全隐患并采取有效措施，避免设施设备损坏的，每次加 5—10 分；提出的节能降耗合理化建议被采纳的，每条加 1—5 分</td></tr>
<tr><td>否决指标</td><td>日常工作出现失误及重大事故</td><td>违反工作纪律及各项制度的，每项扣 2 分；由于日常工作不当导致安全事故，对公司造成较大影响扣 5—10 分，造成重大影响扣 10—20 分</td></tr>
<tr><td>备注</td><td colspan="5"></td></tr>
</table>

YS-GK-010

生产（运营）部门装船指导员

<table>
<tr><td>岗位名称</td><td colspan="3">装船指导员</td><td>所在部门</td><td>生产（运营）部门</td></tr>
<tr><td>职位职级序列</td><td colspan="5">技能序列</td></tr>
<tr><td>直接上级</td><td colspan="5">值班长</td></tr>
<tr><td>直接下级</td><td colspan="5">——</td></tr>
<tr><td rowspan="4">岗位职责</td><td colspan="5">落实运行班组装船作业组织，做好船舶基础数据的录入，作业指令制定、检查与监控，详细录入岗位生产作业数据并进行统计分析</td></tr>
<tr><td colspan="5">协助做好船舶离靠的现场检查和监护，做好码头区域同场作业的监督检查，协助做好装船设备动态检查、区域清洁生产等工作</td></tr>
<tr><td colspan="5">开展岗位和区域内突发安全环保事件的现场应急救援与处置工作</td></tr>
<tr><td colspan="5">做好与船方装船业务的沟通协调，协调处理装船作业中出现的各种情况，落实岗位廉洁自律以及客户服务要求</td></tr>
<tr><td>工作记录文档</td><td colspan="5">班组管理台账、管控一体化系统、班组事故事件以及不安全行为台账、会议纪要</td></tr>
<tr><td>指标类别</td><td>考核指标</td><td>考核内容</td><td>考核标准</td><td>信息来源</td><td>考核周期</td></tr>
<tr><td rowspan="4">岗位职责指标</td><td rowspan="2">生产组织（50 分）</td><td>作业量（35 分）</td><td>按照作业量高低依次排名，第一名 100 分，第二名 97 分，依此类推。作业量得分 ×35%</td><td rowspan="2">管控一体化系统</td><td rowspan="7">月度</td></tr>
<tr><td>结船条数（15 分）</td><td>按照结船条数多少依次排名，第一名 100 分，第二名 97 分，依此类推。结船条数得分 ×15%</td></tr>
<tr><td>安全管理（35 分）</td><td>发生安全环保事件或者可能导致安全环保事件发生的一切行为</td><td>满分 100 分；公司定责的事故、事件或者行为扣 10 分；部门定责的事故、事件或者行为扣 5 分；一般违章违纪扣 3 分。安全管理得分 ×35%</td><td>班组事故事件以及不安全行为台账</td></tr>
<tr><td>综合管理（15 分）</td><td>宣传报道、考勤管理、党工团等活动</td><td>满分 100 分；宣传报道每少 1 篇扣 2 分；迟到早退每次扣 5 分；无故不参加党工团等活动每次扣 3 分。综合管理得分 ×15%</td><td rowspan="4">班组管理台账、会议纪要</td></tr>
<tr><td rowspan="3">非权重指标</td><td rowspan="2">奖励指标</td><td>日常工作及各项技能比赛活动中表现优秀</td><td>获得举办的各类技能比武或其他奖励的，每次加 5 分</td></tr>
<tr><td>发现安全隐患并及时采取有效措施，避免了设施设备损坏；提出节能降耗合理化建议且被采纳</td><td>发现重大安全隐患并采取有效措施，避免设施设备损坏的，每次加 5—10 分；提出的节能降耗合理化建议被采纳的，每条加 1—5 分</td></tr>
<tr><td>否决指标</td><td>日常工作出现失误及重大事故</td><td>违反工作纪律及各项制度的，每项扣 2 分；由于日常工作不当导致安全事故，对公司造成较大影响扣 5—10 分，造成重大影响扣 10—20 分</td></tr>
<tr><td>备注</td><td colspan="5"></td></tr>
</table>

YS-GK-011

生产（运营）部门卸船机司机

<table>
<tr><td>岗位名称</td><td colspan="2">卸船机司机</td><td>所在部门</td><td colspan="2">生产（运营）部门</td></tr>
<tr><td>职位职级序列</td><td colspan="5">技能序列</td></tr>
<tr><td>直接上级</td><td colspan="5">值班长（主任）</td></tr>
<tr><td>直接下级</td><td colspan="5">——</td></tr>
<tr><td rowspan="3">岗位职责</td><td colspan="5">按照卸船机安全操作规程安全、高效地作业，服从中控调度指挥，与调度人员密切配合，在调度人员及舱口指挥工监护下安全完成生产任务</td></tr>
<tr><td colspan="5">做好班前、班后的交接班工作，认真填写运行日志和录入作业数据</td></tr>
<tr><td colspan="5">负责卸船作业中的质量及安全，发现突发故障等问题及时报告中控调度和值班主任，并采取相应措施</td></tr>
<tr><td>工作记录文档</td><td colspan="5">MES 生产运营管理系统、通报、会议纪要</td></tr>
<tr><td>指标类别</td><td>考核指标</td><td>考核内容</td><td>考核标准</td><td>信息来源</td><td>考核周期</td></tr>
<tr><td rowspan="7">岗位职责指标</td><td rowspan="3">安全事故（30 分）</td><td>公司定性为事故以上，个人负同等责任、主要责任、全部责任人员</td><td>如发生，一票否决（次年评比列为末尾）</td><td rowspan="3">通报</td><td rowspan="10">月度</td></tr>
<tr><td>公司定性为事故以上，年累计 2 次以上负次要责任人员</td><td>不超 2 次（不含 2 次），超出一票否决（次年评比列为末尾）</td></tr>
<tr><td>部门处罚个人 3000 元以上事件（含年度累计）</td><td>累计不超 3000 元。一票否决（次年评比列为末尾）</td></tr>
<tr><td>生产效率（50 分）</td><td>卸船作业量取值</td><td>按作业量高低排序加分。前 40% 人员加 10 分，后 30% 减 10 分，中间 30% 不加分</td><td>MES 生产运营管理系统</td></tr>
<tr><td rowspan="2">工作质量（20 分）</td><td>属地管理</td><td>隐患排查有效 1 次采纳加 1 分</td><td>通报</td></tr>
<tr><td>破生产作业纪录</td><td>与原有最高纪录对比，超 1 次加 1 分</td><td>MES 生产运营管理系统</td></tr>
<tr></tr>
<tr><td rowspan="3">非权重指标</td><td rowspan="2">奖励指标</td><td>日常工作及各项技能比赛活动中表现优秀</td><td>获得举办的各类技能比武或其他奖励的，每次加 5 分</td><td rowspan="3">通报、会议纪要</td></tr>
<tr><td>发现安全隐患并及时采取有效措施，避免了设施设备损坏；提出节能降耗合理化建议且被采纳</td><td>发现重大安全隐患并采取有效措施，避免设施设备损坏的，每次加 5—10 分；提出的节能降耗合理化建议被采纳的，每条加 1—5 分</td></tr>
<tr><td>否决指标</td><td>日常工作出现失误及重大事故</td><td>违反工作纪律及各项制度的，每项扣 2 分；由于日常工作不当导致安全事故，对公司造成较大影响扣 5—10 分，造成重大影响扣 10—20 分</td></tr>
<tr><td>备注</td><td colspan="5"></td></tr>
</table>

YS-GK-012

生产（业务）指挥中心经理

<table>
<tr><td colspan="2">岗位名称</td><td>经理</td><td>所在部门</td><td colspan="2">生产（业务）指挥中心</td></tr>
<tr><td colspan="2">职位职级序列</td><td colspan="4">管理序列</td></tr>
<tr><td colspan="2">直接上级</td><td colspan="4">分管副总经理</td></tr>
<tr><td colspan="2">直接下级</td><td colspan="4">副经理、科长、值班主任</td></tr>
<tr><td colspan="2" rowspan="10">岗位职责</td><td colspan="4">负责做好公司生产调度、组织协调及生产运行分析工作</td></tr>
<tr><td colspan="4">负责做好部门范围内的相关方管理工作</td></tr>
<tr><td colspan="4">认真履行公司应急值守办公室职责</td></tr>
<tr><td colspan="4">负责做好公司客户服务体系建设工作</td></tr>
<tr><td colspan="4">负责组织公司装卸生产工艺制定</td></tr>
<tr><td colspan="4">全面负责部门的安全管理工作</td></tr>
<tr><td colspan="4">全面负责部门的节能减排与环境保护工作</td></tr>
<tr><td colspan="4">全面负责部门的企业文化建设工作，指导科室（班组）文化建设</td></tr>
<tr><td colspan="4">负责做好公司商务、收费、客户等业务管理工作</td></tr>
<tr><td colspan="4">负责部门党建和党风廉政建设工作</td></tr>
<tr><td colspan="2">工作记录文档</td><td colspan="4">管控一体化系统、会议纪要、工作日志、党建责任制考核评价系统、中层管理人员考核评价系统</td></tr>
<tr><td>指标类别</td><td>考核指标</td><td>考核内容</td><td>考核标准</td><td>信息来源</td><td>考核周期</td></tr>
<tr><td rowspan="6">岗位职责指标</td><td>公司年度装船计划完成率（10 分）</td><td>计划完成率 = 本期内实现煤炭装船公估吨数 / 集团下发年度目标值 ×100%</td><td>完成率≥100%，得 10 分；完成率≤80%，得 0 分；中间值以插值法计算</td><td>管控一体化系统</td><td rowspan="6">年度</td></tr>
<tr><td>产业协同专项考核（5 分）</td><td>依据《产业协同年度考核计分细则》进行考核</td><td>得分 =5 分，该项指标得 5 分；得分≤3 分，该项指标得 0 分；中间值以插值法计算</td><td>会议纪要、工作日志</td></tr>
<tr><td>年度装船均衡率（10 分）</td><td>均衡率 =Min（生产一二三部年度装船任务完成率）</td><td>均衡率≥98%，得 10 分；均衡率≤80%，得 0 分；中间值以插值法计算</td><td>管控一体化系统</td></tr>
<tr><td>客户服务满意度（5 分）</td><td>指考核期内通过问卷调查获得的客户服务满意度</td><td>客户服务满意度≥95%，得 5 分；客户服务满意度≤90%，得 0 分；中间值以插值法计算</td><td>会议纪要、工作日志</td></tr>
<tr><td>党建工作（10 分）</td><td>智慧党建平台及相关基础工作要求；任务落实工作；发挥党支部战斗堡垒和党员先锋模范作用；提升党支部党建工作质量和水平</td><td rowspan="2">每项内容扣分上不封顶，扣完为止。线上考核均采取非界评方式，即需要根据提交材料完成情况综合给分</td><td rowspan="2">党建责任制考核评价系统</td></tr>
<tr><td>工团工作（3 分）</td><td>工会组织建设与管理；厂务公开与民主管理；群安工作、团青活动开展</td></tr>
</table>

续表

指标类别	考核指标	考核内容	考核标准	信息来源	考核周期
岗位职责指标	纪检工作（3分）	传达部署党风廉政工作；廉政提醒教育；运用“一清单三控制”；职能监督	每项内容扣分上不封顶，扣完为止。线上考核均采取非界评方式，即需要根据提交材料完成情况综合给分	党建责任制考核评价系统	年度
	宣传工作（2分）	队伍建设；舆情管控			
	企业文化（2分）	企业文化建设部门			
	素质（10分）	政治素质、职业操守、作风建设、廉洁从业	满分50分。通过现场述职打分或网络打分的形式进行。 1. 公司领导班子成员打分占25%，其中党政主要负责人打分系数为2，其他领导打分系数为1； 2. 公司本部中层正职（含主持工作）打分占40%； 3. 公司本部中层副职打分占25%； 4. 公司职工代表打分占10%	中层管理人员考核评价系统	
	能力（10分）	科学决策能力、推动执行能力、学习创新能力、团队建设能力			
	业绩（30分）	履职绩效、协同成效			
非权重指标	奖励指标	管理创新	在业务开展以及管理活动过程中，有创新性的方法和思路，促进部门业绩较大程度提升，促进公司发展，加5分	会议纪要	
		合理化建议	提出的合理化建议被公司采纳，每条加5分		
	否决指标	违规违纪或出现重大问题给企业造成严重不良影响、重大损失	1. 在考核周期内，受到诫勉谈话、行政警告、党内警告的，不能确定为“优秀”。 2. 在考核周期内受到行政记过或党内严重警告的，不能确定为“称职”及以上等次。 3. 在考核周期内受到降职（降级）及以上行政处分或撤销党内职务及以上党纪处分的，直接评为“不称职”。 4. 在考核周期内，分管范围内出现重大问题，给企业造成严重不良影响或重大损失的，可根据事件严重程度、相关会议及专业部门出具的意见，直接确定为“基本称职”或“不称职”		
备注	1. 部门发生一次一般及以上安全环保责任事故，取消年度评比资格，部门总分扣20分。 2. 每发生一次轻微二级安全环保责任事故，部门总分扣4分；每发生一次轻微三级安全环保责任事故，部门总分扣6分；每发生一次轻微四级安全环保责任事故，部门总分扣10分				

YS-GK-013

生产（业务）指挥中心值班主任

<table>
<tr><td>岗位名称</td><td colspan="2">值班主任</td><td colspan="2">所在部门</td><td colspan="2">生产（业务）指挥中心</td></tr>
<tr><td>职位职级序列</td><td colspan="6">管理序列</td></tr>
<tr><td>直接上级</td><td colspan="6">中心主任</td></tr>
<tr><td>直接下级</td><td colspan="6">生产调度员</td></tr>
<tr><td rowspan="5">岗位职责</td><td colspan="6">负责港口生产调度指挥，协调落实昼夜生产计划并确定维修计划方案</td></tr>
<tr><td colspan="6">负责当班港口生产组织的统一调度管理</td></tr>
<tr><td colspan="6">负责港口内外部与生产业务相关的沟通协调、信息传递等工作</td></tr>
<tr><td colspan="6">负责港口生产的监控，掌握港口生产运行的动态，协调解决生产过程中出现的问题</td></tr>
<tr><td colspan="6">协助履行应急值守办公室日常职责，负责建立应急预案备案资料</td></tr>
<tr><td>工作记录文档</td><td colspan="6">管控一体化系统、会议纪要、工作日志</td></tr>
<tr><td>指标类别</td><td>考核指标</td><td>考核内容</td><td colspan="2">考核标准</td><td>信息来源</td><td>考核周期</td></tr>
<tr><td rowspan="4">岗位职责指标</td><td>装船量（50 分）</td><td>集团下达月度装船计划量</td><td colspan="2">完成月计划。
每欠月度计划量 2%，扣 1 分；每增加 2%，加 1 分</td><td rowspan="4">管控一体化系统</td><td rowspan="7">月度</td></tr>
<tr><td>卸车量（30 分）</td><td>集团下达月度卸车计划量</td><td colspan="2">完成月计划。
每欠月度计划量 2%，扣 1 分；每增加 2%，加 1 分</td></tr>
<tr><td>船舶动态兑现率（10 分）</td><td>在既定动态范围内船舶进出港计划的兑现情况</td><td colspan="2">达到 95%。
每下降 1%，扣 1 分；每增加 1%，加 1 分</td></tr>
<tr><td>清垛（仓）兑现率（10 分）</td><td>在既定计划范围内垛（仓）位清理兑现情况</td><td colspan="2">达到 95%。
每下降 1%，扣 1 分；每增加 1%，加 1 分</td></tr>
<tr><td rowspan="3">非权重指标</td><td rowspan="2">奖励指标</td><td>管理创新</td><td colspan="2">在业务开展以及管理活动过程中，有创新性的方法和思路，促进部门业绩较大程度提升，加 5 分</td><td rowspan="3">会议纪要、工作日志</td></tr>
<tr><td>合理化建议</td><td colspan="2">提出的合理化建议被部门采纳，每条加 5 分；被公司采纳，每条加 10 分</td></tr>
<tr><td>否决指标</td><td>日常工作出现失误及重大事故</td><td colspan="2">违反工作纪律及各项制度的，每项扣 2 分；由于日常工作不当导致安全事故，对公司造成较大影响扣 5—10 分，造成重大影响扣 10—20 分</td></tr>
<tr><td>备注</td><td colspan="6"></td></tr>
</table>

YS-GK-014

生产（业务）指挥中心货运调度员

<table>
<tr><th colspan="2">岗位名称</th><td>货运调度员</td><th>所在部门</th><td colspan="2">生产（业务）指挥中心</td></tr>
<tr><td colspan="2">职位职级序列</td><td colspan="4">技能序列</td></tr>
<tr><td colspan="2">直接上级</td><td colspan="4">值班主任</td></tr>
<tr><td colspan="2">直接下级</td><td colspan="4">——</td></tr>
<tr><td colspan="2" rowspan="3">岗位职责</td><td colspan="4">依据中控调度下达的作业计划，中控调度组织作业，及时安排大机对垛对船对舱、核垛核船核舱工作</td></tr>
<tr><td colspan="4">负责进入管辖区域的车辆、人员的管理工作及作业现场的秩序维持</td></tr>
<tr><td colspan="4">负责装船、堆取料、汽运作业质量的监督和控制</td></tr>
<tr><td colspan="2">工作记录文档</td><td colspan="4">MES 生产运营管理系统、通报、会议纪要</td></tr>
<tr><th>指标类别</th><th>考核指标</th><th>考核内容</th><th>考核标准</th><th>信息来源</th><th>考核周期</th></tr>
<tr><td rowspan="5">岗位职责指标</td><td rowspan="3">安全事故（30 分）</td><td>公司定性为事故以上，个人负同等责任、主要责任、全部责任人员</td><td>如发生，一票否决（次年评比列为末尾）</td><td rowspan="3">通报</td><td rowspan="8">月度</td></tr>
<tr><td>公司定性为事故以上，年累计 2 次以上负次要责任人员</td><td>不超 2 次（不含 2 次），超出一票否决（次年评比列为末尾）</td></tr>
<tr><td>部门处罚个人 3000 元以上事件（含年度累计）</td><td>累计不超 3000 元，超出一票否决（次年评比列为末尾）</td></tr>
<tr><td>生产效率（50 分）</td><td>每班生产作业总量个人为取值（卸船量、装船量、装火车量、汽运量）</td><td>按作业量高低排序加分。前 40% 人员加 10 分，后 30% 减 10 分，中间 30% 不加分</td><td rowspan="2">MES 生产运营管理系统</td></tr>
<tr><td>工作质量（20 分）</td><td>清垛、攒垛、归垛、倒垛、接船、送船</td><td>整体完成 1 项，加 1 分</td></tr>
<tr><td rowspan="3">非权重指标</td><td rowspan="2">奖励指标</td><td>日常工作及各项技能比赛活动中表现优秀</td><td>获得举办的各类技能比武或其他奖励的，每次加 5 分</td><td rowspan="3">通报、会议纪要</td></tr>
<tr><td>发现安全隐患并及时采取有效措施，避免了设施设备损坏；提出节能降耗合理化建议且被采纳</td><td>发现重大安全隐患并采取有效措施，避免设施设备损坏的，每次加 5—10 分；提出的节能降耗合理化建议被采纳的，每条加 1—5 分</td></tr>
<tr><td>否决指标</td><td>日常工作出现失误及重大事故</td><td>违反工作纪律及各项制度的，每项扣 2 分；由于日常工作不当导致安全事故，对公司造成较大影响扣 5—10 分，造成重大影响扣 10—20 分</td></tr>
<tr><td>备注</td><td colspan="5"></td></tr>
</table>

YS-GK-015

生产（业务）指挥中心司磅员

岗位名称	司磅员	所在部门	生产（业务）指挥中心
职位职级序列	技能序列		
直接上级	值班主任		
直接下级	——		
岗位职责	交接班后按照计划下达作业单据，对当班作业进行汽运作业安排，关联好相关堆场、垛位、计划吨、进车数据等，并通知现场货运调度		
	对进出码头汽车车辆数据进行监管，作业结束时对相关计划打印作业联系单		
	对进出码头加油车辆加油数据进行核对，管辖区域出现紧急情况及时向中控汇报		
工作记录文档	MES 生产运营管理系统、通报、会议纪要		

指标类别	考核指标	考核内容	考核标准	信息来源	考核周期
岗位职责指标	安全事故（30 分）	公司定性为事故以上，个人负同等责任、主要责任、全部责任人员	如发生，一票否决（次年评比列为末尾）	通报	月度
		公司定性为事故以上，年累计 2 次以上负次要责任人员	不超 2 次（不含 2 次），超出一票否决（次年评比列为末尾）		
		部门处罚个人 3000 元以上事件（含年度累计）	累计不超 3000 元，超出一票否决（次年评比列为末尾）		
	生产效率（50 分）	每日汽运作业量取值	按作业量高低排序。前 40% 人员加 10 分，后 30% 减 10 分，中间 30% 不加分	MES 生产运营管理系统	
	工作质量（20 分）	班作业达量加分	每班汽运作业 5000 吨以上，加 2 分		
非权重指标	奖励指标	日常工作及各项技能比赛活动中表现优秀	获得举办的各类技能比武或其他奖励的，每次加 5 分	通报、会议纪要	
		发现安全隐患并及时采取有效措施，避免了设施设备损坏；提出节能降耗合理化建议且被采纳	发现重大安全隐患并采取有效措施，避免设施设备损坏的，每次加 5—10 分；提出的节能降耗合理化建议被采纳的，每条加 1—5 分		
	否决指标	日常工作出现失误及重大事故	违反工作纪律及各项制度的，每项扣 2 分；由于日常工作不当导致安全事故，对公司造成较大影响扣 5—10 分，造成重大影响扣 10—20 分		
备注					

YS-GK-016

设备管理（保障）中心经理

<table>
<tr><td>岗位名称</td><td colspan="2">经理</td><td colspan="2">所在部门</td><td>设备管理（保障）中心</td></tr>
<tr><td>职位职级序列</td><td colspan="5">管理序列</td></tr>
<tr><td>直接上级</td><td colspan="5">分管副总经理</td></tr>
<tr><td>直接下级</td><td colspan="5">副经理、科长</td></tr>
<tr><td rowspan="9">岗位职责</td><td colspan="5">负责公司设备管理、维修维护工作，为生产提供设备保障</td></tr>
<tr><td colspan="5">负责设备类工程项目的设计、施工、竣工决算等工作</td></tr>
<tr><td colspan="5">负责可修复件的外包维修管理工作</td></tr>
<tr><td colspan="5">负责建立部门创新机制，指导创新工作的实施</td></tr>
<tr><td colspan="5">负责公司装卸设备重大问题的技术攻关、维修工艺管理工作</td></tr>
<tr><td colspan="5">全面负责部门的安全管理工作</td></tr>
<tr><td colspan="5">全面负责部门的节能减排与环境保护工作</td></tr>
<tr><td colspan="5">全面负责部门的企业文化建设工作，指导科室（班组）文化建设</td></tr>
<tr><td colspan="5">全面负责部门的党建和党风廉政建设</td></tr>
<tr><td>工作记录文档</td><td colspan="5">管控一体化系统、会议纪要、工作日志、党建责任制考核评价系统、中层管理人员考核评价系统</td></tr>
</table>

<table>
<tr><th>指标类别</th><th>考核指标</th><th>考核内容</th><th>考核标准</th><th>信息来源</th><th>考核周期</th></tr>
<tr><td rowspan="4">岗位职责指标</td><td>公司年度装船计划完成率（10 分）</td><td>计划完成率 = 本期内实现煤炭装船公估吨数 / 集团下发年度目标值 ×100%</td><td>完成率 ≥100%，得 10 分；完成率 ≤80%，得 0 分；中间值以插值法计算</td><td>管控一体化系统</td><td rowspan="4">年度</td></tr>
<tr><td>年度维修计划考核得分（5 分）</td><td>考核本部门所负责的列入公司年度维修计划的项目完成情况。年度维修计划考核得分 = 年初维修计划完成得分 ×40%+ 年度调整维修计划完成得分 ×60%</td><td>维修计划完成率在 90%（含）—110% 不扣分；在 80%—90% 或 110%—130% 扣 5 分；在 60%—80% 或 130%—140% 扣 10 分；低于 60% 或高于 140% 扣 20 分；维修计划考核最多扣至基本分 60%</td><td rowspan="3">会议纪要、工作日志</td></tr>
<tr><td>年度基建投资计划考核得分（10 分）</td><td>基建投资以项目投资计划执行情况进行考核。年度基建投资计划考核得分 = 一季度得分 ×10%+ 二季度得分 ×20%+ 三季度得分 ×30%+ 四季度得分 ×40%</td><td>按照季度每个项目的季度投资计划完成率在 90%（含）—110%（含）不扣分；在 80%—90% 或 110%—120%，每个项目扣 1 分；在 60%—80% 或 120%—140%，每个项目扣 2 分；低于 60% 或高于 140%，每个项目扣 5 分；累计考核最多扣至该项基本分 60%</td></tr>
<tr><td>科技创新考核得分（5 分）</td><td>根据集团《子分公司年度科技创新考核细则》要求，公司获得集团科技创新考核得分</td><td>考核得 5 分，指标得 110 分；考核得 10 分，指标得 100 分；考核得 8 分，指标得 0 分；中间值以插值法计算</td></tr>
</table>

续表一

指标类别	考核指标	考核内容	考核标准	信息来源	考核周期
岗位职责指标	党建工作（10分）	智慧党建平台及相关基础工作要求；任务落实工作；发挥党支部战斗堡垒和党员先锋模范作用；提升党支部党建工作质量和水平	每项内容扣分上不封顶，扣完为止。线上考核均采取非界评方式，即需要根据提交材料完成情况综合给分	党建责任制考核评价系统	年度
	工团工作（3分）	工会组织建设与管理；厂务公开与民主管理；群安工作团青活动开展			
	纪检工作（3分）	传达部署党风廉政工作；廉政提醒教育；运用“一清单三控制”；职能监督			
	宣传工作（2分）	队伍建设；舆情管控			
	企业文化（2分）	企业文化建设部门			
	素质（10分）	政治素质、职业操守、作风建设、廉洁从业	满分50分。通过现场述职打分或网络打分的形式进行。 1. 公司领导班子成员打分占25%，其中党政主要负责人打分系数为2、其他领导打分系数为1； 2. 公司本部中层正职（含主持工作）打分占40%； 3. 公司本部中层副职打分占25%； 4. 公司职工代表打分占10%	中层管理人员考核评价系统	
	能力（10分）	科学决策能力、推动执行能力、学习创新能力、团队建设能力			
	业绩（30分）	履职绩效、协同成效			
非权重指标	奖励指标	管理创新	在业务开展以及管理活动过程中，有创新性的方法和思路，促进部门业绩较大程度提升，促进公司发展，加5分	会议纪要、工作日志	
		合理化建议	提出的合理化建议被公司采纳，每条加5分		
	否决指标	违规违纪或出现重大问题给企业造成严重不良影响、重大损失	1. 在考核周期内，受到诫勉谈话、行政警告、党内警告的，不能确定为“优秀”。 2. 在考核周期内受到行政记过或党内严重警告的，不能确定为“称职”及以上等次。 3. 在考核周期内受到降职（降级）及以上行政处分或撤销党内职务及以上党纪处分的，直接评为“不称职”。		

续表二

指标类别	考核指标	考核内容	考核标准	信息来源	考核周期
非权重指标	否决指标	违规违纪或出现重大问题给企业造成严重不良影响、重大损失	4. 在考核周期内，分管范围内出现重大问题，给企业造成严重不良影响或重大损失的，可根据事件严重程度、相关会议及专业部门出具的意见，直接确定为“基本称职”或“不称职”	会议纪要、工作日志	年度
备注	1. 部门发生一次一般及以上安全环保责任事故，取消年度评比资格，部门总分扣 20 分。 2. 每发生一次轻微二级安全环保责任事故，部门总分扣 4 分；每发生一次轻微三级安全环保责任事故，部门总分扣 6 分；每发生一次轻微四级安全环保责任事故，部门总分扣 10 分				

YS-GK-017

设备管理（保障）中心供配电工程师（技术员）

岗位名称	供配电工程师（技术员）	所在部门	设备管理（保障）中心
职位职级序列	技术序列		
直接上级	电气科科长		
直接下级	——		
岗位职责	负责公司供配电系统整体规划使用、运行和调度管理，制定相关供配电管理制度，配合公司组织相关专业技能培训、供配电安全技改工作		
	负责公司供电电缆（外线）巡视检查，变电所出线电缆在变电所墙体以内的部分（含两个箱变）及所内设备的安全、运行、维护和检修管理		
	负责组织、实施高压电气设备的预防性试验、基础设施的防雷接地检测以及高压安全用具的定期检测工作		
	负责对综合楼内配电室、生产场区内临时用电的管理进行指导和监督		
	负责供配电方面对外业务联系，统计公司供电计量、岸电连接、临时用电电量		
工作记录文档	供电管理系统、工作日志、岸电管理系统、文件、会议纪要		

指标类别	考核指标	考核内容	考核标准	信息来源	考核周期
岗位职责指标	供电系统管理（30 分）	公司出现因操作原因导致大规模停电	停电时长是否超过 11 小时。 时长每超过一小时扣 1 分，未出现加 4 分	供电管理系统、工作日志	月度 / 季度
	设备、设施停送电管理（30 分）	各类工作票、操作票签发填写规范	规范工作票达到 98%。 每下降 1% 扣 2 分，每增加 1% 加 2 分	工作日志	
	岸电接驳率管理（20 分）	因供电设备原因降低本月岸电接驳率	接驳率达到 70%。 每下降 5% 扣 1 分，每增加 5% 加 1 分	岸电管理系统	
	绝缘设备、设施防雷检测管理（15 分）	公司内各类绝缘用具、设施防雷按时检测	完成季度计划。 每出现一项扣 2 分，不出现加 4 分	工作日志	
	每月总用电量明细统计分析（5 分）	公司月度主要设备用电量统计分析	主要用电设备、设施用电量统计完整度达到 95%。 完整度每减少 1% 扣 1 分，每增加 1% 加 1 分	供电管理系统	
非权重指标	奖励指标	提出的合理化建议解决了生产中的技术难题	获国家级奖励每次加 10 分，获集团级奖励每次加 5 分，获公司级奖励每次加 3 分	文件、会议纪要	
		主持专业技术攻关提高工作效率、促进技术管理			

续表

指标类别	考核指标	考核内容	考核标准	信息来源	考核周期
非权重指标	奖励指标	成果获得专利	实用新型专利每次加3分，发明专利每次加5分	文件、会议纪要	月度/季度
	否决指标	日常工作出现失误及重大事故	违反工作纪律及各项制度的，每项扣2分；由于日常工作不当导致安全事故，对公司造成较大影响扣5—10分，造成重大影响扣10—20分		
备注					

YS-GK-018

设备管理（保障）中心技术创新工程师（技术员）

<table>
<tr><th>岗位名称</th><th>技术创新工程师（技术员）</th><th>所在部门</th><th>设备管理（保障）中心</th></tr>
<tr><td>职位职级序列</td><td colspan="3">技术序列</td></tr>
<tr><td>直接上级</td><td colspan="3">科长</td></tr>
<tr><td>直接下级</td><td colspan="3">——</td></tr>
<tr><td rowspan="5">岗位职责</td><td colspan="3">制订科技创新规划与计划</td></tr>
<tr><td colspan="3">负责科技创新管理工作，包括科技进步奖管理、知识产权管理、研发平台管理、科技投入统计与管理、相关制度的修订与管理</td></tr>
<tr><td colspan="3">科技创新项目管理，包括：负责调研科技创新需求，组织项目申报和初步审核，编制年度计划及相应预算；负责公司科技创新类项目的立项审查、监督管理、项目验收、后评估等管理工作，科技项目档案管理</td></tr>
<tr><td colspan="3">新产品新技术试用、科技成果推广转化</td></tr>
<tr><td colspan="3">组织科研、技术交流或培训</td></tr>
<tr><td>工作记录文档</td><td colspan="3">科技管理系统、项目管理系统、工作日志、奖励文件、通报</td></tr>
</table>

<table>
<tr><th>指标类别</th><th>考核指标</th><th>考核内容</th><th>考核标准</th><th>信息来源</th><th>考核周期</th></tr>
<tr><td>岗位职责指标</td><td>科技创新项目管理（100分）</td><td>按照项目合同制订月度进度计划，按时完成各月节点任务</td><td>达到90%。
达到90%以上加1分；达到80%—90%扣1分；低于80%扣2分。每增加1项项目管理工作，加5分</td><td rowspan="2">科技管理系统、项目管理系统</td><td rowspan="5">月度</td></tr>
<tr><td rowspan="4">非权重指标</td><td rowspan="3">奖励指标</td><td>结合公司实际需求完成新产品、新技术的试用并取得显著效果</td><td>每成功完成一项新产品、新技术试用加3分，每完成一项科技成果推广转化加3分</td></tr>
<tr><td>在国家级期刊及以上发表科技论文情况</td><td>每发表1篇国家级期刊论文，加2分；每发表1篇核心论文，加4分；上限4分</td><td rowspan="2">工作日志、奖励文件</td></tr>
<tr><td>考核在公司、集团及各类省部级以上的获奖情况</td><td>获得公司或市级表彰奖励的，每项加2分；获得集团或省部级表彰奖励的，每项加5分；获得国家级表彰奖励的，每项加10分</td></tr>
<tr><td>否决指标</td><td>日常工作出现失误及重大事故</td><td>违反工作纪律及各项制度的，每项扣2分；由于日常工作不当导致安全事故，对公司造成较大影响扣5—10分，造成重大影响扣10—20分</td><td>工作日志、通报</td></tr>
<tr><td>备注</td><td colspan="5"></td></tr>
</table>

YS-GK-019

设备管理（保障）中心变电站值班员

岗位名称	变电站值班员	所在部门	设备管理（保障）中心
职位职级序列	技能序列		
直接上级	供电科科长		
直接下级	——		
岗位职责	负责公司电网系统的调度管理，监视公司电网运行情况		
	负责完成当班工作任务，保证变电站现场符合文明生产要求		
	参与倒闸操作票的审核，执行倒闸操作票制度		
	参与两票系统执行情况的监督、检查		
	负责大面积停电应急处理的执行，与地调、港调、维修及生产值班长的停送电联系及调度应急处理后正常供电恢复工作		
工作记录文档	两票系统、班组管理台账、供电管理系统、文件、会议纪要		

指标类别	考核指标	考核内容	考核标准	信息来源	考核周期
岗位职责指标	工作质量（70分）	严格按照操作规程作业；认真做好各项记录；定时巡检设备，发现异常现象及时汇报并处理	1. 每错一张和无票工作扣5分。 2. 每错一张和无倒闸操作票扣5分。 3. 每一种记录填写不规范扣2分。 4. 未及时发现异常现象，造成设备故障的一次扣10分	两票系统、班组管理台账、供电管理系统	月度
	安全生产（30分）	在岗期间是否存在“三违”等安全隐患；无不安全行为	安全生产责任制清单每违反一条扣3分	班组管理台账	
非权重指标	奖励指标	日常工作及各项技能比赛活动中表现优秀	获得举办的各类技能比武或其他奖励的，每次加5分	文件、会议纪要	
		发现安全隐患并及时采取有效措施，避免了设施设备损坏；提出节能降耗合理化建议且被采纳	发现重大安全隐患并采取有效措施，避免设施设备损坏的，每次加5—10分；提出的节能降耗合理化建议被采纳的，每条加1—5分		
	否决指标	日常工作出现失误及重大事故	违反工作纪律及各项制度的，每项扣2分；由于日常工作不当导致安全事故，对公司造成较大影响扣5—10分，造成重大影响扣10—20分	班组管理台账、文件、会议纪要	
备注					

YS-GK-020

科技信息（设备）中心经理

岗位名称	经理	所在部门	科技信息（设备）中心
职位职级序列	管理序列		
直接上级	分管副总经理		
直接下级	副经理、科长		
岗位职责	负责做好公司信息化整体规划、运行维护、信息安全、系统应用及信息情报等管理工作		
	负责做好信息类、自动化控制类工程项目设计、实施、质量控制、变更及验收等管理工作		
	负责做好自动化控制系统运维、运行状况评估和消缺及技术人才培养工作		
	负责做好公司 IT 类、网络通信类固定资产归口管理工作		
	全面负责部门的安全管理工作		
	全面负责部门的节能减排与环境保护工作		
	全面负责部门的企业文化建设工作，指导科室（班组）文化建设		
	全面负责部门的党建和党风廉政建设		
工作记录文档	管控一体化系统、会议纪要、工作日志、党建责任制考核评价系统、中层管理人员考核评价系统、财务管控系统		

指标类别	考核指标	考核内容	考核标准	信息来源	考核周期
岗位职责指标	公司年度装船计划完成率（5分）	计划完成率 = 本期内实现煤炭装船公估吨数 / 集团下发年度目标值 ×100%	完成率 ≥100%，得 5 分；完成率 ≤80%，得 0 分；中间值以插值法计算	管控一体化系统	年度
	年度维修计划考核得分（5分）	考核本部门所负责的列入公司年度维修计划的项目完成情况。年度维修计划考核得分 = 年初维修计划完成得分 ×40%+ 年度调整维修计划完成得分 ×60%	维修计划是按照总体完成情况进行考核。维修计划完成率在 90%（含）—110% 不扣分；在 80%—90% 或 110%—130% 扣 5 分；在 60%—80% 或 130%—140% 扣 10 分；低于 60% 或高于 140% 扣 20 分；维修计划考核最多扣至基本分 60%	会议纪要、工作日志	
	年度基建投资计划考核得分（5分）	基建投资以项目投资计划执行情况进行考核。年度基建投资计划考核得分 = 一季度得分 ×10%+ 二季度得分 ×20%+ 三季度得分 ×30%+ 四季度得分 ×40%	按照季度每个项目的季度投资计划完成率在 90%（含）—110%（含）不扣分；在 80%—90% 或 110%—120%，每个项目扣 1 分；在 60%—80% 或 120%—140%，每个项目扣 2 分；低于 60% 或高于 140%，每个项目扣 5 分；累计考核最多扣至该项指标基本分 60%		

续表一

指标类别	考核指标	考核内容	考核标准	信息来源	考核周期
岗位职责指标	年度维修计划考核得分（5分）	考核本部门所负责的列入公司年度维修计划的项目完成情况。年度维修计划考核得分 = 年初维修计划完成得分 ×40%+ 年度调整维修计划完成得分 ×60%	维修计划是按照总体完成情况进行考核。维修计划完成率在 90%（含）—110% 不扣分；在 80%—90% 或 110%—130% 扣 5 分；在 60%—80% 或 130%—140% 扣 10 分；低于 60% 或高于 140% 扣 20 分；维修计划考核最多扣至基本分 60%	会议纪要、工作日志	年度
	信息专项考核得分（5分）	考核年度内公司网络安全与信息化管理水平，依据集团公司《网络安全与信息化水平评价指标表》进行考核	得分 =5 分，指标得分 =5 分；得分 ≤3 分，指标得分 =0 分；中间值以插值法计算		
	研发费用执行率（5分）	考核期内研发费用的完成情况	研发费用执行率 =80%—100%，得 5 分；研发费用执行率 ≤60%，得 0 分；中间值以插值法计算	财务管控系统	
	党建工作（10分）	智慧党建平台及相关基础工作要求；任务落实工作；发挥党支部战斗堡垒和党员先锋模范作用；提升党支部党建工作质量和水平	每项内容扣分上不封顶，扣完为止。线上考核均采取非界评方式，即需要根据提交材料完成情况综合给分	党建责任制考核评价系统	
	工团工作（3分）	工会组织建设与管理；厂务公开与民主管理；群安工作团青活动开展			
	纪检工作（3分）	传达部署党风廉政工作；廉政提醒教育；运用“一清单三控制”；职能监督			
	宣传工作（2分）	队伍建设；舆情管控			
	企业文化（2分）	企业文化建设部门			
	素质（10分）	包括政治素质、职业操守、作风建设、廉洁从业	通过现场述职打分或网络打分的形式进行。 1. 公司领导班子成员打分占 25%，其中党政主要负责人打分系数为 2、其他领导打分系数为 1； 2. 公司本部中层正职（含主持工作）打分占 40%； 3. 公司本部中层副职打分占 25%； 4. 公司职工代表打分占 10%	中层管理人员考核评价系统	
	能力（10分）	包括科学决策能力、推动执行能力、学习创新能力、团队建设能力			
	业绩（30分）	包括履职绩效、协同成效			

续表二

指标类别	考核指标	考核内容	考核标准	信息来源	考核周期
非权重指标	奖励指标	管理创新	在业务开展以及管理活动过程中，有创新性的方法和思路，促进部门业绩较大程度提升，促进公司发展，加5分	会议纪要	年度
		合理化建议	提出的合理化建议被公司采纳，每条加5分		
	否决指标	违规违纪或出现重大问题给企业造成严重不良影响、重大损失	1. 在考核周期内，受到诫勉谈话、行政警告、党内警告的，不能确定为“优秀”。 2. 在考核周期内受到行政记过或党内严重警告的，不能确定为“称职”及以上等次。 3. 在考核周期内受到降职（降级）及以上行政处分或撤销党内职务及以上党纪处分的，直接评为“不称职”。 4. 在考核周期内，分管范围内出现重大问题，给企业造成严重不良影响或重大损失的，可根据事件严重程度、相关会议及专业部门出具的意见，直接确定为“基本称职”或“不称职”	会议纪要、工作日志	
备注	1. 部门发生一次一般及以上安全环保责任事故，取消年度评比资格，部门总分扣20分。 2. 每发生一次轻微二级安全环保责任事故，部门总分扣4分；每发生一次轻微三级安全环保责任事故，部门总分扣6分；每发生一次轻微四级安全环保责任事故，部门总分扣10分				

YS-GK-021

科技信息（设备）中心控制系统工程师（技术员）

<table>
<tr><td colspan="2">岗位名称</td><td colspan="2">控制系统工程师（技术员）</td><td colspan="2">所在部门</td><td>科技信息（设备）中心</td></tr>
<tr><td colspan="2">职位职级序列</td><td colspan="5">技术序列</td></tr>
<tr><td colspan="2">直接上级</td><td colspan="5">科长</td></tr>
<tr><td colspan="2">直接下级</td><td colspan="5">——</td></tr>
<tr><td colspan="2" rowspan="3">岗位职责</td><td colspan="5">负责信息化及自动化系统、数据库、网络、视频监控及其他相关设备的运维工作</td></tr>
<tr><td colspan="5">负责信息化、自动化、智能化项目全过程管理，全面完成智慧港口建设目标任务，支撑公司生产运营、经营管理和数字化应用</td></tr>
<tr><td colspan="5">负责生产智能化、管理智慧化等创新成果的宣传、转化、奖项申报和应用支持</td></tr>
<tr><td colspan="2">工作记录文档</td><td colspan="5">OA 系统、生产管控系统、项目管理系统、奖励文件、工作日志</td></tr>
<tr><td>指标类别</td><td>考核指标</td><td>考核内容</td><td>考核标准</td><td>信息来源</td><td colspan="2">考核周期</td></tr>
<tr><td rowspan="4">岗位职责指标</td><td>系统性故障次数（20 分）</td><td>发生影响生产运行及经营管理 2 小时以上的系统性故障次数</td><td>不超过 2 次。
每增加 1 次，扣 1 分；未发生系统性故障的，加 1 分</td><td>生产管控系统</td><td colspan="2" rowspan="7">月度</td></tr>
<tr><td>信息服务落实率（20 分）</td><td>信息服务申请落实数量 / 总提交数量</td><td>达到 95%。
每减少 5%，扣 0.5 分；每增加 5%，加 1 分</td><td>OA 系统</td></tr>
<tr><td>项目投资计划完成率（40 分）</td><td>项目月度形象投资完成额 / 项目预算总额</td><td>达到 90%。
每减少 10%，扣 1 分；每增加 5%，加 1 分</td><td>项目管理系统</td></tr>
<tr><td>运维系统完好率（20 分）</td><td>（1– 系统故障时间）/ 日历时间 ×100%</td><td>达到 95%。
每减少 5%，扣 1 分；每增加 5%，加 1 分</td><td>生产管控系统</td></tr>
<tr><td rowspan="3">非权重指标</td><td rowspan="2">奖励指标</td><td>在公司级以上网站、专栏、刊物、公众号等发表信息化相关稿件的数量</td><td>每发表 1 篇稿件，加 1 分，上限 3 分</td><td>OA 系统</td></tr>
<tr><td>考核在公司及集团、各类省部级以上的获奖情况</td><td>获得公司及市级表彰奖励的，每项加 1 分；获得集团及省部级表彰奖励的，每项加 2 分；获得国家级表彰奖励的，每项加 3 分</td><td>奖励文件</td></tr>
<tr><td>否决指标</td><td>日常工作出现失误及重大事故</td><td>违反工作纪律及各项制度的，每项扣 2 分；由于日常工作不当导致安全事故，对公司造成较大影响扣 5—10 分，造成重大影响扣 10—20 分</td><td>工作日志</td></tr>
<tr><td>备注</td><td colspan="6"></td></tr>
</table>

铁路装备

一、适用范围

本标准适用于国能铁路装备有限责任公司（公司本部、直属中心及各分公司）关键岗位。

二、引用文件

1.《国家能源集团铁路运输企业劳动定员标准》（Q/GN 0013–2020）

2.《神华铁路装备有限责任公司机关本部职能部门、直属单位和分公司人员编制和机构设置方案》（铁路装备人〔2020〕2 号）

3. 铁路装备公司《2020—2022 年质量、技术安全目标》

4. 铁路装备公司《安全检查问题和隐患整改记录》

5. 公司总部、各分公司岗位说明书等

三、提取依据

1. 关键岗位提取以在公司经营、管理、技术、生产等方面对企业生存发展起重要作用，且承担起重要管理工作责任的管理岗位，掌握企业发展所需的关键技能的核心技能操作岗位。

2. 绩效考核指标的提取在公司发展战略的指导下进行，根据公司的年度经营计划，将各项指标层层分解，由公司到部门，再由部门到个人。

3. 根据个人的年度工作目标，结合岗位的工作内容、性质，初步确定该岗位绩效考核的各项要素。

4. 关键岗位绩效考核标准提取主要维度包括：安全管理、工作质量、劳动纪律、专业技术能力、岗位核心工作完成情况、临时性工作完成情况等。

5. 综合考虑个人在工作中承担的角色、责任，以及上下游之间的关系，最终确定各岗位的绩效考核标准。

四、关键岗位列表

序号	组织机构	岗位名称	职位职级序列	主要工作内容
YS–ZB–001	科技发展部	科技创新项目主管	管理序列	负责车辆方向相关科技项目管理工作；负责重点项目推进、公司技改计划的编制；开展公司、集团科技创新项目的立项、实施、验收、科研成果的运用与推广等各项科研管理工作
YS–ZB–002		知识产权主管		负责国家、集团公司项目的专利申请、维持、变更、放弃，专利复审等管理工作和知识产权相关的制度实施、保密等管理工作；组织科技创新管理制度的编制与监督管理
YS–ZB–003	安全质量部	定检安全主管		负责机车、车辆检修安全相关管理工作，建立和完善公司各项安全管理制度和流程，并开展机车、车辆、厂区安全管理的各项工作
YS–ZB–004		工务机械安全主管		负责工务机械安全相关管理工作，建立和完善公司各项安全管理制度和流程，并开展工务机械、线路养护、驻地安全等管理的各项工作
YS–ZB–005	生产技术部	车辆检修技术主管		负责公司计划修、状态修各级修程的指导实施，组织并参与各类技术检查、质量检查，建立和完善公司车辆检修的各项制度、工艺和流程
YS–ZB–006		机车检修主管		负责机车检修计划、机车检修管理系统、工艺、配件等各项管理工作；组织修订直流机车大中修，交流机车 C5 修、C6 修等工艺规程；组织机车 C6 修资质办理工作；组织并参与各项技术检查

续表一

序号	组织机构	岗位名称	职位职级序列	主要工作内容
YS–ZB–007	生产技术部	车辆运用主管	管理序列	负责公司铁路货车运用工作的技术管理、业务管理工作，制定相关技术政策，开展业务检查，推进公司运用工作规范化、标准化
YS–ZB–008		5T 技术主管		负责组织实施范围内的货车 5T 运用管理工作，组织、研究公司生产 5T 设备工作的规章、命令、指示等规章制度执行情况
YS–ZB–009		轨道维护技术主管		负责制定公司轨道维护相关技术标准和实施；开展铁路线路轨道修理技术前沿信息追踪与研究，制定公司轨道修理技术规划与发展路线；组织并参与各类技术检查、质量检查
YS–ZB–010	设备工程部	设备主管		负责汇总编制公司设备管理制度、流程、标准；负责设备采购，新设备、新技术的推广及使用；负责生产设备大项修（含新维修模式）、日常维保、技术改造工作；设备合同的审阅、签订和付款；设备培训、检查、考核、验收
YS–ZB–011		工程主管		负责汇总编制公司工程项目管理制度、流程、标准；负责工程现场勘察及立项报审工作；负责工程项目勘察设计、工程施工及施工监理等采购工作；负责工程项目设计编制评审、工程实施、工程档案管理、工程验收工作
YS–ZB–012	调度部（5T 监控中心）	生产调度主管		负责执行和发布相关的调度命令，依据公司的机车车辆检修、大物流运输、施工计划，合理、有序地调配各分公司的生产任务；负责各类机车车辆、大物流、施工统筹调度工作
YS–ZB–013		5T 运用主管		负责公司 5T 运用技术管理、5T 联网应用管理及 5T 监控分析工作；负责组织 5T 监控人员技术培训及技术资格证的考核与颁发；负责对 5T 运用管理的定性、定量分析，提升运用安全防范水平
YS–ZB–014		5T 设备主管		负责公司 5T 设备管理、运维管理及 5T 检修维护人员技术资格证的考核与颁发组织协调工作；负责建立 5T 设备运行、检测、故障处理的考核机制，定期开展 5T 设备动态检测
YS–ZB–015		调度员	专业技术序列	负责及时将集团调度指令、公司调度指令传达到各分公司调度中心，监督调度命令实施到位，做好机车车辆检修的调度指挥工作，盯控机车车辆检修生产情况
YS–ZB–016	物流中心	市场营销主管	管理序列	负责中心大物流市场开发工作，制定物流相关程序并监督执行情况；负责配合公司领导制作大物流运输中长期规划；负责制定合理的班列产品价格策略，组织制定大物流营销规划，拓展沿线社会化货源
YS–ZB–017	质量验收中心	体系主管		负责组织开展公司经营质量管理体系建设工作，负责体系运行、保障和实施
YS–ZB–018		车辆验收员		负责组织监督所驻分公司车辆段修质量管理、产品质量验收监督工作，传达和执行相关管理规定

续表二

序号	组织机构	岗位名称	职位职级序列	主要工作内容
YS–ZB–019	安全环保部	安全监察主管	管理序列	负责拟定分公司安全生产环保管理规章制度和安全生产事故应急救援预案，监督安全生产责任制和安全管理制度的落实
YS–ZB–020	生产技术部	检修主管（机车）		负责贯彻落实机车及配件检修过程中表面处理、部件总装、调试工序的有关规章、制度、技术标准；负责编制机车检修表面处理、部件总装、调试的工艺文件、检查卡片，关键特殊过程明细及设备的校准规程，组织新工艺、新产品试制的工艺验证
YS–ZB–021		检修主管（车辆）		负责自备车的检修、工艺、配件等各项技术管理工作；按照规程、工艺、上级文件等，编制检修作业指导书；组织并参与各类技术检查、质量检查；梳理、完善检修制度、工艺、流程
YS–ZB–022		质量体系主管		负责分公司质量管理体系管理、实施工作，贯彻执行质量管理体系要求，编制、印发、修订质量管理体系文件；负责组织内部审核，组织开展质量管理体系标准及内审员的培训
YS–ZB–023		科技信息化主管		负责分公司科技创新管理工作，审核、申报科技创新项目，组织制订分公司信息化建设规划，组织制订信息化建设项目实施方案、信息管理制度和标准，并组织实施
YS–ZB–024		设备主管		负责对分公司生产现场设备进行检查、协调、跟踪、安装、调试、试运行、验收等各项工作；负责作业车间现场质量标准化管理所需物品的必要性审核和验收工作
YS–ZB–025	调度中心	检修调度员	专业技术序列	负责检修组织和调度指挥，协调各车间均衡完成生产任务，协调各铁路公司协同配合，确保各项检修任务指标的完成
YS–ZB–026		运用调度员		负责日常车辆检修和运用工作的组织指挥，及时果断处理运输工作中发生的问题，协调安全、效率、效益、质量等方面的问题
YS–ZB–027	机车生产车间	机车钳工	技能序列	负责依据组装工艺要求和规范，进行机车机械部分拆解、车体检修、机车机械部分组装作业
YS–ZB–028	机车分解室	机车分解专职	管理序列	负责贯彻执行机车检修各项规定、有关规章制度；负责机车转向架、部件、电器的分解、物料消耗审核、废旧配件回收确认工作
YS–ZB–029	运营管理部	运输主管		负责处理运输过程中出现的各类问题和事故；负责调度工作，包括日常生产、事故、灾害的组织、协调和指挥工作
YS–ZB–030		检修主管		负责自备车日常检修工作，处理日常检修过程中发生的问题；负责分公司检修结算、组织检修内审工作
YS–ZB–031	市场贸易部	结算主管		负责智慧物流业务费用结算、核算、预算、统计、分析、成本测算工作
YS–ZB–032		市场营销主管		负责市场调研，收集市场信息，分析市场动向及发展趋势；发展新客户，开拓新市场；落实货物运输情况

续表三

序号	组织机构	岗位名称	职位职级序列	主要工作内容
YS–ZB–033	业务部	运输统计主管	管理序列	负责统计业务部管辖内自备列车到达、始发情况，做好辖区内智慧物流调度、统计工作，按要求上报运输组织等业务信息
YS–ZB–034	货场	物流主管	管理序列	负责组织、协调辖区内智慧物流装卸和运输作业，做好辖区内智慧物流调度及相关工作
YS–ZB–035	神维车间	技术员（设备）	专业技术序列	负责对大机、轨道车、附属设备的使用、保养、检修，进行监督、检查、技术指导，并对其规范性负责
YS–ZB–036	神维车间	技术员（线路）	专业技术序列	负责线路工区和联合队伍的安全培训、标准化建设及应急机具的检查指导工作，协助车间副主任抓好施工计划和联合队伍日常管理工作
YS–ZB–037	神维车间	大机操作工	技能序列	负责大型养路机械操作、检查、日常保养及维修工作
YS–ZB–038	神维车间	线路工	技能序列	负责大型养路机械清筛前的线路调查工作；负责现场盯控地面委外工人配合大型养路机械清筛作业，完成开挖拢口、拆除护轨、拆除垫板、喊道作业、回填拢口、清理道沿、填实镐窝、人工起道等作业
YS–ZB–039	神维车间	轨道车司机	技能序列	负责轨道车驾驶，物料车、洒水车的操作
YS–ZB–040	神维车间	驻站联络员	技能序列	负责施工计划的提报、登记、消点、转场、转线的联系工作；负责现场作业与车站的互控和防护工作
YS–ZB–041	神维车间	检修工	技能序列	负责大型养路机械的维修、全面修、大修工作；负责零部件、总成、装置的维修工作
YS–ZB–042	动态检测车间	5T 设备维修工	技能序列	负责管内线路 5T 设备、复示站设备定期检修及日常维修、维护工作，确保设备运行良好，符合各项技术标准要求
YS–ZB–043	动态检测车间	轴温检测员	技能序列	负责定时对设备 THDS–A 运行状况进行检查，及时掌握轴温探测情况、热轴预报跟踪情况、全辆轴温高的监控与上报，确保轴温探测系统工作正常
YS–ZB–044	段修车间 / 厂修车间	车辆钳工（车体）	技能序列	负责车体架修作业、台车吊运、落成工作和车体部分的检修作业，以及车辆牵引杆连接、质量检查等工作
YS–ZB–045	段修车间 / 厂修车间	轮轴工	技能序列	负责轮对收入检查、轮对冲洗、车轮镟修、轮对支出等修理工作
YS–ZB–046	段修车间 / 厂修车间	探伤工	技能序列	负责货车轮对车轴的探伤和配件加修后的复探检查工作等
YS–ZB–047	段修车间 / 厂修车间	制动钳工	技能序列	负责空气制动机、制动阀等配件的分解、组装和试验，以及空气制动机和基础制动装置的检修工作
YS–ZB–048	段修车间 / 厂修车间	叉车司机	技能序列	负责物料运送、装卸车钩缓冲装置及其他配件等转送工作
YS–ZB–049	运用车间 / 列检作业场	货车检车员	技能序列	负责列车技术检查、维修工作，并保障作业的标准化和检修作业的质量，保证运输安全

续表四

序号	组织机构	岗位名称	职位职级序列	主要工作内容
YS–ZB–050	运用车间/列检作业场	动态检车员	技能序列	负责做好本岗位列车的动态技术检查工作，发现并上报车辆故障
YS–ZB–051		列检值班员		负责列车运用指挥技检作业、扣修车的联系汇报，以及铁路货车技术管理系统车辆相关信息录入
YS–ZB–052	设备车间	机修钳工		负责分公司机械动力设备的维修保养工作，保证设备技术状态良好；及时发现、处理设备临时故障，消除事故隐患，保证生产使用
YS–ZB–053	分公司车辆验收中心	验收员（车辆）	管理序列	负责相关工艺文件、技术协议、接车记录落实，严格执行“三检一验”制度；负责配件或整车质量检查工作；负责质量合格部件签发合格证及竣工单，总结、分析月度质量问题，督促整改，消灭漏检、漏修

五、关键岗位绩效考核标准

YS-ZB-001

科技发展部科技创新项目主管

<table>
<tr><th>岗位名称</th><td>科技创新项目主管</td><th>所在部门</th><td>科技发展部</td></tr>
<tr><td>职位职级序列</td><td colspan="3">管理序列</td></tr>
<tr><td>直接上级</td><td colspan="3">科技发展部经理、副经理</td></tr>
<tr><td>直接下级</td><td colspan="3">——</td></tr>
<tr><td rowspan="5">岗位职责</td><td colspan="3">组织开展公司、集团、国家级项目的立项申报及项目评审工作，审核各部门、各分公司申报的科技创新立项课题</td></tr>
<tr><td colspan="3">针对集团项目，组织相关单位开展国内外项目调研工作，撰写集团项目的立项申报材料，并将申报材料提交集团科技部审核，跟踪立项批复情况</td></tr>
<tr><td colspan="3">针对公司项目，将招标技术文件报至招标公司，组织开展项目招标工作</td></tr>
<tr><td colspan="3">负责项目重大事件的管理工作，及时收集项目在实施期间出现的如目标调整、内容更改、项目经费、项目负责人变更、关键技术方案变更、不可抗拒因素等对项目执行产生重大影响的情况，报公司科技创新委员会讨论，并按有关规定进行处置</td></tr>
<tr><td colspan="3">组织开展科技创新项目的验收工作，接收项目承研单位上报的项目验收申请，组织召开验收评审会，并根据评审专家组意见出具验收报告</td></tr>
<tr><td>工作记录文档</td><td colspan="3">科技创新立项课题申报材料、项目招标合同、项目的进展情况统计表、项目验收申请、其他科技创新项目文件资料等</td></tr>
</table>

<table>
<tr><th>指标类别</th><th>考核指标</th><th>考核内容</th><th>考核标准</th><th>信息来源</th><th>考核周期</th></tr>
<tr><td rowspan="3">岗位职责指标</td><td>劳动安全（10 分）</td><td>劳动安全“三违”问题</td><td>红线问题每发生 1 件，扣 3 分；A 类问题超过 1 件，每件扣 2 分；B 类问题超过 2 件，每件扣 1 分。劳动安全“三违”问题，除进行关键岗位绩效考核外，并按照安全相关规定执行</td><td rowspan="2">铁路装备公司《安全检查问题和隐患整改记录》</td><td rowspan="3">月度</td></tr>
<tr><td>劳动纪律（10 分）</td><td>遵守劳动纪律，不迟到、不早退、不旷工等，工作时间不做与本岗位无关的工作</td><td>迟到、早退每次扣 0.5 分；旷工每次扣 2 分；因迟到、早退、旷工等延误生产进度每次扣 3 分；因迟到、早退、旷工等影响生产，造成停工或造成重大损失等扣 5 分。违反劳动纪律，除进行关键岗位绩效考核外，并按照相关规定执行</td></tr>
<tr><td>专业技术能力（10 分）</td><td>掌握本岗位专业技术知识，能够按照规定的时间要求完成任务或提前完成任务，在数量、质量上符合规定的标准</td><td>未及时完成或解决问题不彻底，视情形扣责任人 1—5 分</td><td>工作计划、工作总结材料</td></tr>
</table>

续表

指标类别	考核指标	考核内容	考核标准	信息来源	考核周期
岗位职责指标	执行能力（20分）	准确理解上级要求并迅速行动，遇困难时能积极协调资源，克服困难，高效地完成各项任务	个人执行力方面，对上级要求理解不准确、不主动沟通，执行缓慢甚至故意拖延，扣2分；不能够快速行动，主动协调资源，及时处理解决问题，扣1分	工作计划、工作总结材料	月度
	项目立项及评审管理（25分）	审核申报的科技创新立项课题符合集团、公司的要求，组织开展项目招标工作	违反有关招投标管理规定，扣2分；对项目的实施过程监督管理不力，导致延误验收时间，扣1分	项目招标合同、项目验收申请等	
	项目验收管理（25分）	按承研单位上报的项目验收申请，对上报的验收文件、资料等进行初步审核，组织召开验收评审会，并根据评审专家组意见出具验收报告	未严格按照合同条款、技术标准进行验收，或违规批准变更项目视情形扣1—5分	项目验收申请、项目验收文件资料	
非权重指标（含否决条件）	奖励指标	临时性工作绩效考核（领导临时交办的突发性工作）	1. 在规定的时间之前完成任务，完成任务的数量、质量明显超出规定的标准，对部门业绩推动有突出的贡献，加2分。 2. 在规定的时间内提前完成任务，在数量、质量上符合规定的标准，对部门业绩推动有明显的贡献，加1分	工作记录表单	
备注					

YS-ZB-002

科技发展部知识产权主管

岗位名称	知识产权主管	所在部门	科技发展部
职位职级序列	管理序列		
直接上级	科技发展部经理、副经理		
直接下级	——		
岗位职责	负责国家、集团公司项目专利的申请、维持、变更、放弃、专利复审等管理工作和知识产权相关的制度、实施、保密等管理工作		
	根据公司年度知识产权工作任务，制订年度专利申报计划，并将专利申报任务下达给各项目承担单位及各分公司		
	监督和管理各单位在项目实施过程中知识产权申报等工作，每年汇总当年所取得的知识产权成果		
	梳理月度科技项目，每月更新项目清单进度及考核指标完成情况		
	组织公司科技创新相关知识与技能培训		
工作记录文档	科技创新项目申报审批报告、科技创新专利申报审批报告、专利申报材料、项目清单、内部管理授权手册、其他文件资料等		

指标类别	考核指标	考核内容	考核标准	信息来源	考核周期
岗位职责指标	劳动安全（10分）	劳动安全“三违”问题	红线问题每发生1件，扣3分；A类问题超过1件，每件扣2分；B类问题超过2件，每件扣1分。劳动安全“三违”问题，除进行关键岗位绩效考核外，并按照安全相关规定执行	铁路装备公司《安全检查问题和隐患整改记录》	月度
	劳动纪律（10分）	遵守劳动纪律，不迟到、不早退、不旷工等，工作时间不做与本岗位无关的工作	迟到、早退每次扣0.5分；旷工每次扣2分；因迟到、早退、旷工等延误生产进度每次扣3分；因迟到、早退、旷工等影响生产，造成停工或造成重大损失等扣5分。违反劳动纪律，除进行关键岗位绩效考核外，并按照相关规定执行		
	专业技术能力（10分）	掌握本岗位专业技术知识，能够按照规定的时间要求完成任务或提前完成任务，在数量、质量上符合规定的标准	未及时完成或解决问题不彻底，视情形扣1—5分	工作计划、工作总结材料	
	执行能力（20分）	准确理解上级要求并迅速行动，遇困难时能积极协调资源，克服困难，高效地完成各项任务	个人执行力方面，对上级要求理解不准确、不主动沟通，执行缓慢甚至故意拖延，扣2分；不能够快速高效行动，主动协调资源，及时处理解决问题，扣1分		

续表

指标类别	考核指标	考核内容	考核标准	信息来源	考核周期
岗位职责指标	知识产权管理（25 分）	知识产权与专利的申报、管理与保护工作	立项计划申报不及时，视情形扣 1—3 分；专利信息泄露，视情形扣 2—5 分	立项计划、专利信息	月度
	项目档案管理（25 分）	科技论文征集、统计及备案，更新项目清单进度及考核指标完成情况	未开展科技论文征集工作扣 2 分，更新清单不及时扣 1 分	科技论文统计表、项目清单等	
非权重指标（含否决条件）	奖励指标	临时性工作绩效考核（领导临时交办的突发性工作）	1. 在规定的时间之前完成任务，完成任务的数量、质量明显超出规定的标准，对部门业绩推动有突出的贡献，加 2 分。 2. 在规定的时间内提前完成任务，在数量、质量上符合规定的标准，对部门业绩推动有明显的贡献，加 1 分	工作记录表单	
备注					

YS-ZB-003

安全质量部定检安全主管

岗位名称	定检安全主管	所在部门	安全质量部
职位职级序列	管理序列		
直接上级	安全质量部经理		
直接下级	——		
岗位职责	根据安全生产的政策法规和规章制度，负责机车、车辆检修安全相关管理工作，建立和完善公司各项安全管理制度和流程，建立、修订公司机车、车辆安全相关程序、制度和文件		
	参与厂区内事故调查、分析、处理，监督分公司应急救援整体情况，按规定期限提交调查分析和整改情况报告		
	监督、检查机车、车辆安全管理中各类安全制度、规程执行情况，制止涉及人身设备和系统安全的违章行为		
	对分公司厂区内机动车行驶、取送车作业、机车调试作业、架落车作业、登高作业、受限空间作业、特种作业持证上岗等关键环节进行监督检查，对安全问题整改情况进行监督管理		
	组织机车、车辆检修安全分析会，对倾向性、关键性问题进行分析，制定整改方案		
工作记录文档	车辆起复救援、防洪等专项应急预案、安全培训记录、安全检查通报等		

指标类别	考核指标	考核内容	考核标准	信息来源	考核周期
岗位职责指标	劳动安全（10分）	劳动安全“三违”问题	红线问题每发生1件，扣3分；A类问题超过1件，每件扣2分；B类问题超过2件，每件扣1分。劳动安全“三违”问题，除进行关键岗位绩效考核外，并按照安全相关规定执行	铁路装备公司《安全检查问题和隐患整改记录》	月度
	劳动纪律（10分）	遵守劳动纪律，不迟到、不早退、不旷工等，工作时间不做与本岗位无关的工作	迟到、早退每次扣0.5分；旷工每次扣2分；因迟到、早退、旷工等延误生产进度每次扣3分；因迟到、早退、旷工等影响生产，造成停工或造成重大损失等扣5分。违反劳动纪律，除进行关键岗位绩效考核外，并按照相关规定执行		
	专业技术能力（10分）	掌握本岗位专业技术知识，能够按照规定的时间要求完成任务或提前完成任务，在数量、质量上符合规定的标准	未及时完成或解决问题不彻底，视情形扣1—5分	工作计划、工作总结材料	
	执行能力（20分）	准确理解上级要求并迅速行动，遇困难时能积极协调资源，克服困难，高效地完成各项任务	个人执行力方面，对上级要求理解不准确、不主动沟通，执行缓慢甚至故意拖延，扣2分；不能够快速高效行动，主动协调资源，及时处理解决问题扣责任人1分		

续表

指标类别	考核指标	考核内容	考核标准	信息来源	考核周期
岗位职责指标	机车、车辆检修安全监督检查（25 分）	监督检查机车、车辆安全管理中安全制度、规程执行情况，制止涉及人身设备和系统安全的违章行为	未按规定开展安全督导检查工作，导致公司机车、车辆检修安全管理规定与安全措施未落实，扣 1 分，检查过程中未制止“三违”行为扣 2 分	风险预控体系安全手册等	年度
	车辆事故应急处置（25 分）	编制公司机车、车辆安全专项应急预案，健全应急管理机制	迟报、谎报和瞒报事故扣 5 分，突发事件发生后处理不及时扣 2 分	机车、车辆安全应急预案	月度
非权重指标（含否决条件）	奖励指标	临时性工作绩效考核（领导临时交办的突发性工作）	1. 在规定的时间之前完成任务，完成任务的数量、质量明显超出规定的标准，对部门业绩推动有突出的贡献，加 2 分。 2. 在规定的时间内提前完成任务，在数量、质量上符合规定的标准，对部门业绩推动有明显的贡献，加 1 分	工作记录表单	
备注					

YS-ZB-004

安全质量部工务机械安全主管

<table>
<tr><td>岗位名称</td><td>工务机械安全主管</td><td>所在部门</td><td>安全质量部</td></tr>
<tr><td>职位职级序列</td><td colspan="3">管理序列</td></tr>
<tr><td>直接上级</td><td colspan="3">安全质量部经理</td></tr>
<tr><td>直接下级</td><td colspan="3">——</td></tr>
<tr><td rowspan="5">岗位职责</td><td colspan="3">根据安全生产的政策法规和规章制度，负责工务机械安全相关管理工作，建立和完善公司各项安全管理制度和流程，建立、修订公司工务机械安全管理相关程序、制度和文件</td></tr>
<tr><td colspan="3">参与工务机械相关各类事故、设备故障及安全问题调查分析，按规定期限提交调查分析和整改情况报告</td></tr>
<tr><td colspan="3">监督、检查工务机械相关安全管理中各类安全制度、规程执行情况，制止涉及人身设备和系统安全的违章行为</td></tr>
<tr><td colspan="3">对工务机械、线路养护、驻地安全等关键环节进行监督检查，进行监督管理</td></tr>
<tr><td colspan="3">抽查工务机械车等的检验、注册登记、安全附件的检验情况，监督轨道维护现场作业防护设置、机械设备安全情况</td></tr>
<tr><td>工作记录文档</td><td colspan="3">安全管理制度、事故调查分析报告、安全培训记录、安全检查通报等</td></tr>
</table>

<table>
<tr><th>指标类别</th><th>考核指标</th><th>考核内容</th><th>考核标准</th><th>信息来源</th><th>考核周期</th></tr>
<tr><td rowspan="4">岗位职责指标</td><td>劳动安全（10分）</td><td>劳动安全“三违”问题</td><td>红线问题每发生1件，扣3分；A类问题超过1件，每件扣2分；B类问题超过2件，每件扣1分。劳动安全“三违”问题，除进行关键岗位绩效考核外，并按照安全相关规定执行</td><td rowspan="2">铁路装备公司《安全检查问题和隐患整改记录》</td><td rowspan="4">月度</td></tr>
<tr><td>劳动纪律（10分）</td><td>遵守劳动纪律，不迟到、不早退、不旷工等，工作时间不做与本岗位无关的工作</td><td>迟到、早退每次扣0.5分；旷工每次扣2分；因迟到、早退、旷工等延误生产进度每次扣3分；因迟到、早退、旷工等影响生产，造成停工或造成重大损失等扣5分。违反劳动纪律，除进行关键岗位绩效考核外，并按照相关规定执行</td></tr>
<tr><td>专业技术能力（10分）</td><td>掌握本岗位专业技术知识，能够按照规定的时间要求完成任务或提前完成任务，在数量、质量上符合规定的标准</td><td>未及时完成或解决问题不彻底，视情形扣1—5分</td><td rowspan="2">工作计划、工作总结材料</td></tr>
<tr><td>执行能力（20分）</td><td>准确理解上级要求并迅速行动，遇困难时能积极协调资源，克服困难，高效地完成各项任务</td><td>个人执行力方面，对上级要求理解不准确、不主动沟通，执行缓慢甚至故意拖延，扣2分；不能够快速高效行动，主动协调资源，及时处理解决问题，扣1分</td></tr>
</table>

续表

指标类别	考核指标	考核内容	考核标准	信息来源	考核周期
岗位职责指标	工务机械安全监督检查（25 分）	监督检查工务机械安全管理中安全制度、规程执行情况，制止涉及人身设备和系统安全的违章行为	未按规定开展安全督导检查工作，导致公司工务机械安全管理规定与安全措施未落实，扣 1 分，检查过程中未制止“三违”行为扣 2 分	风险预控体系安全手册等	年度
	工务机械事故应急处置（25 分）	编制工务机械安全专项应急预案，健全应急管理机制	迟报、谎报和瞒报事故扣 5 分，突发事件发生后处理不及时扣 2 分	工务机械安全应急预案	月度
非权重指标（含否决条件）	奖励指标	临时性工作绩效考核（领导临时交办的突发性工作）	1. 在规定的时间之前完成任务，完成任务的数量、质量明显超出规定的标准，对部门业绩推动有突出的贡献，加 2 分。 2. 在规定的时间内提前完成任务，在数量、质量上符合规定的标准，对部门业绩推动有明显的贡献，加 1 分	工作记录表单	
备注					

YS-ZB-005

生产技术部车辆检修技术主管

<table>
<tr><td colspan="2">岗位名称</td><td colspan="2">车辆检修技术主管</td><td colspan="2">所在部门</td><td>生产技术部</td></tr>
<tr><td colspan="2">职位职级序列</td><td colspan="5">管理序列</td></tr>
<tr><td colspan="2">直接上级</td><td colspan="5">生产技术部经理、副经理</td></tr>
<tr><td colspan="2">直接下级</td><td colspan="5">——</td></tr>
<tr><td colspan="2" rowspan="6">岗位职责</td><td colspan="5">根据自备车定检到期、运行状态情况及各单位的检修能力，负责公司计划修、状态修各级修程的指导实施</td></tr>
<tr><td colspan="5">制定、完善厂修、段修及状态修 Z2—Z4 修程的检修工艺标准，下达各分公司并组织实施</td></tr>
<tr><td colspan="5">监督检查各分公司对下达的车辆检修工艺标准的执行情况，包括作业指导书更新、完善、人员培训、上岗资格、工艺落实情况等</td></tr>
<tr><td colspan="5">负责标准化车间的建设管理工作，根据标准化车间评比办法对各维修分公司相关车间进行标准化评定</td></tr>
<tr><td colspan="5">负责车辆检修相关的其他工作，统计段修过期车情况并组织扣修，配合其他部门完成车辆段修配件试验、检查、对规等相关工作</td></tr>
<tr><td colspan="5">组织检修规程、工艺的宣贯工作，及时组织现场有关人员进行相关培训，组织新车型、新技术的相关培训工作，做好技术推广</td></tr>
<tr><td colspan="2">工作记录文档</td><td colspan="5">检修工艺标准、作业指导书、检查报告、质量分析报告、培训记录等</td></tr>
<tr><td>指标类别</td><td>考核指标</td><td>考核内容</td><td>考核标准</td><td>信息来源</td><td colspan="2">考核周期</td></tr>
<tr><td rowspan="3">岗位职责指标</td><td>劳动安全（10分）</td><td>劳动安全“三违”问题</td><td>红线问题每发生 1 件，扣 3 分；A 类问题超过 1 件，每件扣 2 分；B 类问题超过 2 件，每件扣 1 分。劳动安全“三违”问题，除进行关键岗位绩效考核外，并按照安全相关规定执行</td><td rowspan="2">铁路装备公司《安全检查问题和隐患整改记录》</td><td colspan="2" rowspan="3">月度</td></tr>
<tr><td>劳动纪律（10分）</td><td>遵守劳动纪律，不迟到、不早退、不旷工等，工作时间不做与本岗位无关的工作</td><td>迟到、早退每次扣 0.5 分；旷工每次扣 2 分；因迟到、早退、旷工等延误生产进度每次扣 3 分；因迟到、早退、旷工等影响生产，造成停工或造成重大损失等扣 5 分。违反劳动纪律，除进行关键岗位绩效考核外，并按照相关规定执行</td></tr>
<tr><td>专业技术能力（10分）</td><td>掌握本岗位专业技术知识，能够按照规定的时间要求完成任务或提前完成任务，在数量、质量上符合规定的标准</td><td>未及时完成或解决问题不彻底，视情形扣 1—5 分</td><td>工作计划、工作总结材料</td></tr>
</table>

续表

指标类别	考核指标	考核内容	考核标准	信息来源	考核周期
岗位职责指标	执行能力（20分）	准确理解上级要求并迅速行动，遇困难时能积极协调资源，克服困难，高效地完成各项任务	个人执行力方面，对上级要求理解不准确、不主动沟通，执行缓慢甚至故意拖延，扣2分；不能够快速高效行动，主动协调资源，及时处理解决问题，扣1分	工作计划、工作总结材料	月度
	检修工艺与技术管理（25分）	制定、完善厂修、段修及状态修Z2—Z4修程的检修工艺标准，及时更新作业指导书	检修工艺、指导书制定错误导致车辆检修质量无法满足使用要求，视情形扣1—5分	检修工艺标准、作业指导书	
	车辆检修组织管理（25分）	根据检修计划、定检过期车情况并组织扣修	检修车到期数量预测错误导致分公司厂修、段修车源不足或到期车辆无法及时检修，视情形扣1—5分	车辆检修计划等	
非权重指标（含否决条件）	奖励指标	临时性工作绩效考核（领导临时交办的突发性工作）	1. 在规定的时间之前完成任务，完成任务的数量、质量明显超出规定的标准，对部门业绩推动有突出的贡献，加2分。 2. 在规定的时间内提前完成任务，在数量、质量上符合规定的标准，对部门业绩推动有明显的贡献，加1分	工作记录表单	
备注					

YS-ZB-006

生产技术部机车检修主管

岗位名称	机车检修主管	所在部门	生产技术部
职位职级序列	管理序列		
直接上级	生产技术部经理、副经理		
直接下级	——		
岗位职责	制定、完善机车检修工艺标准并组织监督检查执行情况，组织修订直流机车大中修、交流机车 C5 修和 C6 修工艺规程，并下达组织实施		
	编制并下达机车检修年度、月度生产计划		
	监控机车日常检修生产进度，跟踪及监督机车检修每日生产进度，分析生产进度表，实时掌握生产情况		
	定期或不定期下分公司检查机车检修质量，汇总、分析检查情况，及时解决检修过程中发现的质量问题，制定整改措施		
	负责机车新车型及机车新修程办理工作，参与机车新车型检修相关调研工作及组织机车新修程资质办理工作		
	定期收集机车维修分公司重点工作、技术文件，并进行汇总		
工作记录文档	工艺规程、作业指导书、年度 / 月度检修计划、年度 / 季度 / 月度机车检修情况分析等		

指标类别	考核指标	考核内容	考核标准	信息来源	考核周期
岗位职责指标	劳动安全（10 分）	劳动安全“三违”问题	红线问题每发生 1 件，扣 3 分；A 类问题超过 1 件，每件扣 2 分；B 类问题超过 2 件，每件扣 1 分。劳动安全“三违”问题，除进行关键岗位绩效考核外，并按照安全相关规定执行	铁路装备公司《安全检查问题和隐患整改记录》	月度
	劳动纪律（10 分）	遵守劳动纪律，不迟到、不早退、不旷工等，工作时间不做与本岗位无关的工作	迟到、早退每次扣 0.5 分；旷工每次扣 2 分；因迟到、早退、旷工等延误生产进度每次扣 3 分；因迟到、早退、旷工等影响生产，造成停工或造成重大损失等扣 5 分。违反劳动纪律，除进行关键岗位绩效考核外，并按照相关规定执行		
	专业技术能力（10 分）	掌握本岗位专业技术知识，能够按照规定的时间要求完成任务或提前完成任务，在数量、质量上符合规定的标准	未及时完成或解决问题不彻底，视情形扣 1—5 分	工作计划、工作总结材料	
	执行能力（20 分）	准确理解上级要求并迅速行动，遇困难时能积极协调资源，克服困难，高效地完成各项任务	个人执行力方面，对上级要求理解不准确、不主动沟通，执行缓慢甚至故意拖延，扣 2 分；不能够快速高效行动，主动协调资源，及时处理解决问题，扣 1 分		

续表

指标类别	考核指标	考核内容	考核标准	信息来源	考核周期
岗位职责指标	检修计划管理（25分）	根据公司整体生产运营情况，制订公司年度、月度、生产任务计划	生产任务下发不及时，组织不力，导致月度任务未完成，影响公司整体生产任务安排，视情形扣1—5分	年度/月度生产任务计划	月度
	检修质量监督（25分）	监督、检查分公司机车检修生产质量并组织解决质量问题	未进行质量监督检查，导致检修质量下降，视情形扣1—5分	月度质量分析	
非权重指标（含否决条件）	奖励指标	临时性工作绩效考核（领导临时交办的突发性工作）	1. 在规定的时间之前完成任务，完成任务的数量、质量明显超出规定的标准，对部门业绩推动有突出的贡献，加2分。 2. 在规定的时间内提前完成任务，在数量、质量上符合规定的标准，对部门业绩推动有明显的贡献，加1分	工作记录表单	
备注					

YS-ZB-007

生产技术部车辆运用主管

<table>
<tr><td colspan="2">岗位名称</td><td colspan="2">车辆运用主管</td><td>所在部门</td><td>生产技术部</td></tr>
<tr><td colspan="2">职位职级序列</td><td colspan="4">管理序列</td></tr>
<tr><td colspan="2">直接上级</td><td colspan="4">生产技术部经理、副经理</td></tr>
<tr><td colspan="2">直接下级</td><td colspan="4">——</td></tr>
<tr><td colspan="2" rowspan="7">岗位职责</td><td colspan="4">根据集团运输工作需求和公司状态、工作实际，草拟公司管内列检布局优化方案，草拟符合公司实际的运用工作总体规划</td></tr>
<tr><td colspan="4">负责制定运用管理细则，编制计划、审核、发布</td></tr>
<tr><td colspan="4">负责对各运用作业场作业量分析，对各运用作业场大小件修进行分析；负责组织对运用发现影响行车安全的质量问题进行追溯</td></tr>
<tr><td colspan="4">负责对管内发生的临修车进行阶段批量性分析，找出发生临修的规律，为检修提供质量管理依据</td></tr>
<tr><td colspan="4">负责场际列车质量互控管理，开展列车质量评价；负责组织公司标准化列检检查验收工作</td></tr>
<tr><td colspan="4">负责组织制定技术交接作业场的作业标准及责任范围；负责组织分公司与各用车单位签订技术交接协议</td></tr>
<tr><td colspan="4">负责督导运用作业场的作业、技术、质量管理；负责对运用事故、辆故进行技术作业调查</td></tr>
<tr><td colspan="2">工作记录文档</td><td colspan="4">运用工作管理细则、列检作业量统计分析表、列检标准化建设评价方案、铁路货车技术管理信息系统等有关数据</td></tr>
<tr><td>指标类别</td><td>考核指标</td><td>考核内容</td><td>考核标准</td><td>信息来源</td><td>考核周期</td></tr>
<tr><td rowspan="3">岗位职责指标</td><td>劳动安全（10分）</td><td>劳动安全“三违”问题</td><td>红线问题每发生1件，扣3分；A类问题超过1件，每件扣2分；B类问题超过2件，每件扣1分。劳动安全“三违”问题，除进行关键岗位绩效考核外，并按照安全相关规定执行</td><td rowspan="2">铁路装备公司《安全检查问题和隐患整改记录》</td><td rowspan="3">月度</td></tr>
<tr><td>劳动纪律（10分）</td><td>遵守劳动纪律，不迟到、不早退、不旷工等，工作时间不做与本岗位无关的工作</td><td>迟到、早退每次扣0.5分；旷工每次扣2分；因迟到、早退、旷工等延误生产进度每次扣3分；因迟到、早退、旷工等影响生产，造成停工或造成重大损失等扣5分。违反劳动纪律，除进行关键岗位绩效考核外，并按照相关规定执行</td></tr>
<tr><td>专业技术能力（10分）</td><td>掌握本岗位专业技术知识，能够按照规定的时间要求完成任务或提前完成任务，在数量、质量上符合规定的标准</td><td>未及时完成或解决问题不彻底，视情形扣1—5分</td><td>工作计划、工作总结材料</td></tr>
</table>

续表

指标类别	考核指标	考核内容	考核标准	信息来源	考核周期
岗位职责指标	执行能力（20分）	准确理解上级要求并迅速行动，遇困难时能积极协调资源，克服困难，高效地完成各项任务	个人执行力方面，对上级要求理解不准确、不主动沟通，执行缓慢甚至故意拖延，扣2分；不能够快速高效行动，主动协调资源，及时处理解决问题，扣1分	工作计划、工作总结材料	月度
	运用技术管理（25分）	根据相关政策法规和行业规定，编制运用工作管理细则、运用工作总体规划	编制运用工作管理细则不严谨，列检优化方案不符合实际，导致发生行车安全质量问题，视情形扣1—5分	运用工作管理细则、列检优化方案	
	临修车管理（25分）	对集团下达的临修率指标进行管控，核定分公司临修率指标，并逐月兑现考核	未对临修率指标进行管控，每下降1%扣0.5分	临修车分析报告	
非权重指标（含否决条件）	奖励指标	临时性工作绩效考核（领导临时交办的突发性工作）	1. 在规定的时间之前完成任务，完成任务的数量、质量明显超出规定的标准，对部门业绩推动有突出的贡献，加2分。 2. 在规定的时间内提前完成任务，在数量、质量上符合规定的标准，对部门业绩推动有明显的贡献，加1分	工作记录表单	
备注					

YS-ZB-008

生产技术部5T技术主管

岗位名称	5T技术主管	所在部门	生产技术部
职位职级序列	管理序列		
直接上级	生产技术部经理、副经理		
直接下级	——		
岗位职责	根据公司检修运用规范，组织实施范围内的货车5T运用管理工作		
	根据货车列检、检修、安全管理以及5T、爱车工作的实际，组织制定相关工作作业标准，管理标准和工作程序标准		
	根据集团公司发展规划的要求，提出货车列检、检修和5T发展建设规划，参与货车列检、检修、5T运用科研项目的开发、试验工作		
	负责5T报警信息处理及分析工作，定期统计、分析、上报5T运用各项报警信息及分析发生原因，加强对关键时间、关键岗位、关键环节的检查，掌握5T技术管理重点		
	根据生产需要，组织开展5T专项技术攻关和改造，制定翔实的活动安排		
工作记录文档	5T作业标准、报警信息及分析、调研报告等有关数据		

指标类别	考核指标	考核内容	考核标准	信息来源	考核周期
岗位职责指标	劳动安全（10分）	劳动安全“三违”问题	红线问题每发生1件，扣3分；A类问题超过1件，每件扣2分；B类问题超过2件，每件扣1分。劳动安全“三违”问题，除进行关键岗位绩效考核外，并按照安全相关规定执行	铁路装备公司《安全检查问题和隐患整改记录》	月度
	劳动纪律（10分）	遵守劳动纪律，不迟到、不早退、不旷工等，工作时间不做与本岗位无关的工作	迟到、早退每次扣0.5分；旷工每次扣2分；因迟到、早退、旷工等延误生产进度每次扣3分；因迟到、早退、旷工等影响生产，造成停工或造成重大损失等扣5分。违反劳动纪律，除进行关键岗位绩效考核外，并按照相关规定执行		
	专业技术能力（10分）	掌握本岗位专业技术知识，能够按照规定的时间要求完成任务或提前完成任务，在数量、质量上符合规定的标准	未及时完成或解决问题不彻底，视情形扣1—5分	工作计划、工作总结材料	
	执行能力（20分）	准确理解上级要求并迅速行动，遇困难时能积极协调资源，克服困难，高效地完成各项任务	个人执行力方面，对上级要求理解不准确、不主动沟通，执行缓慢甚至故意拖延，扣2分；不能够快速高效行动，主动协调资源，及时处理解决问题，扣1分		

续表

指标类别	考核指标	考核内容	考核标准	信息来源	考核周期
岗位职责指标	5T 作业标准管理（25 分）	制定作业标准、管理标准和工作程序标准	未制定、更新岗位作业标准、管理标准和工作程序标准，视情形扣 1—5 分	作业标准、管理标准和工作程序标准	月度
	5T 报警信息处理（25 分）	定期统计、分析、上报 5T 运用各项报警信息及分析发生原因	未及时分析 5T 预警信息，下达故障车辆的扣修车计划，视情形扣 1—5 分	5T 预警信息、扣修车计划	
非权重指标（含否决条件）	奖励指标	临时性工作绩效考核（领导临时交办的突发性工作）	1. 在规定的时间之前完成任务，完成任务的数量、质量明显超出规定的标准，对部门业绩推动有突出的贡献，加 2 分。 2. 在规定的时间内提前完成任务，在数量、质量上符合规定的标准，对部门业绩推动有明显的贡献，加 1 分	工作记录表单	
备注					

YS-ZB-009

生产技术部轨道维护技术主管

<table>
<tr><td>岗位名称</td><td>轨道维护技术主管</td><td>所在部门</td><td>生产技术部</td></tr>
<tr><td>职位职级序列</td><td colspan="3">管理序列</td></tr>
<tr><td>直接上级</td><td colspan="3">生产技术部经理、副经理</td></tr>
<tr><td>直接下级</td><td colspan="3">——</td></tr>
<tr><td rowspan="5">岗位职责</td><td colspan="3">负责制定轨道维护相关技术标准和技术文件，监督检查技术标准的执行情况</td></tr>
<tr><td colspan="3">负责新技术、新工艺、新设备的推广应用，参与轨道维护新技术、新工艺等科技创新项目的实施</td></tr>
<tr><td colspan="3">负责制定公司轨道维护设计相关管理制度办法，检查监督设计指导，维修执行情况</td></tr>
<tr><td colspan="3">收集上级及外部技术类文件，通过规定流程进行转发执行，制定相应技术政策并组织贯彻执行</td></tr>
<tr><td colspan="3">组织开展专项技术攻关和改造，制定翔实的活动安排，编写专项活动工作报告，包括成果、问题汇总、整改措施等内容</td></tr>
<tr><td>工作记录文档</td><td colspan="3">技术文件、工作台账、月报及报表等</td></tr>
</table>

<table>
<tr><th>指标类别</th><th>考核指标</th><th>考核内容</th><th>考核标准</th><th>信息来源</th><th>考核周期</th></tr>
<tr><td rowspan="4">岗位职责指标</td><td>劳动安全（10分）</td><td>劳动安全“三违”问题</td><td>红线问题每发生1件，扣3分；A类问题超过1件，每件扣2分；B类问题超过2件，每件扣1分。劳动安全“三违”问题，除进行关键岗位绩效考核外，并按照安全相关规定执行</td><td rowspan="2">铁路装备公司《安全检查问题和隐患整改记录》</td><td rowspan="4">月度</td></tr>
<tr><td>劳动纪律（10分）</td><td>遵守劳动纪律，不迟到、不早退、不旷工等，工作时间不做与本岗位无关的工作</td><td>迟到、早退每次扣0.5分；旷工每次扣2分；因迟到、早退、旷工等延误生产进度每次扣3分；因迟到、早退、旷工等影响生产，造成停工或造成重大损失等扣5分。违反劳动纪律，除进行关键岗位绩效考核外，并按照相关规定执行</td></tr>
<tr><td>专业技术能力（10分）</td><td>掌握本岗位专业技术知识，能够按照规定的时间要求完成任务或提前完成任务，在数量、质量上符合规定的标准</td><td>未及时完成或解决问题不彻底，视情形扣1—5分</td><td rowspan="2">工作计划、工作总结材料</td></tr>
<tr><td>执行能力（20分）</td><td>准确理解上级要求并迅速行动，遇困难时能积极协调资源，克服困难，高效地完成各项任务</td><td>个人执行力方面，对上级要求理解不准确、不主动沟通，执行缓慢甚至故意拖延，扣2分；不能够快速高效行动，主动协调资源，及时处理解决问题，扣1分</td></tr>
</table>

续表

指标类别	考核指标	考核内容	考核标准	信息来源	考核周期
岗位职责指标	轨道维护技术管理（25 分）	制定轨道维护相关技术标准和技术文件	制度办法、技术标准制定不合理，导致发生安全生产及作业质量问题，视情形扣 1—5 分	制度办法、技术文件等	月度
	轨道维护设计管理（25 分）	审定轨道维护设计方案	设计方案审核不严格，导致线路维修安全问题，视情形扣 1—5 分	设计方案	
非权重指标（含否决条件）	奖励指标	临时性工作绩效考核（领导临时交办的突发性工作）	1. 在规定的时间之前完成任务，完成任务的数量、质量明显超出规定的标准，对部门业绩推动有突出的贡献，加 2 分。 2. 在规定的时间内提前完成任务，在数量、质量上符合规定的标准，对部门业绩推动有明显的贡献，加 1 分	工作记录表单	
备注					

YS-ZB-010

设备工程部设备主管

<table>
<tr><td>岗位名称</td><td colspan="2">设备主管</td><td colspan="2">所在部门</td><td>设备工程部</td></tr>
<tr><td>职位职级序列</td><td colspan="5">管理序列</td></tr>
<tr><td>直接上级</td><td colspan="5">设备工程部经理</td></tr>
<tr><td>直接下级</td><td colspan="5">——</td></tr>
<tr><td rowspan="5">岗位职责</td><td colspan="5">负责公司生产设备管理相关制度、流程、标准制定工作</td></tr>
<tr><td colspan="5">负责设备基础管理工作，设备月度管理报表统计工作，定期对设备各项数据进行统计、分析，掌握公司设备情况</td></tr>
<tr><td colspan="5">负责公司生产设备选型、新购工作，对公司生产设备新购工作进行全过程管理，管控项目实施安全、质量和进度</td></tr>
<tr><td colspan="5">负责公司生产设备大项修（含新维修模式）、日常维保、技术改造工作</td></tr>
<tr><td colspan="5">负责设备验收、检查、培训、考核工作，对公司新购设备和技术升级改造设备安装调试情况进行验收，对设备实际生产应用情况进行验收</td></tr>
<tr><td>工作记录文档</td><td colspan="5">设备台账、工作台账、月报及报表等</td></tr>
</table>

<table>
<tr><th>指标类别</th><th>考核指标</th><th>考核内容</th><th>考核标准</th><th>信息来源</th><th>考核周期</th></tr>
<tr><td rowspan="4">岗位职责指标</td><td>劳动安全（10分）</td><td>劳动安全“三违”问题</td><td>红线问题每发生1件，扣3分；A类问题超过1件，每件扣2分；B类问题超过2件，每件扣1分。劳动安全“三违”问题，除进行关键岗位绩效考核外，并按照安全相关规定执行</td><td rowspan="2">铁路装备公司《安全检查问题和隐患整改记录》</td><td rowspan="4">月度</td></tr>
<tr><td>劳动纪律（10分）</td><td>遵守劳动纪律，不迟到、不早退、不旷工等，工作时间不做与本岗位无关的工作</td><td>迟到、早退每次扣0.5分；旷工每次扣2分；因迟到、早退、旷工等延误生产进度每次扣3分；因迟到、早退、旷工等影响生产，造成停工或造成重大损失等扣5分。违反劳动纪律，除进行关键岗位绩效考核外，并按照相关规定执行</td></tr>
<tr><td>专业技术能力（10分）</td><td>掌握本岗位专业技术知识，能够按照规定的时间要求完成任务或提前完成任务，在数量、质量上符合规定的标准</td><td>未及时完成或解决问题不彻底，视情形扣1—5分</td><td rowspan="2">工作计划、工作总结材料</td></tr>
<tr><td>执行能力（20分）</td><td>准确理解上级要求并迅速行动，遇困难时能积极协调资源，克服困难，高效地完成各项任务</td><td>个人执行力方面，对上级要求理解不准确、不主动沟通，执行缓慢甚至故意拖延，扣2分；不能够快速高效行动，主动协调资源，及时处理解决问题，扣1分</td></tr>
</table>

续表

指标类别	考核指标	考核内容	考核标准	信息来源	考核周期
岗位职责指标	设备基础管理（25分）	对设备各项数据进行统计、分析，掌握公司设备情况	未按要求建立设备管理台账，视情形扣1—5分	设备管理台账	月度
	设备维修管理（25分）	对生产设备大项修、维保、技术改造项目方案进行采购、评审	审核不严格，导致变更调整方案，投资增加，视情形扣1—5分	设计方案	
非权重指标（含否决条件）	奖励指标	临时性工作绩效考核（领导临时交办的突发性工作）	1. 在规定的时间之前完成任务，完成任务的数量、质量明显超出规定的标准，对部门业绩推动有突出的贡献，加2分。 2. 在规定的时间内提前完成任务，在数量、质量上符合规定的标准，对部门业绩推动有明显的贡献，加1分	工作记录表单	
备注					

YS-ZB-011

设备工程部工程主管

<table>
<tr><td>岗位名称</td><td>工程主管</td><td>所在部门</td><td>设备工程部</td></tr>
<tr><td>职位职级序列</td><td colspan="3">管理序列</td></tr>
<tr><td>直接上级</td><td colspan="3">设备工程部经理</td></tr>
<tr><td>直接下级</td><td colspan="3">——</td></tr>
<tr><td rowspan="5">岗位职责</td><td colspan="3">负责对工程采购、设计、施工、竣工验收、档案管理、工程审计相关管理办法及标准进行制定和修订</td></tr>
<tr><td colspan="3">负责公司工程项目勘察设计、工程施工及施工监理等采购工作</td></tr>
<tr><td colspan="3">组织编制工程项目《可行性研究报》《初步设计文件》《施工图》进行初步审查工作</td></tr>
<tr><td colspan="3">组织工程项目施工技术交底会，指导施工组织方案，监督检查工程项目安全、质量、进度管理执行情况</td></tr>
<tr><td colspan="3">组织设计、监理、施工单位及相关部门进行工程项目现场检查及工程档案检查工作，提出竣工验收整改意见，组织分公司进行工程款结算事宜</td></tr>
<tr><td>工作记录文档</td><td colspan="3">工程类台账、工程合同、工作台账、月报及报表等</td></tr>
</table>

<table>
<tr><th>指标类别</th><th>考核指标</th><th>考核内容</th><th>考核标准</th><th>信息来源</th><th>考核周期</th></tr>
<tr><td rowspan="4">岗位职责指标</td><td>劳动安全（10分）</td><td>劳动安全“三违”问题</td><td>红线问题每发生1件，扣3分；A类问题超过1件，每件扣2分；B类问题超过2件，每件扣1分。劳动安全“三违”问题，除进行关键岗位绩效考核外，并按照安全相关规定执行</td><td rowspan="2">铁路装备公司《安全检查问题和隐患整改记录》</td><td rowspan="4">月度</td></tr>
<tr><td>劳动纪律（10分）</td><td>遵守劳动纪律，不迟到、不早退、不旷工等，工作时间不做与本岗位无关的工作</td><td>迟到、早退每次扣0.5分；旷工每次扣2分；因迟到、早退、旷工等延误生产进度每次扣3分；因迟到、早退、旷工等影响生产，造成停工或造成重大损失等扣5分。违反劳动纪律，除进行关键岗位绩效考核外，并按照相关规定执行</td></tr>
<tr><td>专业技术能力（10分）</td><td>掌握本岗位专业技术知识，能够按照规定的时间要求完成任务或提前完成任务，在数量、质量上符合规定的标准</td><td>未及时完成或解决问题不彻底，视情形扣1—5分</td><td rowspan="2">工作计划、工作总结材料</td></tr>
<tr><td>执行能力（20分）</td><td>准确理解上级要求并迅速行动，遇困难时能积极协调资源，克服困难，高效地完成各项任务</td><td>个人执行力方面，对上级要求理解不准确、不主动沟通，执行缓慢甚至故意拖延，扣2分；不能够快速高效行动，主动协调资源，及时处理解决问题，扣1分</td></tr>
</table>

续表

<table>
<tr><th>指标类别</th><th>考核指标</th><th>考核内容</th><th>考核标准</th><th>信息来源</th><th>考核周期</th></tr>
<tr><td rowspan="2">岗位职责指标</td><td>工程项目管理（25 分）</td><td>组织公司工程项目设计的编制、评审工作</td><td>缺乏工程概预算审核，导致工程投资控制超出预算，视情形扣 1—5 分</td><td>工程管理台账</td><td rowspan="3">月度</td></tr>
<tr><td>工程档案管理（25 分）</td><td>按照工程项目竣工验收后规定的时间完成档案收集整理工作</td><td>由于个人保管不善，造成资料丢失，视情形扣 1—5 分</td><td>项目档案</td></tr>
<tr><td>非权重指标（含否决条件）</td><td>奖励指标</td><td>临时性工作绩效考核（领导临时交办的突发性工作）</td><td>1. 在规定的时间之前完成任务，完成任务的数量、质量明显超出规定的标准，对部门业绩推动有突出的贡献，加 2 分。
2. 在规定的时间内提前完成任务，在数量、质量上符合规定的标准，对部门业绩推动有明显的贡献，加 1 分</td><td>工作记录表单</td></tr>
<tr><td>备注</td><td colspan="5"></td></tr>
</table>

YS-ZB-012

调度部（5T 监控中心）生产调度主管

<table>
<tr><th>岗位名称</th><td colspan="2">生产调度主管</td><th colspan="2">所在部门</th><td>调度部（5T 监控中心）</td></tr>
<tr><td>职位职级序列</td><td colspan="5">管理序列</td></tr>
<tr><td>直接上级</td><td colspan="5">调度部（5T 监控中心）经理、副经理</td></tr>
<tr><td>直接下级</td><td colspan="5">——</td></tr>
<tr><td rowspan="5">岗位职责</td><td colspan="5">负责将故障车辆信息通报给相关部门单位，保障公司车辆运行质量安全</td></tr>
<tr><td colspan="5">掌握各分公司检修生产进度，优化生产组织，配合相关部门合理组织调配各分公司生产任务</td></tr>
<tr><td colspan="5">负责上传下达调度命令，根据集团运输生产需求，及时调配、组织车源</td></tr>
<tr><td colspan="5">组织参加每日公司调度交接班会，做好每日重点工作、存在问题等分析，督促调度员做好交接班衔接，落实好公司领导各项指示和要求</td></tr>
<tr><td colspan="5">负责统计各类基础生产信息，掌握自备车管内外运输情况，监控车辆检修完成情况</td></tr>
<tr><td>工作记录文档</td><td colspan="5">调度集中平台系统、调度命令、调度日志台账、月报及报表等</td></tr>
</table>

<table>
<tr><th>指标类别</th><th>考核指标</th><th>考核内容</th><th>考核标准</th><th>信息来源</th><th>考核周期</th></tr>
<tr><td rowspan="4">岗位职责指标</td><td>劳动安全（10 分）</td><td>劳动安全“三违”问题</td><td>红线问题每发生 1 件，扣 3 分；A 类问题超过 1 件，每件扣 2 分；B 类问题超过 2 件，每件扣 1 分。劳动安全“三违”问题，除进行关键岗位绩效考核外，并按照安全相关规定执行</td><td rowspan="2">铁路装备公司《安全检查问题和隐患整改记录》</td><td rowspan="4">月度</td></tr>
<tr><td>劳动纪律（10 分）</td><td>遵守劳动纪律，不迟到、不早退、不旷工等，工作时间不做与本岗位无关的工作</td><td>迟到、早退每次扣 0.5 分；旷工每次扣 2 分；因迟到、早退、旷工等延误生产进度每次扣 3 分；因迟到、早退、旷工等影响生产，造成停工或造成重大损失等扣 5 分。违反劳动纪律，除进行关键岗位绩效考核外，并按照相关规定执行</td></tr>
<tr><td>专业技术能力（10 分）</td><td>掌握本岗位专业技术知识，能够按照规定的时间要求完成任务或提前完成任务，在数量、质量上符合规定的标准</td><td>未及时完成或解决问题不彻底，视情形扣 1—5 分</td><td rowspan="2">工作计划、工作总结材料</td></tr>
<tr><td>执行能力（20 分）</td><td>准确理解上级要求并迅速行动，遇困难时能积极协调资源，克服困难，高效地完成各项任务</td><td>个人执行力方面，对上级要求理解不准确、不主动沟通，执行缓慢甚至故意拖延，扣 2 分；不能够快速高效行动，主动协调资源，及时处理解决问题，扣 1 分</td></tr>
</table>

续表

指标类别	考核指标	考核内容	考核标准	信息来源	考核周期
岗位职责指标	检修生产组织（25 分）	根据各分公司实际生产能力及生产进度及时调配车源，合理组织生产	对各维修分公司生产所需车源调配不力，影响正常生产组织，视情形扣 1—5 分	调度集中平台系统	月度
	运用故障车辆处理（25 分）	组织协调车辆回送，跟踪、监督故障车辆处理情况	未及时跟踪故障车辆处理情况，延误车辆处理时间，视情形扣 1—5 分		
非权重指标（含否决条件）	奖励指标	临时性工作绩效考核（领导临时交办的突发性工作）	1. 在规定的时间之前完成任务，完成任务的数量、质量明显超出规定的标准，对部门业绩推动有突出的贡献，加 2 分。 2. 在规定的时间内提前完成任务，在数量、质量上符合规定的标准，对部门业绩推动有明显的贡献，加 1 分	工作记录表单	
备注					

YS-ZB-013

调度部（5T 监控中心）5T 运用主管

<table>
<tr><td>岗位名称</td><td colspan="2">5T 运用主管</td><td>所在部门</td><td colspan="2">调度部（5T 监控中心）</td></tr>
<tr><td>职位职级序列</td><td colspan="5">管理序列</td></tr>
<tr><td>直接上级</td><td colspan="5">调度部（5T 监控中心）经理、副经理</td></tr>
<tr><td>直接下级</td><td colspan="5">——</td></tr>
<tr><td rowspan="5">岗位职责</td><td colspan="5">负责公司 5T 运用技术管理，传达、转化并组织落实行业、集团、公司的 5T 运用标准、作业标准等</td></tr>
<tr><td colspan="5">参加与 5T 有关一般以上事故的分析，组织 5T 行车设备故障的调查、分析、处理，查明原因、定性、定责</td></tr>
<tr><td colspan="5">负责 5T 监控分析管理工作，组织落实 5T 预警故障的闭环管理</td></tr>
<tr><td colspan="5">负责 5T 联网应用管理，参与公司 5T 发展、5T 联网应用平台规划</td></tr>
<tr><td colspan="5">负责组织 5T 监控分析人员技术培训及技术资格证的考核与颁发</td></tr>
<tr><td>工作记录文档</td><td colspan="5">调度集中平台系统、调度命令、调度日志台账、月报及报表等</td></tr>
<tr><td>指标类别</td><td>考核指标</td><td>考核内容</td><td>考核标准</td><td>信息来源</td><td>考核周期</td></tr>
<tr><td rowspan="4">岗位职责指标</td><td>劳动安全（10 分）</td><td>劳动安全“三违”问题</td><td>红线问题每发生 1 件，扣 3 分；A 类问题超过 1 件，每件扣 2 分；B 类问题超过 2 件，每件扣 1 分。劳动安全“三违”问题，除进行关键岗位绩效考核外，并按照安全相关规定执行</td><td rowspan="2">铁路装备公司《安全检查问题和隐患整改记录》</td><td rowspan="4">月度</td></tr>
<tr><td>劳动纪律（10 分）</td><td>遵守劳动纪律，不迟到、不早退、不旷工等，工作时间不做与本岗位无关的工作</td><td>迟到、早退每次扣 0.5 分；旷工每次扣 2 分；因迟到、早退、旷工等延误生产进度每次扣 3 分；因迟到、早退、旷工等影响生产，造成停工或造成重大损失等扣 5 分。违反劳动纪律，除进行关键岗位绩效考核外，并按照相关规定执行</td></tr>
<tr><td>专业技术能力（10 分）</td><td>掌握本岗位专业技术知识，能够按照规定的时间要求完成任务或提前完成任务，在数量、质量上符合规定的标准</td><td>未及时完成或解决问题不彻底，视情形扣 1—5 分</td><td rowspan="2">工作计划、工作总结材料</td></tr>
<tr><td>执行能力（20 分）</td><td>准确理解上级要求并迅速行动，遇困难时能积极协调资源，克服困难，高效地完成各项任务</td><td>个人执行力方面，对上级要求理解不准确、不主动沟通，执行缓慢甚至故意拖延，扣 2 分；不能够快速高效行动，主动协调资源，及时处理解决问题，扣 1 分</td></tr>
</table>

续表

指标类别	考核指标	考核内容	考核标准	信息来源	考核周期
岗位职责指标	5T 运用技术管理（25 分）	组织 5T 行车设备故障的调查、分析、处理	5T 行车设备故障的调查、分析、处理不到位，视情形扣 1—5 分	调度集中平台系统	月度
	5T 技术资格管理（25 分）	办理 5T 监控分析人员技术资格证的考核与颁发	未及时进行考核，造成监控分析人员无证上岗或无故延期，视情形扣 1—5 分	技术培训资料等	
非权重指标（含否决条件）	奖励指标	临时性工作绩效考核（领导临时交办的突发性工作）	1. 在规定的时间之前完成任务，完成任务的数量、质量明显超出规定的标准，对部门业绩推动有突出的贡献，加 2 分。 2. 在规定的时间内提前完成任务，在数量、质量上符合规定的标准，对部门业绩推动有明显的贡献，加 1 分	工作记录表单	
备注					

YS-ZB-014

调度部（5T 监控中心）5T 设备主管

岗位名称	5T 设备主管	所在部门	调度部（5T 监控中心）
职位职级序列	管理序列		
直接上级	调度部（5T 监控中心）经理、副经理		
直接下级	——		
岗位职责	负责公司 5T 设备技术管理工作，建立公司 5T 设备技术台账，指导维修分公司建立 5T 设备技术档案、设备履历簿和设备台账		
	负责 5T 设备选型工作，参加新建、改建、扩建 5T 项目前期调研、设计审查和运用验收		
	建立 5T 设备运行、检测、故障处理的考核机制；统计分析设备故障停机原因、检修、恢复情况，停机上报、备案情况；开展设备无故障运行考核活动		
	负责 5T 动态检测车技术管理，组织动态检测车定期开展 5T 设备动态检测，出具动态检测报告，评定设备质量		
	负责设备厂家设备质量及售后服务管理及评价工作，促进设备厂家提高技术支持力度和服务质量		
工作记录文档	5T 设备技术台账、5T 设备技术档案、调度日志台账、月报及报表等		

<table>
<tr><th>指标类别</th><th>考核指标</th><th>考核内容</th><th>考核标准</th><th>信息来源</th><th>考核周期</th></tr>
<tr><td rowspan="4">岗位职责指标</td><td>劳动安全（10 分）</td><td>劳动安全“三违”问题</td><td>红线问题每发生 1 件，扣 3 分；A 类问题超过 1 件，每件扣 2 分；B 类问题超过 2 件，每件扣 1 分。劳动安全“三违”问题，除进行关键岗位绩效考核外，并按照安全相关规定执行</td><td rowspan="2">铁路装备公司《安全检查问题和隐患整改记录》</td><td rowspan="4">月度</td></tr>
<tr><td>劳动纪律（10 分）</td><td>遵守劳动纪律，不迟到、不早退、不旷工等，工作时间不做与本岗位无关的工作</td><td>迟到、早退每次扣 0.5 分；旷工每次扣 2 分；因迟到、早退、旷工等延误生产进度每次扣 3 分；因迟到、早退、旷工等影响生产，造成停工或造成重大损失等扣 5 分。违反劳动纪律，除进行关键岗位绩效考核外，并按照相关规定执行</td></tr>
<tr><td>专业技术能力（10 分）</td><td>掌握本岗位专业技术知识，能够按照规定的时间要求完成任务或提前完成任务，在数量、质量上符合规定的标准</td><td>未及时完成或解决问题不彻底，视情形扣 1—5 分</td><td rowspan="2">工作计划、工作总结材料</td></tr>
<tr><td>执行能力（20 分）</td><td>准确理解上级要求并迅速行动，遇困难时能积极协调资源，克服困难，高效地完成各项任务</td><td>个人执行力方面，对上级要求理解不准确、不主动沟通，执行缓慢甚至故意拖延，扣 2 分；不能够快速高效行动，主动协调资源，及时处理解决问题，扣 1 分</td></tr>
</table>

续表

指标类别	考核指标	考核内容	考核标准	信息来源	考核周期
岗位职责指标	5T 设备运维管理（25 分）	按计划进行设备的定期巡检、检修工作	未按时组织、开展 5T 设备的定期巡检、检修工作，导致设备出现故障，视情形扣 1—5 分	5T 设备技术台账	月度
	5T 网络平台管理（25 分）	5T 网络平台的日常运营情况管理	5T 网络平台的日常运营情况监管不力，导致设备及网络平台失常，影响运营，视情形扣 1—5 分	5T 网络平台	
非权重指标（含否决条件）	奖励指标	临时性工作绩效考核（领导临时交办的突发性工作）	1. 在规定的时间之前完成任务，完成任务的数量、质量明显超出规定的标准，对部门业绩推动有突出的贡献，加 2 分。 2. 在规定的时间内提前完成任务，在数量、质量上符合规定的标准，对部门业绩推动有明显的贡献，加 1 分	工作记录表单	
备注					

YS-ZB-015

调度部（5T监控中心）调度员

岗位名称	调度员	所在部门	调度部（5T监控中心）
职位职级序列	专业技术序列		
直接上级	调度部（5T监控中心）经理、副经理		
直接下级	——		
岗位职责	根据集团运输组织要求，及时转化并下发集团的调度指令，及时发布公司的调度指令		
	详细掌握分公司的检修计划及生产进度等情况，督促兑现日检修计划		
	应用调度集中平台检修车全过程管理系统，实时更新检修车（定检和临修）扣车至修竣移交全过程中的车辆检修状态		
	掌握机车检修进度，协调集团及有关铁路公司组织机车出入段及回送工作		
	对国铁或其他单位扣修车实时掌握，合理组织分界口扣车		
工作记录文档	调度命令、调度集中平台系统、调度日志台账、月报及报表等		

指标类别	考核指标	考核内容	考核标准	信息来源	考核周期
岗位职责指标	劳动安全（10分）	劳动安全“三违”问题	红线问题每发生1件，扣3分；A类问题超过1件，每件扣2分；B类问题超过2件，每件扣1分。劳动安全“三违”问题，除进行关键岗位绩效考核外，并按照安全相关规定执行	铁路装备公司《安全检查问题和隐患整改记录》	月度
	劳动纪律（10分）	遵守劳动纪律，不迟到、不早退、不旷工等，工作时间不做与本岗位无关的工作	迟到、早退每次扣0.5分；旷工每次扣2分；因迟到、早退、旷工等延误生产进度每次扣3分；因迟到、早退、旷工等影响生产，造成停工或造成重大损失等扣5分。违反劳动纪律，除进行关键岗位绩效考核外，并按照相关规定执行		
	专业技术能力（10分）	掌握本岗位专业技术知识，能够按照规定的时间要求完成任务或提前完成任务，在数量、质量上符合规定的标准	未及时完成或解决问题不彻底，视情形扣1—5分	工作计划、工作总结材料	
	执行能力（20分）	准确理解上级要求并迅速行动，遇困难时能积极协调资源，克服困难，高效地完成各项任务	个人执行力方面，对上级要求理解不准确、不主动沟通，执行缓慢甚至故意拖延，扣2分；不能够快速高效行动，主动协调资源，及时处理解决问题，扣1分		
	调度指令管理（25分）	根据公司生产组织要求，及时发布公司的调度指令	未及时下发公司调度命令或传达错误，视情形扣1—5分	调度命令	

续表

指标类别	考核指标	考核内容	考核标准	信息来源	考核周期
岗位职责指标	车辆检修组织（25分）	掌握分公司的检修计划及生产进度等情况，督促兑现日检修计划	因车辆调度指挥组织工作不力，月度检修计划未完成，视情形扣1—5分	5T网络平台	月度
非权重指标（含否决条件）	奖励指标	临时性工作绩效考核（领导临时交办的突发性工作）	1. 在规定的时间之前完成任务，完成任务的数量、质量明显超出规定的标准，对部门业绩推动有突出的贡献，加2分。 2. 在规定的时间内提前完成任务，在数量、质量上符合规定的标准，对部门业绩推动有明显的贡献，加1分	工作记录表单	
备注					

YS-ZB-016

物流中心市场营销主管

岗位名称	市场营销主管	所在部门	物流中心
职位职级序列	管理序列		
直接上级	物流中心主任、副主任		
直接下级	——		
岗位职责	根据集团和公司大物流运输相关文件，负责中心大物流市场开发工作，制定物流相关程序并监督执行情况		
	监控车辆运力、运量分配、运输效益，随时关注卸车站卸车进度，避免出现重车积压，造成神华管内线路保留车加大影响运输组织		
	负责追踪市场运价，控制物流运营成本		
	负责向集团请批新承运物流货物开行通知单及新运价审批，报备年度、月度运输计划方案		
	负责客户关系管理，建立与大客户沟通协调机制，掌握大客户产销动态、市场信息，创新服务方式		
工作记录文档	工作台账、月度报表等		

指标类别	考核指标	考核内容	考核标准	信息来源	考核周期
岗位职责指标	劳动安全（10分）	劳动安全“三违”问题	红线问题每发生1件，扣3分；A类问题超过1件，每件扣2分；B类问题超过2件，每件扣1分。劳动安全“三违”问题，除进行关键岗位绩效考核外，并按照安全相关规定执行	铁路装备公司《安全检查问题和隐患整改记录》	月度
	劳动纪律（10分）	遵守劳动纪律，不迟到、不早退、不旷工等，工作时间不做与本岗位无关的工作	迟到、早退每次扣0.5分；旷工每次扣2分；因迟到、早退、旷工等延误生产进度每次扣3分；因迟到、早退、旷工等影响生产，造成停工或造成重大损失等扣5分。违反劳动纪律，除进行关键岗位绩效考核外，并按照相关规定执行		
	专业技术能力（10分）	掌握本岗位专业技术知识，能够按照规定的时间要求完成任务或提前完成任务，在数量、质量上符合规定的标准	未及时完成或解决问题不彻底，视情形扣1—5分	工作计划、工作总结材料	
	执行能力（20分）	准确理解上级要求并迅速行动，遇困难时能积极协调资源，克服困难，高效地完成各项任务	个人执行力方面，对上级要求理解不准确、不主动沟通，执行缓慢甚至故意拖延，扣2分；不能够快速高效行动，主动协调资源，及时处理解决问题，扣1分		

续表

指标类别	考核指标	考核内容	考核标准	信息来源	考核周期
岗位职责指标	物流组织管理（25分）	根据大物流装车计划有序备货，合理匹配车源	审核把关不严，造成运力与备货不符，视情形扣1—5分	装车计划	月度
	客户管理（25分）	建立客户管理机制，进行客户信息管理管理	未进行客户关系管理，人为造成客户丢失，视情形扣1—5分	客户信息	
非权重指标（含否决条件）	奖励指标	临时性工作绩效考核（领导临时交办的突发性工作）	1. 在规定的时间之前完成任务，完成任务的数量、质量明显超出规定的标准，对部门业绩推动有突出的贡献，加2分。 2. 在规定的时间内提前完成任务，在数量、质量上符合规定的标准，对部门业绩推动有明显的贡献，加1分	工作记录表单	
备注					

YS-ZB-017

质量验收中心体系主管

<table>
<tr><td>岗位名称</td><td colspan="2">体系主管</td><td>所在部门</td><td colspan="3">质量验收中心</td></tr>
<tr><td>职位职级序列</td><td colspan="6">管理序列</td></tr>
<tr><td>直接上级</td><td colspan="6">质量验收中心经理</td></tr>
<tr><td>直接下级</td><td colspan="6">——</td></tr>
<tr><td rowspan="5">岗位职责</td><td colspan="6">负责公司质量管理体系，编制质量管理各项文件</td></tr>
<tr><td colspan="6">负责公司质量管理体系执行，规范各项质量控制流程、各项质量管理制度</td></tr>
<tr><td colspan="6">负责质量管理体系的审核，对质量管理实施过程进行监督</td></tr>
<tr><td colspan="6">负责管理指导各分公司检修产品质量管理</td></tr>
<tr><td colspan="6">公司质量相关文件的归档整理，质量体系记录的收集和保存</td></tr>
<tr><td>工作记录文档</td><td colspan="6">质量体系台账、体系报告、统计分析报表等</td></tr>
<tr><td>指标类别</td><td>考核指标</td><td>考核内容</td><td colspan="2">考核标准</td><td>信息来源</td><td>考核周期</td></tr>
<tr><td rowspan="5">岗位职责指标</td><td>劳动安全（10分）</td><td>劳动安全“三违”问题</td><td colspan="2">红线问题每发生1件，扣3分；A类问题超过1件，每件扣2分；B类问题超过2件，每件扣1分。劳动安全“三违”问题，除进行关键岗位绩效考核外，并按照安全相关规定执行</td><td rowspan="2">铁路装备公司《安全检查问题和隐患整改记录》</td><td rowspan="5">月度</td></tr>
<tr><td>劳动纪律（10分）</td><td>遵守劳动纪律，不迟到、不早退、不旷工等，工作时间不做与本岗位无关的工作</td><td colspan="2">迟到、早退每次扣0.5分；旷工每次扣2分；因迟到、早退、旷工等延误生产进度每次扣3分；因迟到、早退、旷工等影响生产，造成停工或造成重大损失等扣5分。违反劳动纪律，除进行关键岗位绩效考核外，并按照相关规定执行</td></tr>
<tr><td>专业技术能力（10分）</td><td>掌握本岗位专业技术知识，能够按照规定的时间要求完成任务或提前完成任务，在数量、质量上符合规定的标准</td><td colspan="2">未及时完成或解决问题不彻底，视情形扣1—5分</td><td rowspan="2">工作计划、工作总结材料</td></tr>
<tr><td>执行能力（20分）</td><td>准确理解上级要求并迅速行动，遇困难时能积极协调资源，克服困难，高效地完成各项任务</td><td colspan="2">个人执行力方面，对上级要求理解不准确、不主动沟通，执行缓慢甚至故意拖延，扣2分；不能够快速高效行动，主动协调资源，及时处理解决问题，扣1分</td></tr>
<tr><td>质量体系建设（25分）</td><td>编制质量管理各项文件</td><td colspan="2">质量管理文件缺失，造成体系建设不完整，视情形扣1—5分</td><td>质量管理各项文件</td></tr>
</table>

续表

指标类别	考核指标	考核内容	考核标准	信息来源	考核周期
岗位职责指标	质量相关文件归档整理（25 分）	质量体系记录的收集和保存	未及时归档整理相关文件，视情形扣 1—5 分	文件、记录等	月度
非权重指标（含否决条件）	奖励指标	临时性工作绩效考核（领导临时交办的突发性工作）	1. 在规定的时间之前完成任务，完成任务的数量、质量明显超出规定的标准，对部门业绩推动有突出的贡献，加 2 分。 2. 在规定的时间内提前完成任务，在数量、质量上符合规定的标准，对部门业绩推动有明显的贡献，加 1 分	工作记录表单	
备注					

YS-ZB-018

质量验收中心车辆验收员

<table>
<tr><td>岗位名称</td><td colspan="3">车辆验收员</td><td>所在部门</td><td>质量验收中心</td></tr>
<tr><td>职位职级序列</td><td colspan="5">管理序列</td></tr>
<tr><td>直接上级</td><td colspan="5">质量验收中心经理</td></tr>
<tr><td>直接下级</td><td colspan="5">——</td></tr>
<tr><td rowspan="5">岗位职责</td><td colspan="5">负责车辆厂修、段修及大部件、物资配件质量监督相关管理工作</td></tr>
<tr><td colspan="5">负责公司车辆厂修、段修、大部件检修、物资配件的验收及质量相关的制度、标准、作业指导书等编制、更新和完善工作</td></tr>
<tr><td colspan="5">负责监督各分公司车辆厂修、段修、大部件检修、物资配件的质量</td></tr>
<tr><td colspan="5">对车辆厂修、段修检修月度、季度、年度整车一次交验合格率管理</td></tr>
<tr><td colspan="5">负责开展车辆厂修、段修质量对规、评审、分析等相关工作</td></tr>
<tr><td>工作记录文档</td><td colspan="5">检查记录台账、效验报告、统计分析报表等</td></tr>
</table>

<table>
<tr><th>指标类别</th><th>考核指标</th><th>考核内容</th><th>考核标准</th><th>信息来源</th><th>考核周期</th></tr>
<tr><td rowspan="5">岗位职责指标</td><td>劳动安全（10分）</td><td>劳动安全“三违”问题</td><td>红线问题每发生1件，扣3分；A类问题超过1件，每件扣2分；B类问题超过2件，每件扣1分。劳动安全“三违”问题，除进行关键岗位绩效考核外，并按照安全相关规定执行</td><td rowspan="2">铁路装备公司《安全检查问题和隐患整改记录》</td><td rowspan="5">月度</td></tr>
<tr><td>劳动纪律（10分）</td><td>遵守劳动纪律，不迟到、不早退、不旷工等，工作时间不做与本岗位无关的工作</td><td>迟到、早退每次扣0.5分；旷工每次扣2分；因迟到、早退、旷工等延误生产进度每次扣3分；因迟到、早退、旷工等影响生产，造成停工或造成重大损失等扣5分。违反劳动纪律，除进行关键岗位绩效考核外，并按照相关规定执行</td></tr>
<tr><td>专业技术能力（10分）</td><td>掌握本岗位专业技术知识，能够按照规定的时间要求完成任务或提前完成任务，在数量、质量上符合规定的标准</td><td>未及时完成或解决问题不彻底，视情形扣1—5分</td><td rowspan="2">工作计划、工作总结材料</td></tr>
<tr><td>执行能力（20分）</td><td>准确理解上级要求并迅速行动，遇困难时能积极协调资源，克服困难，高效地完成各项任务</td><td>个人执行力方面，对上级要求理解不准确、不主动沟通，执行缓慢甚至故意拖延，扣2分；不能够快速高效行动，主动协调资源，及时处理解决问题，扣1分</td></tr>
<tr><td>整车检修质量管理（25分）</td><td>按月统计整车落成一次交检合格率</td><td>一次交检合格率不低于98%，每低1%扣1分</td><td>质量、技术目标</td></tr>
</table>

续表

指标类别	考核指标	考核内容	考核标准	信息来源	考核周期
岗位职责指标	配件质量管理（25分）	修验收人员对最终的检修合格产品，验收合格后，方可交付使用	不合格品装车、使用，视情形扣1—5分	检查记录	月度
非权重指标（含否决条件）	奖励指标	临时性工作绩效考核（领导临时交办的突发性工作）	1. 在规定的时间之前完成任务，完成任务的数量、质量明显超出规定的标准，对部门业绩推动有突出的贡献，加2分。 2. 在规定的时间内提前完成任务，在数量、质量上符合规定的标准，对部门业绩推动有明显的贡献，加1分	工作记录表单	
备注					

YS-ZB-019

安全环保部安全监察主管

岗位名称	安全监察主管	所在部门	安全环保部
职位职级序列	管理序列		
直接上级	安全环保部经理、副经理		
直接下级	——		
岗位职责	建立、修订公司运用安全相关程序、制度和文件，编制、完善公司车辆起复救援、防洪等专项应急预案		
	负责车辆检修安全、机械动力设备检修安全、作业安全、人身安全、消防管理的监督检查工作		
	针对车辆、运用定检方面存在的安全问题，开展深入调查研究，对带有倾向性或较大事故隐患的安全问题提出解决办法和整改措施		
	负责车辆行车安全、行车设备安全、作业安全、人身安全的安全监督检查，监督、检查各类运用安全制度、规程执行情况，制止涉及人身、设备和系统安全的违章行为		
	组织开展运用对规、对标活动和作业标准落实情况的监督检查，参与春秋两季安全设备大检查，排查安全隐患、消除设备病害		
工作记录文档	专项应急预案、安全培训记录、安全检查通报等		

指标类别	考核指标	考核内容	考核标准	信息来源	考核周期
岗位职责指标	劳动安全（10分）	劳动安全“三违”问题	红线问题每发生1件，扣3分；A类问题超过1件，每件扣2分；B类问题超过2件，每件扣1分。劳动安全“三违”问题，除进行关键岗位绩效考核外，并按照安全相关规定执行	铁路装备公司《安全检查问题和隐患整改记录》	月度
	劳动纪律（10分）	遵守劳动纪律，不迟到、不早退、不旷工等，工作时间不做与本岗位无关的工作	迟到、早退每次扣0.5分；旷工每次扣2分；因迟到、早退、旷工等延误生产进度每次扣3分；因迟到、早退、旷工等影响生产，造成停工或造成重大损失等扣5分。违反劳动纪律，除进行关键岗位绩效考核外，并按照相关规定执行		
	专业技术能力（10分）	掌握本岗位专业技术知识，能够按照规定的时间要求完成任务或提前完成任务，在数量、质量上符合规定的标准	未及时完成或解决问题不彻底，视情形扣1—5分	工作计划、工作总结材料	
	执行能力（20分）	准确理解上级要求并迅速行动，遇困难时能积极协调资源，克服困难，高效地完成各项任务	个人执行力方面，对上级要求理解不准确、不主动沟通，执行缓慢甚至故意拖延，扣2分；不能够快速高效行动，主动协调资源，及时处理解决问题，扣1分		

续表

指标类别	考核指标	考核内容	考核标准	信息来源	考核周期
岗位职责指标	安全监督检查（25 分）	监督检查机车车辆行车安全、行车设备安全、作业安全、人身安全情况等	未按规定开展安全督导检查工作，导致公司安全管理规定与安全措施未落实，扣 1 分；检查过程中未制止“三违”行为扣 2 分	风险预控体系安全手册等	年度
	应急处置（25 分）	编制分公司专项应急预案，健全应急管理机制	迟报、谎报和瞒报事故扣 5 分，突发事件发生后处理不及时扣 2 分	专项应急预案	月度
非权重指标（含否决条件）	奖励指标	临时性工作绩效考核（领导临时交办的突发性工作）	1. 在规定的时间之前完成任务，完成任务的数量、质量明显超出规定的标准，对部门业绩推动有突出的贡献，加 2 分。 2. 在规定的时间内提前完成任务，在数量、质量上符合规定的标准，对部门业绩推动有明显的贡献，加 1 分	工作记录表单	
备注					

YS-ZB-020

生产技术部检修主管（机车）

<table>
<tr><td colspan="2">岗位名称</td><td>检修主管（机车）</td><td>所在部门</td><td colspan="3">生产技术部</td></tr>
<tr><td colspan="2">职位职级序列</td><td colspan="5">管理序列</td></tr>
<tr><td colspan="2">直接上级</td><td colspan="5">生产技术部经理、副经理</td></tr>
<tr><td colspan="2">直接下级</td><td colspan="5">——</td></tr>
<tr><td colspan="2" rowspan="6">岗位职责</td><td colspan="5">制定、完善机车检修工艺标准并组织监督检查执行情况，组织修订直流机车大中修、交流机车 C5 修和 C6 修工艺规程，并下达组织实施</td></tr>
<tr><td colspan="5">编制并下达机车检修年度、月度生产计划</td></tr>
<tr><td colspan="5">跟踪及监督机车检修每日生产进度，分析生产进度表，实时掌握生产情况</td></tr>
<tr><td colspan="5">定期或不定期检查机车检修质量，汇总、分析检查情况，及时解决检修过程中发现的质量问题，制定整改措施</td></tr>
<tr><td colspan="5">负责机车新车型及机车新修程办理工作，参与机车新车型检修相关调研工作及组织机车新修程资质办理工作</td></tr>
<tr><td colspan="5">定期收集机车维修重点工作、技术文件，并进行汇总</td></tr>
<tr><td colspan="2">工作记录文档</td><td colspan="5">工艺规程、作业指导书、年度 / 月度检修计划、年度 / 季度 / 月度机车检修情况分析等</td></tr>
<tr><td>指标类别</td><td>考核指标</td><td>考核内容</td><td>考核标准</td><td>信息来源</td><td>考核周期</td></tr>
<tr><td rowspan="4">岗位职责指标</td><td>劳动安全（10 分）</td><td>劳动安全“三违”问题</td><td>红线问题每发生 1 件，扣 3 分；A 类问题超过 1 件，每件扣 2 分；B 类问题超过 2 件，每件扣 1 分。劳动安全“三违”问题，除进行关键岗位绩效考核外，并按照安全相关规定执行</td><td rowspan="2">铁路装备公司《安全检查问题和隐患整改记录》</td><td rowspan="4">月度</td></tr>
<tr><td>劳动纪律（10 分）</td><td>遵守劳动纪律，不迟到、不早退、不旷工等，工作时间不做与本岗位无关的工作</td><td>迟到、早退每次扣 0.5 分；旷工每次扣 2 分；因迟到、早退、旷工等延误生产进度每次扣 3 分；因迟到、早退、旷工等影响生产，造成停工或造成重大损失等扣 5 分。违反劳动纪律，除进行关键岗位绩效考核外，并按照相关规定执行</td></tr>
<tr><td>专业技术能力（10 分）</td><td>掌握本岗位专业技术知识，能够按照规定的时间要求完成任务或提前完成任务，在数量、质量上符合规定的标准</td><td>未及时完成或解决问题不彻底，视情形扣 1—5 分</td><td rowspan="2">工作计划、工作总结材料</td></tr>
<tr><td>执行能力（20 分）</td><td>准确理解上级要求并迅速行动，遇困难时能积极协调资源，克服困难，高效地完成各项任务</td><td>个人执行力方面，对上级要求理解不准确、不主动沟通，执行缓慢甚至故意拖延，扣 2 分；不能够快速高效行动，主动协调资源，及时处理解决问题，扣 1 分</td></tr>
</table>

续表

指标类别	考核指标	考核内容	考核标准	信息来源	考核周期
岗位职责指标	机车检修计划管理（25 分）	根据分公司整体生产运营情况，落实分公司年度、月度、生产任务计划	组织不力，导致月度任务未完成，影响分公司整体生产任务安排，视情形扣 1—5 分	年度、月度生产任务计划	月度
	机车检修质量监督（25 分）	监督、检查机车检修生产质量并组织解决质量问题	未进行质量监督检查，导致检修质量下降，视情形扣 1—5 分	月度质量分析	
非权重指标（含否决条件）	奖励指标	临时性工作绩效考核（领导临时交办的突发性工作）	1. 在规定的时间之前完成任务，完成任务的数量、质量明显超出规定的标准，对部门业绩推动有突出的贡献，加 2 分。 2. 在规定的时间内提前完成任务，在数量、质量上符合规定的标准，对部门业绩推动有明显的贡献，加 1 分	工作记录表单	
备注					

YS-ZB-021

生产技术部检修主管（车辆）

岗位名称	检修主管（车辆）	所在部门	生产技术部
职位职级序列	管理序列		
直接上级	生产技术部经理、副经理		
直接下级	——		
岗位职责	负责分公司计划修、状态修各级修程的指导实施		
	制定、完善厂修、段修及状态修 Z2—Z4 修程的检修工艺标准，并组织实施		
	监督检查车辆检修工艺标准的执行情况，包括作业指导书更新、完善、人员培训、上岗资格、工艺落实情况等		
	负责标准化车间的建设管理工作，根据标准化车间评比办法对各相关车间进行标准化评定		
	负责车辆检修相关的其他工作，统计段修过期车情况并组织扣修，配合其他部门完成车辆段修配件试验、检查、对规等相关工作		
	组织检修规程、工艺的宣贯工作，及时组织现场有关人员进行相关培训，组织新车型、新技术的相关培训工作，做好技术推广		
工作记录文档	检修工艺标准、作业指导书、检查报告、质量分析报告、培训记录等		

指标类别	考核指标	考核内容	考核标准	信息来源	考核周期
岗位职责指标	劳动安全（10 分）	劳动安全“三违”问题	红线问题每发生 1 件，扣 3 分；A 类问题超过 1 件，每件扣 2 分；B 类问题超过 2 件，每件扣 1 分。劳动安全“三违”问题，除进行关键岗位绩效考核外，并按照安全相关规定执行	铁路装备公司《安全检查问题和隐患整改记录》	月度
	劳动纪律（10 分）	遵守劳动纪律，不迟到、不早退、不旷工等，工作时间不做与本岗位无关的工作	迟到、早退每次扣 0.5 分；旷工每次扣 2 分；因迟到、早退、旷工等延误生产进度每次扣 3 分；因迟到、早退、旷工等影响生产，造成停工或造成重大损失等扣 5 分。违反劳动纪律，除进行关键岗位绩效考核外，并按照相关规定执行		
	专业技术能力（20 分）	掌握本岗位专业技术知识，能够按照规定的时间要求完成任务或提前完成任务，在数量、质量上符合规定的标准	未及时完成或解决问题不彻底，视情形扣 1—5 分	工作计划、工作总结材料	
	执行能力（25 分）	准确理解上级要求并迅速行动，遇困难时能积极协调资源，克服困难，高效地完成各项任务	个人执行力方面，对上级要求理解不准确、不主动沟通，执行缓慢甚至故意拖延，扣 2 分；不能够快速高效行动，主动协调资源，及时处理解决问题，扣 1 分		

续表

指标类别	考核指标	考核内容	考核标准	信息来源	考核周期
岗位职责指标	检修工艺与技术管理（35分）	制定、完善厂修、段修及状态修Z2—Z4修程的检修工艺标准，及时更新作业指导书	检修工艺、指导书制定错误导致车辆检修质量无法满足使用要求，视情形扣1—5分	检修工艺标准、作业指导书	月度
非权重指标（含否决条件）	奖励指标	临时性工作绩效考核（领导临时交办的突发性工作）	1. 在规定的时间之前完成任务，完成任务的数量、质量明显超出规定的标准，对部门业绩推动有突出的贡献，加2分。 2. 在规定的时间内提前完成任务，在数量、质量上符合规定的标准，对部门业绩推动有明显的贡献，加1分	工作记录表单	
备注					

YS-ZB-022

生产技术部质量体系主管

岗位名称	质量体系主管	所在部门	生产技术部
职位职级序列	管理序列		
直接上级	生产技术部经理、副经理		
直接下级	——		
岗位职责	负责分公司质量管理体系，编制质量管理各项文件		
	负责分公司质量管理体系执行，规范各项质量控制流程、质量管理制度		
	负责质量管理体系的审核，对质量管理实施过程进行监督		
	负责管理指导各修程检修产品质量管理		
	负责分公司质量相关文件的归档整理，质量体系记录的收集和保存		
工作记录文档	质量体系台账、体系报告、统计分析报表等		

<table>
<tr><th>指标类别</th><th>考核指标</th><th>考核内容</th><th>考核标准</th><th>信息来源</th><th>考核周期</th></tr>
<tr><td rowspan="5">岗位职责指标</td><td>劳动安全（10 分）</td><td>劳动安全“三违”问题</td><td>红线问题每发生 1 件，扣 3 分；A 类问题超过 1 件，每件扣 2 分；B 类问题超过 2 件，每件扣 1 分。劳动安全“三违”问题，除进行关键岗位绩效考核外，并按照安全相关规定执行</td><td rowspan="2">铁路装备公司《安全检查问题和隐患整改记录》</td><td rowspan="5">月度</td></tr>
<tr><td>劳动纪律（10 分）</td><td>遵守劳动纪律，不迟到、不早退、不旷工等，工作时间不做与本岗位无关的工作</td><td>迟到、早退每次扣 0.5 分；旷工每次扣 2 分；因迟到、早退、旷工等延误生产进度每次扣 3 分；因迟到、早退、旷工等影响生产，造成停工或造成重大损失等扣 5 分。违反劳动纪律，除进行关键岗位绩效考核外，并按照相关规定执行</td></tr>
<tr><td>专业技术能力（10 分）</td><td>掌握本岗位专业技术知识，能够按照规定的时间要求完成任务或提前完成任务，在数量、质量上符合规定的标准</td><td>未及时完成或解决问题不彻底，视情形扣 1—5 分</td><td rowspan="2">工作计划、工作总结材料</td></tr>
<tr><td>执行能力（20 分）</td><td>准确理解上级要求并迅速行动，遇困难时能积极协调资源，克服困难，高效地完成各项任务</td><td>个人执行力方面，对上级要求理解不准确、不主动沟通，执行缓慢甚至故意拖延，扣 2 分；不能够快速高效行动，主动协调资源，及时处理解决问题，扣 1 分</td></tr>
<tr><td>质量体系建设（25 分）</td><td>编制质量管理各项文件</td><td>质量管理文件缺失，造成体系建设不完整，视情形扣 1—5 分</td><td>质量管理各项文件</td></tr>
</table>

续表

指标类别	考核指标	考核内容	考核标准	信息来源	考核周期
岗位职责指标	质量相关文件归档整理（25分）	质量体系记录的收集和保存	未及时归档整理相关文件，视情形扣1—5分	文件、记录等	月度
非权重指标（含否决条件）	奖励指标	临时性工作绩效考核（领导临时交办的突发性工作）	1. 在规定的时间之前完成任务，完成任务的数量、质量明显超出规定的标准，对部门业绩推动有突出的贡献，加2分。 2. 在规定的时间内提前完成任务，在数量、质量上符合规定的标准，对部门业绩推动有明显的贡献，加1分	工作记录表单	
备注					

YS-ZB-023

生产技术部科技信息化主管

<table>
<tr><th>岗位名称</th><td>科技信息化主管</td><th>所在部门</th><td>生产技术部</td></tr>
<tr><td>职位职级序列</td><td colspan="3">管理序列</td></tr>
<tr><td>直接上级</td><td colspan="3">生产技术部经理、副经理</td></tr>
<tr><td>直接下级</td><td colspan="3">——</td></tr>
<tr><td rowspan="5">岗位职责</td><td colspan="3">负责开展分公司、公司、集团科技创新项目的立项、实施、验收，科研成果的运用与推广等各项科研管理工作</td></tr>
<tr><td colspan="3">根据公司业务部门文件精神，建立健全分公司科技创新项目管理办法</td></tr>
<tr><td colspan="3">负责分公司信息化管理的具体工作，确保分公司信息化软硬件、网络系统稳定运行，信息安全符合管理要求，推动分公司信息化发展</td></tr>
<tr><td colspan="3">掌握生产工艺变化情况，根据生产工艺要求对相应系统进行升级</td></tr>
<tr><td colspan="3">组织分公司信息化安全运维工作，定期开展信息安全季度自查、年度互查和评价工作</td></tr>
<tr><td>工作记录文档</td><td colspan="3">质量体系台账、体系报告、统计分析报表等</td></tr>
</table>

<table>
<tr><th>指标类别</th><th>考核指标</th><th>考核内容</th><th>考核标准</th><th>信息来源</th><th>考核周期</th></tr>
<tr><td rowspan="4">岗位职责指标</td><td>劳动安全（10 分）</td><td>劳动安全“三违”问题</td><td>红线问题每发生 1 件，扣 3 分；A 类问题超过 1 件，每件扣 2 分；B 类问题超过 2 件，每件扣 1 分。劳动安全“三违”问题，除进行关键岗位绩效考核外，并按照安全相关规定执行</td><td rowspan="2">铁路装备公司《安全检查问题和隐患整改记录》</td><td rowspan="4">月度</td></tr>
<tr><td>劳动纪律（10 分）</td><td>遵守劳动纪律，不迟到、不早退、不旷工等，工作时间不做与本岗位无关的工作</td><td>迟到、早退每次扣 0.5 分；旷工每次扣 2 分；因迟到、早退、旷工等延误生产进度每次扣 3 分；因迟到、早退、旷工等影响生产，造成停工或造成重大损失等扣 5 分。违反劳动纪律，除进行关键岗位绩效考核外，并按照相关规定执行</td></tr>
<tr><td>专业技术能力（10 分）</td><td>掌握本岗位专业技术知识，能够按照规定的时间要求完成任务或提前完成任务，在数量、质量上符合规定的标准</td><td>未及时完成或解决问题不彻底，视情形扣 1—5 分</td><td rowspan="2">工作计划、工作总结材料</td></tr>
<tr><td>执行能力（20 分）</td><td>准确理解上级要求并迅速行动，遇困难时能积极协调资源，克服困难，高效地完成各项任务</td><td>个人执行力方面，对上级要求理解不准确、不主动沟通，执行缓慢甚至故意拖延，扣 2 分；不能够快速高效行动，主动协调资源，及时处理解决问题，扣 1 分</td></tr>
</table>

续表

指标类别	考核指标	考核内容	考核标准	信息来源	考核周期
岗位职责指标	项目立项及评审管理（25分）	审核申报的科技创新立项课题符合集团、公司的要求，组织开展项目招标工作	违反有关招投标管理规定扣3分，对项目的实施过程监督管理不力，导致延误验收时间扣责任人2分	项目招标合同、项目验收申请等	月度
	网络安全管理（25分）	定期开展信息安全检查	未定期开展信息安全检查，导致网络受攻击，出现重大泄密事件，视情形扣1—5分	应用系统及终端设备	
非权重指标（含否决条件）	奖励指标	临时性工作绩效考核（领导临时交办的突发性工作）	1. 在规定的时间之前完成任务，完成任务的数量、质量明显超出规定的标准，对部门业绩推动有突出的贡献，加2分。 2. 在规定的时间内提前完成任务，在数量、质量上符合规定的标准，对部门业绩推动有明显的贡献，加1分	工作记录表单	
备注					

YS-ZB-024

生产技术部设备主管

<table>
<tr><th>岗位名称</th><td>设备主管</td><th>所在部门</th><td>生产技术部</td></tr>
<tr><td>职位职级序列</td><td colspan="3">管理序列</td></tr>
<tr><td>直接上级</td><td colspan="3">生产技术部经理、副经理</td></tr>
<tr><td>直接下级</td><td colspan="3">——</td></tr>
<tr><td rowspan="5">岗位职责</td><td colspan="3">负责公司生产设备管理相关制度、流程、标准制定工作</td></tr>
<tr><td colspan="3">负责设备基础管理工作；负责设备月度管理报表统计工作，定期对设备各项数据进行统计、分析，掌握公司设备情况</td></tr>
<tr><td colspan="3">负责对分公司生产设备新购工作进行全过程管理，管控项目实施安全、质量和进度</td></tr>
<tr><td colspan="3">负责分公司生产设备大项修（含新维修模式）、日常维保、技术改造工作</td></tr>
<tr><td colspan="3">负责设备验收、检查、培训、考核工作，参与分公司新购设备和技术升级改造设备安装调试情况进行验收，对设备实际生产应用情况进行验收</td></tr>
<tr><td>工作记录文档</td><td colspan="3">设备台账、工作台账、月报及报表等</td></tr>
</table>

<table>
<tr><th>指标类别</th><th>考核指标</th><th>考核内容</th><th>考核标准</th><th>信息来源</th><th>考核周期</th></tr>
<tr><td rowspan="4">岗位职责指标</td><td>劳动安全（10分）</td><td>劳动安全“三违”问题</td><td>红线问题每发生1件，扣3分；A类问题超过1件，每件扣2分；B类问题超过2件，每件扣1分。劳动安全“三违”问题，除进行关键岗位绩效考核外，并按照安全相关规定执行</td><td rowspan="2">铁路装备公司《安全检查问题和隐患整改记录》</td><td rowspan="4">月度</td></tr>
<tr><td>劳动纪律（10分）</td><td>遵守劳动纪律，不迟到、不早退、不旷工等，工作时间不做与本岗位无关的工作</td><td>迟到、早退每次扣0.5分；旷工每次扣2分；因迟到、早退、旷工等延误生产进度每次扣3分；因迟到、早退、旷工等影响生产，造成停工或造成重大损失等扣5分。违反劳动纪律，除进行关键岗位绩效考核外，并按照相关规定执行</td></tr>
<tr><td>专业技术能力（10分）</td><td>掌握本岗位专业技术知识，能够按照规定的时间要求完成任务或提前完成任务，在数量、质量上符合规定的标准</td><td>未及时完成或解决问题不彻底，视情形扣1—5分</td><td rowspan="2">工作计划、工作总结材料</td></tr>
<tr><td>执行能力（20分）</td><td>准确理解上级要求并迅速行动，遇困难时能积极协调资源，克服困难，高效地完成各项任务</td><td>个人执行力方面，对上级要求理解不准确、不主动沟通，执行缓慢甚至故意拖延，扣2分；不能够快速高效行动，主动协调资源，及时处理解决问题，扣1分</td></tr>
</table>

续表

指标类别	考核指标	考核内容	考核标准	信息来源	考核周期
岗位职责指标	设备基础管理（25分）	对设备各项数据进行统计、分析，掌握分公司设备情况	未按要求建立设备管理台账，视情形扣1—5分	设备管理台账	月度
	设备维修管理（25分）	对生产设备大项修、维保、技术改造项目方案进行采购、评审	审核不严格，导致变更调整方案，投资增加，视情形扣1—5分	设计方案	
非权重指标（含否决条件）	奖励指标	临时性工作绩效考核（领导临时交办的突发性工作）	1. 在规定的时间之前完成任务，完成任务的数量、质量明显超出规定的标准，对部门业绩推动有突出的贡献，加2分。 2. 在规定的时间内提前完成任务，在数量、质量上符合规定的标准，对部门业绩推动有明显的贡献，加1分	工作记录表单	
备注					

YS-ZB-025

调度中心检修调度员

岗位名称	检修调度员	所在部门	调度中心
职位职级序列	专业技术序列		
直接上级	调度中心主任、副主任		
直接下级	——		
岗位职责	负责将故障车辆信息通报给相关车间，保障公司车辆运用质量安全		
	掌握各修程检修生产进度，优化生产组织，配合相关部门合理组织生产		
	负责上传下达调度命令，根据集团、公司运输生产需求，及时调配、组织车源		
	组织参加每日公司调度交接班会，做好每日重点工作、存在问题等分析，督促调度员做好交接班衔接，落实好分公司领导各项指示和要求		
	负责统计各类基础生产信息，掌握自备车管内外运输情况，监控车辆检修完成情况		
工作记录文档	调度集中平台系统、调度命令、调度日志台账、月报及报表等		

指标类别	考核指标	考核内容	考核标准	信息来源	考核周期
岗位职责指标	劳动安全（10分）	劳动安全“三违”问题	红线问题每发生1件，扣3分；A类问题超过1件，每件扣2分；B类问题超过2件，每件扣1分。劳动安全“三违”问题，除进行关键岗位绩效考核外，并按照安全相关规定执行	铁路装备公司《安全检查问题和隐患整改记录》	月度
	劳动纪律（10分）	遵守劳动纪律，不迟到、不早退、不旷工等，工作时间不做与本岗位无关的工作	迟到、早退每次扣0.5分；旷工每次扣2分；因迟到、早退、旷工等延误生产进度每次扣3分；因迟到、早退、旷工等影响生产，造成停工或造成重大损失等扣5分。违反劳动纪律，除进行关键岗位绩效考核外，并按照相关规定执行		
	专业技术能力（10分）	掌握本岗位专业技术知识，能够按照规定的时间要求完成任务或提前完成任务，在数量、质量上符合规定的标准	未及时完成或解决问题不彻底，视情形扣1—5分	工作计划、工作总结材料	
	执行能力（20分）	准确理解上级要求并迅速行动，遇困难时能积极协调资源，克服困难，高效地完成各项任务	个人执行力方面，对上级要求理解不准确、不主动沟通，执行缓慢甚至故意拖延，扣2分；不能够快速高效行动，主动协调资源，及时处理解决问题，扣1分		
	机车、车辆检修生产组织（25分）	根据分公司实际生产能力及生产进度及时调配车源，合理组织生产	对分公司生产所需车源协调调配不力，影响正常生产组织，视情形扣1—5分	调度集中平台系统	

续表

指标类别	考核指标	考核内容	考核标准	信息来源	考核周期
岗位职责指标	运用故障车辆处理（25分）	组织协调车辆回送，跟踪、监督故障车辆处理情况	未及时跟踪故障车辆处理情况，延误车辆处理时间，视情形扣1—5分	调度集中平台系统	月度
非权重指标（含否决条件）	奖励指标	临时性工作绩效考核（领导临时交办的突发性工作）	1. 在规定的时间之前完成任务，完成任务的数量、质量明显超出规定的标准，对部门业绩推动有突出的贡献，加2分。 2. 在规定的时间内提前完成任务，在数量、质量上符合规定的标准，对部门业绩推动有明显的贡献，加1分	工作记录表单	
备注					

YS-ZB-026

调度中心运用调度员

<table>
<tr><td>岗位名称</td><td colspan="2">运用调度员</td><td>所在部门</td><td colspan="2">调度中心</td></tr>
<tr><td>职位职级序列</td><td colspan="5">专业技术序列</td></tr>
<tr><td>直接上级</td><td colspan="5">调度中心主任、副主任</td></tr>
<tr><td>直接下级</td><td colspan="5">——</td></tr>
<tr><td rowspan="5">岗位职责</td><td colspan="5">负责公司运用技术管理，传达、转化并组织落实行业、集团、公司的运用标准、作业标准等</td></tr>
<tr><td colspan="5">参加与运用有关一般以上事故的分析，组织行车设备故障的调查、分析、处理，查明原因、定性、定责</td></tr>
<tr><td colspan="5">掌握每日各检修车间劳动组织、检修能力等生产动态，切实分析、预测检修情况，合理组织定检车辆的扣修、取送业务</td></tr>
<tr><td colspan="5">负责 5T 联网应用管理，参与公司 5T 发展、5T 联网应用平台规划</td></tr>
<tr><td colspan="5">负责管内途中发生故障铁路货车的运行及处理情况，协调组织故障铁路货车的挂运、回送工作</td></tr>
<tr><td>工作记录文档</td><td colspan="5">调度集中平台系统、调度命令、调度日志台账、月报及报表等</td></tr>
<tr><td>指标类别</td><td>考核指标</td><td>考核内容</td><td>考核标准</td><td>信息来源</td><td>考核周期</td></tr>
<tr><td rowspan="4">岗位职责指标</td><td>劳动安全（10 分）</td><td>劳动安全“三违”问题</td><td>红线问题每发生 1 件，扣 3 分；A 类问题超过 1 件，每件扣 2 分；B 类问题超过 2 件，每件扣 1 分。劳动安全“三违”问题，除进行关键岗位绩效考核外，并按照安全相关规定执行</td><td rowspan="2">铁路装备公司《安全检查问题和隐患整改记录》</td><td rowspan="4">月度</td></tr>
<tr><td>劳动纪律（10 分）</td><td>遵守劳动纪律，不迟到、不早退、不旷工等，工作时间不做与本岗位无关的工作</td><td>迟到、早退每次扣 0.5 分；旷工每次扣 2 分；因迟到、早退、旷工等延误生产进度每次扣 3 分；因迟到、早退、旷工等影响生产，造成停工或造成重大损失等扣 5 分。违反劳动纪律，除进行关键岗位绩效考核外，并按照相关规定执行</td></tr>
<tr><td>专业技术能力（10 分）</td><td>掌握本岗位专业技术知识，能够按照规定的时间要求完成任务或提前完成任务，在数量、质量上符合规定的标准</td><td>未及时完成或解决问题不彻底，视情形扣 1—5 分</td><td rowspan="2">工作计划、工作总结材料</td></tr>
<tr><td>执行能力（20 分）</td><td>准确理解上级要求并迅速行动，遇困难时能积极协调资源，克服困难，高效地完成各项任务</td><td>个人执行力方面，对上级要求理解不准确、不主动沟通，执行缓慢甚至故意拖延，扣 2 分；不能够快速高效行动，主动协调资源，及时处理解决问题，扣 1 分</td></tr>
</table>

续表

指标类别	考核指标	考核内容	考核标准	信息来源	考核周期
岗位职责指标	运用技术管理（25 分）	组织运用行车设备故障的调查、分析、处理	行车设备故障的调查、分析、处理不到位，视情形扣 1—5 分	调度集中平台系统	月度
	5T 技术资格管理（25 分）	办理 5T 监控分析人员技术资格证的考核与颁发	未及时进行考核，造成监控分析人员无证上岗或无故延期，视情形扣 1—5 分	技术培训资料等	
非权重指标（含否决条件）	奖励指标	临时性工作绩效考核（领导临时交办的突发性工作）	1. 在规定的时间之前完成任务，完成任务的数量、质量明显超出规定的标准，对部门业绩推动有突出的贡献，加 2 分。 2. 在规定的时间内提前完成任务，在数量、质量上符合规定的标准，对部门业绩推动有明显的贡献，加 1 分	工作记录表单	
备注					

YS-ZB-027

机车生产车间机车钳工

岗位名称	机车钳工	所在部门	机车生产车间
职位职级序列	技能序列		
直接上级	班组工长		
直接下级	——		
岗位职责	在班组工长的领导下，学习、理解图表内容，明确作业步骤及要求，做好作业前准备工作		
	认真履行本岗位安全环保职责，对本岗位的安全环保负责，严格遵守安全操作规程		
	按日检修计划分析图表内容，确认其合理性，必要时提出改进意见，并按计划开展机车检修生产		
	熟知并识别风险，提出改进意见		
	按规定进行工具设备使用		
工作记录文档	检修记录、台账、报表以及国标要求等有关数据		

指标类别	考核指标	考核内容	考核标准	信息来源	考核周期
岗位职责指标	劳动安全（10分）	劳动安全“三违”问题	红线问题每发生1件，扣3分；A类问题超过1件，每件扣2分；B类问题超过2件，每件扣1分。劳动安全“三违”问题，除进行关键岗位绩效考核外，并按照安全相关规定执行	铁路装备公司《安全检查问题和隐患整改记录》	月度
	劳动纪律（10分）	遵守劳动纪律，不迟到、不早退、不旷工等，严格执行交接班制度	迟到、早退每次扣0.5分；旷工每次扣2分；因迟到、早退、旷工等延误生产进度每次扣3分；因迟到、早退、旷工等影响生产，造成停工或造成重大损失等扣5分。违反劳动纪律，除进行关键岗位绩效考核外，并按照相关规定执行		
	技能水平（10分）	掌握本岗位应知应会技能知识	分解部件不及时、影响正常生产，扣3分；部件检查不到位，未按照规定标注检修标识，扣1分	测评相关报表	
	机车检修任务管理（30分）	机车检修任务兑现率	未按照检修总周期完成检修任务，每少1台扣1分	机车生产组织管理要求	
	机车检修质量管理（40分）	按车统计整车落成一次交检合格率	一次交检合格率不低于98%，每降低1%扣1分	质量、技术安全目标	

续表

指标类别	考核指标	考核内容	考核标准	信息来源	考核周期
非权重指标（含否决条件）	奖励指标	临时性工作绩效考核（领导临时交办的突发性工作）	1. 在规定的时间之前完成任务，完成任务的数量、质量明显超出规定的标准，对部门业绩推动有突出的贡献，加 2 分。 2. 在规定的时间内提前完成任务，在数量、质量上符合规定的标准，对部门业绩推动有明显的贡献，加 1 分	工作记录表单	月度
备注					

YS-ZB-028

机车分解室机车分解专职

<table>
<tr><td>岗位名称</td><td colspan="3">机车分解专职</td><td>所在部门</td><td>机车分解室</td></tr>
<tr><td>职位职级序列</td><td colspan="5">管理序列</td></tr>
<tr><td>直接上级</td><td colspan="5">机车分解室主任</td></tr>
<tr><td>直接下级</td><td colspan="5">——</td></tr>
<tr><td rowspan="6">岗位职责</td><td colspan="5">记录入厂机车各部件的技术状态，编制接车记录，负责完成履历交接和随车物品交接工作</td></tr>
<tr><td colspan="5">监督配件检修机车各部件完好拆解、完整交接，负责委外配件检修管理，开具出门证</td></tr>
<tr><td colspan="5">核实现场物料需求，审核下发领用的物料，确认非正常损耗的物料</td></tr>
<tr><td colspan="5">确认检修过程不合格品的报废与否，组织配件鉴定会</td></tr>
<tr><td colspan="5">负责控制配件修换率，提出车间各工部修旧利旧建议，降低检修成本</td></tr>
<tr><td colspan="5">核算单台机车的检修成本，完成机车检修成本分析工作</td></tr>
<tr><td>工作记录文档</td><td colspan="5">机车随车工具、备品交接单模板、电力机车入厂检修交接记录簿模板、机车部件质量鉴定记录模板、机车物资报废（鉴定）交接单模板、机车入厂车履历确认单以及机车生产检修管理系统（LMIS）等有关数据</td></tr>
</table>

<table>
<tr><th>指标类别</th><th>考核指标</th><th>考核内容</th><th>考核标准</th><th>信息来源</th><th>考核周期</th></tr>
<tr><td rowspan="4">岗位职责指标</td><td>劳动安全（10 分）</td><td>劳动安全“三违”问题</td><td>红线问题每发生 1 件，扣 3 分；A 类问题超过 1 件，每件扣 2 分；B 类问题超过 2 件，每件扣 1 分。劳动安全“三违”问题，除进行关键岗位绩效考核外，并按照安全相关规定执行</td><td rowspan="2">铁路装备公司《安全检查问题和隐患整改记录》</td><td rowspan="4">月度</td></tr>
<tr><td>劳动纪律（10 分）</td><td>遵守劳动纪律，不迟到、不早退、不旷工等，严格执行交接班制度</td><td>迟到、早退每次扣 0.5 分；旷工每次扣 2 分；因迟到、早退、旷工等延误生产进度每次扣 3 分；因迟到、早退、旷工等影响生产，造成停工或造成重大损失等扣 5 分。违反劳动纪律，除进行关键岗位绩效考核外，并按照相关规定执行</td></tr>
<tr><td>专业技术能力（10 分）</td><td>掌握本岗位专业技术知识，能够按照规定的时间要求完成任务或提前完成任务，在数量、质量上符合规定的标准</td><td>配件、物料审核错误，造成不良影响，视情况扣 1—3 分，机车成本分析不及时、不准确扣 1 分，造成重大影响扣 3—5 分</td><td rowspan="2">工作计划、工作总结材料、《沧州分公司考核奖励指标库》</td></tr>
<tr><td>执行能力（30 分）</td><td>准确理解上级要求并迅速行动，遇困难时能积极协调资源，克服困难，高效地完成各项任务</td><td>个人执行力方面，对上级要求理解不准确、不主动沟通，执行缓慢甚至故意拖延，扣 2 分；不能够快速高效行动，主动协调资源，及时处理解决问题，扣 1 分</td></tr>
</table>

续表

指标类别	考核指标	考核内容	考核标准	信息来源	考核周期
岗位职责指标	降本增效完成率（10分）	按年度降本增效金额分解到个人	降本增效完成率不低于100%，未完成扣1分	工作计划、总结材料	月度
	成本分析及时率（15分）	每月2号前完成上月成本分析	成本分析及时率不低于100%，未完成扣1分		
	物料审核及时率（15分）	物料提报两天内未审批完成的项数与总提报项数之比	物料审核及时率不低于98%，未完成扣1分		
非权重指标（含否决条件）	奖励指标	临时性工作绩效考核（领导临时交办的突发性工作）	1. 在规定的时间之前完成任务，完成任务的数量、质量明显超出规定的标准，对部门业绩推动有突出的贡献，加2分。 2. 在规定的时间内提前完成任务，在数量、质量上符合规定的标准，对部门业绩推动有明显的贡献，加1分	工作记录表单	
备注					

YS-ZB-029

运营管理部运输主管

<table>
<tr><td colspan="2">岗位名称</td><td colspan="2">运输主管</td><td>所在部门</td><td>运营管理部</td></tr>
<tr><td colspan="2">职位职级序列</td><td colspan="4">管理序列</td></tr>
<tr><td colspan="2">直接上级</td><td colspan="4">运营管理部经理</td></tr>
<tr><td colspan="2">直接下级</td><td colspan="4">各业务部及货场运输统计主管</td></tr>
<tr><td colspan="2" rowspan="7">岗位职责</td><td colspan="4">负责管理各业务部、货场运输任务、考核指标的完成情况</td></tr>
<tr><td colspan="4">负责分公司运输调度管理和运输任务的均衡完成</td></tr>
<tr><td colspan="4">掌握货物运输过程中的周时管理</td></tr>
<tr><td colspan="4">负责日常管理、车辆运输管理</td></tr>
<tr><td colspan="4">负责部门生产运营，组织定期分析、专项分析，做好“上传下达”工作</td></tr>
<tr><td colspan="4">随时掌握生产、安全动态、设备状态检查，协调应急工作</td></tr>
<tr><td colspan="4">负责日常类相关工作、运输生产组织和应急处置工作</td></tr>
<tr><td colspan="2">工作记录文档</td><td colspan="4">调度日报、台账、报表以及调度集中管理平台、国家能源调度系统等有关数据</td></tr>
<tr><td>指标类别</td><td>考核指标</td><td>考核内容</td><td>考核标准</td><td>信息来源</td><td>考核周期</td></tr>
<tr><td rowspan="4">岗位职责指标</td><td>劳动安全（10 分）</td><td>劳动安全“三违”问题</td><td>红线问题每发生 1 件，扣 3 分；A 类问题超过 1 件，每件扣 2 分；B 类问题超过 2 件，每件扣 1 分。劳动安全“三违”问题，除进行关键岗位绩效考核外，并按照安全相关规定执行</td><td rowspan="2">铁路装备公司《安全检查问题和隐患整改记录》</td><td rowspan="4">月度</td></tr>
<tr><td>劳动纪律（10 分）</td><td>遵守劳动纪律，不迟到、不早退、不旷工等，严格执行交接班制度</td><td>迟到、早退每次扣 0.5 分；旷工每次扣 2 分；因迟到、早退、旷工等延误生产进度每次扣 3 分；因迟到、早退、旷工等影响生产，造成停工或造成重大损失等扣 5 分。违反劳动纪律，除进行关键岗位绩效考核外，并按照相关规定执行</td></tr>
<tr><td>专业技术能力（10 分）</td><td>掌握本岗位专业技术知识，能够按照规定的时间要求完成任务或提前完成任务，在数量、质量上符合规定的标准</td><td>未及时完成或解决问题不彻底，视情形扣 1—5 分</td><td rowspan="2">工作计划、工作总结材料</td></tr>
<tr><td>执行能力（30 分）</td><td>准确理解上级要求并迅速行动，遇困难时能积极协调资源，克服困难，高效地完成各项任务</td><td>个人执行力方面，对上级要求理解不准确、不主动沟通，执行缓慢甚至故意拖延，扣 2 分；不能够快速高效行动，主动协调资源，及时处理解决问题，扣 1 分</td></tr>
</table>

续表

指标类别	考核指标	考核内容	考核标准	信息来源	考核周期
岗位职责指标	矿石类装卸周时（20 分）	矿石类自装完至到达卸车站月均周时为 63.7 小时 / 列	未完成或超时完成，视情形扣 1—5 分	非煤统计表	月度
	棚车装卸周时（20 分）	棚车自装完至到达卸车站月均周时为 70.4 小时 / 列	未完成或超时完成，视情形扣 1—5 分		
非权重指标（含否决条件）	奖励指标	临时性工作绩效考核（领导临时交办的突发性工作）	1. 在规定的时间之前完成任务，完成任务的数量、质量明显超出规定的标准，对部门业绩推动有突出的贡献，加 2 分。 2. 在规定的时间内提前完成任务，在数量、质量上符合规定的标准，对部门业绩推动有明显的贡献，加 1 分	工作记录表单	
备注					

YS-ZB-030

运营管理部检修主管

<table>
<tr><td>岗位名称</td><td>检修主管</td><td>所在部门</td><td>运营管理部</td></tr>
<tr><td>职位职级序列</td><td colspan="3">管理序列</td></tr>
<tr><td>直接上级</td><td colspan="3">运营管理部经理</td></tr>
<tr><td>直接下级</td><td colspan="3">各业务部检修统计主管</td></tr>
<tr><td rowspan="5">岗位职责</td><td colspan="3">负责对所辖设备进行检修、消缺和日常维护工作</td></tr>
<tr><td colspan="3">负责检修工作的文件处理，对内审中发现的问题提出整改意见；监督整改的实施；向上级领导报告内审及整改的情况</td></tr>
<tr><td colspan="3">负责检修车日常统计、分析的上报工作；负责与相关部门核对检修费用账目；负责铁路货车技术管理信息系统的日常维护工作</td></tr>
<tr><td colspan="3">负责部门各项安全管理工作，协助维修分公司对事故车处理后续事宜</td></tr>
<tr><td colspan="3">负责管理部门固定资产与无形资产总账和分类明细账</td></tr>
<tr><td>工作记录文档</td><td colspan="3">报表以及铁路货车技术管理信息系统等有关数据</td></tr>
</table>

<table>
<tr><th>指标类别</th><th>考核指标</th><th>考核内容</th><th>考核标准</th><th>信息来源</th><th>考核周期</th></tr>
<tr><td rowspan="5">岗位职责指标</td><td>劳动安全（10 分）</td><td>劳动安全“三违”问题</td><td>红线问题每发生 1 件，扣 3 分；A 类问题超过 1 件，每件扣 2 分；B 类问题超过 2 件，每件扣 1 分。劳动安全“三违”问题，除进行关键岗位绩效考核外，并按照安全相关规定执行</td><td rowspan="2">铁路装备公司《安全检查问题和隐患整改记录》</td><td rowspan="5">月度</td></tr>
<tr><td>劳动纪律（10 分）</td><td>遵守劳动纪律，不迟到、不早退、不旷工等，严格执行交接班制度</td><td>迟到、早退每次扣 0.5 分；旷工每次扣 2 分；因迟到、早退、旷工等延误生产进度每次扣 3 分；因迟到、早退、旷工等影响生产，造成停工或造成重大损失等扣 5 分。违反劳动纪律，除进行关键岗位绩效考核外，并按照相关规定执行</td></tr>
<tr><td>专业技术能力（10 分）</td><td>掌握本岗位专业技术知识，能够按照规定的时间要求完成任务或提前完成任务，在数量、质量上符合规定的标准</td><td>未及时完成或解决问题不彻底，视情形扣 1—5 分</td><td rowspan="2">工作计划、工作总结材料</td></tr>
<tr><td>执行能力（30 分）</td><td>准确理解上级要求并迅速行动，遇困难时能积极协调资源，克服困难，高效地完成各项任务</td><td>个人执行力方面，对上级要求理解不准确、不主动沟通，执行缓慢甚至故意拖延，扣 2 分；不能够快速高效行动，主动协调资源，及时处理解决问题，扣 1 分</td></tr>
<tr><td>检修任务管理（20 分）</td><td>严格执行公司下达国铁车检修数量</td><td>未按时完成，视情形扣 1—5 分</td><td>工作计划、总结材料</td></tr>
</table>

续表

指标类别	考核指标	考核内容	考核标准	信息来源	考核周期
岗位职责指标	铁路货车技术信息管理（20 分）	严格落实铁路货车技术管理信息系统录入准确性	未按时完成或数据错误，视情形扣 1—5 分	铁路货车技术管理信息系统、统计报表	月度
非权重指标（含否决条件）	奖励指标	临时性工作绩效考核（领导临时交办的突发性工作）	1. 在规定的时间之前完成任务，完成任务的数量、质量明显超出规定的标准，对部门业绩推动有突出的贡献，加 2 分。 2. 在规定的时间内提前完成任务，在数量、质量上符合规定的标准，对部门业绩推动有明显的贡献，加 1 分	工作记录表单	
备注					

YS-ZB-031

市场贸易部结算主管

岗位名称	结算主管	所在部门	市场贸易部
职位职级序列	管理序列		
直接上级	市场贸易部经理		
直接下级	——		
岗位职责	负责货物运输成本测算以及铁路费用的核对及票据的登记、整理		
	审核部门各种非煤品报销凭证，负责非煤品货款结算业务		
	对财务部门报送月度资金计划负责		
	核实客户单位发运预付款确认及承兑汇票领取		
工作记录文档	集团非煤运输批复单与大物流费用测算表等有关数据		

指标类别	考核指标	考核内容	考核标准	信息来源	考核周期
岗位职责指标	劳动安全（10分）	劳动安全“三违”问题	红线问题每发生1件，扣3分；A类问题超过1件，每件扣2分；B类问题超过2件，每件扣1分。劳动安全“三违”问题，除进行关键岗位绩效考核外，并按照安全相关规定执行	铁路装备公司《安全检查问题和隐患整改记录》	月度
	劳动纪律（10分）	遵守劳动纪律，不迟到、不早退、不旷工等，工作时间不做与本岗位无关的工作	迟到、早退每次扣0.5分；旷工每次扣2分；因迟到、早退、旷工等延误生产进度每次扣3分；因迟到、早退、旷工等影响生产，造成停工或造成重大损失等扣5分。违反劳动纪律，除进行关键岗位绩效考核外，并按照相关规定执行		
	专业技术能力（10分）	掌握本岗位专业技术知识，能够按照规定的时间要求完成任务或提前完成任务，在数量、质量上符合规定的标准	未及时完成或解决问题不彻底，视情形扣1—5分	工作计划、工作总结材料	
	执行能力（20分）	准确理解上级要求并迅速行动，遇困难时能积极协调资源，克服困难，高效地完成各项任务	个人执行力方面，对上级要求理解不准确、不主动沟通，执行缓慢甚至故意拖延，扣2分；不能够快速高效行动，主动协调资源，及时处理解决问题，扣1分		
	大物流客户与供应商维护（25分）	准确了解生产及作业情况	重点工作未及时掌握，视情形扣1—5分		

续表

指标类别	考核指标	考核内容	考核标准	信息来源	考核周期
岗位职责指标	费用预测算（15分）	预测算供应商和客户的收入、费用及成本利润	未按月测算，视情形扣1—5分	工作计划、工作总结材料	月度
	大物流客户与供应商结算（10分）	结算供应商和客户的收入、费用	未按时结算，视情形扣1—5分	结算报单	
非权重指标（含否决条件）	奖励指标	临时性工作绩效考核（领导临时交办的突发性工作）	1. 在规定的时间之前完成任务，完成任务的数量、质量明显超出规定的标准，对部门业绩推动有突出的贡献，加2分。 2. 在规定的时间内提前完成任务，在数量、质量上符合规定的标准，对部门业绩推动有明显的贡献，加1分	工作记录表单	
备注					

YS-ZB-032

市场贸易部市场营销主管

<table>
<tr><td colspan="2">岗位名称</td><td>市场营销主管</td><td>所在部门</td><td colspan="2">市场贸易部</td></tr>
<tr><td colspan="2">职位职级序列</td><td colspan="4">管理序列</td></tr>
<tr><td colspan="2">直接上级</td><td colspan="4">市场贸易部经理</td></tr>
<tr><td colspan="2">直接下级</td><td colspan="4">——</td></tr>
<tr><td colspan="2" rowspan="5">岗位职责</td><td colspan="4">负责正确掌握、开发市场</td></tr>
<tr><td colspan="4">负责建立客户档案，制订市场推广计划</td></tr>
<tr><td colspan="4">对财务部门报送月度资金计划负责</td></tr>
<tr><td colspan="4">完成上级领导交代的其他任务</td></tr>
<tr><td colspan="4">收集客户经营信息资料，对客户进行分级管理</td></tr>
<tr><td colspan="2">工作记录文档</td><td colspan="4">工作计划、企业调研统计表、工作总结</td></tr>
</table>

<table>
<tr><th>指标类别</th><th>考核指标</th><th>考核内容</th><th>考核标准</th><th>信息来源</th><th>考核周期</th></tr>
<tr><td rowspan="5">岗位职责指标</td><td>劳动安全（10 分）</td><td>劳动安全“三违”问题</td><td>红线问题每发生 1 件，扣 3 分；A 类问题超过 1 件，每件扣 2 分；B 类问题超过 2 件，每件扣 1 分。劳动安全“三违”问题，除进行关键岗位绩效考核外，并按照安全相关规定执行</td><td rowspan="2">铁路装备公司《安全检查问题和隐患整改记录》</td><td rowspan="5">月度</td></tr>
<tr><td>劳动纪律（10 分）</td><td>遵守劳动纪律，不迟到、不早退、不旷工等，工作时间不做与本岗位无关的工作</td><td>迟到、早退每次扣 0.5 分；旷工每次扣 2 分；因迟到、早退、旷工等延误生产进度每次扣 3 分；因迟到、早退、旷工等影响生产，造成停工或造成重大损失等扣 5 分。违反劳动纪律，除进行关键岗位绩效考核外，并按照相关规定执行</td></tr>
<tr><td>专业技术能力（10 分）</td><td>掌握本岗位专业技术知识，能够按照规定的时间要求完成任务或提前完成任务，在数量、质量上符合规定的标准</td><td>未及时完成或解决问题不彻底，视情形扣 1—5 分</td><td rowspan="3">工作计划、工作总结材料</td></tr>
<tr><td>执行能力（20 分）</td><td>准确理解上级要求并迅速行动，遇困难时能积极协调资源，克服困难，高效地完成各项任务</td><td>个人执行力方面，对上级要求理解不准确、不主动沟通，执行缓慢甚至故意拖延，扣 2 分；不能够快速高效行动，主动协调资源，及时处理解决问题，扣 1 分</td></tr>
<tr><td>市场调研（25 分）</td><td>收集市场信息，分析市场动向及发展趋势；掌握市场动态，收集归纳客户资料</td><td>未及时掌握视情形扣 1—5 分</td></tr>
</table>

续表

指标类别	考核指标	考核内容	考核标准	信息来源	考核周期
岗位职责指标	协调能力（25分）	及时协调市场营销及运输中存在的问题，保证运输正常运转	未及时协调与协调不力，视情形扣1—5分	工作计划、工作总结材料	月度
非权重指标（含否决条件）	奖励指标	临时性工作绩效考核（领导临时交办的突发性工作）	1. 在规定的时间之前完成任务，完成任务的数量、质量明显超出规定的标准，对部门业绩推动有突出的贡献，加2分。 2. 在规定的时间内提前完成任务，在数量、质量上符合规定的标准，对部门业绩推动有明显的贡献，加1分	工作记录表单	
备注					

YS-ZB-033

业务部运输统计主管

<table>
<tr><td colspan="2">岗位名称</td><td>运输统计主管</td><td>所在部门</td><td colspan="2">业务部</td></tr>
<tr><td colspan="2">职位职级序列</td><td colspan="4">管理序列</td></tr>
<tr><td colspan="2">直接上级</td><td colspan="4">业务部负责人</td></tr>
<tr><td colspan="2">直接下级</td><td colspan="4">——</td></tr>
<tr><td colspan="2" rowspan="5">岗位职责</td><td colspan="4">统计辖区内各站自备列车到达、始发等情况</td></tr>
<tr><td colspan="4">负责零散车、大点车管理</td></tr>
<tr><td colspan="4">协调多式联运及智慧物流反向运输相关事宜</td></tr>
<tr><td colspan="4">组织、协调辖区内智慧物流装卸和运输作业</td></tr>
<tr><td colspan="4">完成领导安排的其他运输相关统计工作</td></tr>
<tr><td colspan="2">工作记录文档</td><td colspan="4">运输台账、报表以及调度集中管理平台等有关数据</td></tr>
<tr><td>指标类别</td><td>考核指标</td><td>考核内容</td><td>考核标准</td><td>信息来源</td><td>考核周期</td></tr>
<tr><td rowspan="5">岗位职责指标</td><td>劳动安全（10 分）</td><td>劳动安全“三违”问题</td><td>红线问题每发生 1 件，扣 3 分；A 类问题超过 1 件，每件扣 2 分；B 类问题超过 2 件，每件扣 1 分。劳动安全“三违”问题，除进行关键岗位绩效考核外，并按照安全相关规定执行</td><td rowspan="2">铁路装备公司《安全检查问题和隐患整改记录》</td><td rowspan="5">月度</td></tr>
<tr><td>劳动纪律（10 分）</td><td>遵守劳动纪律，不迟到、不早退、不旷工等，工作时间不做与本岗位无关的工作</td><td>迟到、早退每次扣 0.5 分；旷工每次扣 2 分；因迟到、早退、旷工等延误生产进度每次扣 3 分；因迟到、早退、旷工等影响生产，造成停工或造成重大损失等扣 5 分。违反劳动纪律，除进行关键岗位绩效考核外，并按照相关规定执行</td></tr>
<tr><td>专业技术能力（10 分）</td><td>掌握本岗位专业技术知识，能够按照规定的时间要求完成任务或提前完成任务，在数量、质量上符合规定的标准</td><td>未及时完成或解决问题不彻底，视情形扣 1—5 分</td><td rowspan="2">工作计划、工作总结材料</td></tr>
<tr><td>执行能力（30 分）</td><td>准确理解上级要求并迅速行动，遇困难时能积极协调资源，克服困难，高效地完成各项任务</td><td>个人执行力方面，对上级要求理解不准确、不主动沟通，执行缓慢甚至故意拖延，扣 2 分；不能够快速高效行动，主动协调资源，及时处理解决问题，扣 1 分</td></tr>
<tr><td>非煤数据统计（20 分）</td><td>非煤统计表数据 100% 准确</td><td>数据错误或未按时完成，视情形扣责任人 1—5 分</td><td>非煤统计表</td></tr>
</table>

续表

<table>
<tr><th>指标类别</th><th>考核指标</th><th>考核内容</th><th>考核标准</th><th>信息来源</th><th>考核周期</th></tr>
<tr><td>岗位职责指标</td><td>调度数据管理（20 分）</td><td>公司及分公司调度日报数据 100% 准确</td><td>数据错误或未按时完成，视情形扣 1—5 分</td><td>公司调度日报、分公司调度日报</td><td rowspan="2">月度</td></tr>
<tr><td>非权重指标（含否决条件）</td><td>奖励指标</td><td>临时性工作绩效考核（领导临时交办的突发性工作）</td><td>1. 在规定的时间之前完成任务，完成任务的数量、质量明显超出规定的标准，对部门业绩推动有突出的贡献，加 2 分。
2. 在规定的时间内提前完成任务，在数量、质量上符合规定的标准，对部门业绩推动有明显的贡献，加 1 分</td><td>工作记录表单</td></tr>
<tr><td>备注</td><td colspan="5"></td></tr>
</table>

YS-ZB-034

货场物流主管

<table>
<tr><td>岗位名称</td><td colspan="2">物流主管</td><td>所在部门</td><td colspan="2">货场</td></tr>
<tr><td>职位职级序列</td><td colspan="5">管理序列</td></tr>
<tr><td>直接上级</td><td colspan="5">货场负责人</td></tr>
<tr><td>直接下级</td><td colspan="5">——</td></tr>
<tr><td rowspan="5">岗位职责</td><td colspan="5">负责为客户在货场发运货物提供最真实、可靠的运输方案</td></tr>
<tr><td colspan="5">对报送月计划运量及请车计划工作负责，关注非煤运输车辆的运行轨迹，及时通知客户</td></tr>
<tr><td colspan="5">协调客户与供应商合作初期及合作中发生的业务问题</td></tr>
<tr><td colspan="5">根据新客户的运输需求，探讨制定出客户方便及满意的物流方案，编制和提报客户发运计划</td></tr>
<tr><td colspan="5">负责物流业务车辆、货物等调度工作，收集、整理、汇总物流运输信息</td></tr>
<tr><td>工作记录文档</td><td colspan="5">检修记录、台账、报表等有关数据</td></tr>
<tr><td>指标类别</td><td>考核指标</td><td>考核内容</td><td>考核标准</td><td>信息来源</td><td>考核周期</td></tr>
<tr><td rowspan="5">岗位职责指标</td><td>劳动安全（10分）</td><td>劳动安全“三违”问题</td><td>红线问题每发生1件，扣3分；A类问题超过1件，每件扣2分；B类问题超过2件，每件扣1分。劳动安全“三违”问题，除进行关键岗位绩效考核外，并按照安全相关规定执行</td><td rowspan="2">铁路装备公司《安全检查问题和隐患整改记录》</td><td rowspan="6">月度</td></tr>
<tr><td>劳动纪律（10分）</td><td>遵守劳动纪律，不迟到、不早退、不旷工等，工作时间不做与本岗位无关的工作</td><td>迟到、早退每次扣0.5分；旷工每次扣2分；因迟到、早退、旷工等延误生产进度每次扣3分；因迟到、早退、旷工等影响生产，造成停工或造成重大损失等扣5分。违反劳动纪律，除进行关键岗位绩效考核外，并按照相关规定执行</td></tr>
<tr><td>技能水平（10分）</td><td>掌握铁路及物流业务知识</td><td>技能水平测评不合格，视情形扣1—5分</td><td>测评相关报表</td></tr>
<tr><td>运输任务完成率（40分）</td><td>按月统计运输任务完成率</td><td>运输任务完成率不低于90%，每下降5%，扣1分</td><td>铁路货票、运单</td></tr>
<tr><td>客户管理（30分）</td><td>客户对物流配送的满意度</td><td>每发生一次有效投诉，扣责任人1分</td><td>客户信息</td></tr>
<tr><td>非权重指标（含否决条件）</td><td>奖励指标</td><td>临时性工作绩效考核（领导临时交办的突发性工作）</td><td>1. 在规定的时间之前完成任务，完成任务的数量、质量明显超出规定的标准，对部门业绩推动有突出的贡献，加2分。
2. 在规定的时间内提前完成任务，在数量、质量上符合规定的标准，对部门业绩推动有明显的贡献，加1分</td><td>工作记录表单</td></tr>
<tr><td>备注</td><td colspan="5"></td></tr>
</table>

YS-ZB-035

神维车间技术员（设备）

<table>
<tr><th>岗位名称</th><th>技术员（设备）</th><th>所在部门</th><th>神维车间</th></tr>
<tr><td>职位职级序列</td><td colspan="3">专业技术序列</td></tr>
<tr><td>直接上级</td><td colspan="3">车间主任、副主任</td></tr>
<tr><td>直接下级</td><td colspan="3">——</td></tr>
<tr><td rowspan="9">岗位职责</td><td colspan="3">负责对大机、轨道车、附属设备的使用、保养、检修进行监督、检查、技术指导，并对其规范性负责</td></tr>
<tr><td colspan="3">负责车间物资材料、计量器具、小改小革、科技创新、合理化建议的管理工作</td></tr>
<tr><td colspan="3">负责组织开展技术改进、技术革新、技术消化、合理化建议活动及新技术、新材料、新工艺的应用工作，不断提高机械设备应用技术水平</td></tr>
<tr><td colspan="3">协助车间副主任主持召开月度设备质量分析会，开展红旗设备评比，组织车间的技术比武、岗位练兵活动；定期对设备运用记录进行检查指导，并负责设备技术文件、图纸、资料的管理和保管工作</td></tr>
<tr><td colspan="3">负责车间作业人员的月度考试、技能鉴定、司机选拔、定职考试、专项培训、特殊工种的取证、QC 推进等工作</td></tr>
<tr><td colspan="3">负责编制自轮运转设备和附属车辆的检修计划，组织相应修程的实施</td></tr>
<tr><td colspan="3">负责修程质量的监控和验收工作、设备写实工作，并对《司机手账》《设备运转记录》《设备检修记录》等记录的填写情况进行检查指导、意见反馈</td></tr>
<tr><td colspan="3">负责设备月报内容的收集、整理、分析、上报工作</td></tr>
<tr><td colspan="3">完成好上级领导交办的其他工作</td></tr>
<tr><td>工作记录文档</td><td colspan="3">检修记录、技术资料、台账、报表、技术档案等有关数据</td></tr>
</table>

<table>
<tr><th>指标类别</th><th>考核指标</th><th>考核内容</th><th>考核标准</th><th>信息来源</th><th>考核周期</th></tr>
<tr><td rowspan="3">岗位职责指标</td><td>劳动安全（10 分）</td><td>劳动安全“三违”问题</td><td>红线问题每发生 1 件，扣 3 分；A 类问题超过 1 件，每件扣 2 分；B 类问题超过 2 件，每件扣 1 分。劳动安全“三违”问题，除进行关键岗位绩效考核外，并按照安全相关规定执行</td><td rowspan="2">铁路装备公司《安全检查问题和隐患整改记录》</td><td rowspan="3">月度</td></tr>
<tr><td>劳动纪律（10 分）</td><td>遵守劳动纪律，不迟到、不早退、不旷工等，工作时间不做与本岗位无关的工作</td><td>迟到、早退每次扣 0.5 分；旷工每次扣 2 分；因迟到、早退、旷工等延误生产进度每次扣 3 分；因迟到、早退、旷工等影响生产，造成停工或造成重大损失等扣 5 分。违反劳动纪律，除进行关键岗位绩效考核外，并按照相关规定执行</td></tr>
<tr><td>专业技术能力（10 分）</td><td>掌握本岗位专业技术知识，能够按照规定的时间要求完成任务或提前完成任务，在数量、质量上符合规定的标准</td><td>未及时完成或解决问题不彻底，视情形扣 1—5 分</td><td>工作计划、工作总结材料</td></tr>
</table>

续表

指标类别	考核指标	考核内容	考核标准	信息来源	考核周期
岗位职责指标	执行能力（20分）	准确理解上级要求并迅速执行，遇困难，能积极协调资源，克服困难，高效地完成各项任务	个人执行力方面，对上级要求理解不准确、不主动沟通，执行缓慢甚至故意拖延，扣1分；不能够快速高效行动，主动协调资源，及时处理解决问题，扣1分	工作计划、工作总结材料	月度
	设备检修保养（50分）	根据上级下达的月度轨道维护生产计划分解任务，保障大型养路机械设备状态良好	设备故障或设备故障维修响应不及时，视情形扣1—5分	设备保养记录	
非权重指标（含否决条件）	奖励指标	临时性工作绩效考核（领导临时交办的突发性工作）	1. 在规定的时间之前完成任务，完成任务的数量、质量明显超出规定的标准，对部门业绩推动有突出的贡献，加2分。 2. 在规定的时间内提前完成任务，在数量、质量上符合规定的标准，对部门业绩推动有明显的贡献，加1分	工作记录表单	
备注					

YS-ZB-036

神维车间技术员（线路）

<table>
<tr><th colspan="2">岗位名称</th><td colspan="2">技术员（线路）</td><th>所在部门</th><td colspan="2">神维车间</td></tr>
<tr><th colspan="2">职位职级序列</th><td colspan="5">专业技术序列</td></tr>
<tr><th colspan="2">直接上级</th><td colspan="5">车间分管副主任</td></tr>
<tr><th colspan="2">直接下级</th><td colspan="5">——</td></tr>
<tr><th colspan="2" rowspan="6">岗位职责</th><td colspan="5">负责作业区段的线路调查、计划编制、线路数据交底、现场数据测量、竣工资料收集汇总等工作</td></tr>
<tr><td colspan="5">负责线路工区和联合队伍的安全培训、标准化建设及应急机具的检查指导工作，协助车间副主任抓好施工计划和联合队伍日常管理工作</td></tr>
<tr><td colspan="5">负责联合队伍的资料审核、信息录入、日常培训等工作，统计、分析施工用工需求，并及时上报各种生产信息</td></tr>
<tr><td colspan="5">负责线路设计筛的方案设计、数据测量、二次计算、数据移交、线路验收以及竣工资料的收集、保存等工作</td></tr>
<tr><td colspan="5">负责线路作业的流程梳理、标准修订、台账管理、风险预控体系的落地等工作</td></tr>
<tr><td colspan="5">完成好上级领导交办的其他工作</td></tr>
<tr><th colspan="2">工作记录文档</th><td colspan="5">线路调查记录、任务分解表、线路数据交底台账、月度验收记录、培训档案、联合单位人员信息表、线路设计筛数据收集，生产相关台账管理</td></tr>
<tr><th>指标类别</th><th>考核指标</th><th>考核内容</th><th colspan="2">考核标准</th><th>信息来源</th><th>考核周期</th></tr>
<tr><td rowspan="4">岗位职责指标</td><td>劳动安全（10分）</td><td>劳动安全“三违”问题</td><td colspan="2">红线问题每发生1件，扣3分；A类问题超过1件，每件扣2分；B类问题超过2件，每件扣1分。劳动安全“三违”问题，除进行关键岗位绩效考核外，并按照安全相关规定执行</td><td rowspan="2">铁路装备公司《安全检查问题和隐患整改记录》</td><td rowspan="3">月度</td></tr>
<tr><td>劳动纪律（10分）</td><td>遵守劳动纪律，不迟到、不早退、不旷工等，工作时间不做与本岗位无关的工作</td><td colspan="2">迟到、早退每次扣0.5分；旷工每次扣2分；因迟到、早退、旷工等延误生产进度每次扣3分；因迟到、早退、旷工等影响生产，造成停工或造成重大损失等扣5分。违反劳动纪律，除进行关键岗位绩效考核外，并按照相关规定执行</td></tr>
<tr><td>专业技术能力（10分）</td><td>掌握本岗位专业技术知识，能够按照规定的时间要求完成任务或提前完成任务，在数量、质量上符合规定的标准</td><td colspan="2">未及时完成或解决问题不彻底，视情形扣1—5分</td><td rowspan="2">工作计划、工作总结材料</td></tr>
<tr><td>执行能力（20分）</td><td>准确理解上级要求并迅速执行，遇困难，能积极协调资源，克服困难，高效地完成各项任务</td><td colspan="2">个人执行力方面，对上级要求理解不准确、不主动沟通，执行缓慢甚至故意拖延，扣1分；不能够快速高效行动，主动协调资源，及时处理解决问题，扣1分</td><td>年度</td></tr>
</table>

续表

指标类别	考核指标	考核内容	考核标准	信息来源	考核周期
岗位职责指标	生产任务（30分）	根据上级下达的月度轨道维护生产计划分解任务，科学制订作业计划，配合做好大型养路机械作业施工	线路配合不及时，影响大型养路施工作业的，视情形扣1—5分	工作计划、工作总结材料	月度
	安全培训（20分）	做好线路工区及联合单位出车前安全培训、月度、针对性培训	培训不及时，档案不齐全，视情形扣1—5分	培训记录	
非权重指标（含否决条件）	奖励指标	临时性工作绩效考核（领导临时交办的突发性工作）	1. 在规定的时间之前完成任务，完成任务的数量、质量明显超出规定的标准，对部门业绩推动有突出的贡献，加2分。 2. 在规定的时间内提前完成任务，在数量、质量上符合规定的标准，对部门业绩推动有明显的贡献，加1分	工作记录表单	
备注					

YS-ZB-037

神维车间大机操作工

岗位名称	大机操作工	所在部门	神维车间
职位职级序列	技能序列		
直接上级	班组工长		
直接下级	——		
岗位职责	负责大型养路机械车的保养工作，按技术规范安全驾驶车辆，掌握车辆技术状态		
	做好运行记录、工作日志、油料消耗、检修保养记录和各种报表		
	严禁无证驾驶及酒后开车，严禁车辆带病上线运行		
	掌握和熟悉管内运行区段线、桥、隧道、护坡、路肩、路堑的状态和病害处所；动车前，按技术标准对车辆进行全面检查，实验制动性能		
	行驶中，注意各部声响、仪表显示情况；集中精力、谨慎驾驶、确认信号、加强瞭望，严格执行“十六字令”呼唤应答制度、车机联控标准，正确使用制动机		
	保证车辆随车工具、防护备品处于良好状态；收车后，对车辆进行全面检查，承担作业车的清洁、保养工作以及防溜、防火、防盗工作		
	随时注意作业区域、设备的安全状况，发现不安全因素，及时采取应急措施并报告，杜绝臆测、蛮干		
	有权拒绝违章作业的指令，对他人违章作业应加以劝阻和制止		
	认真履行安全生产职责，及时完成各级领导交办的其他任务		
工作记录文档	保养记录、运转记录、宿营车台账		

指标类别	考核指标	考核内容	考核标准	信息来源	考核周期
岗位职责指标	劳动安全（10分）	劳动安全“三违”问题	红线问题每发生1件，扣3分；A类问题超过1件，每件扣2分；B类问题超过2件，每件扣1分。劳动安全“三违”问题，除进行关键岗位绩效考核外，并按照安全相关规定执行	铁路装备公司《安全检查问题和隐患整改记录》	月度
	劳动纪律（10分）	遵守劳动纪律，不迟到、不早退、不旷工等，工作时间不做与本岗位无关的工作	迟到、早退每次扣0.5分；旷工每次扣2分；因迟到、早退、旷工等延误生产进度每次扣3分；因迟到、早退、旷工等影响生产，造成停工或造成重大损失等扣5分。违反劳动纪律，除进行关键岗位绩效考核外，并按照相关规定执行		
	技能水平（10分）	掌握本岗位应知应会技能知识	技能水平测评不合格，视情形扣1—5分	测评相关报表	
	作业质量（40分）	每次作业保质保量完成	按照标准化作业要求完成当日作业，出现违规操作，每次扣2分	《铁路装备公司神维分公司大型养路机械使用管理办法》神维技术〔2021〕30号	
	机械设备维护、保养（30分）	设备检查保养	车辆保养不到位，每次扣1分；日常保养后不做收尾工作，工器具随意摆放，不放回指定位置者扣1—5分		

续表

指标类别	考核指标	考核内容	考核标准	信息来源	考核周期
非权重指标（含否决条件）	奖励指标	临时性工作绩效考核（领导临时交办的突发性工作）	1. 在规定的时间之前完成任务，完成任务的数量、质量明显超出规定的标准，对部门业绩推动有突出的贡献，加 2 分。 2. 在规定的时间内提前完成任务，在数量、质量上符合规定的标准，对部门业绩推动有明显的贡献，加 1 分	工作记录表单	月度
备注					

YS-ZB-038

神维车间线路工

岗位名称	线路工	所在部门	神维车间
职位职级序列	技能序列		
直接上级	班组工长		
直接下级	——		
岗位职责	负责线路整修工作（大型养路机械清筛前的线路调查工作，现场盯控地面委外工人配合大型养路机械清筛作业，成开挖拢口、拆除护轨、拆除垫板、喊道作业、回填拢口、清理道沿、填实镐窝、人工起道等作业）		
	负责使用和管理好工具、材料		
	负责掌握当天施工作业项目、作业地点、作业内容并做好准备		
	负责作业前、中、后三测轨温		
	负责应力放散工作		
	负责检查扣件、尼龙挡肩、弹条、垫片、螺母、夹板等连接零件的安装位置及缺少情况		
	有权拒绝违章作业的指令，对他人违章作业应加以劝阻和制止		
	认真履行安全生产职责，及时完成各级领导交办的其他任务		
工作记录文档	轨温记录本、线路检查记录本、通话记录本等		

指标类别	考核指标	考核内容	考核标准	信息来源	考核周期
岗位职责指标	劳动安全（10分）	劳动安全“三违”问题	红线问题每发生1件，扣3分；A类问题超过1件，每件扣2分；B类问题超过2件，每件扣1分。劳动安全“三违”问题，除进行关键岗位绩效考核外，并按照安全相关规定执行	铁路装备公司《安全检查问题和隐患整改记录》	月度
	劳动纪律（10分）	遵守劳动纪律，不迟到、不早退、不旷工等，工作时间不做与本岗位无关的工作	迟到、早退每次扣0.5分；旷工每次扣2分；因迟到、早退、旷工等延误生产进度每次扣3分；因迟到、早退、旷工等影响生产，造成停工或造成重大损失等扣5分。违反劳动纪律，除进行关键岗位绩效考核外，并按照相关规定执行		
	技能水平（10分）	掌握本岗位应知应会技能知识	技能水平测评不合格，视情形扣1—5分	测评相关报表	
	作业质量（30分）	每次作业保质保量完成	按照标准化作业要求完成当日作业。出现违规操作，每次扣2分	《铁路装备公司神维分公司大型养路机械使用管理办法》神维技术〔2021〕30号	

续表

指标类别	考核指标	考核内容	考核标准	信息来源	考核周期
岗位职责指标	设备日常检查保养、操作质量管理（20分）	各种应急工器具保养规程、操作规程	当月未达标，视情形扣1—3分	公司及段下发的轨道车保养及操作规程	月度
	作业管理（20分）	负责测量作业前、中、后三测轨温	每缺一项内容扣1分	公司及段下发的相关文件	
非权重指标（含否决条件）	奖励指标	临时性工作绩效考核（领导临时交办的突发性工作）	1. 在规定的时间之前完成任务，完成任务的数量、质量明显超出规定的标准，对部门业绩推动有突出的贡献，加2分。 2. 在规定的时间内提前完成任务，在数量、质量上符合规定的标准，对部门业绩推动有明显的贡献，加1分	工作记录表单	
备注					

YS-ZB-039

神维车间轨道车司机

岗位名称	轨道车司机	所在部门	神维车间
职位职级序列	技能序列		
直接上级	班组工长		
直接下级	——		
岗位职责	认真学习、严格遵守各项规章和操作规程、作业标准等，杜绝“三违”行为		
	熟练掌握轨道车的性能、主要技术参数、常用知识及驾驶规范，掌握大机设备所用燃料、油脂的种类、牌号		
	严格按照规范操作驾驶机械车辆，规范呼叫应答制度，非正常行车情况下能正确操作设备，保证车辆行驶安全		
	在班组长的领导下，负责轨道车驾驶、物料车，洒水车的操作、维护、保养和检修工作，使机组处于良好状态		
	负责对本车的应急机具、随车工具、物资材料的妥善保管		
工作记录文档	司机手账、运转记录、检查保养台账等		

指标类别	考核指标	考核内容	考核标准	信息来源	考核周期
岗位职责指标	劳动安全（10分）	劳动安全“三违”问题	红线问题每发生1件，扣3分；A类问题超过1件，每件扣2分；B类问题超过2件，每件扣1分。劳动安全“三违”问题，除进行关键岗位绩效考核外，并按照安全相关规定执行	铁路装备公司《安全检查问题和隐患整改记录》	月度
	劳动纪律（10分）	遵守劳动纪律，不迟到、不早退、不旷工等，工作时间不做与本岗位无关的工作	迟到、早退每次扣0.5分；旷工每次扣2分；因迟到、早退、旷工等延误生产进度每次扣3分；因迟到、早退、旷工等影响生产，造成停工或造成重大损失等扣5分。违反劳动纪律，除进行关键岗位绩效考核外，并按照相关规定执行		
	技能水平（10分）	掌握本岗位应知应会技能知识	技能水平测评不合格，视情形扣1—5分	测评相关报表	
	作业质量（40分）	每次作业保质保量完成	按照标准化作业要求完成当日作业。出现违规操作，每次扣2分	《铁路装备公司神维分公司轨道车使用管理办法》神维技术〔2021〕28号	
	轨道车辆操作及设备日常管理（30分）	各车型的保养规程、操作规程	当月未达标，视情形扣1—5分		

续表

指标类别	考核指标	考核内容	考核标准	信息来源	考核周期
非权重指标（含否决条件）	奖励指标	临时性工作绩效考核（领导临时交办的突发性工作）	1. 在规定的时间之前完成任务，完成任务的数量、质量明显超出规定的标准，对部门业绩推动有突出的贡献，加 2 分。 2. 在规定的时间内提前完成任务，在数量、质量上符合规定的标准，对部门业绩推动有明显的贡献，加 1 分	工作记录表单	月度
备注					

YS-ZB-040

神维车间驻站联络员

岗位名称	驻站联络员	所在部门	神维车间
职位职级序列	技能序列		
直接上级	班组工长		
直接下级	——		
岗位职责	在工班长的领导下，负责作业计划的提报、登记，消点、转场、专线的联系工作		
	负责现场作业与车站的互控和防护工作，根据作业要求，及时准确地把列车车次、封锁时间、作业封锁调度命令等信息传达给现场负责人		
	及时了解车站值班员办理区间闭塞或接到邻站发车及办理本站发车前、开车后等手续以及临时变更情况，确认后，立即向现场防护员发出预报、确报或变更通知		
	与现场防护员通话时，必须严格执行复诵制度，防止错听，并及时记录通话主要内容		
	要穿防护服并着装整洁，正确佩戴标志，携带有效证件及通信设备并确保通信良好		
工作记录文档	驻站通话记录本、现场监控记录仪、车站作业调度系统		

指标类别	考核指标	考核内容	考核标准	信息来源	考核周期
岗位职责指标	劳动安全（20 分）	劳动安全“三违”问题	红线问题每发生 1 件，扣 3 分；A 类问题超过 1 件，每件扣 2 分；B 类问题超过 2 件，每件扣 1 分。劳动安全“三违”问题，除进行关键岗位绩效考核外，并按照安全相关规定执行	铁路装备公司《安全检查问题和隐患整改记录》	月度
	劳动纪律（20 分）	遵守劳动纪律，不迟到、不早退、不旷工等，工作时间不做与本岗位无关的工作	迟到、早退每次扣 0.5 分；旷工每次扣 2 分；因迟到、早退、旷工等延误生产进度每次扣 3 分；因迟到、早退、旷工等影响生产，造成停工或造成重大损失等扣 5 分。违反劳动纪律，除进行关键岗位绩效考核外，并按照相关规定执行		
	技能水平（10 分）	掌握本岗位应知应会技能知识	技能水平测评不合格，视情形扣 1—5 分	测评相关报表	
	作业质量（50 分）	每次作业保质保量完成	按照标准化作业要求完成当日防护作业。不按规定执行，每次扣 2 分	《铁路装备公司神维分公司作业安全防护管理办法》神维生产〔2021〕62 号	

续表

指标类别	考核指标	考核内容	考核标准	信息来源	考核周期
非权重指标（含否决条件）	奖励指标	临时性工作绩效考核（领导临时交办的突发性工作）	1. 在规定的时间之前完成任务，完成任务的数量、质量明显超出规定的标准，对部门业绩推动有突出的贡献，加 2 分。 2. 在规定的时间内提前完成任务，在数量、质量上符合规定的标准，对部门业绩推动有明显的贡献，加 1 分	工作记录表单	月度
备注					

YS-ZB-041

神维车间检修工

<table>
<tr><td>岗位名称</td><td colspan="2">检修工</td><td colspan="2">所在部门</td><td>神维车间</td></tr>
<tr><td>职位职级序列</td><td colspan="5">技能序列</td></tr>
<tr><td>直接上级</td><td colspan="5">班组工长</td></tr>
<tr><td>直接下级</td><td colspan="5">——</td></tr>
<tr><td rowspan="5">岗位职责</td><td colspan="5">在班组工长的领导下，负责机械车年修、全面修或各装置大修等相关零部件解体、检查（检测）、组装等工作</td></tr>
<tr><td colspan="5">认真履行本岗位安全环保职责，对本岗位的安全环保负责，严格遵守安全操作规程和检修标准流程</td></tr>
<tr><td colspan="5">严格按检修计划进行作业，加强联劳协作，保证检修计划的落实</td></tr>
<tr><td colspan="5">熟知各零部件结构、性能和各部位解体、检修、组装的质量要求</td></tr>
<tr><td colspan="5">对各机械车和装置等能做到精检细修，保证检修质量符合技术要求</td></tr>
<tr><td>工作记录文档</td><td colspan="5">检修记录、检修台账等</td></tr>
</table>

指标类别	考核指标	考核内容	考核标准	信息来源	考核周期
岗位职责指标	劳动安全（10 分）	劳动安全“三违”问题	红线问题每发生 1 件，扣 3 分；A 类问题超过 1 件，每件扣 2 分；B 类问题超过 2 件，每件扣 1 分。劳动安全“三违”问题，除进行关键岗位绩效考核外，并按照安全相关规定执行	铁路装备公司《安全检查问题和隐患整改记录》	月度
	劳动纪律（10 分）	遵守劳动纪律，不迟到、不早退、不旷工等，工作时间不做与本岗位无关的工作	迟到、早退每次扣 0.5 分；旷工每次扣 2 分；因迟到、早退、旷工等延误生产进度每次扣 3 分；因迟到、早退、旷工等影响生产，造成停工或造成重大损失等扣 5 分。违反劳动纪律，除进行关键岗位绩效考核外，并按照相关规定执行		
	技能水平（10 分）	掌握本岗位应知应会技能知识	技能水平测评不合格，视情形扣 1—5 分	测评相关报表	
	机械车辆检修质量管理（35 分）	月度检修项目交检合格率	检修项目交检合格率不低于 98% 的，每降低 1% 扣 1 分	检修记录、检修台账	
	机械车辆检修任务管理（35 分）	月度检修任务完成率	未完成当月检修计划的，视情形扣 1—5 分		

续表

指标类别	考核指标	考核内容	考核标准	信息来源	考核周期
非权重指标（含否决条件）	奖励指标	临时性工作绩效考核（领导临时交办的突发性工作）	1. 在规定的时间之前完成任务，完成任务的数量、质量明显超出规定的标准，对部门业绩推动有突出的贡献，加 2 分。 2. 在规定的时间内提前完成任务，在数量、质量上符合规定的标准，对部门业绩推动有明显的贡献，加 1 分	工作记录表单	月度
备注					

YS-ZB-042

动态检测车间 5T 设备维修工

<table>
<tr><td>岗位名称</td><td>5T 设备维修工</td><td>所在部门</td><td>动态检测车间</td></tr>
<tr><td>职位职级序列</td><td colspan="3">技能序列</td></tr>
<tr><td>直接上级</td><td colspan="3">班组工长</td></tr>
<tr><td>直接下级</td><td colspan="3">——</td></tr>
<tr><td rowspan="3">岗位职责</td><td colspan="3">负责管内线路 5T 设备、复示站设备定期检修及日常维修、维护工作</td></tr>
<tr><td colspan="3">负责严格按照车间下达的 5T 设备检修计划，按时完成设备的巡检、月检、半月检、双月检、春秋季整修等工作</td></tr>
<tr><td colspan="3">负责 5T 设备临时故障修复，及时进行抢修设备发生的临时故障，按作业程序排查故障原因，在规定的时间内消除故障，使设备恢复正常运行</td></tr>
<tr><td>工作记录文档</td><td colspan="3">检修记录、台账、报表等有关数据</td></tr>
</table>

<table>
<tr><th>指标类别</th><th>考核指标</th><th>考核内容</th><th>考核标准</th><th>信息来源</th><th>考核周期</th></tr>
<tr><td rowspan="6">岗位职责指标</td><td>劳动安全（10 分）</td><td>劳动安全“三违”问题</td><td>红线问题每发生 1 件，扣 3 分；A 类问题超过 1 件，每件扣 2 分；B 类问题超过 2 件，每件扣 1 分。劳动安全“三违”问题，除进行关键岗位绩效考核外，并按照安全相关规定执行</td><td rowspan="2">铁路装备公司《安全检查问题和隐患整改记录》</td><td rowspan="6">月度</td></tr>
<tr><td>劳动纪律（10 分）</td><td>应按时上下班，不迟到、不早退、不旷工，严格执行交接班制度</td><td>迟到、早退每次扣 0.5 分；旷工每次扣 2 分；因迟到、早退、旷工等延误生产进度每次扣 3 分；因迟到、早退、旷工等影响生产，造成停工或造成重大损失等扣 5 分。违反劳动纪律，除进行关键岗位绩效考核外，并按照相关规定执行</td></tr>
<tr><td>技能水平（10 分）</td><td>掌握本岗位应知应会技能知识</td><td>技能水平测评不合格，视情形扣 1—5 分</td><td>测评相关报表</td></tr>
<tr><td>设备维修任务完成率（20 分）</td><td>按月统计设备维修完成率</td><td>维修任务完成率不低于 95%，每降低 1%，扣 1 分</td><td rowspan="3">设备相关台账、记录</td></tr>
<tr><td>设备故障修复率（20 分）</td><td>按月统计设备故障修复率</td><td>故障修复率不低于 95%，每降低 1%，扣 1 分</td></tr>
<tr><td>设备故障停机率（30 分）</td><td>按月统计设备故障停机率</td><td>故障停机率不超过 5%，每增加 1%，扣 2 分</td></tr>
</table>

续表

指标类别	考核指标	考核内容	考核标准	信息来源	考核周期
非权重指标（含否决条件）	奖励指标	临时性工作绩效考核（领导临时交办的突发性工作）	1. 在规定的时间之前完成任务，完成任务的数量、质量明显超出规定的标准，对部门业绩推动有突出的贡献，加 2 分。 2. 在规定的时间内提前完成任务，在数量、质量上符合规定的标准，对部门业绩推动有明显的贡献，加 1 分	工作记录表单	月度
备注					

YS-ZB-043

动态检测车间轴温检测员

<table>
<tr><td>岗位名称</td><td>轴温检测员</td><td>所在部门</td><td>动态检测车间</td></tr>
<tr><td>职位职级序列</td><td colspan="3">技能序列</td></tr>
<tr><td>直接上级</td><td colspan="3">班组工长</td></tr>
<tr><td>直接下级</td><td colspan="3">——</td></tr>
<tr><td rowspan="3">岗位职责</td><td colspan="3">负责所管辖区段运行车辆的轴温监控、预报工作</td></tr>
<tr><td colspan="3">负责每日定时对设备运行状况进行检查，及时掌握系统设备的运行情况、轴温探测情况、热轴预报跟踪情况、设备故障的通知和设备维修人员对设备的检修情况及数据核对确认，确保轴温探测系统工作正常</td></tr>
<tr><td colspan="3">严格执行向列检预报热轴程序，对照热轴报文及波形认真分析，根据列车简要报文中列车车次、热轴车辆车号，正确预报列检值班员，并及时做好相关记录</td></tr>
<tr><td>工作记录文档</td><td colspan="3">检修记录、台账、报表等有关数据</td></tr>
</table>

<table>
<tr><td>指标类别</td><td>考核指标</td><td>考核内容</td><td>考核标准</td><td>信息来源</td><td>考核周期</td></tr>
<tr><td rowspan="5">岗位职责指标</td><td>劳动安全（10分）</td><td>劳动安全“三违”问题</td><td>红线问题每发生1件，扣3分；A类问题超过1件，每件扣2分；B类问题超过2件，每件扣1分。劳动安全“三违”问题，除进行关键岗位绩效考核外，并按照安全相关规定执行</td><td rowspan="2">铁路装备公司《安全检查问题和隐患整改记录》</td><td rowspan="6">月度</td></tr>
<tr><td>劳动纪律（10分）</td><td>应按时上下班，不迟到、不早退、不旷工，严格执行交接班制度</td><td>迟到、早退每次扣0.5分；旷工每次扣2分；因迟到、早退、旷工等延误生产进度每次扣3分；因迟到、早退、旷工等影响生产，造成停工或造成重大损失等扣5分。违反劳动纪律，除进行关键岗位绩效考核外，并按照相关规定执行</td></tr>
<tr><td>技能水平（10分）</td><td>掌握本岗位应知应会技能知识</td><td>技能水平测评不合格，视情形扣1—5分</td><td>测评相关报表</td></tr>
<tr><td>故障预报准确率（40分）</td><td>按月统计故障预报准确率</td><td>故障预报准确率100%，每降低1%，扣1分</td><td rowspan="2">设备相关台账、记录</td></tr>
<tr><td>故障预报及时性（30分）</td><td>对探测站热轴预报要按照作业标准进行</td><td>延时上报，视情形扣1—5分</td></tr>
<tr><td>非权重指标（含否决条件）</td><td>奖励指标</td><td>临时性工作绩效考核（领导临时交办的突发性工作）</td><td>1. 在规定的时间之前完成任务，完成任务的数量、质量明显超出规定的标准，对部门业绩推动有突出的贡献，加2分。
2. 在规定的时间内提前完成任务，在数量、质量上符合规定的标准，对部门业绩推动有明显的贡献，加1分</td><td>工作记录表单</td></tr>
<tr><td>备注</td><td colspan="5"></td></tr>
</table>

YS-ZB-044

段修车间 / 厂修车间车辆钳工（车体）

岗位名称	车辆钳工（车体）	所在部门	段修车间 / 厂修车间
职位职级序列	技能序列		
直接上级	班组工长		
直接下级	——		
岗位职责	按照工长安排做好现场车体及其部件的检修工作，负责车辆车体部分的检修作业		
	认真履行本岗位安全环保职责，对本岗位的安全环保负责，严格遵守安全操作规程		
	按日检修计划、顺序进行检修作业，加强联劳协作，保证日时出车计划的落实		
	熟知车体结构、性能及各部位分解、检修、组装的质量要求		
	对车辆做到精检细修，保证组装质量符合技术要求		
工作记录文档	检修记录、台账、报表以及铁路货车技术管理信息系统等有关数据		

指标类别	考核指标	考核内容	考核标准	信息来源	考核周期
岗位职责指标	劳动安全（10 分）	劳动安全“三违”问题	红线问题每发生 1 件，扣 3 分；A 类问题超过 1 件，每件扣 2 分；B 类问题超过 2 件，每件扣 1 分。劳动安全“三违”问题，除进行关键岗位绩效考核外，并按照安全相关规定执行	铁路装备公司《安全检查问题和隐患整改记录》	月度
	劳动纪律（10 分）	应按时上下班，不迟到、不早退、不旷工，严格执行交接班制度	迟到、早退每次扣 0.5 分；旷工每次扣 2 分；因迟到、早退、旷工等延误生产进度每次扣 3 分；因迟到、早退、旷工等影响生产，造成停工或造成重大损失等扣 5 分。违反劳动纪律，除进行关键岗位绩效考核外，并按照相关规定执行		
	技能水平（10 分）	掌握本岗位应知应会技能知识	技能水平测评不合格，视情形扣 1—5 分	测评相关报表	
	车体检修计划按时完成率（30 分）	岗位月度生产计划按时完成情况	未完成当月检修计划的，每少一辆扣 0.5 分	铁路货车技术管理信息系统	
	车体检修质量管理（40 分）	按月统计整车落成一次交检合格率	一次交检合格率不低于 98%，每低 1% 扣 1 分	质量、技术目标	
非权重指标（含否决条件）	奖励指标	临时性工作绩效考核（领导临时交办的突发性工作）	1. 在规定的时间之前完成任务，完成任务的数量、质量明显超出规定的标准，对部门业绩推动有突出的贡献，加 2 分。 2. 在规定的时间内提前完成任务，在数量、质量上符合规定的标准，对部门业绩推动有明显的贡献，加 1 分	工作记录表单	
备注					

YS-ZB-045

段修车间 / 厂修车间轮轴工

<table>
<tr><td colspan="2">岗位名称</td><td>轮轴工</td><td>所在部门</td><td colspan="2">段修车间 / 厂修车间</td></tr>
<tr><td colspan="2">职位职级序列</td><td colspan="4">技能序列</td></tr>
<tr><td colspan="2">直接上级</td><td colspan="4">班组工长</td></tr>
<tr><td colspan="2">直接下级</td><td colspan="4">——</td></tr>
<tr><td colspan="2" rowspan="5">岗位职责</td><td colspan="4">负责轮轴各部尺寸检查及限度测量，对送来的待检轮轴进行外观检查及收入，并判定轮轴的施修范围与修程</td></tr>
<tr><td colspan="4">负责轮对冲洗、镟修工作</td></tr>
<tr><td colspan="4">认真履行本岗位安全环保职责，对本岗位的安全环保负责，严格遵守安全操作规程</td></tr>
<tr><td colspan="4">熟知轮对各部名称及限度要求，会使用轮对各种设备、检测仪具、量具，并能准确地使用</td></tr>
<tr><td colspan="4">掌握轮对收支、分类存放、备用轮对保养工作</td></tr>
<tr><td colspan="2">工作记录文档</td><td colspan="4">检修记录、台账、报表以及铁路货车技术管理信息系统等有关数据</td></tr>
<tr><td>指标类别</td><td>考核指标</td><td>考核内容</td><td>考核标准</td><td>信息来源</td><td>考核周期</td></tr>
<tr><td rowspan="5">岗位职责指标</td><td>劳动安全（10 分）</td><td>劳动安全“三违”问题</td><td>红线问题每发生 1 件，扣 3 分；A 类问题超过 1 件，每件扣 2 分；B 类问题超过 2 件，每件扣 1 分。劳动安全“三违”问题，除进行关键岗位绩效考核外，并按照安全相关规定执行</td><td rowspan="2">铁路装备公司《安全检查问题和隐患整改记录》</td><td rowspan="5">月度</td></tr>
<tr><td>劳动纪律（10 分）</td><td>应按时上下班，不迟到、不早退、不旷工，严格执行交接班制度</td><td>迟到、早退每次扣 0.5 分；旷工每次扣 2 分；因迟到、早退、旷工等延误生产进度每次扣 3 分；因迟到、早退、旷工等影响生产，造成停工或造成重大损失等扣 5 分。违反劳动纪律，除进行关键岗位绩效考核外，并按照相关规定执行</td></tr>
<tr><td>技能水平（10 分）</td><td>掌握本岗位应知应会技能知识</td><td>技能水平测评不合格，视情形扣 1—5 分</td><td>测评相关报表</td></tr>
<tr><td>轮轴检修计划按时完成率（30 分）</td><td>月度轮轴生产计划按时完成情况</td><td>未完成当月检修计划的，每降低 2%，扣 1 分</td><td>铁路货车技术管理信息系统</td></tr>
<tr><td>轮轴检修质量管理（40 分）</td><td>按月统计轮轴一次交检合格率</td><td>一次交检合格率不低于 98%，每低 1% 扣 1 分</td><td>质量、技术目标</td></tr>
</table>

续表

指标类别	考核指标	考核内容	考核标准	信息来源	考核周期
非权重指标（含否决条件）	奖励指标	临时性工作绩效考核（领导临时交办的突发性工作）	1. 在规定的时间之前完成任务，完成任务的数量、质量明显超出规定的标准，对部门业绩推动有突出的贡献，加 2 分。 2. 在规定的时间内提前完成任务，在数量、质量上符合规定的标准，对部门业绩推动有明显的贡献，加 1 分	工作记录表单	月度
备注					

YS-ZB-046

段修车间 / 厂修车间探伤工

岗位名称	探伤工	所在部门	段修车间 / 厂修车间
职位职级序列	技能序列		
直接上级	班组工长		
直接下级	——		
岗位职责	负责货车轮对车轴的探伤和配件加修后的复探检查工作等		
	负责车钩、钩舌、圆销、钩尾销、钩尾框等配件的探伤检查工作		
	负责制动梁、其他部件的探伤检查工作		
	认真履行本岗位安全环保职责，对本岗位的安全环保负责，严格遵守安全操作规程		
	执行标准化作业过程，提高劳动效率，积极配合修车日时计划完成超探任务		
工作记录文档	检修记录、台账、报表以及铁路货车技术管理信息系统等有关数据		

指标类别	考核指标	考核内容	考核标准	信息来源	考核周期
岗位职责指标	劳动安全（10 分）	劳动安全“三违”问题	红线问题每发生 1 件，扣 3 分；A 类问题超过 1 件，每件扣 2 分；B 类问题超过 2 件，每件扣 1 分。劳动安全“三违”问题，除进行关键岗位绩效考核外，并按照安全相关规定执行	铁路装备公司《安全检查问题和隐患整改记录》	月度
	劳动纪律（10 分）	应按时上下班，不迟到、不早退、不旷工，严格执行交接班制度	迟到、早退每次扣 0.5 分；旷工每次扣 2 分；因迟到、早退、旷工等延误生产进度每次扣 3 分；因迟到、早退、旷工等影响生产，造成停工或造成重大损失等扣 5 分。违反劳动纪律，除进行关键岗位绩效考核外，并按照相关规定执行		
	技能水平（10 分）	掌握本岗位应知应会技能知识	技能水平测评不合格，视情形扣 1—5 分	测评相关报表	
	岗位探伤计划按时完成率（30 分）	月度探伤检查计划按时完成情况	未完成当月检修计划的，每降低 2%，扣 1 分	铁路货车技术管理信息系统	
	探伤配件质量管理（40 分）	按月统计探伤检查轮对、配件一次交检合格率	一次交检合格率不低于 98%，每低 1% 扣 1 分	质量、技术目标	
非权重指标（含否决条件）	奖励指标	临时性工作绩效考核（领导临时交办的突发性工作）	1. 在规定的时间之前完成任务，完成任务的数量、质量明显超出规定的标准，对部门业绩推动有突出的贡献，加 2 分。 2. 在规定的时间内提前完成任务，在数量、质量上符合规定的标准，对部门业绩推动有明显的贡献，加 1 分	工作记录表单	
备注					

YS-ZB-047

段修车间 / 厂修车间制动钳工

岗位名称	制动钳工	所在部门	段修车间 / 厂修车间
职位职级序列	技能序列		
直接上级	班组工长		
直接下级	——		
岗位职责	负责空气制动机、制动阀等配件的分解、组装和试验，以及空气制动机和基础制动装置的检修工作		
	按检修标准、施修范围，对制动缸、副风缸、组合式集尘器、主支管等进行检修		
	负责空气制动机主阀、调整阀、传感阀、组合式集尘器、制动软管的检修、试验工作		
	认真履行本岗位安全环保职责，对本岗位的安全环保负责，严格遵守安全操作规程		
	执行标准化作业过程，提高劳动效率，积极配合修车日时计划完成任务		
工作记录文档	检修记录、台账、报表以及铁路货车技术管理信息系统等有关数据		

指标类别	考核指标	考核内容	考核标准	信息来源	考核周期
岗位职责指标	劳动安全（10分）	劳动安全“三违”问题	红线问题每发生1件，扣3分；A类问题超过1件，每件扣2分；B类问题超过2件，每件扣1分。劳动安全“三违”问题，除进行关键岗位绩效考核外，并按照安全相关规定执行	铁路装备公司《安全检查问题和隐患整改记录》	月度
	劳动纪律（10分）	应按时上下班，不迟到、不早退、不旷工，严格执行交接班制度	迟到、早退每次扣0.5分；旷工每次扣2分；因迟到、早退、旷工等延误生产进度每次扣3分；因迟到、早退、旷工等影响生产，造成停工或造成重大损失等扣5分。违反劳动纪律，除进行关键岗位绩效考核外，并按照相关规定执行		
	技能水平（10分）	掌握本岗位应知应会技能知识	技能水平测评不合格，视情形扣1—5分	测评相关报表	
	制动配件检修计划按时完成率（30分）	岗位月度生产计划按时完成情况	未完成当月检修计划的，每降低2%，扣1分	铁路货车技术管理信息系统	
	制动配件检修质量管理（40分）	按月统计一次交检合格率	一次交检合格率不低于98%，每低1%扣1分	质量、技术目标	
非权重指标（含否决条件）	奖励指标	临时性工作绩效考核（领导临时交办的突发性工作）	1. 在规定的时间之前完成任务，完成任务的数量、质量明显超出规定的标准，对部门业绩推动有突出的贡献，加2分。 2. 在规定的时间内提前完成任务，在数量、质量上符合规定的标准，对部门业绩推动有明显的贡献，加1分	工作记录表单	
备注					

YS-ZB-048

段修车间 / 厂修车间叉车司机

<table>
<tr><td>岗位名称</td><td colspan="2">叉车司机</td><td>所在部门</td><td colspan="2">段修车间 / 厂修车间</td></tr>
<tr><td>职位职级序列</td><td colspan="5">技能序列</td></tr>
<tr><td>直接上级</td><td colspan="5">班组工长</td></tr>
<tr><td>直接下级</td><td colspan="5">——</td></tr>
<tr><td rowspan="4">岗位职责</td><td colspan="5">负责物料运送、装卸车钩缓冲装置及其他配件等转送工作</td></tr>
<tr><td colspan="5">熟知叉车型号、构造、性能和操作规程，并考试合格，持有操作合格证进行操作</td></tr>
<tr><td colspan="5">认真履行本岗位安全环保职责，对本岗位的安全环保负责，严格遵守安全操作规程</td></tr>
<tr><td colspan="5">执行标准化作业过程，提高劳动效率，积极配合修车日时计划完成任务</td></tr>
<tr><td>工作记录文档</td><td colspan="5">检修记录、台账、报表以及铁路货车技术管理信息系统等有关数据</td></tr>
<tr><td>指标类别</td><td>考核指标</td><td>考核内容</td><td>考核标准</td><td>信息来源</td><td>考核周期</td></tr>
<tr><td rowspan="5">岗位职责指标</td><td>劳动安全（20 分）</td><td>劳动安全“三违”问题</td><td>红线问题每发生 1 件，扣 3 分；A 类问题超过 1 件，每件扣 2 分；B 类问题超过 2 件，每件扣 1 分。劳动安全“三违”问题，除进行关键岗位绩效考核外，并按照安全相关规定执行</td><td rowspan="2">铁路装备公司《安全检查问题和隐患整改记录》</td><td rowspan="6">月度</td></tr>
<tr><td>劳动纪律（10 分）</td><td>应按时上下班，不迟到、不早退、不旷工，严格执行交接班制度</td><td>迟到、早退每次扣 0.5 分；旷工每次扣 2 分；因迟到、早退、旷工等延误生产进度每次扣 3 分；因迟到、早退、旷工等影响生产，造成停工或造成重大损失等扣 5 分。违反劳动纪律，除进行关键岗位绩效考核外，并按照相关规定执行</td></tr>
<tr><td>技能水平（10 分）</td><td>掌握本岗位应知应会技能知识</td><td>技能水平测评不合格，视情形扣 1—5 分</td><td>测评相关报表</td></tr>
<tr><td>设备点检保养任务完成率（30 分）</td><td>按月统计设备保养完成率</td><td>设备保养任务完成率不低于 100%，每降低 1%，扣 1 分</td><td>设备相关台账、记录</td></tr>
<tr><td>生产计划按时完成率（30 分）</td><td>岗位月度生产计划按时完成情况</td><td>未完成当月检修计划的，每降低 2 扣 1 分</td><td>铁路货车技术管理信息系统</td></tr>
<tr><td>非权重指标（含否决条件）</td><td>奖励指标</td><td>临时性工作绩效考核（领导临时交办的突发性工作）</td><td>1. 在规定的时间之前完成任务，完成任务的数量、质量明显超出规定的标准，对部门业绩推动有突出的贡献，加 2 分。
2. 在规定的时间内提前完成任务，在数量、质量上符合规定的标准，对部门业绩推动有明显的贡献，加 1 分</td><td>工作记录表单</td></tr>
<tr><td>备注</td><td colspan="5"></td></tr>
</table>

YS-ZB-049

运用车间 / 列检作业场货车检车员

<table>
<tr><th colspan="2">岗位名称</th><td colspan="2">货车检车员</td><th>所在部门</th><td>运用车间 / 列检作业场</td></tr>
<tr><td colspan="2">职位职级序列</td><td colspan="4">技能序列</td></tr>
<tr><td colspan="2">直接上级</td><td colspan="4">班组工长</td></tr>
<tr><td colspan="2">直接下级</td><td colspan="4">——</td></tr>
<tr><td colspan="2" rowspan="5">岗位职责</td><td colspan="4">负责做好本岗位列车的技术检查工作，发现并处理车辆故障</td></tr>
<tr><td colspan="4">对车辆进行技术检查，发现车辆技术状态异常时，报告列检值班员并按标准处理</td></tr>
<tr><td colspan="4">认真履行本岗位安全环保职责，对本岗位的安全环保负责，严格遵守安全操作规程</td></tr>
<tr><td colspan="4">按作业计划、顺序进行检修作业，加强联劳协作，保证作业计划的落实</td></tr>
<tr><td colspan="4">对运用车辆做到精检细修，保证列车质量符合技术要求</td></tr>
<tr><td colspan="2">工作记录文档</td><td colspan="4">检修记录、台账、报表等有关数据</td></tr>
<tr><th>指标类别</th><th>考核指标</th><th>考核内容</th><th>考核标准</th><th>信息来源</th><th>考核周期</th></tr>
<tr><td rowspan="5">岗位职责指标</td><td>劳动安全（20 分）</td><td>劳动安全“三违”问题</td><td>红线问题每发生 1 件，扣 3 分；A 类问题超过 1 件，每件扣 2 分；B 类问题超过 2 件，每件扣 1 分。劳动安全“三违”问题，除进行关键岗位绩效考核外，并按照安全相关规定执行</td><td rowspan="2">铁路装备公司《安全检查问题和隐患整改记录》</td><td rowspan="6">月度</td></tr>
<tr><td>劳动纪律（10 分）</td><td>应按时上下班，不迟到、不早退、不旷工，严格执行交接班制度</td><td>迟到、早退每次扣 0.5 分；旷工每次扣 2 分；因迟到、早退、旷工等延误生产进度每次扣 3 分；因迟到、早退、旷工等影响生产，造成停工或造成重大损失等扣 5 分。违反劳动纪律，除进行关键岗位绩效考核外，并按照相关规定执行</td></tr>
<tr><td>技能水平（10 分）</td><td>掌握本岗位应知应会技能知识</td><td>技能水平测评不合格，视情形扣 1—5 分</td><td>测评相关报表</td></tr>
<tr><td>列车检查按时完成率（30 分）</td><td>月生产计划按时完成情况</td><td>未完成当月作业计划的，每少一列扣 0.5 分</td><td>铁路货车技术管理信息系统</td></tr>
<tr><td>列车检查质量管理（30 分）</td><td>因漏检漏修，发生责任事故</td><td>每发生一起责任事故，扣 1 分</td><td>《铁路运用技术规程》</td></tr>
<tr><td>非权重指标（含否决条件）</td><td>奖励指标</td><td>临时性工作绩效考核（领导临时交办的突发性工作）</td><td>1. 在规定的时间之前完成任务，完成任务的数量、质量明显超出规定的标准，对部门业绩推动有突出的贡献，加 2 分。
2. 在规定的时间内提前完成任务，在数量、质量上符合规定的标准，对部门业绩推动有明显的贡献，加 1 分</td><td>工作记录表单</td></tr>
<tr><td>备注</td><td colspan="5"></td></tr>
</table>

YS-ZB-050

运用车间 / 列检作业场动态检车员

<table>
<tr><td>岗位名称</td><td>动态检车员</td><td>所在部门</td><td colspan="3">运用车间 / 列检作业场</td></tr>
<tr><td>职位职级序列</td><td colspan="5">技能序列</td></tr>
<tr><td>直接上级</td><td colspan="5">班组工长</td></tr>
<tr><td>直接下级</td><td colspan="5">——</td></tr>
<tr><td rowspan="5">岗位职责</td><td colspan="5">负责做好本岗位列车的技术检查工作，发现并协助处理车辆故障</td></tr>
<tr><td colspan="5">对车辆进行动态技术检查，按照职责分工和检查范围进行作业，对发现的车辆故障进行填报</td></tr>
<tr><td colspan="5">负责保证所检修的铁路货车相应部位的质量标准符合规定，并在正常使用条件下安全运行到下一个负责检查该部位的货车运用作业场</td></tr>
<tr><td colspan="5">参加班组组织的日常安全技术、操作规程、故障应急处置、消防安全等培训，掌握必要的安全业务技能</td></tr>
<tr><td colspan="5">负责探测站发生停电、设备故障等运行状态不良时的信息上报</td></tr>
<tr><td>工作记录文档</td><td colspan="5">检修记录、台账、报表等有关数据</td></tr>
<tr><td>指标类别</td><td>考核指标</td><td>考核内容</td><td>考核标准</td><td>信息来源</td><td>考核周期</td></tr>
<tr><td rowspan="5">岗位职责指标</td><td>劳动安全（20 分）</td><td>劳动安全“三违”问题</td><td>红线问题每发生 1 件，扣 3 分；A 类问题超过 1 件，每件扣 2 分；B 类问题超过 2 件，每件扣 1 分。劳动安全“三违”问题，除进行关键岗位绩效考核外，并按照安全相关规定执行</td><td rowspan="2">铁路装备公司《安全检查问题和隐患整改记录》</td><td rowspan="5">月度</td></tr>
<tr><td>劳动纪律（10 分）</td><td>应按时上下班，不迟到、不早退、不旷工，严格执行交接班制度</td><td>迟到、早退每次扣 0.5 分；旷工每次扣 2 分；因迟到、早退、旷工等延误生产进度每次扣 3 分；因迟到、早退、旷工等影响生产，造成停工或造成重大损失等扣 5 分。违反劳动纪律，除进行关键岗位绩效考核外，并按照相关规定执行</td></tr>
<tr><td>技能水平（10 分）</td><td>掌握本岗位应知应会技能知识</td><td>技能水平测评不合格，视情形扣 1—5 分</td><td>测评相关报表</td></tr>
<tr><td>运用车辆动态检查按时完成率（30 分）</td><td>月生产计划按时完成情况</td><td>未完成当月作业计划的，每少一列扣 0.5 分</td><td>铁路货车技术管理信息系统</td></tr>
<tr><td>运用车辆动态检查质量管理（30 分）</td><td>因漏检漏修，发生责任事故</td><td>每发生一起责任事故，扣 1 分</td><td>《铁路运用技术规程》</td></tr>
</table>

续表

指标类别	考核指标	考核内容	考核标准	信息来源	考核周期
非权重指标（含否决条件）	奖励指标	临时性工作绩效考核（领导临时交办的突发性工作）	1. 在规定的时间之前完成任务，完成任务的数量、质量明显超出规定的标准，对部门业绩推动有突出的贡献，加 2 分。 2. 在规定的时间内提前完成任务，在数量、质量上符合规定的标准，对部门业绩推动有明显的贡献，加 1 分	工作记录表单	月度
备注					

YS-ZB-051

运用车间 / 列检作业场列检值班员

<table>
<tr><td>岗位名称</td><td colspan="2">列检值班员</td><td>所在部门</td><td colspan="2">运用车间 / 列检作业场</td></tr>
<tr><td>职位职级序列</td><td colspan="5">技能序列</td></tr>
<tr><td>直接上级</td><td colspan="5">班组工长</td></tr>
<tr><td>直接下级</td><td colspan="5">——</td></tr>
<tr><td rowspan="5">岗位职责</td><td colspan="5">负责列车检修计划的编制、组织技检作业等工作</td></tr>
<tr><td colspan="5">列车到达前，按车站通知，将车次、辆数、进入股道、时间通知作业组准备接车</td></tr>
<tr><td colspan="5">列车始发前，根据车站通知的列车编组情况，将列车车次、辆数、股道、编号及始发时间通知作业组</td></tr>
<tr><td colspan="5">掌握技检时间和检修情况，组织列车安全正点，并将列车到达、中转、始发的作业情况及时正确地记入列车技术检查记录簿（车统 –14）内</td></tr>
<tr><td colspan="5">负责电动脱轨器的起落工作，加强与现场首、尾部检车员之间的联控</td></tr>
<tr><td>工作记录文档</td><td colspan="5">检修记录、台账、报表等有关数据</td></tr>
</table>

<table>
<tr><th>指标类别</th><th>考核指标</th><th>考核内容</th><th>考核标准</th><th>信息来源</th><th>考核周期</th></tr>
<tr><td rowspan="5">岗位职责指标</td><td>劳动安全（20 分）</td><td>劳动安全“三违”问题</td><td>红线问题每发生 1 件，扣 3 分；A 类问题超过 1 件，每件扣 2 分；B 类问题超过 2 件，每件扣 1 分。劳动安全“三违”问题，除进行关键岗位绩效考核外，并按照安全相关规定执行</td><td rowspan="2">铁路装备公司《安全检查问题和隐患整改记录》</td><td rowspan="5">月度</td></tr>
<tr><td>劳动纪律（10 分）</td><td>应按时上下班，不迟到、不早退、不旷工，严格执行交接班制度</td><td>迟到、早退每次扣 0.5 分；旷工每次扣 2 分；因迟到、早退、旷工等延误生产进度每次扣 3 分；因迟到、早退、旷工等影响生产，造成停工或造成重大损失等扣 5 分。违反劳动纪律，除进行关键岗位绩效考核外，并按照相关规定执行</td></tr>
<tr><td>技能水平（10 分）</td><td>掌握本岗位应知应会技能知识</td><td>技能水平测评不合格，视情形扣 1—5 分</td><td>测评相关报表</td></tr>
<tr><td>报表、台账管理（20 分）</td><td>按规定填写相关表单、台账及相关记录</td><td>发生数据错误、漏报等视情形扣 1—3 分</td><td>相关表单、记录</td></tr>
<tr><td>生产组织及计划按时完成率（40 分）</td><td>月生产计划按时完成情况</td><td>未完成当月作业计划的，每少一列扣 1 分</td><td>铁路货车技术管理信息系统</td></tr>
</table>

续表

指标类别	考核指标	考核内容	考核标准	信息来源	考核周期
非权重指标（含否决条件）	奖励指标	临时性工作绩效考核（领导临时交办的突发性工作）	1. 在规定的时间之前完成任务，完成任务的数量、质量明显超出规定的标准，对部门业绩推动有突出的贡献，加 2 分。 2. 在规定的时间内提前完成任务，在数量、质量上符合规定的标准，对部门业绩推动有明显的贡献，加 1 分	工作记录表单	月度
备注					

YS-ZB-052

设备车间机修钳工

岗位名称	机修钳工	所在部门	设备车间
职位职级序列	技能序列		
直接上级	班组工长		
直接下级	——		
岗位职责	负责车间管辖内的机械动力设备的日常维修保养、小修、一级状态修工作		
	负责分公司机械动力设备的维修保养工作		
	认真执行设备巡检制度，及时发现、处理设备临时故障，消除事故隐患，保证设备质量		
	按分公司下达的检修计划按时完成设备定检任务及其他临时任务，及时填写相关检修表报台账		
	认真执行安全作业制度，努力提高设备维修质量，参加设备鉴定工作，检验设备的管理、使用、保养、检修各项工作质量		
工作记录文档	检修记录、台账、报表等有关数据		

指标类别	考核指标	考核内容	考核标准	信息来源	考核周期
岗位职责指标	劳动安全（10分）	劳动安全“三违”问题	红线问题每发生1件，扣3分；A类问题超过1件，每件扣2分；B类问题超过2件，每件扣1分。劳动安全“三违”问题，除进行关键岗位绩效考核外，并按照安全相关规定执行	铁路装备公司《安全检查问题和隐患整改记录》	月度
	劳动纪律（10分）	应按时上下班，不迟到、不早退、不旷工，严格执行交接班制度	迟到、早退每次扣0.5分；旷工每次扣2分；因迟到、早退、旷工等延误生产进度每次扣3分；因迟到、早退、旷工等影响生产，造成停工或造成重大损失等扣5分。违反劳动纪律，除进行关键岗位绩效考核外，并按照相关规定执行		
	技能水平（10分）	掌握本岗位应知应会技能知识	技能水平测评不合格，视情形扣1—5分	测评相关报表	
	设备维修任务完成率（20分）	按月统计设备维修完成率	维修任务完成率不低于95%，每降低1%，扣1分	设备相关台账、记录	
	设备故障修复率（20分）	按月统计设备故障修复率	故障修复率不低于95%，每降低1%，扣1分		
	设备故障停机率（30分）	按月统计设备故障停机率	故障停机率不超过5%，每增加1%，扣2分		

续表

指标类别	考核指标	考核内容	考核标准	信息来源	考核周期
非权重指标（含否决条件）	奖励指标	临时性工作绩效考核（领导临时交办的突发性工作）	1. 在规定的时间之前完成任务，完成任务的数量、质量明显超出规定的标准，对部门业绩推动有突出的贡献，加 2 分。 2. 在规定的时间内提前完成任务，在数量、质量上符合规定的标准，对部门业绩推动有明显的贡献，加 1 分	工作记录表单	月度
备注					

YS-ZB-053

分公司车辆验收中心验收员（车辆）

岗位名称	验收员（车辆）	所在部门	分公司车辆验收中心
职位职级序列	管理序列		
直接上级	分公司车辆验收中心主任		
直接下级	——		
岗位职责	负责车辆厂修、段修及大部件、物资配件质量监督相关管理工作		
	负责分公司车辆厂修、段修、大部件检修，物资配件的验收及质量相关的制度、标准、作业指导书等编制、更新和完善工作		
	负责监督车辆厂修、段修、大部件检修、物资配件的质量		
	对车辆厂修、段修检修月度、季度、年度整车一次交验合格率管理		
	负责开展车辆厂修、段修质量对规、质量评审、质量分析等相关工作		
工作记录文档	检查记录台账、效验报告、统计分析报表等		

指标类别	考核指标	考核内容	考核标准	信息来源	考核周期
岗位职责指标	劳动安全（10分）	劳动安全“三违”问题	红线问题每发生1件，扣3分；A类问题超过1件，每件扣2分；B类问题超过2件，每件扣1分。劳动安全“三违”问题，除进行关键岗位绩效考核外，并按照安全相关规定执行	铁路装备公司《安全检查问题和隐患整改记录》	月度
	劳动纪律（10分）	遵守劳动纪律，不迟到、不早退、不旷工等，工作时间不做与本岗位无关的工作	迟到、早退每次扣0.5分；旷工每次扣2分；因迟到、早退、旷工等延误生产进度每次扣3分；因迟到、早退、旷工等影响生产，造成停工或造成重大损失等扣5分。违反劳动纪律，除进行关键岗位绩效考核外，并按照相关规定执行		
	专业技术能力（10分）	掌握本岗位专业技术知识，能够按照规定的时间要求完成任务或提前完成任务，在数量、质量上符合规定的标准	未及时完成或解决问题不彻底，视情形扣1—5分	工作计划、工作总结材料	
	执行能力（20分）	准确理解上级要求并迅速行动，遇困难时能积极协调资源，克服困难，高效地完成各项任务	个人执行力方面，对上级要求理解不准确、不主动沟通，执行缓慢甚至故意拖延，扣2分；不能够快速高效行动，主动协调资源，及时处理解决问题扣1分		
	修竣车检修质量管理（25分）	按月统计修竣车辆落成一次交检合格率	一次交检合格率不低于98%，每低1%扣1分	质量、技术目标	

续表

指标类别	考核指标	考核内容	考核标准	信息来源	考核周期
岗位职责指标	验收配件质量管理（25 分）	验收人员对最终的检修合格产品，验收合格后，方可交付使用	不合格品装车、使用，视情形扣 1—5 分	检查记录	月度
非权重指标（含否决条件）	奖励指标	临时性工作绩效考核（领导临时交办的突发性工作）	1. 在规定的时间之前完成任务，完成任务的数量、质量明显超出规定的标准，对部门业绩推动有突出的贡献，加 2 分。 2. 在规定的时间内提前完成任务，在数量、质量上符合规定的标准，对部门业绩推动有明显的贡献，加 1 分	工作记录表单	
备注					

航　运

一、适用范围

本关键岗位绩效考核标准适用于运输板块航运运营管理相关岗位和船舶技术操作相关岗位人员。

二、引用文件

1.《中华人民共和国安全生产法》

2.《中华人民共和国航运公司安全与防污染管理规定》

3.《中华人民共和国船舶安全营运与防污染管理规则》

4.《公路水路行业安全生产风险管理暂行办法》

5.《国家能源集团劳动定员标准》

6.《航运企业劳动定员标准》

7.《船舶配员定员标准》

三、提取依据

根据运输板块航运业务运营模式、业务性质及岗位特点，按业务流程逐层界定关键岗位。界定原则包括：岗位与公司战略目标实现高度相关、承担核心职责及考核指标、掌握关键技术或资源、可代表同一类岗位特点、岗位名称符合《国家能源集团劳动定员标准》。

四、关键岗位列表

序号	组织机构	岗位名称	职位职级序列	主要工作内容
YS–HY–001	调度室	计划调度主管	管理序列	按照公司年度计划，协调航运部、各子分公司摸排公司各月生产任务，并做好月度任务的上报和分解工作；参加集团生产运营平衡会，并负责会议材料的撰写、汇总、整理；组织召开公司调度视频会，协助解决公司日常运营出现的问题；负责自有船舶运营效率的统计分析工作，提出合理化建议
YS–HY–002		运营调度主管		负责组织公司调度会；负责自有船舶自引、引航及拖轮使用的统计；负责对集团总调度室下达的相关考核指标的完成情况进行统计、上报；负责公司非煤运输计划上报及其完成情况的统计和上报；负责运输月报等相关材料的编写、上报；负责自有船舶运营效率的统计分析工作，提出合理化建议；协助做好集团旬度会、集团计划会商会、集团经营平衡会等材料的编写、上报；协助做好船舶事故、事件应急处理事项
YS–HY–003		综合调度主管		参加集团视频调度例会；负责收集材料，撰写周总结、月总结材料
YS–HY–004		值班调度主管		负责24小时调度值班工作；负责编制和填报集团总调度室、集团煤炭运输部要求的各类报表；负责编制公司船舶动态表、生产日报表、调度日报和生产情况短信简报等；负责掌握、监控船舶的船位、动态，跟踪、监督生产任务完成情况；负责跟踪、了解装卸港船舶的运营情况和进出港靠、离泊计划；负责协调、传达、记录船舶运营出现的各类问题；负责航运系统调度数据的录入和审核工作。参与公司应急事件处理，承担应急办公室值班职能

续表一

序号	组织机构	岗位名称	职位职级序列	主要工作内容
YS–HY–005	航运部	航运计划主管	管理序列	协助编制公司中长期（五年及三年滚动）及年度货运生产计划；汇总运输需求，统筹安排自有船、租船，编制运力计划表，保障一体化电厂运输；负责公司整体船舶运营计划的日常管理与协调；协助落实租船需求和租船询比价开盘；负责调配运力，择优安排市场航次货盘
YS–HY–006	航运部	客户经理	管理序列	负责落实长协客户运力需求，提报需求计划，确认运力计划；负责实时掌握长协客户的燃煤消耗、库存、设备检修等生产运行情况；负责根据船舶运行情况，协调客户落实运力调整；负责协调长协客户，加快航次周转；负责长协运输合同的洽谈、确认、起草、流转；负责长协客户运费、滞期费等费用的催收；负责配合相关部门处理长协客户运输业务中滞速费、亏舱亏载、货损货差等争议纠纷问题；负责长协客户的服务、维护、评价和客户信息管理等工作；负责本岗位相关业务资料及台账的整理归档
YS–HY–007	航运部	自有船操作主管	管理序列	负责开展自有船航次操作工作；负责监控船舶动态；负责根据经营航线的气象、水文、海事政策等信息，监控装卸港港口作业生产进度等情况并协调配载货量；负责在船舶生产运输遇到问题时，协调各相关方进行合作处理；负责配合相关部门处理航次运输业务中亏舱亏载、货损货差等争议纠纷问题；负责每日对航次效益预算、决算所涉及各项数据进行统计汇总；负责航次操作中相关文件的收集汇总；负责定期对自有船操作情况进行分析总结；负责本岗位相关业务资料及台账的整理归档
YS–HY–008	航运部	租船主管	管理序列	负责根据年度及航次租船需求，按公司相关规定开展租船工作；负责收集船东信息，对船东的维护；负责本岗位相关业务资料及台账的整理归档；负责租船合同的洽谈、确认、起草、流转；负责航运市场信息收集、掌握市场行情、租船情况分析
YS–HY–009	安全技术部	安监主管（海务、安委办、体系）	管理序列	负责贯彻落实国家行业主管机关、集团公司相关制度要求；负责船舶安全督查工作，组织开展安全环保监督检查、安全环保绩效考核；做好船舶事故处理相关工作；负责部署公司各类季节性安全防范工作、专项安全活动；负责做好安全生产风险管控及日常管理相关工作，落实安全生产责任
YS–HY–010	安全技术部	安监主管（机务）	管理序列	负责船舶安全督查工作；负责制订船舶安全监督检查评比管理工作计划；修订完善船舶检查标准和考核办法；督导公司船舶符合相关规定；开展安全环保监督检查、安全环保绩效考核；负责部署“节能宣传周”“消防宣传月”以及集团公司相关专项活动；负责船舶厂修、航修、检验服务商等承包商安全环保监察管理；负责审定船舶年度厂修计划，监督实施；负责厂修、航修、紧急修理及检验等采购的线上审核；负责相关规章制度的制定与执行情况监督

续表二

序号	组织机构	岗位名称	职位职级序列	主要工作内容
YS–HY–011	安全技术部	科技管理主管	管理序列	负责收集、下达、贯彻落实国家行业主管机关、集团公司有关船舶技术、科技创新的法规、制度、要求和指标；负责汇总、制定、上报、下达公司的买船及船舶处置技术方案和科技创新、技术改造的中长期规划、计划、方案和指标，监督执行情况；负责公司科技创新管理工作，编制公司中长期科技发展规划以及年度科技工作计划，编制公司科技创新费用年度预算，按计划完成科技创新工作，完成相关工作总结；负责科技创新工作室相关工作；负责公司科技创新管理及有关科技项目的立项、跟踪、研究工作；负责制订、报批船舶技术改造（含履约技改）计划及费用预算，对获批项目的实施情况进行跟踪、评估、统计、上报等；负责组织公司科研项目的论证和报批，以及科研项目实施过程的管理及验收工作；负责汇总、上报科技创新的数据和报告，相关数据信息上报集团管理系统；负责有关船舶技术专利、著作权、船舶技术标准和技术秘密等的知识产权管理；协助组织公司对外船舶科技交流与合作管理；负责组织编制科技创新、技改、机务费用（修理、备件、物料、润料等成本）年度预算、年中调整、年末决算工作，编制报告等；负责对机务费用月度使用情况、使用进度的跟踪统计、分析工作；负责相关规章制度的制定与执行情况监督
YS–HY–012		环保管理主管		负责收集、下达、贯彻落实国家行业主管机关、集团公司有关节能环保的法规、制度、要求和指标；负责汇总、制订、上报、下达公司节能环保的中长期规划、计划、方案和指标，监督执行情况；负责公司节能减排、能效管理、船舶防污染管理工作，复核船舶能耗指标控制计划，监督执行、跟踪运行和节能效果；负责汇总、上报节能环保的数据和报告（包括公司各部室、集团相关部室、地方政府等外部单位），相关数据信息上报集团管理系统；负责相关规章制度的制定与执行情况监督
YS–HY–013		职业健康主管		负责建立和完善分公司各项职业健康管理制度和流程，组织编制公司职业健康管理体系文件；负责公司职业健康管理，制订公司职业病防治计划，提高职业病防治水平，保护劳动者在劳动过程中的健康；编写相关计划、报告；负责汇总、上报数据和报告，相关数据信息上报集团管理系统；监督、检查子分公司各类职业健康制度、规程执行情况
YS–HY–014		信息化项目主管		负责编制、实施公司信息化建设中长期发展规划和年度计划，公司年度信息化投资计划和相关的信息化资金使用计划；搜集和管理公司信息化需求，制定公司的信息化建设方案；负责公司信息化建设项目的立项申请、组织管理、成果验收和部署应用，分析、评估公司信息系统运行情况，提出改进升级方案；完善信息化项目管理相关规章制度，组织公司信息化相关技术的培训工作

续表三

序号	组织机构	岗位名称	职位职级序列	主要工作内容
YS–HY–015	安全技术部	通导主管	管理序列	负责制定公司年度通导费用预算，审核通导费用，制定优化建议方案；负责公司信息网络和通信资源管理、通信费管理；负责京外单位网络专线的建设与管理；负责公司总部单位的固定电话、员工移动办公上网设备流量服务的管理，制定管理办法；负责公司船岸卫星通信网络系统建设、使用管理、运维及应用研究，保障船舶通信网络稳定；负责公司船舶固定电话、船域网络资源管理；负责公司船舶北斗导航系统建设及维护，监督考核使用情况；负责公司船舶应急通信设备的正常运行，协调公司与各单位船岸通信保障系统建设，保证公司的应急指挥通信畅通
YS–HY–016	安全技术部	网信运维主管	管理序列	负责公司各类信息系统的管理与维护，制定运维、网络和信息安全相关制度，制定信息系统应急预案；负责公司信息系统数据初始化、工作流程设置及变更，员工账号的开通、权限配置、变更及注销；负责计算机软、硬件资源申请，信息系统安装部署和服务器迁移工作；负责公司计算机防病毒软件、软件正版化管理和检查工作；负责公司 IT 资产台账管理、资产清查和巡检工作；负责公司船舶 IT 资产梳理；负责公司网络及信息安全体系建设、政策宣贯、网信检查和技术培训；负责信息系统等测评、技术防护和管控能力提升，保障公司信息系统的安全运行
YS–HY–017	安全技术部	安全综合管理主管	管理序列	按照部门设置岗位职责及部门个人岗位职责，负责向集团公司、航运公司总部上报公司年 / 月 / 周度安全环保报告，以及内外部单位、部门的各类汇报总结材料编制工作；负责部门组织会议的会务工作，协助安委会相关工作，编制部分会议的会议纪要；负责部门大部分议案的编写、审批、材料报送等工作；负责公司安全文化建设工作；负责子公司年 / 季 / 月度安全环保绩效考核相关工作；负责部门文件收集、考勤、报销、办公用品采购等部门日常工作；协助保障公司安全管理目标的实现与安全管理水平提升
YS–HY–018	商务部	航运法务主管	管理序列	负责研究、掌握与公司航运业务相关的政策及法律法规；负责为公司航运业务及航运相关制度提供法律意见；负责处理公司航运业务类的法律纠纷案件，提出案件处理意见，跟踪案件进展；负责公司航运类合同归口管理，会同公司有关合同专项管理部门制定、推广使用公司航运类合同范本；负责公司航运类合同的法律审核，提出合同修改意见；负责子公司非范本合同的提级法律审核；负责公司航运类合同原件归档及移交

续表四

序号	组织机构	岗位名称	职位职级序列	主要工作内容
YS–HY–019	商务部	船舶保险主管	管理序列	负责制订公司自有船舶投保计划；负责公司自有船舶保险的投保、保费支付工作；负责公司船舶保险事故出现后的通知、协助各类保险事故处理，进行保险理赔工作；负责货物保险的采购并依据航运部及办事处的投保情况支付保费；参与保险机构的评估、选聘、谈判，负责签订相关保险协议
YS–HY–020		港口使费管理主管		负责港口船舶代理公司的选聘，以及代理合同的审核、签订和评价；负责港口使费、船舶代理费等费用的审核与结算；负责指导、监督船舶港口作业单证的管理；负责制定和更新港口使费变动成本数据表；协助相关部门提供降本增效港口使费数据；协助相关部门与港口代理公司各项业务协调工作
YS–HY–021		商务分析主管		负责动态分析船舶运营效益及评价管理；负责提供自有船舶航次效益测算参考数据；负责拟定发布月度红线价格及红线价格计算方法；负责核定公司月度市场经营类考核结果
YS–HY–022		商务结算主管		负责应收账款的统计和分析；负责每月对“月度经营考核”中应收账款部分的考核指标计算；负责航次结束后进行 ERP 系统的录入；负责根据业务部门的运费确认单和合同，审核单据后出具“运费结算单”，在报账系统中完成线上制单和审批流程，提交财务进行开票；负责根据船东出具的发票和运费确认单、合同，核对航次费用，在报账系统和发票票夹中完成线上制单和审批流程，提交财务进行付款；负责信息系统使用过程中的问题反馈和优化建议
YS–HY–023	采购管理部	采购管理主管（租船）		负责租船采购流程合规性初审；负责租船采购合同核对；与集团电子商务平台沟通协调；负责向上级管理部门提报文件总结，数据收集整理；负责船东库供应商进入、退出审定和绩效评价工作
YS–HY–024		采购管理主管（物资）		负责物资采购流程合规性初审；负责物资采购合同核对；与物资公司和工程公司相关部门沟通协调；协助安技部对采购系统提供支持和解释；负责每月向集团上报采购数据收集和报送；负责厂修短名单供应商绩效评价工作
YS–HY–025		采购管理主管(服务）		负责服务采购流程合规性初审；负责服务采购合同核对；与物资公司和工程公司相关部门沟通协调；负责燃油短名单供应商绩效评价工作
YS–HY–026	北京分公司	燃油采购经理		负责制订船用燃油采购计划；负责船用燃油采购的计划提报、采购、合同拟定、加装指令下达、费用确认等工作；负责船舶燃油市场分析，根据行情的变化提出相关采购意见；负责相关业务合同、数据的统计分析；负责燃油相关资料（合同、文件等）管理工作；负责本部燃油采购相关工作的总结及统计分析工作；负责收集燃油市场信息

续表五

序号	组织机构	岗位名称	职位职级序列	主要工作内容
YS–HY–027	北京分公司	物料备件采购经理	管理序列	负责组织本部人员履行职责、完成工作任务、加强内部建设，制订并执行本部门工作计划、业务规范及工作流程；负责接收并处理公司自有船舶所需物资的采购申请，形成采购计划；负责与相关采购机构协调处理问题；负责制定本部业务的采购策略，提升采购成功率；负责本部采购合同的起草、流转及签订等工作；负责本部采购合同执行的及时率和准确率，有效提升采购结算率；负责本部采购合同的票据审核，商务结算；负责本部相关资料（合同、文件等）管理工作；负责本部采购相关工作的总结及统计分析工作
YS–HY–028	北京分公司	物料备件采购主管	管理序列	负责执行本部门工作计划、业务规范及工作流程；负责接收并处理公司自有船舶所需物资的采购申请，形成采购计划；负责制定采购策略，提升采购成功率；负责起草、流转及签订采购合同等工作；负责采购合同执行的及时率和准确率，有效提升采购结算率；负责相关采购合同的票据审核，商务结算
YS–HY–029	天津公司	海务主管	管理序列	负责船舶的海务（监督）管理、体系（监督）运行、防污染、船舶动态、货物运输质量、隐患排查及事故调查等工作；负责监督船舶管理公司或船舶做好航海图书、资料的发放、管理工作；负责监督、指导船舶管理公司或指导做好船舶防台及季节性安全工作，参加抢险及其他重大事故的现场指挥工作；负责收集、掌握、发布与船舶管理相关的公约、法律、法规、规则的最新信息
YS–HY–030	天津公司	机务主管	管理序列	负责船舶的机务（监督）管理、体系（监督）运行、成本管控、隐患排查及事故调查等工作；跟踪 IMO、船籍国、港口国和船级社有关机务方面的船舶安全、防污染、船舶检验等方面的公约、法规、标准和规定，督促船舶管理公司及船舶贯彻实施；审核或制订船舶维修保养计划，监督落实情况，确保船舶设备处于正常技术状态，保证安全生产；复核或审核船舶的污油水清退计划，监督污油水清退工作，并与污油水清退单位签订清退协议；负责对船舶上报的燃油航次消耗月报、燃润料消耗月报的审核，ERP 燃油消耗数据的导入和审核，检查消耗是否异常，对出现燃油异常消耗及时反馈并处理后续事宜
YS–HY–031	天津公司	安全监察主管	管理序列	负责组织建立、修订、实施安全生产标准化体系、安全风险预控体系、质量环境职业健康安全体系；组织开展体系内审、管理评审，跟踪验证不符合项的整改工作；负责管理公司各类体系证书，确保体系证书的有效性；负责公司应急管理，建立健全应急救援预案，并将应急管理体系与主管机关或集团的管理要求衔接，组织应急演练；负责公司应急管理的日常工作，制定和组织实施公司船岸联合演习；负责对公司发生的安全事

续表六

序号	组织机构	岗位名称	职位职级序列	主要工作内容
YS–HY–031	天津公司	安全监察主管	管理序列	故、险情、典型案例以及船舶 PSC、FSC 检查缺陷的统计、分析，组织公司安全生产教育和培训，如实记录安全生产教育和培训情况；负责部署公司各类季节性安全防范工作、专项安全活动，以及环境保护、节能减排工作，监督落实情况；组织或参与安全事故的调查，向上级有关部门汇报调查及处理情况；负责对船舶安全与防污染委托管理监管和船舶自管工作的督查，监督各项监管制度执行情况和船舶管理体系运行情况
YS–HY–032		船员主管（自有船）		负责自有船员招聘、考核、晋升、适任评估等管理工作；负责自有船员管理工作相关的规章制度的制定和修订；负责自有船员管理信息的数据统计、上报工作；负责船员市场情况调查、分析和报告工作；协助开展自有船员在船期间的综治维稳工作；协助处理自有船员的工伤、工亡、航病事件
YS–HY–033		船员主管（外委）		负责外委船员的准入、考核、晋升、适任和在船履职评估工作；负责外委船员管理工作相关的规章制度的制定和修订；监督船舶管理公司和船员管理公司的船员选聘、培训、换班、考核、遣返等方面的管理工作；负责船员劳务公司的年度履约考核工作；负责按照公司安全管理体系开展自管船船员管理工作；协助处理外委船员的工伤、工亡及航病事件；参加公司船岸的应急反应，参与应急处理
YS–HY–034		调配主管		负责拟订年度船员换班计划，并根据实际执行情况及时进行调整；负责按照安全管理体系要求开展船员调配工作；负责船员调配的管理和监督管理工作；负责外委船员档案的管理工作；负责船员劳保用品的管理；负责处理自有和外委船员的工伤、工亡及航病事件
YS–HY–035		证培主管		负责船员的证书办理和日常管理，监控证书的有效性；负责安排船员证书考试或证书培训；根据公司有关培训管理规定，制订年度培训计划，核算年度培训预算，并组织实施和评价培训效果；负责按照公司安全管理体系开展自管船船员管理的相关工作
YS–HY–036		船长	专业技术序列	贯彻执行公司安全环保方针，确保服务质量；认真组织实施公司安全环保方针、目标和措施；做好各项安全规章和设备操作规程的执行、理解和训练；执行公司安全管理体系文件，确保公司安全管理体系在船上的正常运行；定期复查安全管理体系；结合航次任务、季节特点、人员及设备情况，切实保持各项安全管理的做法，注重检查、监督和措施的落实，保证适任、适航；负责船舶及设备的日常维修和保养；对全船的服务质量和安全管理负有全面和最高的领导责任；负责全船的行政和技术业务的管理，批准应急部署表，组织应急演习，指挥

续表七

序号	组织机构	岗位名称	职位职级序列	主要工作内容
YS–HY–036	天津公司	船长	专业技术序列	船舶应急反应；管理船舶有关证书，确保其有效性；审批明火和密闭舱室作业；负责对外联络；指导、组织船员的业务训练、培训；关心船员的工作、生活、学习和文化娱乐；船舶、人员和环境保护受到威胁时，有行使越权处置的权力；对所属船舶人员人事安排、处理或奖惩提出建议
YS–HY–037	天津公司	轮机长	专业技术序列	负责船舶机电设备的管理和维持适航状态；负责设备证书、技术文件和资料管理；机舱管理和防污染管理；编制和实施机舱维护保养计划以及备件管理；督促轮机部人员遵守有关规章制度；厂修、坞修、航修时，负责轮机部的安全和质量管理；为甲板部分管的机电设备提供技术支持；负责散装货的机电操作；船舶临界操作时在机舱值守；协助船长应急反应；具体组织安排轮机部新进或实习人员的培训工作
YS–HY–038	天津公司	大副	专业技术序列	负责船舶航行及靠泊值班；船舶装卸货物时的值班、管理，以及船舶危货管理、船舶调载以确保适航；负责船舶船体、水舱、船舶消防救生相关设备和堵漏设备及甲板部设备使用、维护及档案管理；会同水手长制订年度、季度船舶及甲板设备维护计划并负责实施、督促和检查；制定防火、防爆、防盗措施；负责船舶药品管理、SMS 相关资料管理；负责甲板部安全管理；厂修、坞修时，甲板部的安全和质量管理；甲板部人员管理和培训；协助船长组织实施船舶应急反应
YS–HY–039	天津公司	大管轮	专业技术序列	负责分管主推进系统、冷藏系统、滑油处理系统、防污防腐设备等相关设备，并保持其技术状况良好；航行及靠泊时机舱值班；协助轮机长管理轮机部，安排轮机部的日常工作；值班时机舱运行指挥，发布操作指令，审检执行情况并对发现问题进行纠正，不能处理时及时报告轮机长；组织轮机部人员实施部门安全管理计划和措施；熟悉船舶应急部署，及时正确地对应急情况做出反应

五、关键岗位绩效考核标准

YS-HY-001

调度室计划调度主管

<table>
<tr><td>岗位名称</td><td>计划调度主管</td><td>所在部门</td><td>调度室</td></tr>
<tr><td>职位职级序列</td><td colspan="3">管理序列</td></tr>
<tr><td>直接上级</td><td colspan="3">调度室主任</td></tr>
<tr><td>直接下级</td><td colspan="3">——</td></tr>
<tr><td rowspan="8">岗位职责</td><td colspan="3">按照公司年度计划，协调航运部、各子分公司摸排公司各月生产任务，并做好月度任务的上报和分解工作</td></tr>
<tr><td colspan="3">参加集团生产运营平衡会、旬度会等，并负责会议材料的撰写、汇总、整理，组织召开公司调度视频会</td></tr>
<tr><td colspan="3">负责调度室各类数据的统计汇总，以及各类报表文档的收集、整理、保存工作</td></tr>
<tr><td colspan="3">负责集团总调度室下达的有关运营效率等材料的撰写和整理工作</td></tr>
<tr><td colspan="3">负责与公司财务及其他部门的对账工作，定期核对调度日报中上报数据的准确性</td></tr>
<tr><td colspan="3">负责自有船舶运营效率的统计分析工作，提出合理化建议</td></tr>
<tr><td colspan="3">协助做好船舶事故等应急处理事项</td></tr>
<tr><td colspan="3">负责领导交办的其他工作</td></tr>
<tr><td>工作记录文档</td><td colspan="3">会议材料、分析材料、统计报表</td></tr>
</table>

<table>
<tr><th>指标类别</th><th>考核指标</th><th>考核内容</th><th>考核标准</th><th>信息来源</th><th>考核周期</th></tr>
<tr><td rowspan="7">岗位职责指标</td><td>计划分解（20分）</td><td>月度计划上报分解</td><td>计划及时上报、分解，延迟或错误每次扣2分</td><td>计划表</td><td rowspan="7">月度</td></tr>
<tr><td>指标设置（20分）</td><td>月度计划分解的合理性</td><td>指标设置合理，出现不合理的情况每次扣2分</td><td rowspan="2">部门统计</td></tr>
<tr><td>规范性（10分）</td><td>依据制度流程开展公司所属单位的月度计划分解与上报工作</td><td>工作开展合理合规，不合规每次扣2分</td></tr>
<tr><td>组织会议（12分）</td><td>按公司要求参加集团会议、组织公司视频会议</td><td>按要求组织和参加会议，未完成每次扣1分</td><td>会议记录</td></tr>
<tr><td>撰写材料（8分）</td><td>负责调度室总结报告、经验材料等文字工作</td><td>各类材料准确无误，出现错误每次扣2分</td><td>总结材料</td></tr>
<tr><td>统计数据（12分）</td><td>按时向集团、公司上报相关统计数据</td><td>统计数据准确无误，出现错误每次扣2分</td><td>集团反馈结果</td></tr>
<tr><td>劳动纪律（8分）</td><td>遵守公司劳动纪律制度</td><td>发生违反劳动纪律制度的行为，每次扣5分</td><td>通报</td></tr>
</table>

续表

指标类别	考核指标	考核内容	考核标准	信息来源	考核周期
岗位职责指标	能力素质（10 分）	员工能力素质与岗位的匹配程度和贡献程度	非常符合得 9—10 分（含 9 分），较符合得 8—9 分（不含 9 分），基本符合得 6—8 分（不含 8 分），不符合得 0—6 分（不含 6 分）	部门评定	月度 / 年度
非权重指标	奖励指标	管理创新	在业务开展以及管理活动过程中，有创新性的方法和思路，促进部门业绩较大程度提升，促进公司发展，加 5 分	通报、部门统计	
		合理化建议	提出的合理化建议被部门采纳，每条加 2 分；被公司采纳，每条加 5 分		
		专项任务	参与应急、保供等特殊时期的值班、材料撰写等工作，每次加 1 分；获得公司表扬的，每次加 3 分；获得集团表扬的，每次加 5 分		
	否决指标	工作过失造成不良影响	由于管理工作不当导致泄密事故、重要指令传达不力、日常管理工作出现渎职等，对公司造成较大影响扣 5—10 分、造成重大影响扣 10—20 分	通报	
		违反公司相关规定	出现公司级或部门级目标责任书否决项、公司全员绩效考核负面清单内事项，根据规定直接评定为相应等级		
备注	1. 涉及年度评价的指标，根据年度目标调整考核指标及目标值，根据年度实施情况合理设定年度扣分值。 2. 发生扣分事项时，扣分最大值不超过该项考核指标分。 3. 受疫情等特殊原因导致工作无法开展不扣分				

YS-HY-002

调度室运营调度主管

岗位名称	运营调度主管	所在部门	调度室
职位职级序列	管理序列		
直接上级	调度室主任		
直接下级	——		
岗位职责	负责组织公司调度会等调度室相关会议		
	负责自有船舶自引、引航及拖轮使用的统计		
	负责对集团总调度室下达的相关考核指标完成情况进行统计、上报		
	负责公司非煤运输计划上报及其完成情况的统计和上报		
	负责运输月报等相关材料的编写、上报		
	负责自有船舶运营效率的统计分析工作，提出合理化建议		
	协助做好船舶事故、事件应急处理事项		
	负责领导交办的其他工作		
工作记录文档	会议材料、分析材料、统计报表		

指标类别	考核指标	考核内容	考核标准	信息来源	考核周期
岗位职责指标	效率统计（20分）	统计自有船舶运营效率	统计数据准确无误，数据错误每次扣2分	分析表	月度
	效率分析（20分）	分析自有船舶运营效率	分析合理、结论可信，分析不合理或结论不可信每次扣2分		
	规范性（10分）	依据公司要求开展效率统计分析工作	工作开展合理合规，不合规每次扣2分	统计表	
	组织会议（8分）	按公司要求参加集团会议、组织公司视频会议	按要求组织和参加会议，未完成每次扣1分	会议记录	
	撰写材料（12分）	负责调度室总结报告、制度办法等文字工作	各类材料准确无误，出现错误每次扣2分	总结材料	
	统计数据（12分）	按时向集团、公司上报相关统计数据	统计数据准确无误，数据错误每项扣2分	集团反馈结果	
	劳动纪律（8分）	遵守公司劳动纪律制度	发生违反劳动纪律制度的行为，每次扣5分	通报	
	能力素质（10分）	员工能力素质与岗位的匹配程度和贡献程度	非常符合得9—10分（含9分），较符合得8—9分（不含9分），基本符合得6—8分（不含8分），不符合得0—6分（不含6分）	部门评定	月度/年度
非权重指标	奖励指标	管理创新	在业务开展以及管理活动过程中，有创新性的方法和思路，促进部门业绩较大程度提升，促进公司发展，加5分	通报、部门统计	

续表

指标类别	考核指标	考核内容	考核标准	信息来源	考核周期
非权重指标	奖励指标	合理化建议	提出的合理化建议被部门采纳，每条加 2 分；被公司采纳，每条加 5 分	通报、部门统计	月度 / 年度
		专项任务	参与应急、保供等特殊时期的值班、材料撰写等工作，每次加 1 分；获得公司表扬的，每次加 3 分；获得集团表扬的，每次加 5 分		
	否决指标	工作过失造成不良影响	由于管理工作不当导致泄密事故、重要指令传达不力、日常管理工作出现渎职等，对公司造成较大影响扣 5—10 分、造成重大影响扣 10—20 分	通报	
		违反公司相关规定	出现公司级或部门级目标责任书否决项、公司全员绩效考核负面清单内事项，根据规定直接评定为相应等级		
备注	1. 涉及年度评价的指标，根据年度目标调整考核指标及目标值，根据年度实施情况合理设定年度扣分值。 2. 发生扣分事项时，扣分最大值不超过该项考核指标分。 3. 受疫情等特殊原因导致工作无法开展不扣分				

YS-HY-003

调度室综合调度主管

岗位名称	综合调度主管	所在部门	调度室
职位职级序列	管理序列		
直接上级	调度室主任		
直接下级	——		
岗位职责	负责参加集团每日视频调度例会，以及其他调度会议替补		
	负责收集材料，撰写周总结、月总结材料		
	负责部门考勤的统计和人力对接		
	负责办公用品的申请领取和办公室对接		
	负责领导交办的其他工作		
工作记录文档	会议记录、会议材料、办公用品申请表、考勤记录表		

指标类别	考核指标	考核内容	考核标准	信息来源	考核周期
岗位职责指标	考勤统计（25分）	统计并上报部门考勤	统计数据准确无误，数据错误每项扣2分	考勤表	月度
	用品申领（25分）	申请领取办公用品	物品申领及时准确，出现错误每次扣2分	部门统计	
	撰写材料（16分）	撰写周总结、月总结等	各类材料准确无误，出现错误每次扣2分	总结材料	
	参加会议（16分）	参加集团每日16时视频调度例会	按要求参加会议，未参加每次扣1分	部门统计	
	劳动纪律（8分）	遵守公司劳动纪律制度	发生违背劳动纪律制度的行为每次扣5分	通报	
	能力素质（10分）	员工能力素质与岗位的匹配程度和贡献程度	非常符合得9—10分（含9分），较符合得8—9分（不含9分），基本符合得6—8分（不含8分），不符合得0—6分（不含6分）	部门评定	月度/年度
非权重指标	奖励指标	管理创新	在业务开展以及管理活动过程中，有创新性的方法和思路，促进部门业绩较大程度提升，促进公司发展，加5分	通报、部门统计	
		合理化建议	提出的合理化建议被部门采纳，每条加2分；被公司采纳，每条加5分		
		专项任务	参与应急、保供等特殊时期的值班、材料撰写等工作，每次加1分；获得公司表扬的，每次加3分；获得集团表扬的，每次加5分		
	否决指标	工作过失造成不良影响	由于管理工作不当导致泄密事故、重要指令传达不力、日常管理工作出现渎职等，对公司造成较大影响扣5—10分、造成重大影响扣10—20分	通报	

续表

指标类别	考核指标	考核内容	考核标准	信息来源	考核周期
非权重指标	否决指标	违反公司相关规定	出现公司级或部门级目标责任书否决项、公司全员绩效考核负面清单内事项，根据规定直接评定为相应等级	通报	月度/年度
备注	1. 涉及年度评价的指标，根据年度目标调整考核指标及目标值，根据年度实施情况合理设定年度扣分值。 2. 发生扣分事项时，扣分最大值不超过该项考核指标分。 3. 受疫情等特殊原因导致工作无法开展不扣分				

YS-HY-004

调度室值班调度主管

岗位名称	值班调度主管	所在部门	调度室
职位职级序列	管理序列		
直接上级	调度室主任		
直接下级	——		
岗位职责	负责24小时调度值班工作		
	负责编制和填报集团总调度室、集团煤炭运输部要求的各类报表		
	负责编制公司船舶动态表、生产日报表、调度日报和生产情况短信简报等		
	负责掌握、监控船舶的船位、动态，跟踪、监督生产任务完成情况		
	负责跟踪、了解装卸港船舶的运营情况和进出港口、离泊计划		
	负责协调、传达、记录船舶运营出现的各类问题		
	负责航运系统调度数据的录入和审核工作		
	负责公司调度会的会议记录		
	参与公司应急事件处理，承担应急办公室值班职能		
	负责领导交办的其他工作		
工作记录文档	调度日志、生产报表、调度日报等有关数据和台账		

指标类别	考核指标	考核内容	考核标准	信息来源	考核周期
岗位职责指标	值班工作（20分）	24小时调度值班工作	按规定进行交接班，交接班违规每次扣1分	部门统计	月度
	应急值守（20分）	参与公司应急事件处理，承担应急办公室值班职能	合规处理突发事件，不合规每次扣1分	通报	
	报表制作（10分）	编制集团、公司要求的各种生产报表	各类材料准确无误，出现错误每次扣0.5分	集团反馈	
	监控动态（8分）	掌握、监控船舶的船位、动态	动态准确无误，出现错误每次扣0.5分	动态表	
	掌握计划（8分）	跟踪、了解装卸港船舶的运营情况和进出港口、离泊计划	计划了解准确无误，出现错误每次扣0.5分	运输计划	
	录入系统（8分）	负责航运系统调度数据的录入和审核数据	录入数据准确无误，出现错误每项扣0.5分	航调系统	
	记录会议（8分）	做好公司调度会的会议记录	会议记录准确无误，出现错误每项扣0.5分	部门统计	月度/年度
	劳动纪律（8分）	遵守公司劳动纪律制度	发生违反劳动纪律制度的，每次行为扣5分	通报	月度
	能力素质（10分）	员工能力素质与岗位的匹配程度和贡献程度	非常符合得9—10分（含9分），较符合得8—9分（不含9分），基本符合得6—8分（不含8分），不符合得0—6分（不含6分）	部门评定	月度/年度

续表

<table>
<tr><th>指标类别</th><th>考核指标</th><th>考核内容</th><th>考核标准</th><th>信息来源</th><th>考核周期</th></tr>
<tr><td rowspan="5">非权重指标</td><td rowspan="3">奖励指标</td><td>管理创新</td><td>在业务开展以及管理活动过程中，有创新性的方法和思路，促进部门业绩较大程度提升，促进公司发展，加 5 分</td><td rowspan="3">通报、部门统计</td><td rowspan="5">月度 / 年度</td></tr>
<tr><td>合理化建议</td><td>提出的合理化建议被部门采纳，每条加 2 分；被公司采纳，每条加 5 分</td></tr>
<tr><td>专项任务</td><td>参与应急、保供等特殊时期的值班、材料撰写等工作，每次加 1 分；获得公司表扬的，每次加 3 分；获得集团表扬的，每次加 5 分</td></tr>
<tr><td rowspan="2">否决指标</td><td>工作过失造成不良影响</td><td>由于管理工作不当导致泄密事故、重要指令传达不力、日常管理工作出现渎职等，对公司造成较大影响扣 5—10 分、造成重大影响扣 10—20 分</td><td rowspan="2">通报</td></tr>
<tr><td>违反公司相关规定</td><td>出现公司级或部门级目标责任书否决项、公司全员绩效考核负面清单内事项，根据规定直接评定为相应等级</td></tr>
<tr><td>备注</td><td colspan="5">1. 涉及年度评价的指标，根据年度目标调整考核指标及目标值，根据年度实施情况合理设定年度扣分值。
2. 发生扣分事项时，扣分最大值不超过该项考核指标分。
3. 受疫情等特殊原因导致工作无法开展不扣分</td></tr>
</table>

YS-HY-005

航运部航运计划主管

<table>
<tr><td colspan="2">岗位名称</td><td>航运计划主管</td><td>所在部门</td><td colspan="2">航运部</td></tr>
<tr><td colspan="2">职位职级序列</td><td colspan="4">管理序列</td></tr>
<tr><td colspan="2">直接上级</td><td colspan="4">航运部经理</td></tr>
<tr><td colspan="2">直接下级</td><td colspan="4">——</td></tr>
<tr><td colspan="2" rowspan="5">岗位职责</td><td colspan="4">协助编制公司中长期及年度货运生产计划</td></tr>
<tr><td colspan="4">汇总运输需求，统筹安排自有船、租船，编制运力计划表，保障一体化电厂运输</td></tr>
<tr><td colspan="4">负责公司整体船舶运营计划的日常管理与协调</td></tr>
<tr><td colspan="4">协助落实租船需求和租船询比价开盘</td></tr>
<tr><td colspan="4">负责调配运力，择优安排市场航次货盘</td></tr>
<tr><td colspan="2">工作记录文档</td><td colspan="4">运力计划表、集团内部用户月度完成量统计表、自有船停抛方案（如有）、计划工作周总结、一体化电厂配送计划</td></tr>
<tr><th>指标类别</th><th>考核指标</th><th>考核内容</th><th>考核标准</th><th>信息来源</th><th>考核周期</th></tr>
<tr><td rowspan="5">岗位职责指标</td><td>一体化电厂保供兑现率（75 分）</td><td>一体化电厂计划安排量与集团一体化电厂配送计划兑现率（因运力安排不足导致兑现率不足，不包括一体化电厂运输需求调整、船舶因天气、故障等原因）达到 90%</td><td>每增加 1% 加 3 分，每减少 1% 扣 1 分</td><td>一体化电厂配送计划、运力计划表</td><td rowspan="4">月度</td></tr>
<tr><td>自有船停抛（5 分）</td><td>因船舶运力计划安排原因（不包括自有船因天气、故障等原因导致停抛）导致自有船停抛，因市场低于运营成本，报公司领导批准除外</td><td>停抛 1 天扣 1 分</td><td>自有船停抛方案、月度计划表</td></tr>
<tr><td>自有船出现停抛可能后的流向安排（5 分）</td><td>自有船出现停抛可能后（货源不足或用户临时变更需求，华东渤海湾航线用户 3 日内临时变更需求，华南航线用户 5 日内临时变更需求），通过统筹安排运力计划，减少自有船停抛天数</td><td>减少停抛 1 天加 3 分</td><td rowspan="2">计划工作周总结、运力计划表</td></tr>
<tr><td>内部用户临时性保供（5 分）</td><td>内部用户因场存、发电负荷、销售政策等原因，临时调整运输需求（包括但不限于受载期、船型），通过统筹安排运力计划，及时保证内部电厂临时运输需求</td><td>临时性保供每航次加 5 分</td></tr>
<tr><td>能力素质（10 分）</td><td>员工能力素质与岗位的匹配程度和贡献程度</td><td>非常符合得 9—10 分（含 9 分），较符合得 8—9 分（不含 9 分），基本符合得 6—8 分（不含 8 分），不符合得 0—6 分（不含 6 分）</td><td>部门评定</td><td>月度 / 年度</td></tr>
</table>

续表

指标类别	考核指标	考核内容	考核标准	信息来源	考核周期
非权重指标	奖励指标	增收节支	根据运输需求、船期变化，统筹调整计划安排，为公司增收节支，创造效益，每增收节支（减亏）1万元，加1分	计划工作周总结、运力计划表、一体化电厂配送计划（含增量计划）、通报、部门统计	月度/年度
		超额完成月度货运量任务	月度货运量超月度货运量任务，每超量5万吨，加2分		
		自有船执行市场货盘情况	统筹安排运力，协调自有船执行市场货盘，每执行1航次，加3分		
		一体化调运特殊问题处理情况	因集团疏港、会战、保供、内部用户增量等原因，统筹调整运力计划，配合集团一体化调运要求，每完成1航次，加3分		
		管理创新	在业务开展以及管理活动过程中，有创新性的方法和思路，促进部门业绩较大程度提升，促进公司发展，加5分		
		合理化建议	提出的合理化建议被部门采纳，每条加2分；被公司采纳，每条加5分		
	否决指标	工作过失造成不良影响	由于管理工作不当导致泄密事故、重要指令传达不力、日常管理工作出现渎职等，对公司造成较大影响扣5—10分、造成重大影响扣10—20分	通报	
		违反公司相关规定	出现公司级或部门级目标责任书否决项、公司全员绩效考核负面清单内事项，根据规定直接评定为相应等级		
备注	1. 涉及年度评价的指标，根据年度目标调整考核指标及目标值，根据年度实施情况合理设定年度扣分值。 2. 发生扣分事项时，扣分最大值不超过该项考核指标分。 3. 受疫情等特殊原因导致工作无法开展不扣分				

YS-HY-006

航运部客户经理

岗位名称	客户经理	所在部门	航运部
职位职级序列	管理序列		
直接上级	航运部经理		
直接下级	——		
岗位职责	负责落实长协客户运力需求，提报需求计划，确认运力计划		
	负责实时掌握长协客户的燃煤消耗、库存、设备检修等生产运行情况		
	负责根据船舶运行情况，协调客户落实运力调整		
	负责协调长协客户，加快航次周转		
	负责长协运输合同的洽谈、确认、起草、流转		
	负责长协客户运费、滞期费等费用的催收		
	负责配合相关部门处理长协客户运输业务中滞速费、亏舱亏载、货损货差等争议纠纷问题		
	负责长协客户的服务、维护、评价和客户信息管理等工作		
	负责本岗位相关业务资料及台账的整理归档		
	部门领导交办的其他工作		
工作记录文档	计划表、台账等档案文件		

指标类别	考核指标	考核内容	考核标准	信息来源	考核周期
岗位职责指标	计划完成（70分）	月度计划完成量不低于90%	完成量每下降1%，扣1分；每增加1%，加3分	月度装出量表	月度
	应收账款回收（10分）	运费、滞期费等费用的回收，客户收到发票45日	每超过2个工作日，扣1分；每减少2个工作日，加3分	回款日期	
	客户满意度（8分）	客户满意度不低于90分	每低于1分，扣1分；每增加1分，加3分	满意度调查表	年度
	临时任务（2分）	完成部门交办的临时任务	未按时保质完成任务，每项扣1分	部门统计	月度
	能力素质（10分）	员工能力素质与岗位的匹配程度和贡献程度	非常符合得9—10分（含9分），较符合得8—9分（不含9分），基本符合得6—8分（不含8分），不符合得0—6分（不含6分）	部门评定	
非权重指标	奖励指标	管理创新	在业务开展以及管理活动过程中，有创新性的方法和思路，促进部门业绩较大程度提升，促进公司发展，加5分	通报、部门统计	季度
		合理化建议	提出的合理化建议被部门采纳，每条加2分；被公司采纳，每条加5分		

续表

指标类别	考核指标	考核内容	考核标准	信息来源	考核周期
非权重指标	奖励指标	专项任务	参与应急、保供等特殊时期的值班、材料撰写等工作，每次加1分；获得公司表扬的，每次加3分；获得集团表扬的，每次加5分	通报、部门统计	季度
	否决指标	工作过失造成不良影响	由于管理工作不当导致泄密事故、重要指令传达不力、日常管理工作出现渎职等，对公司造成较大影响扣5—10分、造成重大影响扣10—20分	通报	月度
		违反公司相关规定	出现公司级或部门级目标责任书否决项、公司全员绩效考核负面清单内事项，根据规定直接评定为相应等级		
备注	1. 涉及年度评价的指标，根据年度目标调整考核指标及目标值，根据年度实施情况合理设定年度扣分值。 2. 发生扣分事项时，扣分最大值不超过该项考核指标分。 3. 受疫情等特殊原因导致工作无法开展不扣分				

YS-HY-007

航运部自有船操作主管

岗位名称	自有船操作主管	所在部门	航运部
职位职级序列	管理序列		
直接上级	航运部经理		
直接下级	——		
岗位职责	负责根据客户经理提供的装卸港、货种、备舱要求等相关信息开展自有船航次操作工作，加快航次周转		
	负责向当地代理、港口码头、天津公司、岸基服务中心等单位了解相关注意事项，向自有船核实能否完成航次任务		
	负责拟定航次指令，经运营主管审核后下达		
	负责根据商务部选聘的装卸港代理，对代理进行委托		
	负责监控船舶动态、货舱状况、存油、存水、航速、油耗、装卸港港口使费等数据信息		
	负责根据经营航线的气象、水文、海事政策等信息，监控装卸港港口作业生产进度等情况并协调配载货量		
	负责根据揽货人员提供的装卸港变更信息，在确保船舶安全的情况下，及时通知自有船调整装卸港并更改航次指令		
	负责在因各种情况需要船舶加车时，在征得船舶、天津公司同意后，以指令形式通知船舶加车		
	负责联系装卸港代理处理船舶生产运输业务相关工作		
	负责在船舶生产运输遇到问题时，协调各相关方进行合作处理		
	负责配合相关部门处理航次运输业务中亏舱亏载、货损货差等争议纠纷问题		
	负责每日对航次效益预算、决算所涉及各项数据进行统计汇总，完成每日航次预决算表、每日航次操作汇总表的制作及更新		
	负责航次操作中相关文件的收集汇总，包括预决算表、航次指令、代理委托函、预配载图、装卸单证、往来函件等		
	负责定期对自有船操作情况进行分析总结		
	负责本岗位相关业务资料及台账的整理归档		
工作记录文档	航次指令、预决算分析表（操作台账）、装卸单证等档案文件		

指标类别	考核指标	考核内容	考核标准	信息来源	考核周期
岗位职责指标	航次预决算平均完成率（25 分）	月度完成航次的吨天毛利决算与预算比例值的平均值	90%—100% 之间不加不扣；100%（不含）以上，每增加 1%，加 2 分；90%（不含）以下，每减少 1%，扣 0.5 分	企管部月度考核	月度
	航次指令的及时准确性（25 分）	及时准确下达航次指令（含节假日微信通知）	航次指令不及时或不准确，每航次扣 1 分	航次指令邮件	

续表

<table>
<tr><th>指标类别</th><th>考核指标</th><th>考核内容</th><th>考核标准</th><th>信息来源</th><th>考核周期</th></tr>
<tr><td rowspan="3">岗位职责指标</td><td>预决算分析表（20分）</td><td>航次完成后，预决算分析表在7天以内（不含休息日）报送</td><td>7日后（不含休息日）报送的，扣2分；填报有误的，每航次扣2分</td><td>预决算分析表</td><td rowspan="8">月度</td></tr>
<tr><td>装卸单证等档案文件的归档情况（20分）</td><td>装卸单证等档案文件归档及时</td><td>在下个月10日内归档完毕的，得满分；10—20日内归档完毕的，每晚1天扣1分；20日以后归档完毕的，扣5分</td><td>部门档案</td></tr>
<tr><td>能力素质（10分）</td><td>员工能力素质与岗位的匹配程度和贡献程度</td><td>非常符合得9—10分（含9分），较符合得8—9分（不含9分），基本符合得6—8分（不含8分），不符合得0—6分（不含6分）</td><td>部门评定</td></tr>
<tr><td rowspan="5">非权重指标</td><td rowspan="3">奖励指标</td><td>管理创新</td><td>在业务开展以及管理活动过程中，有创新性的方法和思路，促进部门业绩较大程度提升，促进公司发展，加5分</td><td rowspan="3">通报、部门统计</td></tr>
<tr><td>合理化建议</td><td>提出的合理化建议被部门采纳，每条加2分；被公司采纳，每条加5分</td></tr>
<tr><td>专项任务</td><td>参与应急、保供等特殊时期的值班、材料撰写等工作，每次加1分；获得公司表扬的，每次加3分；获得集团表扬的，每次加5分</td></tr>
<tr><td rowspan="2">否决指标</td><td>工作过失造成不良影响</td><td>由于管理工作不当导致泄密事故、重要指令传达不力、日常管理工作出现渎职等，对公司造成较大影响扣5—10分、造成重大影响扣10—20分</td><td rowspan="2">通报</td></tr>
<tr><td>违反公司相关规定</td><td>出现公司级或部门级目标责任书否决项、公司全员绩效考核负面清单内事项，根据规定直接评定为相应等级</td></tr>
<tr><td>备注</td><td colspan="5">1. 涉及年度评价的指标，根据年度目标调整考核指标及目标值，根据年度实施情况合理设定年度扣分值。
2. 发生扣分事项时，扣分最大值不超过该项考核指标分。
3. 受疫情等特殊原因导致工作无法开展不扣分</td></tr>
</table>

YS-HY-008

航运部租船主管

岗位名称	租船主管	所在部门	航运部
职位职级序列	管理序列		
直接上级	航运部经理		
直接下级	——		
岗位职责	负责根据年度及航次租船需求，按公司相关规定开展租船工作		
	负责搜集船东信息，对船东的维护		
	负责本岗位相关业务资料及台账的整理归档		
	负责租船合同的洽谈、确认、起草、流转		
	负责航运市场信息搜集、掌握市场行情、租船情况分析		
	负责领导交办的其他事项		
工作记录文档	租船台账、合同等有关数据		

指标类别	考核指标	考核内容	考核标准	信息来源	考核周期
岗位职责指标	租船成功率（60 分）	努力达成租船航次操作成功	基础成功率 10%，每减少 2% 扣 1 分，每增加 5% 加 1 分	国家能源集团电子商务平台	月度 / 年度
	租船流程完备率（15 分）	确保租船流程完备	每有一个航次文件不完备扣 0.1 分	租船文件	
	档案归档及时率（15 分）	航次档案及时归档	档案在航次结束后 5 天完成归档加 0.1 分；5—10 天完成归档不加分；10 天以上完成归档扣 0.1 分	租船归档文件	
	能力素质（10 分）	员工能力素质与岗位的匹配程度和贡献程度	非常符合得 9—10 分（含 9 分），较符合得 8—9 分（不含 9 分），基本符合得 6—8 分（不含 8 分），不符合得 0—6 分（不含 6 分）	部门评定	
非权重指标	奖励指标	管理创新	在业务开展以及管理活动过程中，有创新性的方法和思路，促进部门业绩较大程度提升，促进公司发展，加 5 分	通报、部门统计	
		合理化建议	提出的合理化建议被部门采纳，每条加 2 分；被公司采纳，每条加 5 分		
		专项任务	参与应急、保供等特殊时期的值班、材料撰写等工作，每次加 1 分；获得公司表扬的，每次加 3 分；获得集团表扬的，每次加 5 分		
	否决指标	工作过失造成不良影响	由于管理工作不当导致泄密事故、重要指令传达不力、日常管理工作出现渎职等，对公司造成较大影响扣 5—10 分、造成重大影响扣 10—20 分	通报	

续表

指标类别	考核指标	考核内容	考核标准	信息来源	考核周期
非权重指标	否决指标	违反公司相关规定	出现公司级或部门级目标责任书否决项、公司全员绩效考核负面清单内事项，根据规定直接评定为相应等级	通报	月度/年度
备注	1. 涉及年度评价的指标，根据年度目标调整考核指标及目标值，根据年度实施情况合理设定年度扣分值。 2. 发生扣分事项时，扣分最大值不超过该项考核指标分。 3. 受疫情等特殊原因导致工作无法开展不扣分				

YS-HY-009

安全技术部安监主管（海务、安委办、体系）

岗位名称	安监主管 （海务、安委办、体系）	所在部门	安全技术部
职位职级序列	管理序列		
直接上级	安全技术部经理		
直接下级	——		
岗位职责	负责浏览公司所涉及的交通运输部、海事主管机关、船级社和其他海事机构网站，收集有关海务相关法律、法规、公约、规则的最新动态和修正案，贯彻落实国家行业主管机关、集团公司等下发的有关航海技术、航运相关法规、制度、要求和指标，及时将相关信息通报各部门和相关单位		
	负责船舶安全督查工作，负责制订船舶安全监督检查评比管理工作计划，修订完善船舶检查标准和考核办法，督导公司船舶符合相关规定		
	负责监控安全检查开具问题隐患的统计分析和落实整改情况，定期汇报在安全督察、考核评价过程中发现的问题，分析和总结，提出意见和建议		
	负责制订各子公司监督检查、考核工作计划和方案，组织开展安全环保监督检查、安全环保绩效考核，完成监督检查考核报告，对各子公司实施指导，监督落实整改情况		
	负责参与船舶“一般”及以上等级（除机损以外）事故的应急指挥与信息归集，参与或协调（除机损以外）事故调查；及时通报事故处理情况，提出事故处理意见；负责事故、险情报告的跟踪及归档工作		
	负责部署公司各类季节性安全防范工作、专项安全活动，监督落实情况并进行总结，包括冬防、雾航、防台防汛、“安全生产月”等的组织、总结工作		
	负责组织、协调开展公司风险辨识、评估工作，完成公司风险辨识清单和风险数据库，督察安全生产风险管控工作		
	负责对船舶管理公司安全管理工作监察，形成问题清单，及时向子公司通报，监督落实整改情况；负责隐患排查治理的统计、整改跟踪、督办以及汇报；负责跟踪、协调集团、公司挂牌督办重大隐患		
	负责船舶 PSC、FSC 检查缺陷的统计、分析、上报，完成报告		
	负责相关规章制度的制定与执行情况监督		
	负责对接集团公司基石系统应急指挥项目，维护公司基石应急指挥系统运行，监督各子公司基石应急指挥系统的维护与管理		
	负责制订部门安全环保年度培训学习计划，组织贯彻执行国际、国家、行业主管机关和集团公司有关安全生产方针政策、法律法规、国际公约和行业标准学习培训，管理全员学习培训评估记录以及相关的档案管理		
	负责按照安全生产责任制的相关要求，布置层层签订公司船岸安全生产责任书、安全承诺书等相关工作及公司安全生产责任制年度考评相关工作		
	负责公司安全委员会办公室的日常事务；负责组织公司安委会例会、安委会专项会和安全工作会议的筹备召开、文件起草、会议记录，编写会议纪要，发布传达会议纪要，监督会议纪要内各项要求的贯彻、实施		

续表一

<table>
<tr><th>岗位名称</th><th colspan="3">安监主管
（海务、安委办、体系）</th><th>所在部门</th><th>安全技术部</th></tr>
<tr><td rowspan="11" colspan="2">岗位职责</td><td colspan="4">负责参与制订公司应急预案体系，以及应急预案体系的维护与日常管理，参与子分公司制订的应急预案内部评审工作及子分公司应急预案的报备管理工作，组织实施船岸联合演习</td></tr>
<tr><td colspan="4">负责制订公司应急预案体系年度船岸应急演习计划，并在公司范围内发布，按照计划组织实施应急演练，编制应急演习记录簿</td></tr>
<tr><td colspan="4">负责部署重大政治活动、重要节日的安全环保工作，负责组织实施、总结评比、表彰通报工作</td></tr>
<tr><td colspan="4">负责公司安全费用归口管理，监控、检查、统计公司及子分公司安全费用使用情况。做好安全费用的计划管理工作；协同财务部、企管部制订公司年度安全生产费用的使用计划，定期对公司安全费用的使用情况进行监督检查，做好安全生产费用使用情况的统计工作，建立安全生产费用台账</td></tr>
<tr><td colspan="4">负责参与由企法部牵头，做好迎接上海市交通委执法检查大队对公司营运资质情况的年度监督审查工作，准备相关安全类文件接受检查</td></tr>
<tr><td colspan="4">负责公司各类安全体系的运行管理，编制公司安全体系年度内管理评审计划并组织实施，跟踪验证不符合项的整改工作</td></tr>
<tr><td colspan="4">负责公司风险预控管理体系运行管理，负责管理体系手册的修订工作；按照体系运行要求组织公司内部审核、管理评审工作，并保留完整资料</td></tr>
<tr><td colspan="4">负责公司安全生产标准化日常管理，包括自评以及自评报告提交、现场考评申请及组织、监督公司安全生产标准化考评建议整改项目的整改落实，按照考评细则的相关要素，逐项按照季度、月度完成相关的监督检查</td></tr>
<tr><td colspan="4">负责公司内控体系在部门的实施推进工作，完成相关报告，并按照要求报送</td></tr>
<tr><td colspan="4">负责协助编制年度安全环保工作（体系运行管理工作）计划和报告</td></tr>
<tr><td colspan="4">负责管理公司各类安全体系证书，确保体系证书的有效性</td></tr>
<tr><td colspan="2">工作记录文档</td><td colspan="4">会议记录、安全管理文档、考核记录</td></tr>
<tr><th>指标类别</th><th>考核指标</th><th>考核内容</th><th>考核标准</th><th>信息来源</th><th>考核周期</th></tr>
<tr><td rowspan="4">岗位职责指标</td><td>体系建设（20分）</td><td>开展公司安全体系建设工作</td><td>符合集团管理体系要求，完整性100%、时效性100%、依从性100%、程序合规性100%，根据影响程度扣分</td><td>集团公司检查反馈</td><td>月度/年度</td></tr>
<tr><td>安全指标（10分）</td><td>完成集团和公司下达的涉及本岗位的指标</td><td>未完成集团和公司下达的涉及本岗位的指标，不得分</td><td rowspan="3">部门统计</td><td>年度</td></tr>
<tr><td>船舶安全督查完成率（5分）</td><td>按要求开展船舶安全督查</td><td>每有1条船未完成减0.5分，5条以上未完成不得分。受疫情等特殊情况影响除外</td><td rowspan="2">月度/年度</td></tr>
<tr><td>子分公司监查、考核完成率（5分）</td><td>按要求开展子分公司监督检查</td><td>低于目标值10%以内，1家未完成减1分，3家以上未完成不得分。特殊情况除外</td></tr>
</table>

续表二

指标类别	考核指标	考核内容	考核标准	信息来源	考核周期
岗位职责指标	“双重”预防体系建设（10分）	按要求开展“双重”预防体系建设	体系建立不完整、不合规，未组织公司开展风险评估、危险源识别工作，重大挂牌隐患未整改，此项不得分。各类隐患未整改或整改不及时，以及整改材料收集不全，视情按比例扣分	报告文件	季度/年度
	基石系统（生产运营协调调度系统）考核（10分）	按照系统要求开展数据上报等工作	基石系统应急状态评估本单位得分不低于80分，得满分；得分低于80分，得5分；得分低于60分，不得分	集团考核结果反馈	月度/年度
	应急预案与应急演练（10分）	按要求开展应急预案的制定与演练	未制定公司应急预案体系、年度船岸应急演习计划以及未在公司范围内发布，未按照计划组织实施应急演练，以及未编制应急演习记录簿，不得分	应急演习记录簿	
	公司安全生产费用管理（5分）	按制度要求对安全生产费用进行检查、统计	未按照公司安全费用管理办法进行监控、检查、统计公司及子分公司安全费用使用情况，每项扣1分；未积极协同财务部、企管部制定公司年度安全生产费用的使用计划，不得分；未定期对公司安全费用的使用情况进行监督检查，以及未开展安全生产费用使用情况的统计，未建立安全生产费台账，不得分	安全生产费用台账、统计表	
	公司安全生产标准化一级达标，年度核查评优、换证及时（5分）	安全生产标准化水路普通货物运输保持一级资质；安全生产标准化年度核查考评总分大于900分；安全生产标准化证书在规定时间内更新	未保持安全生产标准化水路普通货物运输一级资质，不得分；安全生产标准化年度核查考评总分低于900分，不得分；安全生产标准化证书未在规定时间内更新，不得分	资质证书、集团考核结果	
	上级单位安全检查及风险评估、隐患排查（10分）	及时对上级单位安全检查不符合项、挂牌督办工作进行落实；组织开展风险评估和风险源辨识	未对上级单位安全检查不符合项、挂牌督办工作进行落实到位，未跟踪验证不符合项的整改工作，不得分；未组织公司开展风险评估、危险源识别工作，不得分；未制定危险源辨识与评价表，以及重要危险源清单，并审核防患措施，不得分	整改报告、风险源辨识清单	
	能力素质（10分）	员工能力素质与岗位的匹配程度和贡献程度	非常符合得9—10分（含9分），较符合得8—9分（不含9分），基本符合得6—8分（不含8分），不符合得0—6分（不含6分）	部门评定	

续表三

<table>
<tr><th>指标类别</th><th>考核指标</th><th>考核内容</th><th>考核标准</th><th>信息来源</th><th>考核周期</th></tr>
<tr><td rowspan="5">非权重指标</td><td rowspan="3">奖励指标</td><td>管理创新</td><td>在业务开展以及管理活动过程中，有创新性的方法和思路，促进部门业绩较大程度提升，促进公司发展，加 5 分</td><td rowspan="3">通报、部门统计</td><td rowspan="5">月度 / 年度</td></tr>
<tr><td>合理化建议</td><td>提出的合理化建议被部门采纳，每条加 2 分；被公司采纳，每条加 5 分</td></tr>
<tr><td>专项任务</td><td>参与应急、保供等特殊时期的值班、材料撰写等工作，每次加 1 分；获得公司表扬的，每次加 3 分；获得集团表扬的，每次加 5 分</td></tr>
<tr><td rowspan="2">否决指标</td><td>工作过失造成不良影响</td><td>由于管理工作不当导致泄密事故、重要指令传达不力、日常管理工作出现渎职等，对公司造成较大影响扣 5—10 分、造成重大影响扣 10—20 分</td><td rowspan="2">通报</td></tr>
<tr><td>违反公司相关规定</td><td>出现公司级或部门级目标责任书否决项、公司全员绩效考核负面清单内事项，根据规定直接评定为相应等级</td></tr>
<tr><td>备注</td><td colspan="5">1. 涉及年度评价的指标，根据年度目标调整考核指标及目标值，根据年度实施情况合理设定年度扣分值。
2. 发生扣分事项时，扣分最大值不超过该项考核指标分。
3. 受疫情等特殊原因导致工作无法开展不扣分</td></tr>
</table>

YS-HY-010

安全技术部安监主管（机务）

岗位名称	安监主管（机务）	所在部门	安全技术部
职位职级序列	管理序列		
直接上级	安全技术部经理		
直接下级	——		
岗位职责	负责船舶安全督查工作，负责制订船舶安全监督检查评比管理工作计划；修订完善船舶检查标准和考核办法；督导公司船舶符合相关规定		
	开展安全环保监查、安全环保绩效考核，完成监查考核报告，对各子公司实施指导，监督落实整改情况		
	负责船舶修船厂、航修、检验服务商等承包商安全环保监察管理		
	负责审定船舶年度厂修计划，监督实施；负责厂修、航修、紧急修理及检验等采购的线上审核		
	负责相关规章制度的制定与执行情况监督		
	完成领导交办的其他任务		
工作记录文档	船舶监督检查台账		

指标类别	考核指标	考核内容	考核标准	信息来源	考核周期
岗位职责指标	安全环保指标（15 分）	完成集团和公司下达的涉及本岗位的指标	完成得满分，未完成扣 5 分 / 项	集团和公司考核结果	月度 / 年度
	船舶安全督查（20 分）	根据制度要求开展船舶安全监督检查	完成得满分，每 1 条船舶未完成扣 3 分，5 条以上未完成不得分	检查台账	年度
	子分公司监查、考核（15 分）	依据制度流程对子分公司监查、考核	完成得满分，1 家未完成扣 3 分，3 家以上未完成不得分		季度 / 年度
	及时性（8 分）	按期开展监督检查、采购审核等工作	按计划开展得满分，未按计划完成每项扣 4 分		月度 / 年度
	采购业务审核（8 分）	负责厂修、航修、紧急修理及检验等采购线上审核	完成得满分，未完成每项扣 4 分	采购记录	季度 / 年度
	监督检查（8 分）	根据岗位相关制度要求完成监督检查工作	完成得满分，未完成每项扣 4 分	检查记录	
	专项活动落实（4 分）	根据集团和公司要求落实专项活动	完成得满分，未部署每项扣 2 分	总结材料	年度
	制度制定与修订（4 分）	负责相关规章制度的制定与修订	完成得满分，未完成每项扣 2 分	制度文件	
	部门工作（8 分）	完成部门计划性工作、领导临时交办工作	完成得满分，未完成每项扣 4 分	工作计划	季度 / 年度

续表

<table>
<tr><th>指标类别</th><th>考核指标</th><th>考核内容</th><th>考核标准</th><th>信息来源</th><th>考核周期</th></tr>
<tr><td>岗位职责指标</td><td>能力素质（10分）</td><td>员工能力素质与岗位的匹配程度和贡献程度</td><td>非常符合得9—10分（含9分），较符合得8—9分（不含9分），基本符合得6—8分（不含8分），不符合得0—6分（不含6分）</td><td>部门评定</td><td rowspan="6">月度/年度</td></tr>
<tr><td rowspan="5">非权重指标</td><td rowspan="3">奖励指标</td><td>管理创新</td><td>在业务开展以及管理活动过程中，有创新性的方法和思路，促进部门业绩较大程度提升，促进公司发展，加5分</td><td rowspan="3">通报、部门统计</td></tr>
<tr><td>合理化建议</td><td>提出的合理化建议被部门采纳，每条加2分；被公司采纳，每条加5分</td></tr>
<tr><td>专项任务</td><td>参与应急、保供等特殊时期的值班、材料撰写等工作，每次加1分；获得公司表扬的，每次加3分；获得集团表扬的，每次加5分</td></tr>
<tr><td rowspan="2">否决指标</td><td>工作过失造成不良影响</td><td>由于管理工作不当导致泄密事故、重要指令传达不力、日常管理工作出现渎职等，对公司造成较大影响扣5—10分、造成重大影响扣10—20分</td><td rowspan="2">通报</td></tr>
<tr><td>违反公司相关规定</td><td>出现公司级或部门级目标责任书否决项、公司全员绩效考核负面清单内事项，根据规定直接评定为相应等级</td></tr>
<tr><td>备注</td><td colspan="5">1. 涉及年度评价的指标，根据年度目标调整考核指标及目标值，根据年度实施情况合理设定年度扣分值。
2. 发生扣分事项时，扣分最大值不超过该项考核指标分。
3. 受疫情等特殊原因导致工作无法开展不扣分</td></tr>
</table>

YS–HY–011

安全技术部科技管理主管

岗位名称	科技管理主管	所在部门	安全技术部
职位职级序列	管理序列		
直接上级	安全技术部经理		
直接下级	——		
岗位职责	负责收集、下达、贯彻落实国家行业主管机关、集团公司有关船舶技术、科技创新的法规、制度、要求和指标		
	负责汇总、制定、上报、下达公司的技术改造的中长期规划、计划、方案和指标，监督执行情况		
	负责公司科技创新管理工作。包括编制公司中长期科技发展规划以及年度科技工作计划，编制公司科技创新费用年度预算，按计划完成科技创新工作，完成相关工作总结		
	负责公司科技创新管理及有关科技项目的立项、跟踪工作		
	负责制订、报批船舶技术改造（含履约技改）计划及费用预算，对获批项目的实施情况进行跟踪、评估、统计上报等		
	负责组织公司科研项目的论证和报批，以及科研项目实施过程的管理及验收工作		
	负责汇总、上报科技创新的数据和报告，相关数据信息上报集团管理系统		
	负责有关船舶技术专利、著作权、船舶技术标准和技术秘密等的知识产权管理		
	协助组织公司对外船舶科技交流与合作管理		
	负责组织编制科技创新、技改、年中调整、年末决算工作，编制报告等		
	负责相关规章制度的制定与执行情况监督		
工作记录文档	科技项目台账、专利知识产权台账		

指标类别	考核指标	考核内容	考核标准	信息来源	考核周期
岗位职责指标	科技指标完成（20分）	集团和公司下达的科技指标	完成得满分，未完成扣5分/项	集团及公司考核结果	年度
	报表编制（15分）	报表编制及时性、准确率	及时、准确得满分，每延迟1天扣5分，每发生1项数据错误未做修改扣5分	报表记录	月度/年度
	报表审核（15分）	下级单位提报的报表按要求审核，按要求制定传递法规制度	及时、准确、全面得满分，因为未按时审核造成报表上报延误每次扣5分，未及时传递造成影响的每次扣10分		
	全面性（5分）	按要求开展规划、计划、方案编制	符合要求得满分，不符合要求每项扣1分，缺少扣1分	方案材料	年度
	法规制度（5分）	法规制度的制定、传递	制定传递及时、准确得满分，因为未及时制定、传递造成影响的每次扣1分	流转记录	
	技术改造（5分）	制订船舶技术改造（含履约技改）计划，跟踪实施情况	技术改造顺利实施，满足履约及实际需求得满分；计划不及时导致不能满足公约法规要求不得分	部门评定	月度/年度
	知识产权（5分）	公司拥有的专利、著作权等知识产权管理	申请、维护及时有效得满分，因管理不及时导致无形资产损失每项扣2分	管理台账	

续表

<table>
<tr><th>指标类别</th><th>考核指标</th><th>考核内容</th><th>考核标准</th><th>信息来源</th><th>考核周期</th></tr>
<tr><td rowspan="3">岗位职责指标</td><td>科技项目（10 分）</td><td>科技项目管理符合要求</td><td>项目管理符合科技项目管理办法要求得满分。
立项、验收不符合办法要求不得分，因为管理不到位造成项目实施、验收延期的每项扣 5 分</td><td>项目材料</td><td rowspan="2">月度 / 年度</td></tr>
<tr><td>对外交流（10 分）</td><td>参加技术交流提升创新能力</td><td>技术交流开展及时顺利得满分，因协助不充分，导致公司对外船舶科技交流与合作未能及时开展，根据影响程度扣分</td><td>交流材料</td></tr>
<tr><td>能力素质（10 分）</td><td>员工能力素质与岗位的匹配程度和贡献程度</td><td>非常符合得 9—10 分（含 9 分），较符合得 8—9 分（不含 9 分），基本符合得 6—8 分（不含 8 分），不符合得 0—6 分（不含 6 分）</td><td>部门评定</td><td>年度</td></tr>
<tr><td rowspan="5">非权重指标</td><td rowspan="3">奖励指标</td><td>管理创新</td><td>在业务开展以及管理活动过程中，有创新性的方法和思路，促进部门业绩较大程度提升，促进公司发展，加 5 分</td><td rowspan="3">通报、部门统计</td><td rowspan="5">月度 / 年度</td></tr>
<tr><td>合理化建议</td><td>提出的合理化建议被部门采纳，每条加 2 分；被公司采纳，每条加 5 分</td></tr>
<tr><td>科技奖励</td><td>科技项目、知识产权获得国家、省部级、集团公司奖励的，每项分别加 10 分、20 分、50 分；获得国际奖项的，加 100 分</td></tr>
<tr><td rowspan="2">否决指标</td><td>工作过失造成不良影响</td><td>由于管理工作不当导致泄密事故、重要指令传达不力、日常管理工作出现渎职等，对公司造成较大影响扣 5—10 分、造成重大影响扣 10—20 分</td><td rowspan="2">通报</td></tr>
<tr><td>违反公司相关规定</td><td>出现公司级或部门级目标责任书否决项、公司全员绩效考核负面清单内事项，根据规定直接评定为相应等级</td></tr>
<tr><td>备注</td><td colspan="5">1. 涉及年度评价的指标，根据年度目标调整考核指标及目标值，根据年度实施情况合理设定年度扣分值。
2. 发生扣分事项时，扣分最大值不超过该项考核指标分。
3. 受疫情等特殊原因导致工作无法开展不扣分</td></tr>
</table>

YS-HY-012

安全技术部环保管理主管

<table>
<tr><th>岗位名称</th><th colspan="2">环保管理主管</th><th>所在部门</th><th colspan="2">安全技术部</th></tr>
<tr><td>职位职级序列</td><td colspan="5">管理序列</td></tr>
<tr><td>直接上级</td><td colspan="5">安全技术部经理</td></tr>
<tr><td>直接下级</td><td colspan="5">——</td></tr>
<tr><td rowspan="5">岗位职责</td><td colspan="5">负责收集、下达、贯彻落实国家行业主管机关、集团公司有关节能环保的法规、制度、要求和指标</td></tr>
<tr><td colspan="5">负责汇总、制订、上报、下达公司节能环保的中长期规划、计划、方案和指标，监督执行情况</td></tr>
<tr><td colspan="5">负责公司节能减排、能效管理、船舶防污染统计工作，复核船舶能耗指标控制计划，监督执行、跟踪运行和节能效果</td></tr>
<tr><td colspan="5">负责汇总、上报节能环保的数据和报告（包括公司各部室、集团相关部室、地方政府等外部单位），相关数据信息上报集团管理系统</td></tr>
<tr><td colspan="5">负责相关规章制度的制定与执行情况监督</td></tr>
<tr><td>工作记录文档</td><td colspan="5">节能环保台账</td></tr>
</table>

<table>
<tr><th>指标类别</th><th>考核指标</th><th>考核内容</th><th>考核标准</th><th>信息来源</th><th>考核周期</th></tr>
<tr><td rowspan="7">岗位职责指标</td><td>节能环保指标完成（20分）</td><td>集团和公司下达的节能环保指标</td><td>完成得满分，未完成不得分</td><td>集团和公司考核结果</td><td>年度</td></tr>
<tr><td>报表编制（15分）</td><td>报表编制及时性、准确率</td><td>及时、准确得满分。每延迟1天扣5分，每发生1项数据错误未做修改扣10分</td><td rowspan="2">报表</td><td rowspan="3">月度/年度</td></tr>
<tr><td>报表审核（15分）</td><td>下级单位提报的报表按要求审核</td><td>及时、准确、全面得满分，因为未按时审核造成报表上报延误每次扣10分，未及时传递造成影响的每次扣10分</td></tr>
<tr><td>工作配合（15分）</td><td>配合主管机关对公司节能环保工作开展情况的监督检查</td><td>密切配合完成工作得满分，因为配合不利导致检查开展不顺利每次扣5分</td><td>部门评定</td></tr>
<tr><td>全面性（15分）</td><td>按要求编制规划、计划、方案</td><td>符合要求得满分，不符合要求每项扣5分，缺少每项扣5分</td><td>方案材料</td><td rowspan="3">年度</td></tr>
<tr><td>法规制度（10分）</td><td>法规制度的制定、传递</td><td>制定传递及时、准确得满分，因为未及时制定、传递造成影响的每次扣5分</td><td>制度文件</td></tr>
<tr><td>能力素质（10分）</td><td>员工能力素质与岗位的匹配程度和贡献程度</td><td>非常符合得9—10分（含9分），较符合得8—9分（不含9分），基本符合得6—8分（不含8分），不符合得0—6分（不含6分）</td><td>部门评定</td></tr>
<tr><td>非权重指标</td><td>奖励指标</td><td>管理创新</td><td>在业务开展以及管理活动过程中，有创新性的方法和思路，促进部门业绩较大程度提升，促进公司发展，加5分</td><td>通报、部门统计</td><td>月度/年度</td></tr>
</table>

续表

<table>
<tr><th>指标类别</th><th>考核指标</th><th>考核内容</th><th>考核标准</th><th>信息来源</th><th>考核周期</th></tr>
<tr><td rowspan="4">非权重指标</td><td rowspan="2">奖励指标</td><td>合理化建议</td><td>提出的合理化建议被部门采纳，每条加2分；被公司采纳，每条加5分</td><td rowspan="2">通报、部门统计</td><td rowspan="4">月度/年度</td></tr>
<tr><td>节能环保</td><td>节能环保措施获得国家、省部级、集团公司认可并作为示范进行推广的，每项分别加10分、20分、50分；获得国际奖项的，加100分</td></tr>
<tr><td rowspan="2">否决指标</td><td>工作过失造成不良影响</td><td>由于管理工作不当导致泄密事故、重要指令传达不力、日常管理工作出现渎职等，对公司造成较大影响扣5—10分、造成重大影响扣10—20分</td><td rowspan="2">通报</td></tr>
<tr><td>违反公司相关规定</td><td>出现公司级或部门级目标责任书否决项、公司全员绩效考核负面清单内事项，根据规定直接评定为相应等级</td></tr>
<tr><td>备注</td><td colspan="5">1. 涉及年度评价的指标，根据年度目标调整考核指标及目标值，根据年度实施情况合理设定年度扣分值。
2. 发生扣分事项时，扣分最大值不超过该项考核指标分。
3. 受疫情等特殊原因导致工作无法开展不扣分</td></tr>
</table>

YS-HY-013

安全技术部职业健康主管

<table>
<tr><td colspan="2">岗位名称</td><td>职业健康主管</td><td>所在部门</td><td colspan="2">安全技术部</td></tr>
<tr><td colspan="2">职位职级序列</td><td colspan="4">管理序列</td></tr>
<tr><td colspan="2">直接上级</td><td colspan="4">安全技术部经理</td></tr>
<tr><td colspan="2">直接下级</td><td colspan="4">——</td></tr>
<tr><td colspan="2" rowspan="5">岗位职责</td><td colspan="4">依据职业健康管理的政策法规和规章制度，负责职业健康相关管理工作，建立和完善分公司各项职业健康管理制度和流程，组织编制公司职业健康管理体系文件</td></tr>
<tr><td colspan="4">负责公司职业健康管理，制订公司职业病防治计划，提高职业病防治水平，保护劳动者在劳动过程中的健康</td></tr>
<tr><td colspan="4">负责编写相关计划、报告，相关数据信息上报集团管理系统</td></tr>
<tr><td colspan="4">负责监督、检查子分公司各类职业健康制度、规程执行情况</td></tr>
<tr><td colspan="4">负责领导交办的其他任务</td></tr>
<tr><td colspan="2">工作记录文档</td><td colspan="4">职业健康文档</td></tr>
<tr><th>指标类别</th><th>考核指标</th><th>考核内容</th><th>考核标准</th><th>信息来源</th><th>考核周期</th></tr>
<tr><td rowspan="9">岗位职责指标</td><td>职业健康指标（15 分）</td><td>完成集团和公司下达的职业健康指标</td><td>完成得满分，未完成每项扣 5 分</td><td>集团和公司考核结果</td><td>月度 / 年度</td></tr>
<tr><td>职业健康相关数据报告（15 分）</td><td>按要求统计相关数据并进行上报</td><td>完成得满分，未完成每项扣 5 分</td><td>安全技术部</td><td>季度 / 年度</td></tr>
<tr><td>职业健康管理（20 分）</td><td>对子分公司职业健康工作进行督查</td><td>完成得满分，未完成每项扣 5 分</td><td>检查文档</td><td rowspan="2">月度</td></tr>
<tr><td>及时性（8 分）</td><td>按期开展职业健康管理</td><td>按计划开展得满分，未完成每项扣 4 分</td><td rowspan="2">职业健康文档</td></tr>
<tr><td>职业健康工作计划（4 分）</td><td>及时制订计划，满足相关要求</td><td>完成得满分，未完成每项扣 2 分</td><td>年度</td></tr>
<tr><td>数据汇总上报（8 分）</td><td>负责汇总、上报职业健康数据和报告</td><td>完成得满分，未完成每项扣 4 分</td><td>统计数据表</td><td>季度 / 年度</td></tr>
<tr><td>监督检查（8 分）</td><td>监督、检查子分公司职业健康制度、规程执行情况</td><td>完成得满分，未完成每项扣 4 分</td><td>检查记录</td><td rowspan="2">年度</td></tr>
<tr><td>制度制定与修订（4 分）</td><td>负责相关规章制度的制定与修订</td><td>完成得满分，未完成每项扣 2 分</td><td>制度文件</td></tr>
<tr><td>部门工作（8 分）</td><td>完成部门计划性工作、领导临时交办工作</td><td>完成得满分，未完成每项扣 4 分</td><td>工作总结</td><td>季度 / 年度</td></tr>
</table>

续表

指标类别	考核指标	考核内容	考核标准	信息来源	考核周期
岗位职责指标	能力素质（10 分）	员工能力素质与岗位的匹配程度和贡献程度	非常符合得 9—10 分（含 9 分），较符合得 8—9 分（不含 9 分），基本符合得 6—8 分（不含 8 分），不符合得 0—6 分（不含 6 分）	部门评定	月度/年度
非权重指标	奖励指标	管理创新	在业务开展以及管理活动过程中，有创新性的方法和思路，促进部门业绩较大程度提升，促进公司发展，加 5 分	通报、部门统计	月度/年度
		合理化建议	提出的合理化建议被部门采纳，每条加 2 分；被公司采纳，每条加 5 分		
		专项任务	参与应急、保供等特殊时期的值班、材料撰写等工作，每次加 1 分；获得公司表扬的，每次加 3 分；获得集团表扬的，每次加 5 分		
	否决指标	工作过失造成不良影响	由于管理工作不当导致泄密事故、重要指令传达不力、日常管理工作出现渎职等，对公司造成较大影响扣 5—10 分、造成重大影响扣 10—20 分	通报	
		违反公司相关规定	出现公司级或部门级目标责任书否决项、公司全员绩效考核负面清单内事项，根据规定直接评定为相应等级		
备注	1. 涉及年度评价的指标，根据年度目标调整考核指标及目标值，根据年度实施情况合理设定年度扣分值。 2. 发生扣分事项时，扣分最大值不超过该项考核指标分。 3. 受疫情等特殊原因导致工作无法开展不扣分				

YS–HY–014

安全技术部信息化项目主管

岗位名称	信息化项目主管	所在部门	安全技术部
职位职级序列	管理序列		
直接上级	安全技术部经理		
直接下级	——		
岗位职责	负责编制、实施公司信息化建设中长期发展规划 负责编制公司信息化滚动投资计划、年度资金计划及相关的信息化资金使用计划 负责搜集和管理公司信息化需求，制定公司的信息化建设方案 负责组织公司信息化项目的文件编制、立项申请、项目方案及造价审查工作 负责签订公司信息化项目合同，开展项目组织管理、部署应用和成果验收 负责分析、评估公司信息系统的运行情况，提出改进升级方案 负责按照集团要求，制定并完善公司的信息化项目管理相关规章制度 负责组织公司所使用信息系统的用户培训工作 负责领导交办的其他任务		
工作记录文档	信息化项目立项材料、工作文档（含需求分析、操作手册、验收报告等）		

指标类别	考核指标	考核内容	考核标准	信息来源	考核周期
岗位职责指标	信息化投资完成率（25 分）	按进度推进信息化投资项目开展	完成全年信息化投资得满分；未完成，每少 1% 扣 5 分，扣到 0 分为止	集团考核结果	月度 / 年度
	信息化项目完成情况（25 分）	负责信息化项目完成率的落实	所有信息化项目均按照合同规定的时间、建设内容完成，得满分；信息化项目晚于合同规定时间的，单个项目每增加 1 个月扣 1 分，扣到 0 分为止；信息化项目建设内容未完成合同规定的，软件单个项目每 3 天扣 1 分，硬件单个项目每 1000 元扣 1 分，扣到 0 分为止	部门统计	
	智慧运输工作情况（15 分）	按公司要求推进智慧运输重点工作	智慧运输重点工作未及时开展影响公司考核，每项扣 10—15 分	集团公司信息反馈	
	方案制定（15 分）	按要求编制信息化项目建设方案	项目方案编制与实际需求不符，拟采用的技术路线或实施方法存在严重问题，项目立项时被专家组认定为不适宜开展，每次扣 5 分	方案文件	
	调研与培训（10 分）	定期组织开展信息化需求调研与培训	未定期对业务部门开展信息化需求调研，造成信息化需求长期得不到解决，扣 5 分 / 项；未有效开展信息系统使用培训，或培训材料不完整，每项扣 5 分	需求情况表	

续表

<table>
<tr><th>指标类别</th><th>考核指标</th><th>考核内容</th><th>考核标准</th><th>信息来源</th><th>考核周期</th></tr>
<tr><td>岗位职责指标</td><td>能力素质（10分）</td><td>员工能力素质与岗位的匹配程度和贡献程度</td><td>非常符合得9—10分（含9分），较符合得8—9分（不含9分），基本符合得6—8分（不含8分），不符合得0—6分（不含6分）</td><td>部门评定</td><td rowspan="6">月度/年度</td></tr>
<tr><td rowspan="5">非权重指标</td><td rowspan="3">奖励指标</td><td>管理创新</td><td>在业务开展以及管理活动过程中，有创新性的方法和思路，促进部门业绩较大程度提升，促进公司发展，加5分</td><td rowspan="3">通报、部门统计</td></tr>
<tr><td>合理化建议</td><td>提出的合理化建议被部门采纳，每条加2分；被公司采纳，每条加5分</td></tr>
<tr><td>专项任务</td><td>参与应急、保供等特殊时期的值班、材料撰写等工作，每次加1分；获得公司表扬的，每次加3分；获得集团表扬的，每次加5分</td></tr>
<tr><td rowspan="2">否决指标</td><td>工作过失造成不良影响</td><td>由于管理工作不当导致泄密事故、重要指令传达不力、日常管理工作出现渎职等，对公司造成较大影响扣5—10分、造成重大影响扣10—20分</td><td rowspan="2">通报</td></tr>
<tr><td>违反公司相关规定</td><td>出现公司级或部门级目标责任书否决项、公司全员绩效考核负面清单内事项，根据规定直接评定为相应等级</td></tr>
<tr><td>备注</td><td colspan="5">1. 涉及年度评价的指标，根据年度目标调整考核指标及目标值，根据年度实施情况合理设定年度扣分值。
2. 发生扣分事项时，扣分最大值不超过该项考核指标分。
3. 受疫情等特殊原因导致工作无法开展不扣分</td></tr>
</table>

YS-HY-015

安全技术部通导主管

岗位名称	通导主管	所在部门	安全技术部
职位职级序列	管理序列		
直接上级	安全技术部经理		
直接下级	——		
岗位职责	负责制定公司年度通导费用预算，审核通导费用，制定优化建议方案		
	负责公司信息网络和通信资源管理、通信费管理，以及京外单位网络专线的建设与管理		
	负责公司总部单位的固定电话、员工移动办公上网设备流量服务的管理，制定管理办法		
	负责公司船岸卫星通信网络系统建设、使用管理、运维及应用研究，保障船舶通信网络稳定		
	负责公司船舶固定电话、船域网络资源管理		
	负责公司船舶北斗导航系统建设及维护，监督考核使用情况		
	负责公司船舶应急通信设备的正常运行，协调公司与各单位船岸通信保障系统建设，保证公司的应急指挥通信畅通		
	负责领导交办的其他任务		
工作记录文档	制度台账		

指标类别	考核指标	考核内容	考核标准	信息来源	考核周期
岗位职责指标	通导年度费用预算、审核及执行准确率（30分）	通导年度费用预算及审核、执行	完成且不超预算得满分；超出预算，每超3%扣5分	财务部、部门统计	月度/年度
	网络及通信费预算、审核及执行准确率（30分）	网络及通信费预算及审核及执行	完成且不超预算得满分；超出预算，每超3%扣5分		
	应急通信保障（10分）	应急时间通信保障	设备运行正常，通信及时、畅通得满分；每一项不合格扣5分	部门评定	
	月度/年度重点工作任务分解（10分）	每月、年重点工作	事项性工作：按时、按标准完成得满分；出现未完成、延时、质量问题，根据严重程度扣分		
	业务管理（10分）	保障通导设备稳定运行	通导设备故障且未及时处理而造成事故，根据影响程度扣分。因办理不及时发生大范围办公网络瘫痪或流量服务暂停，造成较大影响，延误每超1天扣2分		
	能力素质（10分）	员工能力素质与岗位的匹配程度和贡献程度	非常符合得9—10分（含9分），较符合得8—9分（不含9分），基本符合得6—8分（不含8分），不符合得0—6分（不含6分）		

续表

指标类别	考核指标	考核内容	考核标准	信息来源	考核周期
非权重指标	奖励指标	管理创新	在业务开展以及管理活动过程中，有创新性的方法和思路，促进部门业绩较大程度提升，促进公司发展，加5分	通报、部门评定	月度/年度
		合理化建议	提出的合理化建议被部门采纳，每条加2分；被公司采纳，每条加5分		
		专项任务	参与应急、保供等特殊时期的值班、材料撰写等工作，每次加1分；获得公司表扬的，每次加3分；获得集团表扬的，每次加5分		
	否决指标	工作过失造成不良影响	由于管理工作不当导致泄密事故、重要指令传达不力、日常管理工作出现渎职等，对公司造成较大影响扣5—10分、造成重大影响扣10—20分	通报	
		违反公司相关规定	出现公司级或部门级目标责任书否决项、公司全员绩效考核负面清单内事项，根据规定直接评定为相应等级		
备注	1. 涉及年度评价的指标，根据年度目标调整考核指标及目标值，根据年度实施情况合理设定年度扣分值。 2. 发生扣分事项时，扣分最大值不超过该项考核指标分。 3. 受疫情等特殊原因导致工作无法开展不扣分				

YS-HY-016

安全技术部网信运维主管

<table>
<tr><td>岗位名称</td><td colspan="2">网信运维主管</td><td>所在部门</td><td colspan="2">安全技术部</td></tr>
<tr><td>职位职级序列</td><td colspan="5">管理序列</td></tr>
<tr><td>直接上级</td><td colspan="5">安全技术部经理</td></tr>
<tr><td>直接下级</td><td colspan="5">——</td></tr>
<tr><td rowspan="10">岗位职责</td><td colspan="5">负责公司各类信息系统的管理与维护</td></tr>
<tr><td colspan="5">负责制定运维、网络和信息安全相关制度</td></tr>
<tr><td colspan="5">负责制定信息系统应急预案</td></tr>
<tr><td colspan="5">负责公司信息系统数据初始化、工作流程设置及变更，员工账号的开通、权限配置、变更及注销</td></tr>
<tr><td colspan="5">负责计算机软、硬件资源申请，信息系统安装部署和服务器迁移工作</td></tr>
<tr><td colspan="5">负责公司计算机防病毒软件、软件正版化管理和检查工作</td></tr>
<tr><td colspan="5">负责公司 IT 资产台账管理、资产清查和巡检工作</td></tr>
<tr><td colspan="5">负责公司船舶 IT 资产梳理</td></tr>
<tr><td colspan="5">负责公司网络及信息安全体系建设、政策宣贯、网信检查和技术培训</td></tr>
<tr><td colspan="5">负责信息系统等测评、技术防护和管控能力提升，保障公司信息系统的安全运行</td></tr>
<tr><td>工作记录文档</td><td colspan="5">系统建设、维护工作记录</td></tr>
</table>

<table>
<tr><th>指标类别</th><th>考核指标</th><th>考核内容</th><th>考核标准</th><th>信息来源</th><th>考核周期</th></tr>
<tr><td rowspan="5">岗位职责指标</td><td>网络安全（30 分）</td><td>支持保障公司网络运营安全</td><td>未发生网络安全事件得满分；发生四级以上网络安全事件，根据情况扣 10—20 分；在国家部委、集团级护网过程中获得奖励的，根据情况加 5—10 分</td><td>通报</td><td rowspan="5">月度 / 年度</td></tr>
<tr><td>信息系统维护（20 分）</td><td>信息系统流程变更、账号权限办理及时性、准确性</td><td>信息系统流程变更未能及时、准确的每次扣 5 分，账号权限办理未能及时、准确的每次扣 5 分</td><td>部门统计</td></tr>
<tr><td>办公软件维护（10 分）</td><td>负责公司办公电脑防病毒软件、软件正版化情况</td><td>防病毒软件安装率每降低 1%，扣 2 分；软件正版化安装率每降低 1%，扣 2 分</td><td>集团信息化部反馈</td></tr>
<tr><td>体系建设（20 分）</td><td>符合集团管理体系要求，完整性 100%、时效性 100%、依从性 100%、程序合规性 100%</td><td>根据影响程度进行分值扣减</td><td>部门评定</td></tr>
<tr><td>业务管理（10 分）</td><td>按要求完成临时交办的各项工作任务</td><td>因工作失误受到上级公司、公司批评的，每项扣 5 分；因工作联系失误或不到位影响公司利益和形象的，每项扣 5 分；工作推进不到位，根据情况扣分</td><td>集团信息化部、煤炭运输部反馈</td></tr>
</table>

续表

指标类别	考核指标	考核内容	考核标准	信息来源	考核周期
岗位职责指标	能力素质（10分）	员工能力素质与岗位的匹配程度和贡献程度	非常符合得9—10分（含9分），较符合得8—9分（不含9分），基本符合得6—8分（不含8分），不符合得0—6分（不含6分）	部门评定	月度/年度
非权重指标	奖励指标	管理创新	在业务开展以及管理活动过程中，有创新性的方法和思路，促进部门业绩较大程度提升，促进公司发展，加5分	通报、部门统计	
		合理化建议	提出的合理化建议被部门采纳，每条加2分；被公司采纳，每条加5分		
		专项任务	参与应急、保供等特殊时期的值班、材料撰写等工作，每次加1分；获得公司表扬的，每次加3分；获得集团表扬的，每次加5分		
	否决指标	工作过失造成不良影响	由于管理工作不当导致泄密事故、重要指令传达不力、日常管理工作出现渎职等，对公司造成较大影响扣5—10分、造成重大影响扣10—20分	通报	
		违反公司相关规定	出现公司级或部门级目标责任书否决项、公司全员绩效考核负面清单内事项，根据规定直接评定为相应等级		
备注	1. 涉及年度评价的指标，根据年度目标调整考核指标及目标值，根据年度实施情况合理设定年度扣分值。 2. 发生扣分事项时，扣分最大值不超过该项考核指标分。 3. 受疫情等特殊原因导致工作无法开展不扣分				

YS-HY-017

安全技术部安全综合管理主管

<table>
<tr><td>岗位名称</td><td colspan="2">安全综合管理主管</td><td>所在部门</td><td colspan="2">安全技术部</td></tr>
<tr><td>职位职级序列</td><td colspan="5">管理序列</td></tr>
<tr><td>直接上级</td><td colspan="5">安全技术部经理</td></tr>
<tr><td>直接下级</td><td colspan="5">——</td></tr>
<tr><td rowspan="10">岗位职责</td><td colspan="5">负责公司安全技术部综合管理工作</td></tr>
<tr><td colspan="5">负责向集团公司、航运公司本部上报公司年 / 月 / 周度安全环保报告，以及内外部单位、部门的各类汇报总结材料编制工作</td></tr>
<tr><td colspan="5">负责公司安全生产管理提升，先进管理经验的收集、总结、推广等工作</td></tr>
<tr><td colspan="5">负责基层单位月度安全运营考核工作</td></tr>
<tr><td colspan="5">负责组织开展企业安全建设有关工作</td></tr>
<tr><td colspan="5">负责部门组织会议的会务工作，协助安委会相关工作，编制部分会议的会议纪要</td></tr>
<tr><td colspan="5">负责部门部分议案的编写、审批、材料报送等工作</td></tr>
<tr><td colspan="5">负责公司安全文化建设工作</td></tr>
<tr><td colspan="5">负责部门文件收集、考勤、报销、办公用品采购等部门日常工作</td></tr>
<tr><td colspan="5">负责领导交办的其他任务</td></tr>
<tr><td>工作记录文档</td><td colspan="5">部门档案材料</td></tr>
<tr><td>指标类别</td><td>考核指标</td><td>考核内容</td><td>考核标准</td><td>信息来源</td><td>考核周期</td></tr>
<tr><td rowspan="3">岗位职责指标</td><td>文书工作（15 分）</td><td>安全技术部重要文书工作、档案管理、保密管理等</td><td>基本达到要求得 80 分，较好完成得 90 分，非常出色有亮点得 100 分。发生以下事项扣分：未能及时完成有关行政工作，扣 10 分；在完成工作过程中，出现疏忽和失误，一次扣 5 分；若给公司带来较大影响和损失，一次扣 10 分</td><td rowspan="2">通报、部门评定</td><td rowspan="3">月度 / 年度</td></tr>
<tr><td>调研与材料撰写（20 分）</td><td>按要求统筹协调安全技术部各项调研工作、相关材料的撰写</td><td>基本达到要求得 80 分，较好完成得 90 分，非常出色有亮点得 100 分。发生以下事项扣分：未能及时完成有关工作，扣 10 分；在配合上级单位组织的调研工作中，出现疏忽和失误，一次扣 10 分；若给公司带来较大影响和损失，一次扣 10 分</td></tr>
<tr><td>部门日常运行管理（10 分）</td><td>负责子公司月 / 季 / 年度安全环保绩效考核相关工作；负责部门文件收集、考勤、报销、办公用品采购等部门日常工作</td><td>未能及时完成有关工作，扣 2 分；在完成工作过程中，出现疏忽和失误，一次扣 2 分</td><td>部门统计</td></tr>
</table>

续表

指标类别	考核指标	考核内容	考核标准	信息来源	考核周期
岗位职责指标	体系建设及制度执行（15分）	按照公司相关规章制度落实相关管理工作	未严格执行相关规章制度，每发生一次扣5分；未按照公司规定对有关事项进行审核审批，每发生一次扣5分	部门统计	月度/年度
	保密管理（20分）	按照公司相关规章制度落实相关管理工作	未严格执行相关规章制度，发生泄密事故不得分		
	上级督办事项（10分）	按要求落实上级督办的各项工作	未完成一项扣5分		
	能力素质（10分）	员工能力素质与岗位的匹配程度和贡献程度	非常符合得9—10分（含9分），较符合得8—9分（不含9分），基本符合得6—8分（不含8分），不符合得0—6分（不含6分）		
非权重指标	奖励指标	管理创新	在业务开展以及管理活动过程中，有创新性的方法和思路，促进部门业绩较大程度提升，促进公司发展，加5分	通报、部门统计	
		合理化建议	提出的合理化建议被部门采纳，每条加2分；被公司采纳，每条加5分		
		专项任务	参与应急、保供等特殊时期的值班、材料撰写等工作，每次加1分；获得公司表扬的，每次加3分；获得集团表扬的，每次加5分		
	否决指标	工作过失造成不良影响	由于管理工作不当导致泄密事故、重要指令传达不力、日常管理工作出现渎职等，对公司造成较大影响扣5—10分、造成重大影响扣10—20分	通报	
		违反公司相关规定	出现公司级或部门级目标责任书否决项、公司全员绩效考核负面清单内事项，根据规定直接评定为相应等级		
备注	1. 涉及年度评价的指标，根据年度目标调整考核指标及目标值，根据年度实施情况合理设定年度扣分值。 2. 发生扣分事项时，扣分最大值不超过该项考核指标分。 3. 受疫情等特殊原因导致工作无法开展不扣分				

YS-HY-018

商务部航运法务主管

<table>
<tr><td>岗位名称</td><td colspan="2">航运法务主管</td><td colspan="2">所在部门</td><td colspan="2">商务部</td></tr>
<tr><td>职位职级序列</td><td colspan="6">管理序列</td></tr>
<tr><td>直接上级</td><td colspan="6">商务部经理</td></tr>
<tr><td>直接下级</td><td colspan="6">——</td></tr>
<tr><td rowspan="8">岗位职责</td><td colspan="6">负责研究、掌握与公司航运业务相关的政策及法律法规</td></tr>
<tr><td colspan="6">负责为公司航运业务及航运相关制度提供法律意见</td></tr>
<tr><td colspan="6">负责处理公司航运业务类的法律纠纷案件，提出案件处理意见，跟踪案件进展</td></tr>
<tr><td colspan="6">负责公司航运业务类合同归口管理，会同公司有关合同专项管理部门制定、推广使用公司航运类合同范本</td></tr>
<tr><td colspan="6">负责公司航运业务类合同的法律审核，提出合同修改意见</td></tr>
<tr><td colspan="6">负责子公司航运业务类非范本合同的提级法律审核</td></tr>
<tr><td colspan="6">负责公司航运业务类合同原件归档及移交</td></tr>
<tr><td colspan="6">完成领导交办的其他任务</td></tr>
<tr><td>工作记录文档</td><td colspan="6">合同台账，法律信息系统</td></tr>
<tr><td>指标类别</td><td>考核指标</td><td>考核内容</td><td colspan="2">考核标准</td><td>信息来源</td><td>考核周期</td></tr>
<tr><td rowspan="5">岗位职责指标</td><td>航运业务合同审核（25 分）</td><td>航运类合同法律审核及时</td><td colspan="2">4 个工作日，每超过一天扣 5 分</td><td rowspan="4">法律信息系统</td><td rowspan="5">月度 / 年度</td></tr>
<tr><td>航运业务合同档案管理（25 分）</td><td>合同档案原件收集后应妥善保管，不发生丢失</td><td colspan="2">未妥善保管导致丢失，每份扣 5 分</td></tr>
<tr><td>法律纠纷处理上报（20 分）</td><td>公司发生重大及以上法律纠纷，应在提起诉讼、申请仲裁或自收到法律文书后及时形成法律纠纷案件快报，说明主要情况，报集团公司备案</td><td colspan="2">应在提起诉讼、申请仲裁或自收到法律文书后 30 个工作日内，通过集团法律信息系统上报重大法律纠纷案法案备案报告，每超过一天扣 5 分</td></tr>
<tr><td>法律纠纷结案上报（20 分）</td><td>公司发生的重大及以上法律纠纷案件审结，执行终结应形成结案备案报告，上报集团公司</td><td colspan="2">应在审结，执行终结后 15 个工作日内，通过集团法律信息系统上报结案报告，每超过一天扣 5 分</td></tr>
<tr><td>能力素质（10 分）</td><td>员工能力素质与岗位的匹配程度和贡献程度</td><td colspan="2">非常符合得 9—10 分（含 9 分），较符合得 8—9 分（不含 9 分），基本符合得 6—8 分（不含 8 分），不符合得 0—6 分（不含 6 分）</td><td>部门评定</td></tr>
</table>

续表

<table>
<tr><th>指标类别</th><th>考核指标</th><th>考核内容</th><th>考核标准</th><th>信息来源</th><th>考核周期</th></tr>
<tr><td rowspan="5">非权重指标</td><td rowspan="3">奖励指标</td><td>管理创新</td><td>在业务开展以及管理活动过程中，有创新性的方法和思路，促进部门业绩较大程度提升，促进公司发展，加 5 分</td><td rowspan="5">通报、部门评定</td><td rowspan="5">月度 / 年度</td></tr>
<tr><td>合理化建议</td><td>提出的合理化建议被部门采纳，每条加 2 分；被公司采纳，每条加 5 分</td></tr>
<tr><td>专项任务</td><td>参与应急、保供等特殊时期的值班、材料撰写等工作，每次加 1 分；获得公司表扬的，每次加 3 分；获得集团表扬的，每次加 5 分</td></tr>
<tr><td rowspan="2">否决指标</td><td>工作过失造成不良影响</td><td>由于管理工作不当导致泄密事故、重要指令传达不力、日常管理工作出现渎职等，对公司造成较大影响扣 5—10 分、造成重大影响扣 10—20 分</td></tr>
<tr><td>违反公司相关规定</td><td>出现公司级或部门级目标责任书否决项、公司全员绩效考核负面清单内事项，根据规定直接评定为相应等级</td></tr>
<tr><td>备注</td><td colspan="5">1. 涉及年度评价的指标，根据年度目标调整考核指标及目标值，根据年度实施情况合理设定年度扣分值。
2. 发生扣分事项时，扣分最大值不超过该项考核指标分。
3. 受疫情等特殊原因导致工作无法开展不扣分</td></tr>
</table>

YS-HY-019

商务部船舶保险主管

<table>
<tr><th colspan="2">岗位名称</th><td colspan="2">船舶保险主管</td><th>所在部门</th><td colspan="2">商务部</td></tr>
<tr><td colspan="2">职位职级序列</td><td colspan="5">管理序列</td></tr>
<tr><td colspan="2">直接上级</td><td colspan="5">商务部经理</td></tr>
<tr><td colspan="2">直接下级</td><td colspan="5">——</td></tr>
<tr><td colspan="2" rowspan="6">岗位职责</td><td colspan="5">负责制订公司自有船舶投保计划</td></tr>
<tr><td colspan="5">负责公司自有船舶保险的投保、保费支付工作</td></tr>
<tr><td colspan="5">负责公司船舶保险事故出现后的通知、协助各类保险事故处理，进行保险理赔工作</td></tr>
<tr><td colspan="5">负责公司货物保险的采购并支付保费</td></tr>
<tr><td colspan="5">负责参与保险机构的评估、选聘、谈判，签订相关保险协议</td></tr>
<tr><td colspan="5">负责领导交办的其他任务</td></tr>
<tr><td colspan="2">工作记录文档</td><td colspan="5">保险采购文件、出险通知书</td></tr>
<tr><th>指标类别</th><th>考核指标</th><th>考核内容</th><th colspan="2">考核标准</th><th>信息来源</th><th>考核周期</th></tr>
<tr><td rowspan="4">岗位职责指标</td><td>保险采购（20 分）</td><td>根据业务需求和相关采购制度，履行船舶保险采购方案和采购结果等审批程序</td><td colspan="2">未完成不得分</td><td>采购台账</td><td>年度</td></tr>
<tr><td>及时性（30 分）</td><td>在收到业务单位的出险通知后，及时向保险公司报案，不因本部门未及时通知导致保险公司拒赔</td><td colspan="2">每发生一次扣 10 分</td><td>保险事故台账</td><td rowspan="6">月度 / 年度</td></tr>
<tr><td>其他工作（40 分）</td><td>按要求完成公司领导及部门经理交办的其他工作</td><td colspan="2">如无客观因素和正当理由，未完成交办工作每项扣 5 分</td><td rowspan="2">部门评定</td></tr>
<tr><td>能力素质（10 分）</td><td>员工能力素质与岗位的匹配程度和贡献程度</td><td colspan="2">非常符合得 9—10 分（含 9 分），较符合得 8—9 分（不含 9 分），基本符合得 6—8 分（不含 8 分），不符合得 0—6 分（不含 6 分）</td></tr>
<tr><td rowspan="3">非权重指标</td><td rowspan="3">奖励指标</td><td>管理创新</td><td colspan="2">在业务开展以及管理活动过程中，有创新性的方法和思路，促进部门业绩较大程度提升，促进公司发展，加 5 分</td><td rowspan="3">通报、部门评定</td></tr>
<tr><td>合理化建议</td><td colspan="2">提出的合理化建议被部门采纳，每条加 2 分；被公司采纳，每条加 5 分</td></tr>
<tr><td>专项任务</td><td colspan="2">参与应急、保供等特殊时期的值班、材料撰写等工作，每次加 1 分；获得公司表扬的，每次加 3 分；获得集团表扬的，每次加 5 分</td></tr>
</table>

续表

指标类别	考核指标	考核内容	考核标准	信息来源	考核周期
非权重指标	否决指标	工作过失造成不良影响	由于管理工作不当导致泄密事故、重要指令传达不力、日常管理工作出现渎职等，对公司造成较大影响扣 5—10 分、造成重大影响扣 10—20 分	通报	月度/年度
		违反公司相关规定	出现公司级或部门级目标责任书否决项、公司全员绩效考核负面清单内事项，根据规定直接评定为相应等级		
备注	1. 涉及年度评价的指标，根据年度目标调整考核指标及目标值，根据年度实施情况合理设定年度扣分值。 2. 发生扣分事项时，扣分最大值不超过该项考核指标分。 3. 受疫情等特殊原因导致工作无法开展不扣分				

YS-HY-020

商务部港口使费管理主管

<table>
<tr><td>岗位名称</td><td colspan="2">港口使费管理主管</td><td colspan="2">所在部门</td><td>商务部</td></tr>
<tr><td>职位职级序列</td><td colspan="5">管理序列</td></tr>
<tr><td>直接上级</td><td colspan="5">商务部经理</td></tr>
<tr><td>直接下级</td><td colspan="5">——</td></tr>
<tr><td rowspan="7">岗位职责</td><td colspan="5">负责港口船舶代理公司的选聘，以及代理合同的审核、签订和评价</td></tr>
<tr><td colspan="5">负责港口使费、船舶代理费等费用的审核与结算</td></tr>
<tr><td colspan="5">负责指导、监督船舶港口作业单证的管理</td></tr>
<tr><td colspan="5">负责制定和更新港口使费变动成本数据表</td></tr>
<tr><td colspan="5">负责协助相关部门提供降本增效港口使费数据</td></tr>
<tr><td colspan="5">负责协助相关部门与港口代理公司各项业务协调工作</td></tr>
<tr><td colspan="5">负责部门领导交办的其他工作</td></tr>
<tr><td>工作记录文档</td><td colspan="5">船舶代理采购业务需求记录、采购文件、采购台账</td></tr>
</table>

<table>
<tr><th>指标类别</th><th>考核指标</th><th>考核内容</th><th>考核标准</th><th>信息来源</th><th>考核周期</th></tr>
<tr><td rowspan="6">岗位职责指标</td><td>港口使费审核（25 分）</td><td>按要求完成航次结算账单纸质凭证的审核及查漏补缺</td><td>因审核疏漏、票据丢失等工作失误造成公司直接经济损失的，每项扣 10 分</td><td rowspan="2">资金、航调、OA 法律系统</td><td rowspan="6">月度 / 年度</td></tr>
<tr><td>港口使费结算（25 分）</td><td>按要求完成航次结算账单的系统录入和付款申请工作</td><td>因审核疏漏、票据丢失等工作失误造成公司直接经济损失的，每项扣 10 分</td></tr>
<tr><td>船舶代理采购业务的及时性与完整性（20 分）</td><td>根据业务需求和相关采购制度，履行船舶代理采购计划、采购方案和采购结果等审批程序，及时完成船舶代理采购工作</td><td>未及时完成船舶代理采购的，每项扣 5 分</td><td>SRM 系统</td></tr>
<tr><td>船舶代理合同考核（10 分）</td><td>按要求完成船舶代理满意度评价考核</td><td>未完成调查和评价的，每项扣 5 分</td><td rowspan="3">部门评定</td></tr>
<tr><td>其他工作（10 分）</td><td>按要求完成公司领导及部门经理交办的其他工作</td><td>未完成的，每项扣 5 分</td></tr>
<tr><td>能力素质（10 分）</td><td>员工能力素质与岗位的匹配程度和贡献程度</td><td>非常符合得 9—10 分（含 9 分），较符合得 8—9 分（不含 9 分），基本符合得 6—8 分（不含 8 分），不符合得 0—6 分（不含 6 分）</td></tr>
</table>

续表

指标类别	考核指标	考核内容	考核标准	信息来源	考核周期
非权重指标	奖励指标	管理创新	在业务开展以及管理活动过程中，有创新性的方法和思路，促进部门业绩较大程度提升，促进公司发展，加5分	通报、部门统计	月度/年度
		合理化建议	提出的合理化建议被部门采纳，每条加2分；被公司采纳，每条加5分		
		专项任务	参与应急、保供等特殊时期的值班、材料撰写等工作，每次加1分；获得公司表扬的，每次加3分；获得集团表扬的，每次加5分		
非权重指标	否决指标	工作过失造成不良影响	由于管理工作不当导致泄密事故、重要指令传达不力、日常管理工作出现渎职等，对公司造成较大影响扣5—10分、造成重大影响扣10—20分	通报	
		违反公司相关规定	出现公司级或部门级目标责任书否决项、公司全员绩效考核负面清单内事项，根据规定直接评定为相应等级		
备注	1. 涉及年度评价的指标，根据年度目标调整考核指标及目标值，根据年度实施情况合理设定年度扣分值。 2. 发生扣分事项时，扣分最大值不超过该项考核指标分。 3. 受疫情等特殊原因导致工作无法开展不扣分				

YS-HY-021

商务部商务分析主管

<table>
<tr><th>岗位名称</th><td colspan="2">商务分析主管</td><th colspan="2">所在部门</th><td>商务部</td></tr>
<tr><td>职位职级序列</td><td colspan="5">管理序列</td></tr>
<tr><td>直接上级</td><td colspan="5">商务部经理</td></tr>
<tr><td>直接下级</td><td colspan="5">——</td></tr>
<tr><td rowspan="5">岗位职责</td><td colspan="5">负责动态分析船舶运营效益及评价管理</td></tr>
<tr><td colspan="5">负责提供自有船舶航次效益测算参考数据</td></tr>
<tr><td colspan="5">负责拟定发布月度红线价格及红线价格计算方法</td></tr>
<tr><td colspan="5">负责核定公司月度市场经营类考核结果</td></tr>
<tr><td colspan="5">完成部门经理交办的其他工作</td></tr>
<tr><td>工作记录文档</td><td colspan="5">月度红线价格材料、月度市场经营类考核结果签报、相关业务单位的确认往来函</td></tr>
</table>

<table>
<tr><th>指标类别</th><th>考核指标</th><th>考核内容</th><th>考核标准</th><th>信息来源</th><th>考核周期</th></tr>
<tr><td rowspan="7">岗位职责指标</td><td>发布自有船舶红线价格（20 分）</td><td>按时、按期发布航次红线价格</td><td>未按时、按期发布红线价格的，每晚一天扣 2 分</td><td>红线价格函</td><td rowspan="7">月度 / 年度</td></tr>
<tr><td>完成月度市场经营类考核结果的汇总提报（20 分）</td><td>按时效要求完成月度市场经营类考核结果的汇总提报</td><td>未完成考核结果提报的，每少一项扣 5 分</td><td>月度市场经营类考核结果签报</td></tr>
<tr><td>提供航次效益测算参数（10 分）</td><td>按要求提供航次效益测算参数（例如航速、港口使费标准等）</td><td>未提供航次效益测算参数的，每少一项扣 2 分</td><td>红线价格函</td></tr>
<tr><td>考核规范性（15 分）</td><td>与各业务单位核对考核结果并取得书面确认</td><td>未取得确认扣 5 分</td><td rowspan="4">部门评定</td></tr>
<tr><td>日常跟踪协调（15 分）</td><td>动态跟踪各项测算参数变化；遇数据变化幅度较大时，征集协调相关部门意见，及时调整再次发布</td><td>未及时调整影响日常业务测算工作扣 5 分</td></tr>
<tr><td>其他工作（10 分）</td><td>按要求完成公司领导及部门经理交办的其他工作</td><td>如无客观因素和正当理由，未完成交办工作，每项扣 5 分</td></tr>
<tr><td>能力素质（10 分）</td><td>员工能力素质与岗位的匹配程度和贡献程度</td><td>非常符合得 9—10 分（含 9 分），较符合得 8—9 分（不含 9 分），基本符合得 6—8 分（不含 8 分），不符合得 0—6 分（不含 6 分）</td></tr>
</table>

续表

<table>
<tr><th>指标类别</th><th>考核指标</th><th>考核内容</th><th>考核标准</th><th>信息来源</th><th>考核周期</th></tr>
<tr><td rowspan="5">非权重指标</td><td rowspan="3">奖励指标</td><td>管理创新</td><td>在业务开展以及管理活动过程中，有创新性的方法和思路，促进部门业绩较大程度提升，促进公司发展，加 5 分</td><td rowspan="3">通报、部门统计</td><td rowspan="5">月度 / 年度</td></tr>
<tr><td>合理化建议</td><td>提出的合理化建议被部门采纳，每条加 2 分；被公司采纳，每条加 5 分</td></tr>
<tr><td>专项任务</td><td>参与应急、保供等特殊时期的值班、材料撰写等工作，每次加 1 分；获得公司表扬的，每次加 3 分；获得集团表扬的，每次加 5 分</td></tr>
<tr><td rowspan="2">否决指标</td><td>工作过失造成不良影响</td><td>由于管理工作不当导致泄密事故、重要指令传达不力、日常管理工作出现渎职等，对公司造成较大影响扣 5—10 分、造成重大影响扣 10—20 分</td><td rowspan="2">通报</td></tr>
<tr><td>违反公司相关规定</td><td>出现公司级或部门级目标责任书否决项、公司全员绩效考核负面清单内事项，根据规定直接评定为相应等级</td></tr>
<tr><td>备注</td><td colspan="5">1. 涉及年度评价的指标，根据年度目标调整考核指标及目标值，根据年度实施情况合理设定年度扣分值。
2. 发生扣分事项时，扣分最大值不超过该项考核指标分。
3. 受疫情等特殊原因导致工作无法开展不扣分</td></tr>
</table>

YS-HY-022

商务部商务结算主管

<table>
<tr><td>岗位名称</td><td colspan="2">商务结算主管</td><td>所在部门</td><td colspan="2">商务部</td></tr>
<tr><td>职位职级序列</td><td colspan="5">管理序列</td></tr>
<tr><td>直接上级</td><td colspan="5">商务部经理</td></tr>
<tr><td>直接下级</td><td colspan="5">——</td></tr>
<tr><td rowspan="6">岗位职责</td><td colspan="5">负责应收账款的统计和分析</td></tr>
<tr><td colspan="5">负责每月对“月度经营考核”中应收账款部分的考核指标计算</td></tr>
<tr><td colspan="5">负责航次结束后进行 ERP 系统的录入</td></tr>
<tr><td colspan="5">负责根据业务部门的运费确认单和合同，审核单据后出具“运费结算单”，在报账系统中完成线上制单和审批流程，提交财务进行开票</td></tr>
<tr><td colspan="5">负责根据船东出具的发票和运费确认单、合同，核对航次费用，在报账系统和发票票夹中完成线上制单和审批流程，提交财务进行付款</td></tr>
<tr><td colspan="5">负责信息系统（ERP 系统、航调系统、航运系统和资金管理系统）使用过程中的问题反馈和优化建议</td></tr>
<tr><td>工作记录文档</td><td colspan="5">工作台账、ERP 及报账系统有关数据</td></tr>
<tr><td>指标类别</td><td>考核指标</td><td>考核内容</td><td>考核标准</td><td>信息来源</td><td>考核周期</td></tr>
<tr><td rowspan="5">岗位职责指标</td><td>运费审核（25 分）</td><td>无滞期、速遣费的航次，收到业务部门提交的合同复印件及其他结算单据后三个工作日内填制《运费结算通知单》，完成报账系统录入和审批后，送财务部开具运费发票；有滞期、速遣费的航次，待收到业务部门提交的滞期、速遣费确认单后三个工作日内填制《运费结算通知单》，完成报账系统录入和审批后，连同合同复印件及确认单等资料送财务部开具发票</td><td>除客观原因外，较规定时间相比每滞后两个工作日扣 5 分</td><td>运费结算单据</td><td rowspan="5">月度 / 年度</td></tr>
<tr><td>租费审核（25 分）</td><td>对租船费用进行审核，保证付款单据的准确性</td><td>因审核疏漏造成公司损失的，每次扣 5 分</td><td>租船结算单据</td></tr>
<tr><td>系统录入（15 分）</td><td>公司自有船舶在航次任务执行完毕后，应在当月最后一日 24 时前完成 ERP 系统录入</td><td>自有船当月所有卸货完成航次 100% 录入，每减少 5% 扣 10 分</td><td>集团统建系统使用水平评价系统</td></tr>
<tr><td>应收账款统计分析（15 分）</td><td>依据财务出具的《应收账款表》，按期对应收账款情况进行统计和分析</td><td>未完成每次扣 5 分</td><td>台账</td></tr>
<tr><td>其他工作（10 分）</td><td>按要求完成公司领导及部门经理交办的其他工作</td><td>未完成每次扣 5 分</td><td>部门评定</td></tr>
</table>

续表

<table>
<tr><th>指标类别</th><th>考核指标</th><th>考核内容</th><th>考核标准</th><th>信息来源</th><th>考核周期</th></tr>
<tr><td>岗位职责指标</td><td>能力素质（10 分）</td><td>员工能力素质与岗位的匹配程度和贡献程度</td><td>非常符合得 9—10 分（含 9 分），较符合得 8—9 分（不含 9 分），基本符合得 6—8 分（不含 8 分），不符合得 0—6 分（不含 6 分）</td><td>部门评定</td><td rowspan="6">月度 / 年度</td></tr>
<tr><td rowspan="5">非权重指标</td><td rowspan="3">奖励指标</td><td>管理创新</td><td>在业务开展以及管理活动过程中，有创新性的方法和思路，促进部门业绩较大程度提升，促进公司发展，加 5 分</td><td rowspan="3">通报、部门统计</td></tr>
<tr><td>合理化建议</td><td>提出的合理化建议被部门采纳，每条加 2 分；被公司采纳，每条加 5 分</td></tr>
<tr><td>商务审核</td><td>商务结算中通过审核为公司挽回经济损失的，每次加 5 分</td></tr>
<tr><td rowspan="2">否决指标</td><td>工作过失造成不良影响</td><td>由于管理工作不当导致泄密事故、重要指令传达不力、日常管理工作出现渎职等，对公司造成较大影响扣 5—10 分、造成重大影响扣 10—20 分</td><td rowspan="2">通报</td></tr>
<tr><td>违反公司相关规定</td><td>出现公司级或部门级目标责任书否决项、公司全员绩效考核负面清单内事项，根据规定直接评定为相应等级</td></tr>
<tr><td>备注</td><td colspan="5">1. 涉及年度评价的指标，根据年度目标调整考核指标及目标值，根据年度实施情况合理设定年度扣分值。
2. 发生扣分事项时，扣分最大值不超过该项考核指标分。
3. 受疫情等特殊原因导致工作无法开展不扣分</td></tr>
</table>

YS-HY-023

采购管理部采购管理主管（租船）

<table>
<tr><td>岗位名称</td><td>采购管理主管（租船）</td><td>所在部门</td><td colspan="3">采购管理部</td></tr>
<tr><td>职位职级序列</td><td colspan="5">管理序列</td></tr>
<tr><td>直接上级</td><td colspan="5">采购管理部经理</td></tr>
<tr><td>直接下级</td><td colspan="5">——</td></tr>
<tr><td rowspan="9">岗位职责</td><td colspan="5">负责租船采购流程合规性初审</td></tr>
<tr><td colspan="5">负责租船采购合同合规性核对会签</td></tr>
<tr><td colspan="5">负责与集团电子商务平台沟通协调</td></tr>
<tr><td colspan="5">负责向上级管理部门提报文件，总结数据收集整理</td></tr>
<tr><td colspan="5">负责电子商务平台内贸租船船东资质审核、进入及退出审定工作</td></tr>
<tr><td colspan="5">负责电子商务平台外贸租船船东资质审核、进入及退出审定工作</td></tr>
<tr><td colspan="5">负责电子商务平台内贸租船、外贸租船船东资质监控工作</td></tr>
<tr><td colspan="5">负责接收处理内贸租船、外贸租船船东日常投诉工作</td></tr>
<tr><td colspan="5">负责组织内贸租船、外贸租船船东年度考核工作</td></tr>
<tr><td>工作记录文档</td><td colspan="5">需求记录、台账、报表以及电子商务平台系统有关数据</td></tr>
</table>

指标类别	考核指标	考核内容	考核标准	信息来源	考核周期
岗位职责指标	完整性（25 分）	按公司制度整理船东供应商入库相关资料，确保船东供应商各项资料完整规范	未按要求入库每个扣 5 分	部门评定	月度 / 年度
	合同审核（25 分）	对租船采购合同进行审核，保证采购合同履行前置采购程序合规	未履行审批每个扣 5 分		
	租船采购流程合规性初审超时次数（10 分）	租船采购流程合规性初审不超过规定时间	每超时一次扣 2 分	电子商务平台系统	
	租船采购流程合规性初审错误次数（10 分）	确保租船采购流程合规性初审符合相关规定次数	每出现一次错误扣 2 分	检查反馈	
	租船采购合同核对错误次数（10 分）	核对供应商或采购金额与采购结果是否一致	每出现一次错误扣 2 分	合同管理系统	
	上报文件总结工作错误次数（10 分）	按要求向上级管理部门提报文件总结	每出现一次错误扣 2 分	部门评定	

续表

指标类别	考核指标	考核内容	考核标准	信息来源	考核周期
岗位职责指标	能力素质（10分）	员工能力素质与岗位的匹配程度和贡献程度	非常符合得9—10分（含9分），较符合得8—9分（不含9分），基本符合得6—8分（不含8分），不符合得0—6分（不含6分）	部门评定	月度/年度
非权重指标	奖励指标	管理创新	在业务开展以及管理活动过程中，有创新性的方法和思路，促进部门业绩较大程度提升，促进公司发展，加5分	通报、部门评定	
		合理化建议	提出的合理化建议被部门采纳，每条加2分；被公司采纳，每条加5分		
		专项任务	参与应急、保供等特殊时期的值班、材料撰写等工作，每次加1分；获得公司表扬的，每次加3分；获得集团表扬的，每次加5分		
	否决指标	工作过失造成不良影响	由于管理工作不当导致泄密事故、重要指令传达不力、日常管理工作出现渎职等，对公司造成较大影响扣5—10分、造成重大影响扣10—20分	通报	
		违反公司相关规定	出现公司级或部门级目标责任书否决项、公司全员绩效考核负面清单内事项，根据规定直接评定为相应等级		
备注	1. 涉及年度评价的指标，根据年度目标调整考核指标及目标值，根据年度实施情况合理设定年度扣分值。 2. 发生扣分事项时，扣分最大值不超过该项考核指标分。 3. 受疫情等特殊原因导致工作无法开展不扣分				

YS-HY-024

采购管理部采购管理主管（物资）

岗位名称	采购管理主管（物资）	所在部门	采购管理部
职位职级序列	管理序列		
直接上级	采购管理部经理		
直接下级	——		
岗位职责	负责物资采购流程合规性初审		
	负责物资采购执行过程的跟踪、监督，检查采购计划和采购结果的前置文件		
	负责物资采购合同履行采购过程的合规检查及采购结果的核对		
	负责参加集团非招标采购机构组织的物资采购评审		
	负责船用物资、燃油短名单供应商绩效评价工作		
	负责指导各部门及子公司物资及燃油采购管理工作，协助采购文件审查		
	负责协调、处理公司及子公司物资采购业务有关异议和投诉管理		
	负责承担对公司各单位及子公司物资采购工作的管理、监督、检查和考核		
	负责公司物资采购台账汇总与管理，指导采购单位采购文件归档管理		
	负责公司非招标评审专家库的申报、日常更新管理工作		
	负责与集团物资监管部、物资公司和工程公司等相关部门沟通协调		
	负责部门文书、后勤保障工作		
	负责部门交办的其他工作		
工作记录文档	采购台账、报表以及 ERP/SRM/BW/MDM 系统有关数据		

指标类别	考核指标	考核内容	考核标准	信息来源	考核周期
岗位职责指标	及时性（25 分）	及时传达集团通知要求，按时完成交办工作	未按时完成每次扣 5 分	部门评定	月度/年度
	合同审核（25 分）	对物资采购合同进行审核，保证采购合同履行前置采购程序合规	未履行每个扣 2 分		
	物资采购流程合规性初审超时次数（10 分）	物资采购流程合规性初审超过规定时间	每超时 1 次扣 2 分	ERP/SRM 系统	
	物资采购流程合规性初审错误次数（10 分）	确保物资采购流程合规性初审符合相关规定	每出现 1 次错误扣 2 分	检查反馈	
	物资采购合同核对错误次数（10 分）	核对供应商或采购金额与采购结果是否一致	每出现 1 次错误扣 2 分	合同管理系统	

续表

指标类别	考核指标	考核内容	考核标准	信息来源	考核周期
岗位职责指标	文书工作错误次数（10分）	及时履行部门文书工作	工作出现差错，每次扣2分	部门评定	月度/年度
	能力素质（10分）	员工能力素质与岗位的匹配程度和贡献程度	非常符合得9—10分（含9分），较符合得8—9分（不含9分），基本符合得6—8分（不含8分），不符合得0—6分（不含6分）		
非权重指标	奖励指标	管理创新	在业务开展以及管理活动过程中，有创新性的方法和思路，促进部门业绩较大程度提升，促进公司发展，加5分	通报、部门统计	
		合理化建议	提出的合理化建议被部门采纳，每条加2分；被公司采纳，每条加5分		
		专项任务	参与应急、保供等特殊时期的值班、材料撰写等工作，每次加1分；获得公司表扬的，每次加3分；获得集团表扬的，每次加5分		
	否决指标	工作过失造成不良影响	由于管理工作不当导致泄密事故、重要指令传达不力、日常管理工作出现渎职等，对公司造成较大影响扣5—10分、造成重大影响扣10—20分	通报	
		违反公司相关规定	出现公司级或部门级目标责任书否决项、公司全员绩效考核负面清单内事项，根据规定直接评定为相应等级		
备注	1. 涉及年度评价的指标，根据年度目标调整考核指标及目标值，根据年度实施情况合理设定年度扣分值。 2. 发生扣分事项时，扣分最大值不超过该项考核指标分。 3. 受疫情等特殊原因导致工作无法开展不扣分				

YS-HY-025

采购管理部采购管理主管（服务）

岗位名称	采购管理主管（服务）	所在部门	采购管理部
职位职级序列	管理序列		
直接上级	采购管理部经理		
直接下级	——		
岗位职责	负责服务采购流程合规性初审		
	负责服务采购执行过程的跟踪、监督，检查采购计划和采购结果的前置文件		
	负责服务采购合同履行采购过程的合规检查及采购结果的核对		
	负责参加集团非招标采购机构组织的服务采购评审		
	负责与物资公司和工程公司相关部门沟通协调，对采购系统提供支持和解释		
	负责指导各部门及子公司服务采购管理工作，协助采购文件审查		
	负责协调、处理公司及子公司服务采购业务有关异议和投诉管理		
	负责承担对公司各单位及子公司服务采购工作的管理、监督、检查和考核		
	负责公司服务采购台账汇总与管理，指导采购单位采购文件归档管理		
	负责公司非招标评审专家库的申报、日常更新管理工作		
	负责采购管理系统审批权限的维护、更新工作		
	负责公司短名单在采购系统的维护、更新工作		
	负责承担公司国能 E 购管理员工作，负责账号的开通、授权等维护工作		
	负责每月采购数据收集和报送		
	负责厂修短名单供应商绩效评价工作		
工作记录文档	采购台账、报表以及 ERP/SRM/BW/MDM 系统有关数据		

指标类别	考核指标	考核内容	考核标准	信息来源	考核周期
岗位职责指标	及时性（25 分）	及时传达集团通知要求，按时完成交办工作	未按时完成每次扣 5 分	部门评定	月度 / 年度
	合同审核（25 分）	对物资采购合同进行审核，保证采购合同履行前置采购程序合规	未履行每个扣 2 分		
	服务采购流程合规性初审超时次数（10 分）	物资采购流程合规性初审超过规定时间	每超时 1 次扣 2 分	ERP/SRM 系统	
	服务采购流程合规性初审错误次数（10 分）	确保物资采购流程合规性初审符合相关规定	每出现 1 次错误扣 2 分	检查反馈	
	服务采购合同核对错误次数（10 分）	核对供应商或采购金额与采购结果是否一致	每出现 1 次错误扣 2 分	合同管理系统	

续表

指标类别	考核指标	考核内容	考核标准	信息来源	考核周期
岗位职责指标	上报数据工作错误次数（10分）	确保上报采购数据及时准确	每出现1次错误扣2分	部门评定	月度/年度
	能力素质（10分）	员工能力素质与岗位的匹配程度和贡献程度	非常符合得9—10分（含9分），较符合得8—9分（不含9分），基本符合得6—8分（不含8分），不符合得0—6分（不含6分）		
非权重指标	奖励指标	管理创新	在业务开展以及管理活动过程中，有创新性的方法和思路，促进部门业绩较大程度提升，促进公司发展，加5分	通报、部门统计	
		合理化建议	提出的合理化建议被部门采纳，每条加2分；被公司采纳，每条加5分		
		专项任务	参与应急、保供等特殊时期的值班、材料撰写等工作，每次加1分；获得公司表扬的，每次加3分；获得集团表扬的，每次加5分		
	否决指标	工作过失造成不良影响	由于管理工作不当导致泄密事故、重要指令传达不力、日常管理工作出现渎职等，对公司造成较大影响扣5—10分、造成重大影响扣10—20分	通报	
		违反公司相关规定	出现公司级或部门级目标责任书否决项、公司全员绩效考核负面清单内事项，根据规定直接评定为相应等级		
备注	1. 涉及年度评价的指标，根据年度目标调整考核指标及目标值，根据年度实施情况合理设定年度扣分值。 2. 发生扣分事项时，扣分最大值不超过该项考核指标分。 3. 受疫情等特殊原因导致工作无法开展不扣分				

YS-HY-026

北京分公司燃油采购经理

<table>
<tr><th>岗位名称</th><td>燃油采购经理</td><th>所在部门</th><td>北京分公司</td></tr>
<tr><td>职位职级序列</td><td colspan="3">管理序列</td></tr>
<tr><td>直接上级</td><td colspan="3">北京分公司负责人</td></tr>
<tr><td>直接下级</td><td colspan="3">燃油采购主管</td></tr>
<tr><td rowspan="9">岗位职责</td><td colspan="3">负责在国家和集团公司、上级单位相关法律法规和政策制度的指导下，落实燃油采购业务</td></tr>
<tr><td colspan="3">负责制定船用燃油采购需求，并与采购代理机构做好协调</td></tr>
<tr><td colspan="3">负责船用燃油采购的计划提报、采购流程运转、合同拟定与执行、加装指令下达、费用确认等工作</td></tr>
<tr><td colspan="3">负责船舶燃油市场分析，根据行情的变化提出相关采购建议</td></tr>
<tr><td colspan="3">负责协调、处理燃油质量问题</td></tr>
<tr><td colspan="3">负责燃油相关资料（合同、文件等）日常管理工作</td></tr>
<tr><td colspan="3">负责本部采购相关工作的总结及统计分析工作</td></tr>
<tr><td colspan="3">负责收集燃油市场信息</td></tr>
<tr><td colspan="3">负责协助相关部门处理采购合同履行过程中的纠纷</td></tr>
<tr><td>工作记录文档</td><td colspan="3">周工作总结、月度工作总结、管理制度</td></tr>
</table>

<table>
<tr><th>指标类别</th><th>考核指标</th><th>考核内容</th><th>考核标准</th><th>信息来源</th><th>考核周期</th></tr>
<tr><td rowspan="4">岗位职责指标</td><td>年度/月度重点工作任务分解（30分）</td><td>将部门考核指标进行有效分解，跟踪落实。包括：不发生线下采购；不发生紧急采购；零星采购比率不高于10%；计划提报准确率100%；采购结算完成率100%；燃油事故处理及时率100%等</td><td>未完成上级年度考核指标每项扣5分</td><td>月度/年度工作计划</td><td rowspan="4">月度/年度</td></tr>
<tr><td>体系建设（15分）</td><td>符合国家、行业、集团以及上级公司管理体系要求</td><td>体系建设出现问题，根据情况进行扣分</td><td>体系建设文件、通报</td></tr>
<tr><td>党风廉政（15分）</td><td>按要求抓好部门党风廉政建设工作</td><td>违反“三重一大”事项决策制度，不得分；未按要求落实党委、纪委交付的工作任务，受到批评，每项扣5分</td><td rowspan="2">通报</td></tr>
<tr><td>业务管理（15分）</td><td>抓好部门采购业务管理工作，不出现因工作失误给公司造成的损失</td><td>因工作联系失误或不到位影响公司利益和形象，根据影响程度扣分；计划性工作、领导临时交办工作推进不到位，根据情况扣分；燃油采购及代理费结算率低于100%，每减少1%，扣1分；</td></tr>
</table>

续表

<table>
<tr><th>指标类别</th><th>考核指标</th><th>考核内容</th><th>考核标准</th><th>信息来源</th><th>考核周期</th></tr>
<tr><td rowspan="3">岗位职责指标</td><td>业务管理（15 分）</td><td>抓好部门采购业务管理工作，不出现因工作失误给公司造成的损失</td><td>“两压双控”中，船存燃油金额指标不超过公司考核指标值，超过指标不得分（在确保安全的情况下，与航运部沟通，尽可能控制加装数量，因客观因素导致燃油金额超标时除外）</td><td rowspan="2">通报</td><td rowspan="8">月度 / 年度</td></tr>
<tr><td>部门建设（15 分）</td><td>加强部门建设，提高服务意识</td><td>服务意识不强，存在“四风”问题，出现员工投诉情况，情况属实的，每项扣 5 分；未按照公司、部门要求参加、完成各类培训学习，每项扣 5 分</td></tr>
<tr><td>能力素质（10 分）</td><td>员工能力素质与岗位的匹配程度和贡献程度</td><td>非常符合得 9—10 分（含 9 分），较符合得 8—9 分（不含 9 分），基本符合得 6—8 分（不含 8 分），不符合得 0—6 分（不含 6 分）</td><td>部门评定</td></tr>
<tr><td rowspan="5">非权重指标</td><td rowspan="3">奖励指标</td><td>管理创新</td><td>在业务开展以及管理活动过程中，有创新性的方法和思路，促进部门业绩较大程度提升，促进公司发展，加 5 分</td><td rowspan="3">通报、部门统计</td></tr>
<tr><td>合理化建议</td><td>提出的合理化建议被部门采纳，每条加 2 分；被公司采纳，每条加 5 分</td></tr>
<tr><td>专项任务</td><td>参与应急、保供等特殊时期的值班、材料撰写等工作，每次加 1 分；获得公司表扬的，每次加 3 分；获得集团表扬的，每次加 5 分</td></tr>
<tr><td rowspan="2">否决指标</td><td>工作过失造成不良影响</td><td>由于管理工作不当导致泄密事故、重要指令传达不力、日常管理工作出现渎职等，对公司造成较大影响扣 5—10 分、造成重大影响扣 10—20 分</td><td rowspan="2">通报</td></tr>
<tr><td>违反公司相关规定</td><td>出现公司级或部门级目标责任书否决项、公司全员绩效考核负面清单内事项，根据规定直接评定为相应等级</td></tr>
<tr><td>备注</td><td colspan="5">1. 涉及年度评价的指标，根据年度目标调整考核指标及目标值，根据年度实施情况合理设定年度扣分值。
2. 发生扣分事项时，扣分最大值不超过该项考核指标分。
3. 受疫情等特殊原因导致工作无法开展不扣分</td></tr>
</table>

YS-HY-027

北京分公司物料备件采购经理

岗位名称	物料备件采购经理	所在部门	北京分公司
职位职级序列	管理序列		
直接上级	北京分公司负责人		
直接下级	物料备件采购主管		
岗位职责	负责在国家和集团公司、上级单位相关法律法规和政策制度的指导下，落实物料备件采购业务		
	负责采购申请审核、合理制订物料备件采购计划，并与采购代理机构做好协调		
	负责物料备件采购的计划提报、流程运转，以及合同拟定与流转等		
	负责相关采购合同的执行监督、票据审核、商务结算		
	负责制定物料备件的总体采购策略		
	负责组织开展物料备件采购寻源工作		
	负责物料备件采购相关资料（合同、文件等）日常管理工作		
	负责相关工作的总结及统计分析工作		
	负责协助相关部门处理采购合同履行过程中的纠纷		
工作记录文档	周工作总结、月度工作总结、管理制度		

指标类别	考核指标	考核内容	考核标准	信息来源	考核周期
岗位职责指标	年度 / 月度重点工作任务分解（30 分）	将部门考核指标进行有效分解，跟踪落实。包括：不发生线下采购；不发生紧急采购；零星采购比率不高于 10%；计划提报准确率 100%；采购结算完成率 100% 等	未完成上级年度考核指标每项扣 5 分	月度 / 年度考核指标表	月度 / 年度
	体系建设（15 分）	符合国家、行业、集团以及上级公司管理体系要求	体系建设出现问题，根据情况进行扣分	体系建设文件、通报	
	党风廉政（15 分）	按要求抓好部门党风廉政建设工作	违反“三重一大”事项决策制度，不得分；未按要求落实党委、纪委交付的工作任务，受到批评，每项扣 5 分	通报	
	业务管理（15 分）	抓好部门采购业务管理工作，不出现因工作失误给公司造成的损失	因工作联系失误或不到位影响公司利益和形象，根据影响程度扣分；计划性工作、领导临时交办工作推进不到位，根据情况扣分；采购计划制订发生错误导致重复提报，每一次扣 5 分；采购结果审批后或者采购合同签订后，		

续表

指标类别	考核指标	考核内容	考核标准	信息来源	考核周期
岗位职责指标	业务管理（15分）	抓好部门采购业务管理工作，不出现因工作失误给公司造成的损失	供应商无法履行而导致重新寻源的，每次扣5分；定期对采购业务情况进行分析，在预定时点未开展分析的每一次扣5分	通报	月度/年度
	部门建设（15分）	加强部门建设，提高服务意识	服务意识不强，存在“四风”问题，出现员工投诉情况，情况属实的，每项扣5分；未按照公司、部门要求参加、完成各类培训学习，每项扣5分		
	能力素质（10分）	员工能力素质与岗位的匹配程度和贡献程度	非常符合得9—10分（含9分），较符合得8—9分（不含9分），基本符合得6—8分（不含8分），不符合得0—6分（不含6分）	部门评定	
非权重指标	奖励指标	管理创新	在业务开展以及管理活动过程中，有创新性的方法和思路，促进部门业绩较大程度提升，促进公司发展，加5分	文件、会议决议等	
		合理化建议	提出的合理化建议被部门采纳，每条加2分；被公司采纳，每条加5分		
		专项任务	参与应急、保供等特殊时期的值班、材料撰写等工作，每次加1分；获得公司表扬的，每次加3分；获得集团表扬的，每次加5分		
	否决指标	工作过失造成不良影响	由于管理工作不当导致泄密事故、重要指令传达不力、日常管理工作出现渎职等，对公司造成较大影响扣5—10分、造成重大影响扣10—20分	通报	
		违反公司相关规定	出现公司级或部门级目标责任书否决项、公司全员绩效考核负面清单内事项，根据规定直接评定为相应等级		
备注	1. 涉及年度评价的指标，根据年度目标调整考核指标及目标值，根据年度实施情况合理设定年度扣分值。 2. 发生扣分事项时，扣分最大值不超过该项考核指标分。 3. 受疫情等特殊原因导致工作无法开展不扣分				

YS-HY-028

北京分公司物料备件采购主管

<table>
<tr><td>岗位名称</td><td colspan="2">物料备件采购主管</td><td>所在部门</td><td colspan="2">北京分公司</td></tr>
<tr><td>职位职级序列</td><td colspan="5">管理序列</td></tr>
<tr><td>直接上级</td><td colspan="5">物料备件采购经理</td></tr>
<tr><td>直接下级</td><td colspan="5">——</td></tr>
<tr><td rowspan="7">岗位职责</td><td colspan="5">负责在国家和集团公司、上级单位相关法律法规和政策制度的指导下，落实物料备件采购业务</td></tr>
<tr><td colspan="5">负责采购申请审核、合理制订物料备件采购计划，并与采购代理机构做好协调</td></tr>
<tr><td colspan="5">负责物料备件采购的计划提报、流程运转，以及合同拟定与流转等</td></tr>
<tr><td colspan="5">负责相关采购合同的执行监督、票据审核、商务结算</td></tr>
<tr><td colspan="5">负责协助开展物料备件采购寻源工作</td></tr>
<tr><td colspan="5">负责协助相关部门处理采购合同履行过程中的纠纷</td></tr>
<tr><td colspan="5">负责协助开展物料备件采购相关资料（合同、文件等）日常管理工作</td></tr>
<tr><td>工作记录文档</td><td colspan="5">周工作总结、月度工作总结、管理制度</td></tr>
<tr><td>指标类别</td><td>考核指标</td><td>考核内容</td><td>考核标准</td><td>信息来源</td><td>考核周期</td></tr>
<tr><td rowspan="4">岗位职责指标</td><td>年度 / 月度重点工作任务分解（30 分）</td><td>将部门考核指标进行有效分解，跟踪落实。包括：不发生线下采购；不发生紧急采购；零星采购比率不高于 10%；计划提报准确率 100%；采购结算完成率 100% 等</td><td>未完成上级年度考核指标每项扣 5 分</td><td>月度 / 年度考核指标表</td><td rowspan="4">月度 / 年度</td></tr>
<tr><td>体系建设（15 分）</td><td>符合国家、行业、集团以及上级公司管理体系要求</td><td>体系建设出现问题，根据情况进行扣分</td><td>体系建设文件、通报</td></tr>
<tr><td>党风廉政（15 分）</td><td>按要求抓好部门党风廉政建设工作</td><td>违反“三重一大”事项决策制度，不得分；未按要求落实党委、纪委交付的工作任务，受到批评，每项扣 5 分</td><td rowspan="2">通报</td></tr>
<tr><td>业务管理（15 分）</td><td>落实好部门采购业务管理工作，不出现因工作失误给公司造成的损失</td><td>因工作联系失误或不到位影响公司利益和形象，根据影响程度扣分；计划性工作、领导临时交办工作推进不到位，根据情况扣分；采购计划制订发生错误导致重复提报，每次扣 5 分；采购结果审批后或者采购合同签订后，供应商无法履行而导致重新寻源的，每次扣 5 分</td></tr>
</table>

续表

指标类别	考核指标	考核内容	考核标准	信息来源	考核周期
岗位职责指标	部门建设（15分）	加强部门建设，提高服务意识	服务意识不强，存在“四风”问题，出现员工投诉情况，情况属实的，每项扣5分；未按照公司、部门要求参加、完成各类培训学习，每项扣5分	通报	月度/年度
	能力素质（10分）	员工能力素质与岗位的匹配程度和贡献程度	非常符合得9—10分（含9分），较符合得8—9分（不含9分），基本符合得6—8分（不含8分），不符合得0—6分（不含6分）	部门评定	
非权重指标	奖励指标	管理创新	在业务开展以及管理活动过程中，有创新性的方法和思路，促进部门业绩较大程度提升，促进公司发展，加5分	文件、会议决议等	
		合理化建议	提出的合理化建议被部门采纳，每条加2分；被公司采纳，每条加5分		
		专项任务	参与应急、保供等特殊时期的值班、材料撰写等工作，每次加1分；获得公司表扬的，每次加3分；获得集团表扬的，每次加5分		
	否决指标	工作过失造成不良影响	由于管理工作不当导致泄密事故、重要指令传达不力、日常管理工作出现渎职等，对公司造成较大影响扣5—10分、造成重大影响扣10—20分	通报	
		违反公司相关规定	出现公司级或部门级目标责任书否决项、公司全员绩效考核负面清单内事项，根据规定直接评定为相应等级		
备注	1. 涉及年度评价的指标，根据年度目标调整考核指标及目标值，根据年度实施情况合理设定年度扣分值。 2. 发生扣分事项时，扣分最大值不超过该项考核指标分。 3. 受疫情等特殊原因导致工作无法开展不扣分				

YS-HY-029

天津公司海务主管

岗位名称	海务主管	所在部门	天津公司
职位职级序列	管理序列		
直接上级	主管副总经理		
直接下级	——		
岗位职责	负责船舶的海务（监督）管理、体系（监督）运行、防污染、船舶动态、货物运输质量、隐患排查及事故调查等工作		
	负责监督、指导船舶管理公司或船舶做好航海图书、资料的发放、管理工作		
	负责监督、指导船舶管理公司或船舶做好防台及季节性安全工作，参加抢险及其他重大事故的现场指挥工作		
	负责收集、掌握、发布与船舶管理相关的公约、法律、法规、规则的最新信息		
工作记录文档	需求记录、台账、报表以及 ERP 系统有关数据		

指标类别	考核指标	考核内容	考核标准	信息来源	考核周期
岗位职责指标	船舶管理（20 分）	监督船舶管理公司或指导船舶各岗位人员开展工作，使各岗位职责得到充分履行，确保体系的有效运行；收集技术报表，保持船舶证书的有效性；发现不符合项及时制定纠正措施并予以验证	工作落实不到位一次扣 5 分；体系内外审出现一项不符合扣 2 分，出现重大不符合扣 5 分	船舶等级考核	月度 / 年度
	船技管理（20 分）	监督船舶管理公司或指导船舶的维护保养和技术状况的维持改进，保证船舶的营运需要和有关公约、法规的要求；监督船舶管理公司或指导船舶做好通导设备检查、通信路由制定、通信费用管理等，督促、检查、指导船舶通导人员执行体系文件，维护保养工作；督促或做好电台执照及通导相关证件的办理工作，选购和发放通导资料的船用通导用品	发生责任性主管船舶单月营运率达不到要求，每相差 1% 扣 2 分；发生责任性 FSC、PSC 外部检查滞留，每发生一起扣 8 分；发生一般性以下责任性事故，视情节严重每起扣 1—3 分		
	成本控制（15 分）	审核通信账单；选购通信资料和用品	工作不落实或不及时每项扣 3 分；工作过程出现失误每项扣 5 分		

续表一

指标类别	考核指标	考核内容	考核标准	信息来源	考核周期
岗位职责指标	安全环保（25 分）	按照公司安全环保工作各项要求落实到位，排除安全隐患	发生船舶责任性事故的，自管船舶每起扣 8 分，监管船舶每起扣 4 分；发生对等、次等责任性事故的，按责任性事故 50% 扣分；重大安全隐患、重大环保隐患未按期整改，每发现一次扣 2 分；发生狭水道、进出港期间船舶“失控”险情，每发生一次扣 2 分；发生瞒报、谎报、迟报、漏报的，按相应事故等级上升一级扣 5 分	船舶等级考核	月度 / 年度
	应急行动和事故处理（10 分）	参与应急行动，并提供相关技术支持；督促主管船舶制订和实施各项应急演习计划	工作不落实每次扣 2 分，落实不及时每项扣 5 分；工作过程出现失误造成严重后果的，每项扣 5 分		
	能力素质（10 分）	员工能力素质与岗位的匹配程度和贡献程度	非常符合得 9—10 分（含 9 分），较符合得 8—9 分（不含 9 分），基本符合得 6—8 分（不含 8 分），不符合得 0—6 分（不含 6 分）	部门评定	
非权重指标	奖励指标	管理创新	在业务开展以及管理活动过程中，有创新性的方法和思路，促进部门业绩较大程度提升，促进公司发展，加 5 分	通报、部门统计	
		合理化建议	提出的合理化建议被部门采纳，每条加 2 分；被公司采纳，每条加 5 分		
		安全环保	安全生产周期超过 1000 天，加 5 分；获得国家级安全环保奖励，每项加 5 分；获得省部级安全环保奖励，每项加 3 分		
	否决指标	工作过失造成不良影响	由于管理工作不当导致泄密事故、重要指令传达不力、日常管理工作出现渎职等，对公司造成较大影响扣 5—10 分、造成重大影响扣 10—20 分	通报	
		违反公司相关规定	出现公司级或部门级目标责任书否决项、公司全员绩效考核负面清单内事项，根据规定进行评价等级考核		

续表二

指标类别	考核指标	考核内容	考核标准	信息来源	考核周期
非权重指标	否决指标	安全环保事故	发生责任死亡事故，5人以上重伤、10人以上轻伤；被省级及以上行政主管部门或集团公司责令停产整顿2次（含）以上；发生直接经济损失在1000万元（含）以上事故的；发生2次（含）以上设备事故或1次恶性事故；瞒报、谎报、迟报、漏报重伤（含）以上伤亡事故；发生被省级及以上行政主管部门通报处罚的环境事件。出现上述情况，直接评定为“基本称职”或“不称职”	通报	月度/年度
备注	1. 涉及年度评价的指标，根据年度目标调整考核指标及目标值，根据年度实施情况合理设定年度扣分值。 2. 发生扣分事项时，扣分最大值不超过该项考核指标分。 3. 受疫情等特殊原因导致工作无法开展不扣分				

YS-HY-030

天津公司机务主管

<table>
<tr><td>岗位名称</td><td>机务主管</td><td>所在部门</td><td>天津公司</td></tr>
<tr><td>职位职级序列</td><td colspan="3">管理序列</td></tr>
<tr><td>直接上级</td><td colspan="3">主管副总经理</td></tr>
<tr><td>直接下级</td><td colspan="3">——</td></tr>
<tr><td rowspan="5">岗位职责</td><td colspan="3">负责船舶的机务（监督）管理、体系（监督）运行、成本管控、隐患排查及事故调查等工作</td></tr>
<tr><td colspan="3">负责跟踪 IMO、船籍国、港口国和船级社有关机务方面的船舶安全、防污染、船舶检验等方面的公约、法规、标准和规定，督促船舶管理公司及船舶贯彻实施</td></tr>
<tr><td colspan="3">负责审核或制订船舶维修保养计划，监督落实情况，确保船舶设备处于正常技术状态，保证安全生产</td></tr>
<tr><td colspan="3">负责复核或审核船舶的污油水清退计划，监督污油水清退工作，并与污油水清退单位签订清退协议</td></tr>
<tr><td colspan="3">负责对船舶上报的燃油航次消耗月报、燃润料消耗月报的审核，ERP 燃油消耗数据的导入和审核，检查消耗是否异常，对出现燃油异常消耗及时反馈并处理后续事宜</td></tr>
<tr><td>工作记录文档</td><td colspan="3">需求记录、台账、报表以及 ERP 系统有关数据</td></tr>
</table>

<table>
<tr><th>指标类别</th><th>考核指标</th><th>考核内容</th><th>考核标准</th><th>信息来源</th><th>考核周期</th></tr>
<tr><td rowspan="2">岗位职责指标</td><td>船舶管理（25 分）</td><td>监督船舶管理公司或指导船舶各岗位人员开展工作，使各岗位职责得到充分履行，确保体系的有效运行；收集技术报表，保持船舶证书的有效性；发现不合格项及时制定纠正措施并予以验证</td><td>工作落实不到位 1 次扣 5 分；体系内外审出现 1 项不合格扣 2 分，出现重大不合格扣 5 分</td><td rowspan="2">船舶等级考核</td><td rowspan="2">月度 / 年度</td></tr>
<tr><td>船技管理（25 分）</td><td>监督船舶管理公司或指导船舶的维护保养和技术状况的维持改进，保证船舶的营运需要和有关公约、法规的要求；监督船舶管理公司或指导船舶做好厂修前的准备工作，确保船舶厂修计划的顺利实施，保证修理进度和质量；监督船舶管理公司或组织船舶开展自修保养工作，并核实各项工作内容，按规定统计有关费用；监督船舶管理公司或指导船舶轮机部执行体系文件，开展安全防污染工作</td><td>发生责任性主管船舶单月营运率达不到要求，每相差 1% 扣 2 分；发生责任性 FSC、PSC 外部检查滞留，每发生一起扣 8 分；发生一般性以下责任性事故，视情节严重每起扣 5 分</td></tr>
</table>

续表一

<table>
<tr><th>指标类别</th><th>考核指标</th><th>考核内容</th><th>考核标准</th><th>信息来源</th><th>考核周期</th></tr>
<tr><td rowspan="4">岗位职责指标</td><td>成本控制（10 分）</td><td>主管船舶修理费支出、船舶的润料、物料支出控制在指标范围内；燃油单耗和重油比均控制在指标范围内</td><td>主管船舶单月修理费每超支 10% 扣 2 分；润料、物料每超支 10% 扣 2 分；燃油单耗和重油比每超指标 5% 扣 2 分</td><td rowspan="3">船舶等级考核</td><td rowspan="8">月度 / 年度</td></tr>
<tr><td>安全环保（20 分）</td><td>控制船舶不发生人员死亡事故、一般性及以上责任性事故及对等、次等责任性事故，重大安全隐患按期整改率 100%；不发生生态环境事件，重大环保隐患按期整改率 100%；船舶故障性停航（超过 12 小时）率（航次）不超过 0.3%；完成节能减排考核任务，不发生省级及以上通报事件；控制船舶事故后不发生瞒报、谎报、迟报、漏报情况</td><td>发生船舶责任性事故的，自管船舶每起扣 8 分，监管船舶每起扣 4 分；发生对等、次等责任性事故的，按责任性事故 50% 扣分；重大安全隐患、重大环保隐患未按期整改，每发现 1 次扣 2 分；发生船舶故障性停航、未完成节能减排考核任务，每发生 1 次扣 2 分；发生瞒报、谎报、迟报、漏报的，按相应事故等级上升一级扣分</td></tr>
<tr><td>应急行动和事故处理（10 分）</td><td>参与应急行动，并提供相关技术支持；督促主管船舶制订和实施各项应急演习计划</td><td>工作不落实每次扣 2 分，落实不及时每项扣 5 分；工作过程出现失误造成后果的，每项次扣 5 分</td></tr>
<tr><td>能力素质（10 分）</td><td>员工能力素质与岗位的匹配程度和贡献程度</td><td>非常符合得 9—10 分（含 9 分），较符合得 8—9 分（不含 9 分），基本符合得 6—8 分（不含 8 分），不符合得 0—6 分（不含 6 分）</td><td>部门评定</td></tr>
<tr><td rowspan="4">非权重指标</td><td rowspan="3">奖励指标</td><td>管理创新</td><td>在业务开展以及管理活动过程中，有创新性的方法和思路，促进部门业绩较大程度提升，促进公司发展，加 5 分</td><td rowspan="3">通报、部门统计</td></tr>
<tr><td>合理化建议</td><td>提出的合理化建议被部门采纳，每条加 2 分；被公司采纳，每条加 5 分</td></tr>
<tr><td>安全环保</td><td>安全生产周期超过 1000 天，加 5 分；获得国家级安全环保奖励，每项加 5 分；获得省部级安全环保奖励，每项加 3 分</td></tr>
<tr><td>否决指标</td><td>工作过失造成不良影响</td><td>由于管理工作不当导致泄密事故、重要指令传达不力、日常管理工作出现渎职等，对公司造成较大影响扣 5—10 分、造成重大影响扣 10—20 分</td><td>通报</td></tr>
</table>

续表二

<table>
<tr><th>指标类别</th><th>考核指标</th><th>考核内容</th><th>考核标准</th><th>信息来源</th><th>考核周期</th></tr>
<tr><td rowspan="2">非权重指标</td><td rowspan="2">否决指标</td><td>违反公司相关规定</td><td>出现公司级或部门级目标责任书否决项、公司全员绩效考核负面清单内事项，根据规定进行评价等级考核</td><td rowspan="2">通报</td><td rowspan="2">月度/年度</td></tr>
<tr><td>安全环保事故</td><td>发生责任死亡事故，5人以上重伤、10人以上轻伤；被省级及以上行政主管部门或集团公司责令停产整顿2次（含）以上；发生直接经济损失在1000万元（含）以上事故的；发生2次（含）以上设备事故或1次恶性事故；瞒报、谎报、迟报、漏报重伤（含）以上伤亡事故；发生被省级及以上行政主管部门通报处罚的环境事件。出现上述情况，直接评定为“基本称职”或“不称职”</td></tr>
<tr><td>备注</td><td colspan="5">1. 涉及年度评价的指标，根据年度目标调整考核指标及目标值，根据年度实施情况合理设定年度扣分值。
2. 发生扣分事项时，扣分最大值不超过该项考核指标分。
3. 受疫情等特殊原因导致工作无法开展不扣分</td></tr>
</table>

YS-HY-031

天津公司安全监察主管

岗位名称	安全监察主管	所在部门	天津公司
职位职级序列	管理序列		
直接上级	主管副总经理		
直接下级	——		
岗位职责	负责组织建立、修订、实施安全生产标准化体系、安全风险预控体系、质量环境职业健康安全体系；组织开展体系内审、管理评审，跟踪验证不合格项的整改工作；负责管理公司各类体系证书，确保体系证书的有效性		
	负责公司应急管理，建立健全应急救援预案，并将应急管理体系与主管机关或集团的管理要求衔接，组织应急演练；负责公司应急管理的日常工作，制定和组织实施公司船岸联合演习		
	负责对公司发生的安全事故、险情、典型案例以及船舶 PSC、FSC 检查缺陷的统计、分析，组织公司安全生产教育和培训，如实记录安全生产教育和培训情况		
	负责部署公司各类季节性安全防范工作、专项安全活动，以及环境保护、节能减排工作，监督落实情况；组织或参与安全事故的调查，向上级有关部门汇报调查及处理情况		
	负责对船舶安全与防污染委托管理监管和船舶自管工作的督查，监督各项监管制度执行情况和船舶管理体系运行情况		
工作记录文档	需求记录、台账、报表以及 ERP 系统有关数据		

指标类别	考核指标	考核内容	考核标准	信息来源	考核周期
岗位职责指标	安全制度（25 分）	建立健全安全生产标准化体系、安全风险预控体系、质量环境职业健康安全体系	相关制度未建立，每少 1 项扣 2 分；相关制度不规范、不齐全，每次扣 1 分	安全检查	月度 / 年度
	安全教育培训（25 分）	员工要经培训上岗；每次安全活动中要对员工进行安全教育	员工未经培训上岗或未按规定进行安全教育的，发现 1 次扣 5 分		
	应急预案、演习（15 分）	适时制定各类应急预案并具有可操作性；按计划开展应急演习或船岸联合演习	应急预案未适时修改或不具有可操作性，每发现 1 项扣 5 分；没有按时开展应急演习或船岸演习的，扣 5 分		
	职业健康（15 分）	职业病当年发病率不得高于上一年同期值，人员体检率不低于 100%	员工和在船船员职业病发病率高于上一年同期值，每高 1% 扣 1 分；员工和在船船员体检率低于 100%，每低 1% 扣 1 分	船舶等级考核	

续表

指标类别	考核指标	考核内容	考核标准	信息来源	考核周期
岗位职责指标	事故报告（10分）	及时做好公司发生的安全事故、险情、典型案例以及船舶PSC、FSC检查缺陷的统计、分析工作；组织或配合做好事故安全调查	发生事故不按规定及时上报或谎报的，每次扣3分；不配合事故调查处理的，每次扣3分	安全检查	月度/年度
	能力素质（10分）	员工能力素质与岗位的匹配程度和贡献程度	非常符合得9—10分（含9分），较符合得8—9分（不含9分），基本符合得6—8分（不含8分），不符合得0—6分（不含6分）	部门评定	
非权重指标	奖励指标	管理创新	在业务开展以及管理活动过程中，有创新性的方法和思路，促进部门业绩较大程度提升，促进公司发展，加5分	通报、部门统计	
		合理化建议	提出的合理化建议被部门采纳，每条加2分；被公司采纳，每条加5分		
		安全环保	安全生产周期超过1000天，加5分；获得国家级安全环保奖励，每项加5分；获得省部级安全环保奖励，每项加3分		
	否决指标	工作过失造成不良影响	由于管理工作不当导致泄密事故、重要指令传达不力、日常管理工作出现渎职等，对公司造成较大影响扣5—10分、造成重大影响扣10—20分	通报	
		违反公司相关规定	出现公司级或部门级目标责任书否决项、公司全员绩效考核负面清单内事项，根据规定进行评价等级考核		
		安全环保事故	发生责任死亡事故，5人以上重伤、10人以上轻伤；被省级及以上行政主管部门或集团公司责令停产整顿2次（含）以上；发生直接经济损失在1000万元（含）以上事故的；发生2次（含）以上设备事故或1次恶性事故；瞒报、谎报、迟报、漏报重伤（含）以上伤亡事故；发生被省级及以上行政主管部门通报处罚的环境事件。出现上述情况，直接评定为“基本称职”或“不称职”		
备注	1. 涉及年度评价的指标，根据年度目标调整考核指标及目标值，根据年度实施情况合理设定年度扣分值。 2. 发生扣分事项时，扣分最大值不超过该项考核指标分。 3. 受疫情等特殊原因导致工作无法开展不扣分				

YS-HY-032

天津公司船员主管（自有船）

<table>
<tr><td>岗位名称</td><td colspan="2">船员主管（自有船）</td><td>所在部门</td><td colspan="2">天津公司</td></tr>
<tr><td>职位职级序列</td><td colspan="5">管理序列</td></tr>
<tr><td>直接上级</td><td colspan="5">主管副总经理</td></tr>
<tr><td>直接下级</td><td colspan="5">——</td></tr>
<tr><td rowspan="6">岗位职责</td><td colspan="5">负责自有船员招聘、考核、晋升、适任评估等管理工作</td></tr>
<tr><td colspan="5">负责自有船员管理工作相关的规章制度的制定和修订工作</td></tr>
<tr><td colspan="5">负责自有船员管理信息的数据统计、上报工作</td></tr>
<tr><td colspan="5">负责船员市场情况调查、分析和报告工作</td></tr>
<tr><td colspan="5">负责协助开展自有船员在船期间的综治维稳工作</td></tr>
<tr><td colspan="5">负责协助处理自有船员的工伤、工亡、航病事件</td></tr>
<tr><td>工作记录文档</td><td colspan="5">需求记录、台账、报表以及 ERP 系统有关数据</td></tr>
<tr><td>指标类别</td><td>考核指标</td><td>考核内容</td><td>考核标准</td><td>信息来源</td><td>考核周期</td></tr>
<tr><td rowspan="5">岗位职责指标</td><td>船员队伍建设（25 分）</td><td>建立健全自有船员管理制度，全面涵盖船员调配、晋升、考核、假期、奖惩、证书、培训、劳动保护、劳动合同及薪酬管理等，并适时修订</td><td>相关制度未建立，每少 1 项扣 2 分；相关制度不规范、不齐全，每次扣 2 分</td><td rowspan="2">专项检查</td><td rowspan="5">月度/年度</td></tr>
<tr><td>船员管理（25 分）</td><td>严把准入关，认真执行公司招聘规定，确保新招聘自有船员满足公司用人标准；夯实自有船员高质量发展基础，严格按照晋升制度履行船员晋升程序；提升自有船员适任能力，组织适任评估不合格者进行再培训，直至考核达标</td><td>新招聘自有船员不符合公司用人标准，每人次扣 2 分；未按规定执行自有船员晋升程序，每发现一次扣 2 分；未组织不适任自有船员进行再培训的，每发现一次扣 2 分</td></tr>
<tr><td>统计数据准确率（15 分）</td><td>统计日常自有船员管理信息和船员市场调查情况的数据真实、准确</td><td>每发现一次数据错误扣 0.5 分</td><td>书面材料、统计报表</td></tr>
<tr><td>职业健康（15 分）</td><td>职业病当年发病率不得高于上一年同期值，人员体检率不低于 100%</td><td>在船自有船员职业病发病率高于上一年同期值，每高 1% 扣 1 分；在船自有船员体检率低于 100%，每低 1% 扣 1 分</td><td rowspan="2">船舶等级考核</td></tr>
<tr><td>应急行动和事故处理（10 分）</td><td>参与应急行动，并提供相关人员支持</td><td>相关工作不落实每次扣 1 分，落实不及时每项扣 0.5 分；工作过程出现失误造成后果的，每项次扣 1—2 分</td></tr>
</table>

续表

<table>
<tr><th>指标类别</th><th>考核指标</th><th>考核内容</th><th>考核标准</th><th>信息来源</th><th>考核周期</th></tr>
<tr><td>岗位职责指标</td><td>能力素质（10分）</td><td>员工能力素质与岗位的匹配程度和贡献程度</td><td>非常符合得9—10分（含9分），较符合得8—9分（不含9分），基本符合得6—8分（不含8分），不符合得0—6分（不含6分）</td><td>部门评定</td><td rowspan="7">月度/年度</td></tr>
<tr><td rowspan="6">非权重指标</td><td rowspan="3">奖励指标</td><td>管理创新</td><td>在业务开展以及管理活动过程中，有创新性的方法和思路，促进部门业绩较大程度提升，促进公司发展，加5分</td><td rowspan="3">通报、部门统计</td></tr>
<tr><td>合理化建议</td><td>提出的合理化建议被部门采纳，每条加2分；被公司采纳，每条加5分</td></tr>
<tr><td>安全环保</td><td>安全生产周期超过1000天，加5分；获得国家级安全环保奖励，每项加5分；获得省部级安全环保奖励，每项加3分</td></tr>
<tr><td rowspan="3">否决指标</td><td>工作过失造成不良影响</td><td>由于管理工作不当导致泄密事故、重要指令传达不力、日常管理工作出现渎职等，对公司造成较大影响扣5—10分、造成重大影响扣10—20分</td><td rowspan="3">通报</td></tr>
<tr><td>违反公司相关规定</td><td>出现公司级或部门级目标责任书否决项、公司全员绩效考核负面清单内事项，根据规定进行评价等级考核</td></tr>
<tr><td>安全环保事故</td><td>发生责任死亡事故，5人以上重伤、10人以上轻伤；被省级及以上行政主管部门或集团公司责令停产整顿2次（含）以上；发生直接经济损失在1000万元（含）以上事故的；发生2次（含）以上设备事故或1次恶性事故；瞒报、谎报、迟报、漏报重伤（含）以上伤亡事故；发生被省级及以上行政主管部门通报处罚的环境事件。出现上述情况，直接评定为“基本称职”或“不称职”</td></tr>
<tr><td>备注</td><td colspan="5">1. 涉及年度评价的指标，根据年度目标调整考核指标及目标值，根据年度实施情况合理设定年度扣分值。
2. 发生扣分事项时，扣分最大值不超过该项考核指标分。
3. 受疫情等特殊原因导致工作无法开展不扣分</td></tr>
</table>

YS-HY-033

天津公司船员主管（外委）

岗位名称	船员主管（外委）	所在部门	天津公司
职位职级序列	管理序列		
直接上级	主管副总经理		
直接下级	——		
岗位职责	负责外委船员的准入、考核、晋升、适任和在船履职评估工作		
	负责外委船员管理工作相关的规章制度的制定和修订		
	负责监督船舶管理公司和船员管理公司的船员选聘、培训、换班、考核、遣返等方面的管理工作		
	负责船员劳务公司的年度履约考核工作		
	负责按照公司安全管理体系开展自管船船员管理工作		
	负责协助处理外委船员的工伤、工亡及航病事件		
	负责参加公司船岸的应急反应，参与应急处理		
工作记录文档	需求记录、台账、报表以及 ERP 系统有关数据		

指标类别	考核指标	考核内容	考核标准	信息来源	考核周期
岗位职责指标	履约考核（25 分）	按合同约定监督船舶管理公司和船员管理公司的船员选聘、培训、派遣、换班、考核、遣返等方面的管理工作	未执行履约考核或执行不规范，每发现 1 次扣 3 分	专项检查	月度/年度
	船员管理（25 分）	根据安全管理体系开展自管船舶的船员选聘、培训、换班、考核、遣返等方面的管理工作	执行体系不规范或体系文件缺失，每发现 1 次扣 3 分	体系内、外审	
	职业健康（15 分）	职业病当年发病率不得高于上一年同期值，人员体检率不低于 100%	在船外委船员职业病发病率高于上一年同期值，每高 1% 扣 2 分；在船外委船员体检率低于 100%，每低 1% 扣 2 分	船舶等级考核	
	应急行动和事故处理（15 分）	参与应急行动，并提供相关人员支持	相关工作不落实每次扣 2 分，落实不及时每项扣 5 分；工作过程出现失误造成后果的，每项次扣 2 分		
	船员制度（10 分）	建立健全外委船员管理制度，适时修订	相关制度未建立或制度不规范、不齐全，每发现 1 次扣 1 分	专项检查	
	能力素质（10 分）	员工能力素质与岗位的匹配程度和贡献程度	非常符合得 9—10 分（含 9 分），较符合得 8—9 分（不含 9 分），基本符合得 6—8 分（不含 8 分），不符合得 0—6 分（不含 6 分）	部门评定	

续表

<table>
<tr><th>指标类别</th><th>考核指标</th><th>考核内容</th><th>考核标准</th><th>信息来源</th><th>考核周期</th></tr>
<tr><td rowspan="6">非权重指标</td><td rowspan="3">奖励指标</td><td>管理创新</td><td>在业务开展以及管理活动过程中，有创新性的方法和思路，促进部门业绩较大程度提升，促进公司发展，加 5 分</td><td rowspan="3">通报、部门统计</td><td rowspan="6">月度 / 年度</td></tr>
<tr><td>合理化建议</td><td>提出的合理化建议被部门采纳，每条加 2 分；被公司采纳，每条加 5 分</td></tr>
<tr><td>安全环保</td><td>安全生产周期超过 1000 天，加 5 分；获得国家级安全环保奖励，每项加 5 分；获得省部级安全环保奖励，每项加 3 分</td></tr>
<tr><td rowspan="3">否决指标</td><td>工作过失造成不良影响</td><td>由于管理工作不当导致泄密事故、重要指令传达不力、日常管理工作出现渎职等，对公司造成较大影响扣 5—10 分、造成重大影响扣 10—20 分</td><td rowspan="3">通报</td></tr>
<tr><td>违反公司相关规定</td><td>出现公司级或部门级目标责任书否决项、公司全员绩效考核负面清单内事项，根据规定进行评价等级考核</td></tr>
<tr><td>安全环保事故</td><td>发生责任死亡事故，5 人以上重伤、10 人以上轻伤；被省级及以上行政主管部门或集团公司责令停产整顿 2 次（含）以上；发生直接经济损失在 1000 万元（含）以上事故的；发生 2 次（含）以上设备事故或 1 次恶性事故；瞒报、谎报、迟报、漏报重伤（含）以上伤亡事故；发生被省级及以上行政主管部门通报处罚的环境事件。出现上述情况，直接评定为“基本称职”或“不称职”</td></tr>
<tr><td>备注</td><td colspan="5">1. 涉及年度评价的指标，根据年度目标调整考核指标及目标值，根据年度实施情况合理设定年度扣分值。
2. 发生扣分事项时，扣分最大值不超过该项考核指标分。
3. 受疫情等特殊原因导致工作无法开展不扣分</td></tr>
</table>

YS-HY-034

天津公司调配主管

<table>
<tr><td>岗位名称</td><td colspan="2">调配主管</td><td>所在部门</td><td colspan="2">天津公司</td></tr>
<tr><td>职位职级序列</td><td colspan="5">管理序列</td></tr>
<tr><td>直接上级</td><td colspan="5">主管副总经理</td></tr>
<tr><td>直接下级</td><td colspan="5">——</td></tr>
<tr><td rowspan="6">岗位职责</td><td colspan="5">负责拟订年度船员换班计划，并根据实际执行情况及时进行调整</td></tr>
<tr><td colspan="5">负责按照安全管理体系要求开展船员调配工作</td></tr>
<tr><td colspan="5">负责船员调配的管理和监督管理工作</td></tr>
<tr><td colspan="5">负责外委船员档案的管理工作</td></tr>
<tr><td colspan="5">负责船员劳保用品的管理</td></tr>
<tr><td colspan="5">负责处理自有和外委船员的工伤、工亡及航病事件</td></tr>
<tr><td>工作记录文档</td><td colspan="5">需求记录、台账、报表以及 ERP 系统有关数据</td></tr>
</table>

<table>
<tr><td>指标类别</td><td>考核指标</td><td>考核内容</td><td>考核标准</td><td>信息来源</td><td>考核周期</td></tr>
<tr><td rowspan="6">岗位职责指标</td><td>调配准时（25 分）</td><td>按计划和船期完成船员调配、换班工作</td><td>因船员调配造成停船的，每起每天扣 3 分</td><td>书面材料、投诉台账</td><td rowspan="8">月度/年度</td></tr>
<tr><td>调配成效（25 分）</td><td>自管船舶船员配备达标</td><td>每下降 1 个等级扣 3 分</td><td>船舶等级考核</td></tr>
<tr><td>船员培训（15 分）</td><td>船员上船前应完成相应的岗前培训</td><td>因上岗前宣传教育工作不到位发生工伤死亡事故每起扣 1.5 分，发生工伤一般事故每次扣 1 分，有进行上岗教育的分别扣 1 分、0.5 分</td><td>书面材料、统计报表</td></tr>
<tr><td>职业健康（15 分）</td><td>职业病当年发病率不得高于上一年同期值，人员体检率不低于 100%</td><td>在船船员职业病发病率高于上一年同期值，每高 1% 扣 1 分；在船船员体检率低于 100%，每低 1% 扣 1 分</td><td>船舶等级考核</td></tr>
<tr><td>数据更新及时率（10 分）</td><td>船员台账要及时更新</td><td>未及时更新每起扣 0.5 分</td><td>书面材料、统计报表</td></tr>
<tr><td>能力素质（10 分）</td><td>员工能力素质与岗位的匹配程度和贡献程度</td><td>非常符合得 9—10 分（含 9 分），较符合得 8—9 分（不含 9 分），基本符合得 6—8 分（不含 8 分），不符合得 0—6 分（不含 6 分）</td><td>部门评定</td></tr>
<tr><td rowspan="2">非权重指标</td><td rowspan="2">奖励指标</td><td>管理创新</td><td>在业务开展以及管理活动过程中，有创新性的方法和思路，促进部门业绩较大程度提升，促进公司发展，加 5 分</td><td rowspan="2">通报、部门统计</td></tr>
<tr><td>合理化建议</td><td>提出的合理化建议被部门采纳，每条加 2 分；被公司采纳，每条加 5 分</td></tr>
</table>

续表

<table>
<tr><th>指标类别</th><th>考核指标</th><th>考核内容</th><th>考核标准</th><th>信息来源</th><th>考核周期</th></tr>
<tr><td rowspan="4">非权重指标</td><td>奖励指标</td><td>安全环保</td><td>安全生产周期超过1000天，加5分；获得国家级安全环保奖励，每项加5分；获得省部级安全环保奖励，每项加3分</td><td>通报、部门统计</td><td rowspan="4">月度/年度</td></tr>
<tr><td rowspan="3">否决指标</td><td>工作过失造成不良影响</td><td>由于管理工作不当导致泄密事故、重要指令传达不力、日常管理工作出现渎职等，对公司造成较大影响扣5—10分、造成重大影响扣10—20分</td><td rowspan="3">通报</td></tr>
<tr><td>违反公司相关规定</td><td>出现公司级或部门级目标责任书否决项、公司全员绩效考核负面清单内事项，根据规定进行评价等级考核</td></tr>
<tr><td>安全环保事故</td><td>发生责任死亡事故，5人以上重伤、10人以上轻伤；被省级及以上行政主管部门或集团公司责令停产整顿2次（含）以上；发生直接经济损失在1000万元（含）以上事故的；发生2次（含）以上设备事故或1次恶性事故；瞒报、谎报、迟报、漏报重伤（含）以上伤亡事故；发生被省级及以上行政主管部门通报处罚的环境事件。出现上述情况，直接评定为“基本称职”或“不称职”</td></tr>
<tr><td>备注</td><td colspan="5">1. 涉及年度评价的指标，根据年度目标调整考核指标及目标值，根据年度实施情况合理设定年度扣分值。
2. 发生扣分事项时，扣分最大值不超过该项考核指标分。
3. 受疫情等特殊原因导致工作无法开展不扣分</td></tr>
</table>

YS-HY-035

天津公司证培主管

<table>
<tr><td>岗位名称</td><td colspan="2">证培主管</td><td colspan="2">所在部门</td><td>天津公司</td></tr>
<tr><td>职位职级序列</td><td colspan="5">管理序列</td></tr>
<tr><td>直接上级</td><td colspan="5">主管副总经理</td></tr>
<tr><td>直接下级</td><td colspan="5">——</td></tr>
<tr><td rowspan="4">岗位职责</td><td colspan="5">负责船员的证书办理和日常管理，监控证书的有效性</td></tr>
<tr><td colspan="5">负责安排船员证书考试或证书培训</td></tr>
<tr><td colspan="5">负责根据公司有关培训管理规定，制订年度培训计划，核算年度培训预算，并组织实施和评价培训效果</td></tr>
<tr><td colspan="5">负责按照公司安全管理体系开展自管船船员管理的相关工作</td></tr>
<tr><td>工作记录文档</td><td colspan="5">需求记录、台账、报表以及 ERP 系统有关数据</td></tr>
</table>

<table>
<tr><td>指标类别</td><td>考核指标</td><td>考核内容</td><td>考核标准</td><td>信息来源</td><td>考核周期</td></tr>
<tr><td rowspan="5">岗位职责指标</td><td>证书办理及时有效（25 分）</td><td>及时完成船员证书的办理工作</td><td>每增加 1 个工作日扣 1 分</td><td rowspan="2">书面材料、统计报表</td><td rowspan="7">月度 / 年度</td></tr>
<tr><td>船员培训计划覆盖率（25 分）</td><td>制订自有船员的培训计划、预算；按照年度培训计划组织开展船员培训工作</td><td>未做出培训计划扣 3 分；未完成培训 1 人次扣 0.5 分</td></tr>
<tr><td>船员培训台账记录（20 分）</td><td>台账记录准确性</td><td>在各项检查中发现记录不全或台账缺乏等问题，每项次扣 1 分</td><td rowspan="2">书面材料、专项检查</td></tr>
<tr><td>船员证书日常管理（20 分）</td><td>建立公司各类证书台账，负责船员的证书办理和日常管理，监控证书的有效性，及时提醒各类证书的到期时间</td><td>未建立证书台账、未对证书进行监控扣 5 分，证书台账不全面扣 2 分</td></tr>
<tr><td>能力素质（10 分）</td><td>员工能力素质与岗位的匹配程度和贡献程度</td><td>非常符合得 9—10 分（含 9 分），较符合得 8—9 分（不含 9 分），基本符合得 6—8 分（不含 8 分），不符合得 0—6 分（不含 6 分）</td><td>部门评定</td></tr>
<tr><td rowspan="2">非权重指标</td><td rowspan="2">奖励指标</td><td>管理创新</td><td>在业务开展以及管理活动过程中，有创新性的方法和思路，促进部门业绩较大程度提升，促进公司发展，加 5 分</td><td rowspan="2">通报、部门统计</td></tr>
<tr><td>合理化建议</td><td>提出的合理化建议被部门采纳，每条加 2 分；被公司采纳，每条加 5 分</td></tr>
</table>

续表

<table>
<tr><th>指标类别</th><th>考核指标</th><th>考核内容</th><th>考核标准</th><th>信息来源</th><th>考核周期</th></tr>
<tr><td rowspan="4">非权重指标</td><td>奖励指标</td><td>安全环保</td><td>安全生产周期超过1000天，加5分；获得国家级安全环保奖励，每项加5分；获得省部级安全环保奖励，每项加3分</td><td>通报、部门统计</td><td rowspan="4">月度/年度</td></tr>
<tr><td rowspan="3">否决指标</td><td>工作过失造成不良影响</td><td>由于管理工作不当导致泄密事故、重要指令传达不力、日常管理工作出现渎职等，对公司造成较大影响扣5—10分、造成重大影响扣10—20分</td><td rowspan="3">通报</td></tr>
<tr><td>违反公司相关规定</td><td>出现公司级或部门级目标责任书否决项、公司全员绩效考核负面清单内事项，根据规定进行评价等级考核</td></tr>
<tr><td>安全环保事故</td><td>发生责任死亡事故，5人以上重伤、10人以上轻伤；被省级及以上行政主管部门或集团公司责令停产整顿2次（含）以上；发生直接经济损失在1000万元（含）以上事故的；发生2次（含）以上设备事故或1次恶性事故；瞒报、谎报、迟报、漏报重伤（含）以上伤亡事故；发生被省级及以上行政主管部门通报处罚的环境事件。出现上述情况，直接评定为“基本称职”或“不称职”</td></tr>
<tr><td>备注</td><td colspan="5">1. 涉及年度评价的指标，根据年度目标调整考核指标及目标值，根据年度实施情况合理设定年度扣分值。
2. 发生扣分事项时，扣分最大值不超过该项考核指标分。
3. 受疫情等特殊原因导致工作无法开展不扣分</td></tr>
</table>

YS-HY-036

天津公司船长

<table>
<tr><td>岗位名称</td><td>船长</td><td>所在部门</td><td>天津公司</td></tr>
<tr><td>职位职级序列</td><td colspan="3">专业技术序列</td></tr>
<tr><td>直接上级</td><td colspan="3">船舶管理公司</td></tr>
<tr><td>直接下级</td><td colspan="3">甲板部、轮机部</td></tr>
<tr><td rowspan="12">岗位职责</td><td colspan="3">负责贯彻执行公司安全环保方针，确保服务质量、生命和财产安全，防止对环境污染，尤其是海洋环境</td></tr>
<tr><td colspan="3">负责认真组织实施公司安全环保方针、目标和措施，通过对船员进行公司安全管理体系的培训、船舶例会、应急演练等措施，不断提高全体船员的安全质量意识、应急意识和安全操作技能，激励船员遵守公司安全管理方针</td></tr>
<tr><td colspan="3">负责结合船舶的实际情况，以简明的方式发布相应的命令和指令，做好各项安全规章和设备操作规程的执行、理解和训练</td></tr>
<tr><td colspan="3">负责执行公司安全管理体系文件，核查公司体系文件具体要求的遵守情况，定期对体系运行情况进行研究分析，针对存在问题，采取相应纠正和预防措施，确保公司安全管理体系在船上的正常运行</td></tr>
<tr><td colspan="3">负责定期复查安全管理体系，交班以前应对安全管理体系进行复查，且每半年不得少于一次，并将复查结果（船长交接班报告和船长复查记录表）以书面形式报告公司海务部，复查结果中应包括复查发现的缺陷</td></tr>
<tr><td colspan="3">负责结合航次任务、季节特点、人员及设备情况，切实保持各项安全管理的做法，注重检查、监督和措施的落实，保证适任、适航</td></tr>
<tr><td colspan="3">负责船舶及设备的日常维修和保养，组织编制船舶季度维护保养计划，检查计划的实施情况</td></tr>
<tr><td colspan="3">对全船的服务质量和安全管理负有全面和最高的领导责任</td></tr>
<tr><td colspan="3">负责全船的行政和技术业务的管理</td></tr>
<tr><td colspan="3">负责批准应急部署表，组织应急演习，指挥船舶应急反应</td></tr>
<tr><td colspan="3">负责管理船舶有关证书，确保其有效性</td></tr>
<tr><td colspan="3">负责审批明火和密闭舱室作业，指导、组织船员的业务训练、培训</td></tr>
<tr><td>工作记录文档</td><td colspan="3">安全管理体系记录、台账、报表以及 ERP/PMS 系统有关数据</td></tr>
</table>

指标类别	考核指标	考核内容	考核标准	信息来源	考核周期
岗位职责指标	船舶航行管理（30 分）	按规程操作，确保船舶安全航行；确保船舶重大安全隐患按期整改率 100%；确保船舶重大环保隐患按期整改率 100%；杜绝狭水道、进出港期间发生船舶“失控”险情；控制船舶事故后不发生瞒报、谎报、迟报、漏报情况；不发生非正常停航	能见度不良、复杂水域等公司规定需船长上驾驶台而未上驾驶台，每次扣 3 分；公司规定需引航港口，私自自引自靠未向公司申请，每次扣 3 分；重大安全隐患未按期整改，每发现一次扣 5 分；重大环保隐患未按期整改，每发现一次扣 5 分；狭水道、进出港期间，发生责任性船舶“失控”险情，每发生一次扣 5 分；发生瞒报、谎报、迟报、漏报的，按相应事故等级上升一级扣分；船舶发生非正常停航 4 小时以上，单次扣 2 分	船舶等级考核	年度

续表一

指标类别	考核指标	考核内容	考核标准	信息来源	考核周期
岗位职责指标	环保险情事故管理（20分）	控制船舶不发生责任性安全和环境污染事故；不发生责任性险情	事故直接经济损失在100万元及以上，或者溢油达到1吨及以上的油污事故，每起扣3分；事故直接经济损失在50万元及以上，不足100万元，或者溢油达到0.5吨及以上，不足1吨的油污事故，每起扣2分；直接经济损失在5万元及以上，不足50万元，或者溢油在0.5吨以下，每起扣1分；船舶发生责任性险情，每发生一次扣2分	船舶等级考核	年度
	工伤事故管理（10分）	控制船舶不发生责任性工伤及工亡事故	重伤2人及以上、死亡或失踪1人及以上，每起扣3分；重伤1人或轻伤2人以上，每起扣2分；轻伤1—2人，每起扣1分		
	外部检查管理（10分）	PSC/FSC检查不发生滞留项目，控制缺陷数量；各类公司要求的迎检工作，安排合理，态度诚恳、积极	PSC/FSC检查发生滞留，每起扣2分；PSC/FSC检查缺陷数单次次达5项以上，每起扣1分；未按照公司的相关制度或通知合理安排迎检工作，扣2分；迎检工作态度不认真不诚恳表现不积极，扣2分		
	运输质量管理（10分）	严格控制装货质量，加强油耗管理和物料、备件等管理，提高单航次效益水平	货差在0.3%—0.5%，每次扣1分；货差在0.5%以上，每次扣2分；由于船方原因，实载率不足航次指标0.995%，每次扣1分；由于船方原因月度百海里燃油消耗未达标，单航次扣1分；年度物料、备件超支扣3分；物料、备件浪费严重扣5分		
	船舶基础管理（10分）	船员精神面貌良好，不发生吵架、斗殴、赌博、酗酒等恶性事件；船容船貌良好，卫生状况、船员个人内务卫生良好；按规定及时向公司报送数据；船舶各类证书、图纸、说明书整理规范，相关证书都在有效期内；公司体系文件张贴规范、文件管理有序，体系运行良好；廉洁公正	每发生一次船员恶性事件扣2分；公司船容船貌检查每项不达标扣1分；未按要求及时反馈报表及总结、报告，每次扣5分；反馈的总结、报告、报表敷衍了事，质量未达到公司要求的标准，每发现一次扣5分；由于船方原因造成证书过期，每次扣10分；船舶证书和图纸、说明书管理混乱扣2分；由于船方原因造成船舶证书、图纸等丢失，每发生一起扣5分；船舶体系文件管理混乱，未及时更新扣2分；船舶体系在船未按要求正确运行，扣5分；每发生一起贪污腐败事件扣5分；每发生一起倒卖公司财产事件扣5分		

续表二

指标类别	考核指标	考核内容	考核标准	信息来源	考核周期
岗位职责指标	能力素质（10分）	员工能力素质与岗位的匹配程度和贡献程度	非常符合得9—10分（含9分），较符合得8—9分（不含9分），基本符合得6—8分（不含8分），不符合得0—6分（不含6分）	公司船员主管评估	年度
非权重指标	奖励指标	管理创新	在业务开展以及管理活动过程中，有创新性的方法和思路，促进公司业绩较大程度提升，促进公司发展，加5分	通报、部门统计	月度/年度
		合理化建议	提出的合理化建议被船舶采纳，每条加2分；被公司采纳，每条加5分		
		安全环保	安全生产周期超过1000天，加5分；获得国家级安全环保奖励，每项加5分；获得省部级安全环保奖励，每项加3分		
	否决指标	安全环保事故	发生责任死亡事故，5人以上重伤、10人以上轻伤；被省级及以上行政主管部门或集团公司责令停产整顿2次（含）以上；发生直接经济损失在1000万元（含）以上事故的；发生2次（含）以上设备事故或1次恶性事故；瞒报、谎报、迟报、漏报重伤（含）以上伤亡事故；发生被省级及以上行政主管部门通报处罚的环境事件。出现上述情况，直接评定为“基本称职”或“不称职”	通报	
备注	1. 涉及年度评价的指标，根据年度目标调整考核指标及目标值，根据年度实施情况合理设定年度扣分值。 2. 发生扣分事项时，扣分最大值不超过该项考核指标分。 3. 受疫情等特殊原因导致工作无法开展不扣分				

YS-HY-037

天津公司轮机长

岗位名称	轮机长	所在部门	天津公司
职位职级序列	专业技术序列		
直接上级	船长		
直接下级	轮机部		
岗位职责	负责船舶机电设备的管理和维持适航状态		
	负责设备证书、技术文件和资料管理		
	负责机舱管理和防污染管理		
	负责编制和实施机舱维护保养计划以及备件管理		
	负责督促轮机部人员遵守有关规章制度		
	厂修、坞修、航修时，负责轮机部的安全和质量管理		
	负责为甲板部分管的机电设备提供技术支持		
	负责散装货的机电操作		
	负责船舶临界操作时在机舱值守		
	负责协助船长应急反应		
	负责具体组织安排轮机部新进或实习人员的培训工作		
工作记录文档	安全管理体系记录、台账、报表以及 ERP/PMS 系统有关数据		

指标类别	考核指标	考核内容	考核标准	信息来源	考核周期
岗位职责指标	事故管理（40 分）	控制轮机部不发生责任性人员伤亡事故、机损事故、污染事故。不发生责任性生态环境事件，重大安全隐患、环保隐患按期整改率 100%	轮机部发生责任性人员伤亡事故、机损事故、污染事故，每起扣 10 分；轮机部发生责任性单月营运率达不到要求，每相差 1% 扣 5 分；重大安全隐患、重大环保隐患未按期整改，每发现 1 次扣 10 分；船舶发生责任性故障性停航，每发生 1 次扣 10 分	船舶等级考核	年度
	设备管理（40 分）	轮机部所有机电设备按照体系维保计划和公司相关要求及时、保质保量完成；轮机部机电设备管理不及时、不到位引起设备故障导致船舶故障性停航（超过 12 小时）率（航次）不超过 0.3%；控制所属机电设备事故后不发生瞒报、谎报、迟报、漏报情况	轮机部所有机电设备维修保养不到位引发机损事故、污染事故，每起扣 10 分；发生瞒报、谎报、迟报、漏报的，按相应事故等级上升一级扣分		

续表

指标类别	考核指标	考核内容	考核标准	信息来源	考核周期
岗位职责指标	节能减排管理（10分）	完成节能减排考核任务，不发生省级及以上通报事件	未完成节能减排考核任务，发生主管机关通报事件的，每发生1次扣5分	船舶等级考核	年度
	能力素质（10分）	员工能力素质与岗位的匹配程度和贡献程度	非常符合得9—10分（含9分），较符合得8—9分（不含9分），基本符合得6—8分（不含8分），不符合得0—6分（不含6分）	公司船员主管评估	
非权重指标	奖励指标	管理创新	在业务开展以及管理活动过程中，有创新性的方法和思路，促进公司业绩较大程度提升，促进公司发展，加5分	通报、部门统计	月度/年度
		合理化建议	提出的合理化建议被船舶采纳，每条加2分；被公司采纳，每条加5分		
		安全环保	安全生产周期超过1000天，加5分；获得国家级安全环保奖励，每项加5分；获得省部级安全环保奖励，每项加3分		
	否决指标	安全环保事故	发生责任死亡事故，5人以上重伤、10人以上轻伤；被省级及以上行政主管部门或集团公司责令停产整顿2次（含）以上；发生直接经济损失在1000万元（含）以上事故的；发生2次（含）以上设备事故或1次恶性事故；瞒报、谎报、迟报、漏报重伤（含）以上伤亡事故；发生被省级及以上行政主管部门通报处罚的环境事件。出现上述情况，直接评定为“基本称职”或“不称职”	通报	
备注	1. 涉及年度评价的指标，根据年度目标调整考核指标及目标值，根据年度实施情况合理设定年度扣分值。 2. 发生扣分事项时，扣分最大值不超过该项考核指标分。 3. 受疫情等特殊原因导致工作无法开展不扣分				

YS-HY-038

天津公司大副

岗位名称	大副	所在部门	天津公司
职位职级序列	专业技术序列		
直接上级	船长		
直接下级	甲板部		
岗位职责	负责船舶航行及靠泊值班		
	负责船舶装卸货物时的值班、管理，以及船舶危货管理、船舶调载以确保适航		
	负责船舶船体、水舱、消防救生相关设备和堵漏设备及甲板部设备使用、维护及档案管理		
	负责会同水手长制订年度、季度船舶及甲板设备维护计划并负责实施、督促和检查		
	负责制定防火、防爆、防盗措施		
	负责船舶药品管理		
	负责 SMS 相关资料管理		
	负责甲板部安全管理		
	负责厂修、坞修时，甲板部的安全和质量管理		
	负责甲板部人员管理和培训		
	负责协助船长组织实施船舶应急反应		
工作记录文档	安全管理体系记录、台账、报表以及 ERP/PMS 系统有关数据		

指标类别	考核指标	考核内容	考核标准	信息来源	考核周期
岗位职责指标	货运质量控制（30 分）	严格控制装货货差	货差在 0.3%—0.5%，每次扣 5 分；货差达在 0.5% 以上，每次扣 5 分；由于船方原因，实载率不足航次指标 0.995%，每次扣 5 分	船舶等级考核	年度
	航行安全和值班（20 分）	严格执行船舶航行相关规定；甲板部重大安全隐患按期整改率 100%；甲板部重大环保隐患按期整改率 100%；驾驶台值班期间杜绝狭水道、进出港期间发生责任性船舶“失控”险情；控制甲板部船舶事故后不发生瞒报、谎报、迟报、漏报情况；不发生责任性险情；甲板部在 PSC/FSC 检查中不发生滞留项目，控制缺陷数量	航行和锚泊值班未按规定保持正规瞭望、长时间离开驾驶台或进入海图室，每次扣 10 分；装卸货期间未按要求参与值班或未能保证装卸货安全，每次扣 10 分；由于甲板部原因造成船舶非正常停航 4 小时以上，每次扣 10 分；甲板部重大安全隐患未按期整改，每发现 1 次扣 5 分；甲板部重大环保隐患未按期整改，每发现 1 次扣 5 分；驾驶台值班期间狭水道、进出港期间，发生责任性船舶“失控”险情，每发生 1 次扣 5 分；甲板部发生瞒报、谎报、迟报、漏报的，按相应事故等级上升 1 级扣分；发生责任性船舶险情，每发生 1 次扣 10 分；PSC/FSC 检查发生甲板部责任性滞留，每起扣 10 分；PSC/FSC 检查中甲板部责任性缺陷数单次达 3 项及以上，每起扣 5 分		

续表一

指标类别	考核指标	考核内容	考核标准	信息来源	考核周期
岗位职责指标	事故控制及应对（20分）	控制甲板部不发生责任性工伤工亡、安全和环境污染事故	重伤2人及以上、死亡或失踪1人及以上，每起扣10分；重伤1人或轻伤2人以上，每起扣5分；轻伤1—2人，每起扣3分；油污事故直接经济损失在100万元及以上，或者溢油达到1吨及以上的，每起扣10分；油污事故直接经济损失在50万元及以上，不足100万，或者溢油达到0.5吨及以上，不足1吨的，每起扣5分；油污事故直接经济损失在5万元及以上，不足50万元，或者溢油在0.5吨以下，每起扣3分	船舶等级考核	年度
	成本控制（10分）	严格控制甲板部成本消耗水平	甲板部年度物料、备件超支扣5分；甲板部物料、备件浪费严重扣5分；甲板部备件物料管理混乱扣5分		
	甲板部管理（10分）	甲板部船容船貌良好；各类公司要求的迎检工作到位；数据统计报送及时准确	甲板部每发生一次甲板部船员恶性事件扣10分；每发生一起贪污腐败事件扣10分；每发生一起倒卖公司财产事件扣10分；未严格执行船长关于迎检工作的安排部署，扣5分；在陪检的过程中态度不认真，不诚恳，消极抵抗，扣5分；未按船长要求，及时反馈报表及总结、报告，每次扣5分；反馈给船长的总结、报告、报表敷衍了事，质量未达到船长要求的标准，每发现一次扣5分；由于未及时报告船长或其他个人原因造成证书过期，每次扣5分；船舶甲板部负责管理的证书和图纸、说明书管理混乱扣2分；由于甲板部管理原因造成船舶证书、图纸等丢失，每发生一起扣5分；船舶甲板部体系文件管理混乱，扣2分；甲板部体系文件未及时更新扣2分；甲板部体系在船未按要求正确运行，扣5分		
	能力素质（10分）	员工能力素质与岗位的匹配程度和贡献程度	非常符合得9—10分（含9分），较符合得8—9分（不含9分），基本符合得6—8分（不含8分），不符合得0—6分（不含6分）	船长考核、船员主管确认	

续表二

<table>
<tr><th>指标类别</th><th>考核指标</th><th>考核内容</th><th>考核标准</th><th>信息来源</th><th>考核周期</th></tr>
<tr><td rowspan="4">非权重指标</td><td rowspan="3">奖励指标</td><td>管理创新</td><td>在业务开展以及管理活动过程中，有创新性的方法和思路，促进公司业绩较大程度提升，促进公司发展，加 5 分</td><td rowspan="3">通报、部门统计</td><td rowspan="4">月度 / 年度</td></tr>
<tr><td>合理化建议</td><td>提出的合理化建议被船舶采纳，每条加 2 分；被公司采纳，每条加 5 分</td></tr>
<tr><td>安全环保</td><td>安全生产周期超过 1000 天，加 5 分；获得国家级安全环保奖励，每项加 5 分；获得省部级安全环保奖励，每项加 3 分</td></tr>
<tr><td>否决指标</td><td>安全环保事故</td><td>发生责任死亡事故，5 人以上重伤、10 人以上轻伤；被省级及以上行政主管部门或集团公司责令停产整顿 2 次（含）以上；发生直接经济损失在 1000 万元（含）以上事故的；发生 2 次（含）以上设备事故或 1 次恶性事故；瞒报、谎报、迟报、漏报重伤（含）以上伤亡事故；发生被省级及以上行政主管部门通报处罚的环境事件。出现上述情况，直接评定为“基本称职”或“不称职”</td><td>通报</td></tr>
<tr><td>备注</td><td colspan="5">1. 涉及年度评价的指标，根据年度目标调整考核指标及目标值，根据年度实施情况合理设定年度扣分值。
2. 发生扣分事项时，扣分最大值不超过该项考核指标分。
3. 受疫情等特殊原因导致工作无法开展不扣分</td></tr>
</table>

YS-HY-039

天津公司大管轮

岗位名称	大管轮	所在部门	天津公司
职位职级序列	专业技术序列		
直接上级	轮机长		
直接下级	二管轮、三管轮		
岗位职责	负责分管主推进系统、冷藏系统、滑油处理系统、防污防腐设备等相关设备，并保持其技术状况良好		
	负责航行及靠泊时机舱值班		
	负责协助轮机长管理轮机部，安排轮机部的日常工作		
	负责值班时机舱运行指挥，发布操作指令，审检执行情况并纠正不正常状况，不能处理时及时报告轮机长		
	负责组织轮机部人员实施部门安全管理计划和措施		
	负责熟悉船舶应急部署，及时正确地对应急情况做出反应		
工作记录文档	安全管理体系记录、台账、报表以及 ERP/PMS 系统有关数据		

指标类别	考核指标	考核内容	考核标准	信息来源	考核周期
岗位职责指标	安全环保（40分）	控制轮机部不发生责任性人员伤亡事故、机损事故、污染事故；分管的主推进动力装置、舵机系统和其他附属设备重大安全隐患按期整改率 100%；不发生责任性生态环境事件，重大环保隐患按期整改率 100%；所属设备人为因素导致船舶故障性停航（超过 12 小时）率（航次）不超过 0.3%；完成节能减排考核任务，不发生省级及以上通报事件；控制分管设备事故后不发生瞒报、谎报、迟报、漏报情况	控制轮机部不发生责任性人员伤亡事故、机损事故、污染事故，每起扣 10 分；分管的主推进动力装置系舵机系统和其他附属设备重大安全隐患、重大环保隐患未按期整改，每发现一次扣 10 分；分管设备发生责任性故障导致船舶停航，每发生一次扣 10 分；未完成节能减排考核任务，发生省级及以上通报事件的，每发生一次扣 10 分；发生瞒报、谎报、迟报、漏报的，按相应事故等级上升一级扣分	船舶等级考核	年度
	履职能力（40分）	有较强的管理能力、部门合作协调能力、专业技术水平、检查应对能力、应急处理能力；提高设备维护保养完成质量，加强体系执行，做好文档管理	轮机部维保和日常管理工作达不到要求，每相扣 5 分；分管设备发生责任性 FSC、PSC 外部检查滞留，每发生一起扣 10 分；分管设备和工作发生一般性以下责任性事故，视情节严重每起扣 5—10 分		

续表

<table>
<tr><th>指标类别</th><th>考核指标</th><th>考核内容</th><th>考核标准</th><th>信息来源</th><th>考核周期</th></tr>
<tr><td rowspan="2">岗位职责指标</td><td>任期评估（10分）</td><td>依据船舶对船员的任期考核结果以及公司组织海务、机务登船实施联合考核的结果评定</td><td>考核结果一般的，每次扣5分；考核结果不合格的，每次扣50分</td><td>考核材料、统计报表</td><td rowspan="2">年度</td></tr>
<tr><td>能力素质（10分）</td><td>员工能力素质与岗位的匹配程度和贡献程度</td><td>非常符合得9—10分（含9分），较符合得8—9分（不含9分），基本符合得6—8分（不含8分），不符合得0—6分（不含6分）</td><td>公司船员主管评估</td></tr>
<tr><td rowspan="4">非权重指标</td><td rowspan="3">奖励指标</td><td>管理创新</td><td>在业务开展以及管理活动过程中，有创新性的方法和思路，促进公司业绩较大程度提升，促进公司发展，加5分</td><td rowspan="3">通报、部门统计</td><td rowspan="4">月度/年度</td></tr>
<tr><td>合理化建议</td><td>提出的合理化建议被船舶采纳，每条加2分；被公司采纳，每条加5分</td></tr>
<tr><td>安全环保</td><td>安全生产周期超过1000天，加5分；获得国家级安全环保奖励，每项加5分；获得省部级安全环保奖励，每项加3分</td></tr>
<tr><td>否决指标</td><td>安全环保事故</td><td>发生责任死亡事故，5人以上重伤、10人以上轻伤；被省级及以上行政主管部门或集团公司责令停产整顿2次（含）以上；发生直接经济损失在1000万元（含）以上事故的；发生2次（含）以上设备事故或1次恶性事故；瞒报、谎报、迟报、漏报重伤（含）以上伤亡事故；发生被省级及以上行政主管部门通报处罚的环境事件。出现上述情况，直接评定为“基本称职”或“不称职”</td><td>通报</td></tr>
<tr><td>备注</td><td colspan="5">1. 涉及年度评价的指标，根据年度目标调整考核指标及目标值，根据年度实施情况合理设定年度扣分值。
2. 发生扣分事项时，扣分最大值不超过该项考核指标分。
3. 受疫情等特殊原因导致工作无法开展不扣分</td></tr>
</table>